ANTONIO DAVID CATTANI
JEAN-LOUIS LAVILLE
LUIZ INÁCIO GAIGER
PEDRO HESPANHA

# *Dicionário Internacional da Outra Economia*

DICIONÁRIO INTERNACIONAL DA OUTRA ECONOMIA

AUTORES
ANTONIO DAVID CATTANI
JEAN-LOUIS LAVILLE
LUIZ INÁCIO GAIGER
PEDRO HESPANHA

EDITOR
EDIÇÕES ALMEDINA, SA
Av. Fernão Magalhães, n.º 584, 5.º Andar
3000-174 Coimbra
Tel.: 239 851 904 – Fax: 239 851 901
www.almedina.net
editora@almedina.net

ALMEDINA BRASIL, LTDA
Alameda Lorena, 670
Jardim Paulista
01424-000 São Paulo
Tel/Fax: +55 11 3885 6624 / 3562 6624
Mob: +55 11 8457 2654
brasil@almedina.com.br

PRÉ-IMPRESSÃO
G.C. – GRÁFICA DE COIMBRA, LDA.
producao@graficadecoimbra.pt

Impressão e Acabamento:
Geográfica

Janeiro, 2009

Os dados e as opiniões inseridos na presente publicação
são da exclusiva responsabilidade do(s) seu(s) autor(es).
Toda a reprodução desta obra, por fotocópia ou outro qualquer
processo, sem prévia autorização escrita do Editor, é ilícita
e passível de procedimento judicial contra o infractor.

---

*Biblioteca Nacional de Portugal – Catalogação na Publicação*

Dicionário internacional da outra economia / Pedro
Hespanha...[et al.]. – (CES)
ISBN 978-972-40-3722-6

I – HESPANHA, Pedro,1946-

CDU 330
     316
     304
     364

# ÍNDICE

7    Construindo a Outra Economia
*Antonio David Cattani*

9    Nota Acerca da Edição Portuguesa
*Boaventura de Sousa Santos*
*Pedro Hespanha*

11   Altermundialização
*Patrick Viveret*

16   Antiutilitarismo
*Alain Caillé*

21   Associativismo
*Philippe Chanial*
*Jean-Louis Laville*

26   Autogestão
*Daniel Mothé*

31   Bancos Comunitários
de Desenvolvimento
*Genauto Carvalho de França Filho*
*Jeová Torres Silva Junior*

37   Bens Públicos Mundiais
*Philip Golub*
*Jean-Paul Maréchal*

43   Cadeias Produtivas
*Lee Pegler*

49   Capital Social
*Susana Hintze*

55   Cidadania
*Paulo Henrique Martins*

60   Comércio Justo
*Alfonso Cotera*
*Humberto Ortiz*

68   Conselhos de Empresa
*Hermes Augusto Costa*

74   Consumo Solidário
*Euclides André Mance*

80   Cooperação
*Paulo de Jesus*
*Lia Tiriba*

86   Cooperação Internacional
*Dipac Jaiantilal*

91   Cooperativas de Trabalho
*Jacob Carlos Lima*

96   Cooperativismo
*Rui Namorado*

103  Dádiva
*Alain Caillé*

108  Desenvolvimento Local
*Rogério Roque Amaro*

114  Economia da Família
*Lina Coelho*

120 Economia do Trabalho
*José Luis Coraggio*

128 Economia Feminista
*Lina Coelho*

134 Economia Moral
*Noëlle M. P. Lechat*

139 Economia para a Vida
*Franz J. Hinkelammert*
*Henry Mora Jiménez*

145 Economia Plural
*Jean-Louis Laville*

150 Economia Popular
*Ana Mercedes Sarria Icaza*
*Lia Tiriba*

156 Economia Social
*Jacques Defourny*

162 Economia Solidária
*Jean-Louis Laville*
*Luiz Inácio Gaiger*

169 Eficiência
*Luiz Inácio Gaiger*

175 Emancipação Social
*Antonio David Cattani*

181 Empreendimento Econômico Solidário
*Luiz Inácio Gaiger*

188 Empresa Social
*Jacques Defourny*

193 Empresas Recuperadas
*Gabriel Fajn*

198 Estado Social
*François-Xavier Merrien*

203 Ética Econômica
*Anne Salmon*
*Antonio David Cattani*

208 Finanças Solidárias
*Ruth Muñoz*

213 Governação Local
*Sílvia Ferreira*

219 Identidade
*Marília Veríssimo Veronese*
*Egeu Gómez Esteves*

224 Incubação de Redes de Economia Solidária
*Genauto Carvalho de França Filho*
*Eduardo Vivian da Cunha*

231 Justiça Cognitiva
*Maria Paula Meneses*

237 Macroeconomia e Economia Popular
*Ricardo Diéguez*

243 Microcrédito
*Jean-Michel Servet*

248 Microempreendedorismo
*Pedro Hespanha*

255 Moeda Social
*Claudia Lúcia Bisaggio Soares*

260 Movimento Social
*Ana Mercedes Sarria Icaza*

264 Património Comum da Humanidade
*José Manuel Pureza*

268 Políticas Públicas
*Walmor Schiochet*

273 Previdência Social
*Claudia Danani*

278 Redes de Colaboração Solidária
*Euclides André Mance*

284 Redes Sociais
*Breno Fontes*
*Sílvia Portugal*

289 Responsabilidade Social Empresarial
*Anne Salmon*
*Antonio David Cattani*

293 Saberes do Trabalho Associado
*Maria Clara Fischer*
*Lia Tiriba*

299 Sociedade-Providência
*Pedro Hespanha*
*Sílvia Portugal*

305 Sociologia Econômica
*Benoît Lévesque*

310 Solidariedade
*Jean-Louis Laville*

315 Tecnologia Social
*Renato Dagnino*

322 Terceiro Sector
*Sílvia Ferreira*

328 Utopia
*Antonio David Cattani*

335 Autores e Corpo Técnico

# CONSTRUINDO A OUTRA ECONOMIA

A construção desta obra está sintonizada com os ideais e as realizações objetivas da outra economia, aquela que se apresenta como alternativa material e humana superior à economia capitalista. Designadas por termos tais como economia solidária, economia do trabalho, novo cooperativismo, empresas autogestionárias e outros, essas formas correspondem a realizações inovadoras, associadas a novos valores e princípios que se opõem às práticas excludentes, social e ambientalmente predatórias.

A construção do novo, do socialmente mais avançado, remete a processos complexos que ultrapassam a mediocridade e as limitações das relações de produção capitalistas. Nestas, os termos associados são concorrência, exploração, acumulação compulsória, exclusão. *A outra economia* é regida pelos princípios da solidariedade, da sustentabilidade, da inclusão, enfim, da emancipação social. Esses princípios não se reduzem a boas intenções, mas constituem realizações concretas, viáveis e, sobretudo, em expansão no mundo inteiro.

O histórico do *Dicionário Internacional* acompanha a evolução recente da temática. Uma edição pioneira começou a ser gestada em 2002, na sequência de seminários teóricos e conceituais realizados no Brasil. O resultado desse trabalho coletivo foi lançado durante o III Fórum Social Mundial, ocorrido em Porto Alegre, em janeiro de 2003 (Porto Alegre, Veraz Editores). A obra alcançou grande sucesso e, graças ao empenho de José Luis Coraggio, foi logo traduzida para o espanhol (Buenos Aires, Editorial Altamira, 2004). No ano seguinte, por iniciativa de Jean-Louis Laville, contribuições européias foram agregadas a uma seleção de verbetes sob o nome *Dictionnaire de l'Autre Economie* (Paris, Desclée de Brouwer, 2005). Nova edição foi publicada na coleção Folio Actuel (Paris, Gallimard, 2006, 1ª reimpressão em 2008). Parte desta última versão foi publicada na Itália, sob o título *Dizionario dell'Altra Economia* (Roma, Edizione Miltimediali, 2006).

O *Dicionário Internacional da Outra Economia* é legatário da experiência acumulada nas publicações anteriores, constituindo-se, ao mesmo tempo, em obra inédita. Pedro Hespanha e Luiz Inácio Gaiger reforçaram o trabalho de coordenação dos mais de cinquenta autores, oriundos de três continentes. A equipe multidisciplinar, proveniente de vários horizontes teóricos, políticos e sociais, buscou ampliar e atualizar o trabalho de clarificação teórica e conceitual, de maneira a aprofundar a reflexão crítica sobre as formas mais avançadas de produção social. Essas produções intelectuais não são neutras, tampouco despojadas de valores, princípios, desejos e esperanças. Algumas elaborações decorrem do envolvimento direto com experiências em curso; outras são formulações procedentes de exercícios analíticos do observador externo aos processos. Em todos os casos, não há percepções resignadas da realidade social e econômica, mas elementos da disputa pela legitimidade no campo das idéias.

Na grande maioria dos casos, os verbetes seguem uma estrutura básica (definição sintética, gênese e desenvolvimento histórico do termo, controvérsias e questões atuais relacionadas). Cada autor é responsável por seus textos. O ponto de união da equipe é a crença nos valores civilizadores: cooperação, solidariedade e compromisso com a vida, com a natureza, com a justiça social. Acreditamos todos que um mundo melhor é possível e que ele está sendo construído pelas realizações concretas da outra economia.

**Antonio David Cattani**
*Porto Alegre, janeiro de 2009.*

# NOTA ACERCA DA EDIÇÃO PORTUGUESA

Portugal partilha, de um modo muito especial com outras sociedades de capitalismo periférico, a circunstância de manter formas de usar os recursos, de produzir e de trocar cujo fundamento e motivação nada têm a ver com o individualismo possessivo e a competição cega que caracterizam a economias capitalistas.

A persistência de formas tradicionais de cooperação e solidariedade torna-se particularmente visível em muitos sectores da pequena produção, em grupos sociais que foram marginalizados e em territórios do interior do país que foram deixados para trás e hoje estão em processo de desertificação física e humana. Mas essas formas encontram-se igualmente presentes em espaços mais desenvolvidos onde o capital conseguiu incorporar uma mão-de-obra que subsiste nos limites da sua própria reprodução graças às redes de entreajuda e à persistência de padrões de vida próprios das classes populares. Não admira, assim, que em períodos de crise económica, vivida pelos trabalhadores como desemprego e instabilidade laboral, perda de poder de compra ou endividamento, estas formas económicas estranhas ao capitalismo, e que este nunca pôde totalmente absorver, se reforcem e tornem mais visíveis. Não admira também que as novas ideologias ou os movimentos sociais de cunho solidarista recuperem ou procurem dar sentido a este valioso património de cooperação e de resistência.

O CES tem procurado, desde sempre, aprofundar o conhecimento dos processos de inclusão das sociedades como a portuguesa no sistema económico mundial, partindo precisamente das ideias de complexidade e de transformação dialéctica: complexidade pela sua posição intermédia no sistema da economia-mundo e transformação dialéctica pela sua incorporação diferenciada no capitalismo global. A um nível microscópico estas ideias ajudam a compreender por que razão nestas sociedades as classes têm contornos tão mal definidos ou por que a racionalidade dos agentes se afasta tanto da racionalidade do sistema quando se analisam os padrões de reprodução económica. De vários pontos de vista, certas particularidades da sociedade portuguesa, como por exemplo, o peso elevado da economia informal e da semi-proletarização, o défice da acção colectiva ou a permeabilidade do Estado aos interesses privados, são mais facilmente compreendidas quando comparadas com sociedades da América Latina ou mesmo de África.

Reconhecer a persistência de formas económicas distintas da do capital ou a emergência de formas económicas alternativas ao capital, umas e outras fortemente relacionadas com este último, é uma opção aparentemente incontroversa mas com implicações enormes, dada a diversidade de entendimentos acerca dos processos de relacionamento entre o capitalismo e aquilo que lhe é estranho. A própria dissociação entre os fenómenos económicos e a sociedade onde estes se geram, que o pensamento económico liberal inventou, contribuiu decisivamente para a invisibilidade daquelas formas.

A literatura sobre este assunto é vasta e por vezes demasiado hermética para não iniciados. Por isso, visou-se, com a presente obra, divulgar para públicos alargados os conceitos e as teorias mais marcantes sobre as alternativas à economia capitalista extraídos dessa literatura especializada. Nela se abordam temas tão diversos quanto os fundamentos e as modalidades da outra economia ou os marcos históricos do pensamento alternativo, a par de outros mais específicos relacionados com as empresas recuperadas, as redes de colaboração solidária, as finanças solidárias, a responsabilidade social ou o comércio justo.

Espera-se, assim, que ela possa ajudar a tornar mais inteligíveis as anomalias do nosso sistema económico, a reconhecer a existência de lógicas distintas de produzir e de (con)viver e a discernir a presença, resistente ou emergente, de outras economias mais justas e solidárias.

Uma última nota sobre dois apoios importantes para esta edição: de um lado, a prestimosa ajuda de Sílvia Ferreira, Colega da Faculdade e investigadora do CES, na mobilização dos contributos para o Dicionário; de outro, as oportunidades de debate oferecidas pelo Grupo EcoSol, recentemente criado pelos estudantes de pós-graduação do CES no âmbito do Núcleo de Cidadania e Políticas Sociais. A ambos o devido reconhecimento...

**Boaventura de Sousa Santos**
*Director do Centro de Estudos Sociais*

**Pedro Hespanha**
*Coordenador do Núcleo de Cidadania e Políticas Sociais*

## ALTERMUNDIALIZAÇÃO
Patrick Viveret

**1.** O termo *altermundialização* expressa o caráter multiforme de um movimento que pretende suscitar valores como a democracia, a justiça econômica e social e a proteção ao meio ambiente e aos direitos humanos a fim de estabelecer condições para uma mundialização democrática, controlada e solidária. Os termos *altermundialização* e *altermundialismo* foram criados em 2002, na Bélgica e na França (principalmente no âmbito da revista *Mouvements*), tendo como inspiração o *slogan* do Fórum Social Mundial de Porto Alegre, realizado no Brasil: "um outro mundo é possível". Para seus idealizadores, o conceito foi também um meio de se opor à apresentação desse movimento, ao mesmo tempo cívico e social, veiculada pela mídia como uma iniciativa contrária à mundialização. Essa recusa não tange à própria mundialidade, inscrita na continuação dos valores internacionalistas (nossa "terra-pátria"), mas à sua forma atual, julgada ecológica e socialmente destrutiva. O conceito difundiu-se de maneira mais ampla, ultrapassando os limites da francofonia, por ocasião do Fórum Social Europeu, ocorrido em Paris, em novembro de 2003. Até mesmo uma oficina, intitulada *As palavras, as línguas, os símbolos do movimento altermundialista*, dedicou-se aos problemas de tradução e de interpretação desse novo conceito. De fato, ele permanece marcado por sua origem francófona, e sua tradução em inglês refere-se assiduamente a essa origem.

**2.** O movimento altermundialista focaliza-se na crítica às lógicas econômicas dominantes e na busca de alternativas a elas. Tais lógicas revelam-se particularmente nas instituições econômicas e financeiras internacionais, alvos privilegiados das manifestações altermundialistas: a Organização Mundial do Comércio (OMC), o Fundo Monetário Internacional (FMI), a Organização de Cooperação e Desenvolvimento Econômico (OCDE) e o Banco Mundial (BM). Dois grandes processos levaram ao surgimento da altermundialização. O primeiro processo relaciona-se à expressão internacional do fato associativo, que se traduziu na multiplicação de "fóruns de ONGs", por ocasião das reuniões internacionais de cúpula das Nações Unidas organizadas na década de 1990. O primeiro fórum ocorreu durante a Conferência das Nações Unidas para o Meio Ambiente e Desenvolvimento, a Rio-92. O segundo processo, marcado por uma tradição mais radical, manifestou-se por meio de várias iniciativas: o *People's Power 21*, reunião de movimentos asiáticos; a conferência contra o neoliberalismo, organizada pelos zapatistas em Chiapas; as manifestações anuais contra o Fórum

Econômico Mundial de Davos e os Encontros Internacionais de Paris, da ATTAC (Associação pela Tributação das Transações Financeiras em Apoio aos Cidadãos), ocorridos em 1999.

Esses dois processos uniram-se, em parte, durante as manifestações contra a OMC realizadas em Seattle (1999) e em Gênova (2001), onde a polícia italiana matou a tiros um participante. Essas manifestações favoreceram sobretudo a construção de um acontecimento de referência, o Fórum Social Mundial (FSM), em oposição ao Fórum Econômico Mundial de Davos. A expressão "fórum-espaços", forjada por Whitaker, um dos co-fundadores do FSM, expressa o caráter voluntariamente pluralista do processo: ausência de declarações finais, votos majoritários ou instruções, assim como inexistência de organismos dirigentes. Em termos de estrutura, o Fórum Mundial possui um secretariado, responsável por sua organização, e um conselho internacional.

O FSM ocorreu três vezes em Porto Alegre, no Brasil, depois em Mumbai, na Índia, antes de voltar a Porto Alegre no início de 2005. Em 2006, foi realizado em Caracas; em 2007, em Nairobi; e, em 2008, foi convertido em dia mundial de mobilização. Em 2009, voltará a ser realizado no Brasil (Belém, Pará).

**3.** A altermundialização agrupa atores de culturas muito diversas, como terceiro-mundistas, ecologistas, marxistas, cristãos progressistas, keynesianos ou anarquistas. Com frequência, reúne ainda atores raramente vistos nos mesmos lugares, como integrantes dos movimentos pacifistas israelenses e dos movimentos progressistas muçulmanos.

Nos planos econômico e social, os altermundialistas rejeitam a idéia de que o direito da concorrência possa ser superior àqueles inscritos na Declaração Universal dos Direitos do Homem. Criticam regras favoráveis demais à propriedade intelectual ou ao patenteamento da vida, praticadas em detrimento dos países do Sul e, de modo mais amplo, dos cidadãos. Denunciam as patentes sobre o material genético tradicional e o preço exorbitante de certos medicamentos cobrado de habitantes dos países mais pobres (por exemplo, as drogas necessárias ao combate à AIDS, na África). Algumas associações que participam ativamente dos encontros altermundialistas, como a organização britânica Oxfam, não combatem abertamente a OMC, pois julgam útil haver uma regulação do comércio mundial. Em contrapartida, criticam os países industrializados, que, além de não se empenharem em suprir as falhas democráticas e jurídicas desse sistema, tirariam proveito delas.

Os altermundialistas defendem idéias favoráveis à regulação dos mercados financeiros. A mais conhecida é a proposta de se fixar uma tributação sobre as transações financeiras, conhecida pelo nome de seu criador, Tobin, Prêmio Nobel da Economia (na verdade, trata-se de um prêmio do Banco Central Sueco em memória de Alfred Nobel, erroneamente apresentado como Prêmio Nobel). Os altermundialistas propõem ainda a atribuição de um papel mais importante a organizações como a Organização Mundial da Saúde (OMS) e a Organização Internacional do Trabalho (OIT). São também favoráveis à criação de uma organização mundial do meio ambiente dotada de poderes efetivos de sanção e apóiam todas as iniciativas em prol do desenvolvimento de um comércio realmente justo.

O altermundialismo investe muito nas lógicas de rede e na utilização das novas tecnologias da informação, apoiando-se em certos veículos de comunicação. Entre os mais conhecidos, estão o jornal *Le Monde Diplomatique*, a rede *Indymedia Center* e o jornal alternativo *Bretzel*, assim como organizações a exemplo da ATTAC, idealizadora do projeto Tobin. As mobilizações altermundialistas fizeram com que a OMC, o G8 e o BM passassem a organizar seus encontros cada vez mais longe dos grandes centros, em lugares afastados e pouco acessíveis à população, o que aumenta a suspeita acerca de seu caráter pouco democrático. Em 2001, a OMC congregou-se em Doha, no Qatar. Em 2002, a Cúpula do G8 reuniu-se no coração das Rochosas, em Kananaskis, e, em 2003, em Évian, na França. Para a Reunião de Cúpula do G8 de 2004, George W. Bush escolheu Sea Island, uma pequena ilha privada da Geórgia. Em 2005, foi a vez de Gleneagles (Escócia); em 2006, de São Petersburgo, na Rússia, e, em 2007, de Rostock, Alemanha, considerada uma verdadeira prisão de luxo.

Entre as propostas evocadas com mais frequência nos planos econômico e social, encontram-se principalmente: o controle das instituições financeiras internacionais – FMI, BM, OMC – pela organização das Nações Unidas (ONU); a preservação dos serviços públicos ameaçados pelo Acordo Geral sobre o Comércio dos Serviços (AGCS); e a anulação da dívida dos países pobres, algumas delas contraídas por um governo anterior não-democrático, para manter-se no poder. Tal demanda baseia-se nas alegações de que essa dívida já foi paga várias vezes por seus juros e de que ela tem, em contrapartida, as dívidas ecológica ou colonial. Os altermundialistas exigem igualmente: o combate efetivo aos paraísos fiscais, em um primeiro momento, e a posterior supressão desses espaços, onde se confundem economias especulativa e criminosa; a exclusão definitiva de certos setores, tais como a educação ou a saúde, dos ciclos de negociação da OMC; a elaboração de um balanço exaustivo e independente das políticas seguidas nos últimos vinte anos pelas instituições financeiras internacionais; a cobrança de garantias de progressos democráticos quando da concessão de auxílio econômico a países não-democráticos; e o estabelecimento de um controle cidadão sobre as ajudas econômicas.

Desde o primeiro Fórum Social Mundial de Porto Alegre, houve também o crescimento de propostas que tendem a desenvolver uma outra abordagem da riqueza e da moeda. Novos indicadores de riqueza (indicadores de desenvolvimento humano, de saúde social, de bem-estar econômico, de desenvolvimento sustentável) são cada vez mais debatidos e elaborados, frequentemente no âmbito de instituições internacionais como o PNUD (Programa das Nações Unidas para o Desenvolvimento) ou a OMS. De maneira ainda mais radical, iniciou-se recentemente um debate sobre a natureza da própria moeda, suas condições de emissão e circulação e sobre a lógica perversa das taxas de juros. Tanto no plano teórico, como no experimental, multiplicam-se iniciativas de sistemas de troca, de moedas ecológicas e sociais e de novas formas de crédito. Tais ações apóiam-se no conhecimento adquirido durante as tentativas registradas na década de 1990, como os Clubes de Trocas (LETS, de *local exchange trade system*, nos países anglo-saxões), os SEL (sistemas locais de trocas, nos países francófonos), os sistemas de trocas com base no tempo (bancos do tempo, na Itália; *time dollar*, nos Estados Unidos; *fair bank*, na Grã-Bretanha), ou as moedas sociais alocadas (como o cheque-serviço, o tíquete-restaurante, o cheque-férias, etc.).

**4.** Esses debates e experiências propiciam até mesmo a formulação de um projeto concebendo uma unidade contábil e de troca mundial. Tal instrumento permitiria, aos atores que demonstrassem a necessidade de utilizar a moeda como um meio e não como um fim, privilegiar as trocas e os investimentos inseridos nessa lógica. Todas essas tentativas dão novo impulso ao projeto histórico da economia social (cooperativas, sistemas mutualistas e associações), revisitado pela nova energia criadora da economia e das finanças solidárias.

O altermundialismo constitui a parte mais dinâmica do que se conhece pelo termo amplo "sociedade civil internacional". O movimento desenvolveu-se de modo extremamente rápido, mesmo dispondo de expedientes irrisórios em relação àqueles das empresas multinacionais, das instituições financeiras, dos Estados e dos grandes meios de comunicação. Sucedido esse impulso, o altermundismo atravessa atualmente um momento crítico de sua jovem história, devendo contornar os riscos que levaram ao fracasso muitas tentativas anteriores, em especial nos regimes comunistas.

O capitalismo (ou o que se nomeia, frequentemente, com o termo preguiçoso "globalização neoliberal") não constitui o único risco que pesa, no início do século XXI, sobre a humanidade. Os dois maiores obstáculos enfrentados ao estabelecimento de uma civilidade mundial são o fundamentalismo, sob formas mais e mais violentas, e um capitalismo estadunidense, cada vez mais autoritário e menos liberal. Na administração Bush, esse capitalismo revela-se sempre mais nacionalista e oposto a regulações mundiais ecológicas (rejeição ao Protocolo de Kyoto), jurídicas (objeção à Corte Penal Internacional), políticas (recusa a uma reforma das Nações Unidas) e até econômicas (imposição de barreiras protecionistas a sua agricultura, sua indústria e suas patentes). O desafio é combater-se mais um capitalismo autoritário, que se opõe a regulações mundiais, e menos uma mundialização liberal. O confronto por uma democracia mundial deve inscrever-se nessa alternativa aos riscos autoritários, que podem assumir tanto a forma do capitalismo, como a expressão do fundamentalismo. Essa democracia não pode contentar-se em desmilitarizar a luta pelo poder, precisando mudar sua natureza.

Se a forma associativa é uma das mais adaptadas à exigência democrática, isso se dá justamente porque ela se ajusta muito mais ao poder como criação do que como dominação. Foi por essa razão que se viu surgir, a partir da década de 1990, não somente uma sociedade civil, mas também uma "sociedade civil mundial". Com efeito, essas associações de um novo tipo, as que se caracterizam como movimentos de cidadania ou associações cívicas, tratam diretamente de questões políticas. Um encontro como o Fórum Social Mundial de Porto Alegre é, no melhor sentido do termo, um encontro político.

Essa qualidade democrática é mais necessária no movimento cívico e societário emergente em escala mundial porque foi nesse terreno que fracassaram as tentativas anteriores de alternativa ao capitalismo. Todas as forças que, no começo do século XXI, acreditam na possibilidade de haver um outro mundo devem trabalhar internamente para superar as lógicas de rivalidade e de suspeição que minaram o movimento operário e seus componentes políticos e sociais. Nem as diferenças nem os desacordos são perigosos; os mal-entendidos, os processos de intenção, as lógicas de rivalidade e de relações de força é que o são. A pluralidade das tradições políticas, culturais e espirituais que compõe o movimento da "altermundialização" é uma força, não uma fraqueza, desde que ela edifique coletivamente uma ética e uma qualidade democrática proporcionais a suas ambições.

## BIBLIOGRAFIA

Arruda, M. (2003), L'endettement est-il une dette légitime. *Revue du Mauss*. L'alter-économie, Paris: La Découverte, n. 21, prem. sem.

Attac (2001), *Agir local, penser global*, Paris: Éditions Mille et Une Nuits.

Cordellier, S. (Dir.) (2000), *La mondialisation au-delà des mythes*, Paris: La Découverte.

Laville, J.-L. (Dir.) (2000), *L'économie solidaire: une perspective internationale*, Paris: Desclée de Brouwer.

Où va le mouvement altermondialiste? (2003), Paris: La Découverte. Edité par un collectif à l'initiative des revues Transversales Science Culture et Mouvements.

Passet, R. (2000), *L'illusion néo-libérale*, Paris: Fayard.

Viveret, P. (2003), *Reconsidérer la richesse*, Paris: Editions de l'Aube. Rapport du Secrétaire d'État à l'économie solidaire.

Whitaker, C. (2003a), Forum Social Mundial, espace ou mouvement. *Cultures en Mouvement*, n. 61, oct.

___. (2003b), Où va le Forum Social Mundial? *Cultures en Mouvement*, n. 62, nov.

# A

## ANTIUTILITARISMO
Alain Caillé

**1.** O antiutilitarismo define-se por oposição à Economia e à Ciência Econômica dominantes e à cristalização e condensação de práticas, visão de mundo e filosofia utilitaristas. A crítica à Economia será antiutilitarista ou não o será. Essa afirmação suscita tanto problemas quanto soluções, pois supõe que se delibere sobre o que convenha entender-se por utilitarismo. A asserção tem ainda inspirado todo o trabalho da *Revue du MAUSS* (Movimento Antiutilitarista em Ciências Sociais) desde sua fundação, em 1981.

A crítica à Economia e à Ciência Econômica, nascida com o capitalismo moderno e sua economia política, desponta por volta de 1800, assumindo formas e graus de intensidade infinitamente variados. Para os males engendrados pelo capitalismo, buscou-se uma solução, durante dois séculos, na volta aos bons velhos tempos, na invocação de dias melhores (socialistas ou comunistas), ou então, mais modestamente, em uma organização social-democrata da livre concorrência. A crítica à Ciência Econômica ocorre, basicamente, sob três vertentes principais, entre outras. Primeiramente, ela pode incidir sobre pontos técnicos mais ou menos específicos, a exemplo da crítica ao conceito de capital formulada pela escola de Cambridge, ou da demonstração do irrealismo dos postulados protagonizada pela teoria do equilíbrio geral. A crítica à Ciência Econômica pode ainda questionar a imagem do sujeito econômico racional, cuja racionalidade é, na melhor das hipóteses, subjetiva e limitada. Finalmente, essa crítica pode consistir na demonstração da incompletude do mercado e dos defeitos de coordenação que ela acarreta, a exemplo do que fazem o keynesianismo, o neoinstitucionalismo e as escolas da regulação ou das convenções. De qualquer sorte, salienta-se a incapacidade intrínseca de a Ciência Econômica primar pela natureza, pelo ser vivo e pelo ser humano. Frequentemente, essas diversas críticas, passadistas, reformistas ou revolucionaristas, técnicas, ecológicas ou epistemológicas, entrecruzam-se e combinam-se, o que não facilita a definição do que seja antiutilitarismo.

No interior desse conjunto crítico proteiforme, pouco se duvida de que o marxismo tenha desempenhado, por muito tempo, o papel principal, ainda que ambíguo. Cabe indagar se a crítica à economia política, por diversas vezes recomeçada e reformulada por Marx e seus discípulos, deve ser entendida como a esperança de se criar uma Ciência Econômica mais científica que a economia política burguesa – a verdadeira Ciência Econômica enfim encontrada –, ou como uma crítica aos limites de qualquer discurso econômico possível. Do mesmo modo, cabe questionar se a crítica ao capitalismo deve ser compreendida como a denúncia da subordinação da vida real dos homens concretos aos imperativos abstratos da economia, ou, com a contribuição do materialismo histórico, um apelo a um excesso de realismo economicista e ao desenvolvimento sem fim das forças produtivas. É possível demonstrar-se que essa ambiguidade está na raiz dos dramas engendrados pelas tentativas de se construir o comunismo, pois elas se mantiveram exaustivamente divididas entre um economicismo (apologia ao planejamento racional) e um antieconomicismo (escolha pela abolição das categorias mercantis e apelo ao devotamento do proletariado), igualmente hipertrofiados. Outra oposição situa-se entre um utilitarismo e um antiutilitarismo desenfreados. Com efeito, o marxismo compartilha com o pensamento burguês a certeza utilitarista de que, sendo o econômico o único real, a sociedade não passa de uma superestrutura da economia. Ele a critica, mas o faz em nome de um antiutilitarismo, de uma aspiração a deixar o utilitarismo do qual ele não consegue se desvincular, já que o próprio marxismo procede em boa parte do utilitarismo.

**2.** Não é raro que uma mesma doutrina seja objeto de leituras totalmente divergentes, e isso se aplica também ao utilitarismo. Neste caso, em particular, a diversidade das interpretações é surpreendente. Sob a ótica do "Continente" (Alemanha, França, Itália), o utilitarismo, concebido como uma doutrina particularmente banal, não interessava a mais ninguém. As histórias da Filosofia ou das Ciências Sociais mal faziam menção a ele, limitando-se a lembrar a existência de Bentham (1970), considerado o pai da doutrina. No máximo, citavam-se alguns precursores, os moralistas escoceses, Hutcheson, Hume ou Smith, ou então Helvétius ou Beccaria, e pelo menos um sucessor importante, Stuart Mill, autor da obra *Utilitarismo* (1998), que teria estabelecido o essencial da doutrina.

Esse desinteresse radical pelo utilitarismo causa surpresa diante do fato de que os principais debates teóricos e políticos do século XIX, ocorridos na Europa, desenvolveram-se em uma relação central com ele e, principalmente, com a doutrina de Bentham, tal como seu discípulo suíço Dumont expusera-a no início daquele século. Podem-se citar três exemplos, entre dezenas de outros. Nietzsche foi inicialmente um defensor do utilitarismo antes de se tornar um antiutilitarista radical, vendo no homem utilitarista um calculador, aquele que buscaria acima de tudo a própria felicidade, a figura execrável do "último homem", com quem findaria a história da humanidade. Contra o utilitarismo de Spencer, Durkheim, o sociólogo mais popular da Europa dos anos 1880, fundou o que se tornaria a escola sociológica francesa. Por sua vez, a grande tradição socialista francesa – aquela que culminou com Jaurès – segue a linha do benthamismo, por se querer racionalista, mesmo pretendendo infleti-lo para dar lugar maior ao altruísmo do que ao egoísmo. O socialismo não-marxista vê-se assim como um utilitarismo com certo tom de simpatia (Chanial, 2000).

O cerne do debate que reserva muitas surpresas polariza-se entre egoísmo e altruísmo. Para a maior parte dos economistas, e para quase todos os sociólogos, o utilitarismo estabelece: a) que os homens são ou devem ser considerados como indivíduos, separados e mutuamente indiferentes, não podendo, por natureza, buscar algo além de sua própria felicidade ou de seu próprio interesse; b) que é bom e legítimo que assim o seja, pois esse é o único objetivo racional oferecido aos seres humanos; c) enfim, que os indivíduos buscam essa satisfação de seu próprio interesse ou deveriam buscá-la racionalmente, maximizando seus prazeres (ou ainda, sua utilidade, suas preferências) e minimizando suas dificuldades (ou sua falta de utilidade). Assim concebido, o utilitarismo mostra-se como uma "dogmática do egoísmo" (Halévy, 1995) e faz mais do que antecipar o que ainda se chama de "modelo econômico" ou, de modo mais geral, de individualismo metodológico e de *Rational Action Theory* (RAT), tornados o modelo explicativo dominante nas Ciências Sociais. Assim o consideram todos os autores importantes da tradição sociológica, para quem a Sociologia deve ser pensada como um antiutilitarismo, um discurso que reconhece a legitimidade do cálculo de interesse e da racionalidade do *homo œconomicus*, mas que se recusa a acreditar que toda ação reduzir-se-ia à racionalidade instrumental (Laval, 2002).

A dificuldade reside no fato de que a corrente ultradominante da filosofia moral anglo-saxônica, desde Mill até Rawls, passando por Sidgwick e Moore, repousa sobre uma interpretação bem diferente do utilitarismo. Em sua discussão sobre o utilitarismo, todos esses autores interessam-se menos pelo postulado do egoísmo racional do que pelo princípio de justiça utilitarista enunciado por Bentham: é justo o que permita maximizar "a felicidade do maior número". Deduz-se a sequência: para ser justo e moral, pode-se revelar ser necessário sacrificar os interesses egoístas à felicidade do maior número. O utilitarismo, que antes parecia consistir em uma dogmática do egoísmo, mostra-se como uma doutrina que prega o altruísmo; até mesmo o sacrifício. Foi precisamente para evitar o sacrifício dos interesses ou a liberdade dos indivíduos sob o pretexto de maximizar a utilidade comum que Rawls tentou definir outros critérios de justiça além do parâmetro utilitarista. Seu êxito é duvidoso, já que o autor não soube explicar-se sobre o estatuto da hipótese do egoísmo racional.

Segundo economistas, o *homo œconomicus* não é necessariamente egoísta. Há certos indivíduos para quem a satisfação do próprio interesse passa pelo contentamento dos outros. Eles seriam, em suma, egoístas altruístas. A discussão sobre o alcance do utilitarismo torna-se logo complexa, e quatro teses podem ser apresentadas para se analisarem essas intricadas questões.

Conforme a primeira tese, o utilitarismo caracteriza-se pela combinação difícil (até impossível) entre uma afirmação positiva – os indivíduos são calculistas interessados racionais – e uma afirmação normativa consequencialista: é justo e desejável o que maximiza objetivamente a felicidade do maior número ou o interesse geral. Em suma, o utilitarismo distingue-se pela combinação de um egoísmo e de um altruísmo racionais.

As teorias econômicas liberais, que apelam ao mercado e ao contrato a fim de conciliar esses dois princípios, podem ser consideradas como utilitaristas *lato sensu*. Já as teorias utilitaristas *stricto sensu* são aquelas que, a exemplo do Bentham reformador do Direito, postulam ser essa conciliação somente possível mediante a intervenção de um legislador racional que manipule os desejos, equacionando penas e recompensas, pelo que Halévy denominava-a "harmonização artificial dos interesses". Estas compõem o segundo grupo de teses.

Embora a palavra *utilitarismo* seja relativamente recente (foi criada por Mill), os dois princípios de base do utilitarismo, já claramente enunciados por Sócrates e Platão, são tão antigos quanto as filosofias ocidental e chinesa, conforme Mao-Tse (Han-Fei-Tse, 2000), cuja história pode ser lida como a de uma longa batalha entre teses utilitaristas e teses antiutilitaristas (CAILLÉ; LAZZERI; SENELLART, 2001). Esse embate foi substituído pelo confronto entre Ciência Econômica e Sociologia.

De acordo com a quarta tese, o utilitarismo nada mais é do que a teoria da racionalidade prática ampliada à totalidade da filosofia moral e política. Apoiada no postulado do *homo œconomicus*, a Ciência Econômica representa a cristalização do utilitarismo.

**3.** Criticar o utilitarismo é delicado, em razão da força de sua intuição constitutiva. É difícil opor-se algo às idéias aparentemente manifestas de que os indivíduos não podem buscar nada mais do que a satisfação de seu próprio interesse e que não há outro objetivo legítimo concebível para os Estados ou para as sociedades senão assegurar a maior felicidade ao maior número. Muitos fatores estão envolvidos, entretanto, neste estudo, é possível fazer-se apenas um breve apanhado deles.

No plano positivo, as explicações utilitaristas da ação humana são infinitamente mais fracas do que se poderia crer no início: ou elas não conseguem se libertar do formalismo e da tautologia, limitando-se a repetir, sob múltiplas formas, que os homens preferem o que preferem e interessam-se pelo que os interessa; ou elas caem em uma forma ou outra de utilitarismo vulgar, afirmando serem os interesses materiais (o dinheiro, o sexo, ou o gosto pelo poder) que conduzem o mundo.

No plano normativo, a questão principal é que, se a felicidade pode certamente ser desejada, nem por isso pode ser objetivada, pois não é palpável. Fazer dela uma meta (e não um resultado desejável possível) implica considerá-la quase como um objeto, o qual se pode possuir e dele se apropriar, e considerar o sujeito que o persegue, indivíduo ou Estado racionais, como um senhor ou um proprietário onisciente e onipotente. De modo mais concreto, as sociedades modernas decidiram o debate estabelecendo que a medida adequada da felicidade seria o Produto Nacional Bruto (identificado com a Felicidade Nacional Bruta) e que a maximização da vida ou da sobrevida brutas seria alcançada a qualquer preço, com o risco da infelicidade.

A esses discursos que difundem uma visão puramente instrumental da existência humana (solapando assim toda possibilidade de felicidade objetiva), pode-se objetar que, como mostra Mauss, em *Ensaio sobre a Dádiva* (2003), a motivação primeira da ação não é o interesse pessoal, mas a obrigação de dar, de mostrar-se generoso diante dos outros; que a hipótese do *homo donator* é, portanto, tão plausível quanto a do *homo œconomicus* (GODBOUT, 2000). O essencial da existência reside sem dúvida nessas premissas, e a visão utilitarista do mundo desconsidera que, antes mesmo de os sujeitos poderem satisfazer suas necessidades e calcular seus interesses, é preciso que existam e se constituam enquanto tais, quer se trate dos indivíduos, quer dos coletivos. Essa construção de subjetividade relaciona-se à subordinação da necessidade à exigência de sentido (para o indivíduo ou para o coletivo) e implica a subordinação das considerações utilitárias a um momento antiutilitarista constitutivo. Em outros termos, a crítica consistente à economia política implica o reconhecimento da essência política (e não econômica) das sociedades. O utilitarismo contribuiu para o nascimento da democracia moderna, mas corre o risco de revelar-se mortal à sua sobrevivência. Esta só será possível mediante o entendimento de que a democracia deve ser desejada por si mesma e que as considerações de eficácia funcional e instrumental devem estar subordinadas ao objetivo de sua edificação.

**BIBLIOGRAFIA**

Bentham, J. (1970), *An introduction of the principles of morals and legislation*, London; New York: Methuen.

Caillé, A. (1986), *Critique de la raison utilitaire*, Paris: La Découverte.

Caillé, A., Lazzeri, C., Senellart, M. (Dir.) (2001), *Histoire raisonnée de la philosophie morale et politique:* le bonheur et l'utile, Paris: La Découverte.

Chanial, P. (2000), *Justice, don et association*, Paris: La Découverte.

Godbout, J. T. (2000), *Le don, la dette et l'identité*, Paris: La Découverte.

Han-Fei-Tse (2000), *Le tao du prince:* introduction et traduction de Jean Lévi. Paris: Seuil.

Halévy, E. (1995), *La formation du radicalisme philosophique*, Paris: PUF.

Laval, C. (2002), *L'ambition sociologique: Saint Simon, Comte, Tocqueville, Marx, Weber, Durkheim*, Paris: La Découverte.

La Revue Du Mauss Semestrielle (1995), Qu'est-ce que l'utilitarisme? Paris: La Découverte, n. 54, 2$^{ème}$ sem.

Mauss, M. (2003), *Ensaio sobre a dádiva*, Rio de Janeiro: Cosac Naify.

Mill, S. J. (1998), *L'utilitarisme*, Paris: PUF.

**ASSOCIATIVISMO**
Philippe Chanial
Jean-Louis Laville

**1.** A associação é uma tradução em atos do princípio de solidariedade que se expressa pela referência a um bem comum, valorizando pertenças herdadas, no caso da solidariedade tradicional, ou pertenças construídas, no caso da solidariedade moderna filantrópica ou democrática. A criação associativa é impulsionada pelo sentimento de que a defesa de um bem comum supõe a ação coletiva. Em sentido genérico, incluindo tanto as formas jurídicas associativas, como as cooperativas e mutualistas, a associação pode ser abordada sociologicamente como um espaço que opera a passagem, graças a um encontro interpessoal, entre redes de socialidades primária e secundária, entre esferas privada e pública (Laville, 2004, p. 63). As relações diretas personalizadas ultrapassam o contrato entre pessoas, para englobá-lo na busca de fins comuns.

A cada ano, nascem e desenvolvem-se milhares de associações, nas quais se inventam novos lugares de definição e de exercício da cidadania, implantando-se redes de solidariedade e ajuda mútua às margens do Estado ou do mercado. Se o evento associativo impõe-se atualmente como um "fato de sociedade", a própria idéia de associação permanece insuficientemente problematizada em sua singularidade. O ato mesmo de associar-se interpela diretamente nossas categorias sociológicas fundamentais de análise. Se o vínculo de associação é irredutível tanto ao cálculo de interesse quanto aos jogos e relações de poder, isso ocorre porque ele indica uma outra modalidade do laço social e político, a solidariedade. Por essa razão, as práticas associativas e as formas associativas delas resultantes (mutualidades, cooperativas, sindicatos, associações civis, etc.) constituem uma política original: o *associacionismo*. Aceitar essa hipótese permite esclarecer-se o que confere ao agir associativo sua especificidade, antes de retomarem-se as teorizações que fizeram dele o fundamento de um projeto político.

**2.** A tentativa de se explicar o agir associativo a partir de motivações exclusivamente utilitárias só pode resultar em aporias. Assim acontece com as abordagens acerca do terceiro setor atinentes à economia neoclássica, que buscaram interpretar a vantagem corporativa das associações via imposição de não-lucratividade. Segundo essas análises, o comportamento desinteressado dos promotores torna-se o sinal de confiança que convence os usuários a recorrerem a seus serviços. Em outras palavras, os usuários estimam que a preservação de seu interesse seja garantida pelo comportamento altruísta dos empreendedores de organizações não-lucrativas. Logo se vê o impasse lógico de tal concepção, salvo se admitirmos que o desinteresse material dos criadores de projetos associativos recobre um interesse não-material, mas é o conteúdo desse interesse então que se torna enigmático. Quanto às concepções da economia social que relacionam a solidariedade ao interesse coletivo, geral ou mútuo, elas deixam "de lado um vasto mundo de motivações e de racionalidades não consumistas e não-instrumentais" (Evers, 2000, p. 568). Somente uma teorização que considere a solidariedade como um princípio de ação coletiva independente, distinto do agir instrumental e estratégico, tem condições de compreender a originalidade do que se expressa nas práticas associativas. A solidariedade remete à liberdade positiva de se desenvolverem práticas cooperativas e ultrapassa, pela busca das condições intersubjetivas da integridade pessoal, a lógica do interesse.

A adesão a um bem comum não basta para se constituírem os elementos necessários a uma ação duradoura, pois ela deve ser acompanhada de um acordo sobre princípios de justificativa (BOLTANSKI e THÉVENOT, 1992). Esses princípios assumem a forma de lógicas institucionais quando oferecem regras fiáveis em matéria de: prestações; relações com os usuários e com os membros; recrutamento e formação; representação e expressão dos voluntários e dos assalariados; e, entre outras, de mobilização dos recursos. Para se liberarem de um trabalho interpretativo extenuante, as relações cristalizam-se em torno dessas lógicas (doméstica, de ajuda social, de ajuda mútua, de movimento social, etc.), facilitando a sua coordenação. Essa organização explica por que a associação, quando de seus primórdios, dá mostras de criatividade, mas apresenta-se frágil ao buscar a consolidação que atualize seu projeto fundador. A difícil elaboração de um universo simbólico dividido pela capacidade de articular registros gerais para tratar de um bem comum singular choca-se incessantemente com os fenômenos de isomorfismo institucional.

**3.** Cabe indagar, em face dessa abordagem, se a associação pode constituir uma política e, em sendo possível, qual seria ela. Uma tradição política negligenciada, a do socialismo associacionista francês, tentou fornecer uma resposta positiva a esse questionamento. É claro que o socialismo jamais teve o monopólio da associação, que foi teorizada e praticada tanto no campo liberal, quanto no campo conservador. Ocorre porém que, quando alguns buscavam na associação um simples remédio aos excessos do individualismo e às ameaças do poder de Estado, os socialismos associacionistas franceses transcenderam essa formulação. Eles constituíram a Associação como matriz, como paradigma para pensar e reformar as ordens social, econômica, política e moral. Nesse sentido, essa tradição não se limita a um nome, o de Proudhon, frequentemente apontado como o anti-Marx. Ela define, antes, a singularidade do socialismo francês, principalmente em relação a seu camarada alemão, a qual pode ser resumida em alguns traços reveladores de sua atualidade.

O socialismo associacionista precursor, aquele dos pioneiros – Saint-Simon, Fourier e seus discípulos –, foi por muito tempo definido, até mesmo estigmatizado, como um socialismo utópico. Se utopia há, ela se deve ao fato de esse socialismo ter se conformado à margem dos grandes princípios revolucionários de 1789. Aqueles socialistas não esperavam nada da democracia, da República ou mesmo do político. Era necessário construir, sobre as ruínas deixadas pela Revolução, algo bem diferente. O ponto de partida comum aos fourieristas e aos saint-simonianos foi, deveras, a constatação de uma desordem, encarnada sobretudo pela "anarquia industrial" (Fourier), contudo, seria errôneo limitar o alcance dessa matriz associacionista apenas à esfera econômica. Nessa esteira, a questão social não pode ser entendida como um mero problema material, pois ela se inscreve também, e, sobretudo, na esfera moral. A desordem liberal – o "reinado da desassociação", segundo a fórmula de Leroux (1997) – consiste-se, acima de tudo, no reinado de um individualismo estrito justificado por essa "ciência sem moralidade", conforme a fórmula saint-simoniana, ou essa "ciência das nações que morrem de fome" – na expressão do fourierista Considérant, a economia política. Associar os homens consiste menos em combinar seus interesses com vistas a um benefício máximo e mais em associar as paixões para atingir a Harmonia (Fourier), em fortalecer os sentimentos e laços de simpatia que devem unir os homens (Saint-Simon) ou em efetivar a Justiça, desenvolvendo novos laços de mutualidade ou de reciprocidade (Proudhon).

Desse ponto de vista, o socialismo da associação é, em princípio, um socialismo moral. Essa moral socialista deve ser interpretada como uma moral da cooperação, em busca de uma síntese entre felicidades individual e coletiva, amor próprio e amor aos outros, liberdade pessoal e solidariedade social. Essa moral é indissociável da filosofia da história defendida por esses autores, contrastando radicalmente com a grande narrativa liberal. Segundo esta, o progresso da humanidade identifica-se com a liberação do homem de todas as correntes que o prendiam, mas, ao contrário, o progresso da humanidade é, acima de tudo, o progresso da associação, a caminhada rumo à Associação Universal (Saint-Simon). Ele se identifica com esse processo histórico em que progressivamente os sentimentos altruístas sobrepujam os sentimentos egoístas, para dar uma forma solidarista ou socialista aos grupos humanos (Malon, 1894).

Essa combinação original entre aspectos individualistas e coletivistas e essa rearticulação entre interesse e desinteresse não culminam em um moralismo ou em um sentimentalismo associacionista. Essa moral da associação prolonga-se em uma política republicana da associação simbolizada por alguns aspectos da Revolução de 1848, na França. Não é ilegítimo interpretar essa Revolução, ao menos em parte, como uma revolução de e pela associação (Chanial, 2001; Desroche, 1981; Chanial e Laville, 2001; Laville, 1999). A Associação, como princípio de uma reorganização geral da sociedade, recebe então uma dupla significação, ao mesmo tempo política e social. A República democrática e social de 1848 pretende – pelo menos idealmente – encarnar essa dupla lógica. Sendo uma República dos cidadãos e dos trabalhadores associados, ela reconhece simultaneamente, por meio do sufrágio universal, o direito de associação no nível do Estado e, pela organização do trabalho, o direito de associação no nível da vida econômica. Reforma política e reforma social são agora indissociáveis: o homem não poderia ter direitos civis e ser simultaneamente servo da indústria.

Apesar do impasse que essa República indissociavelmente democrática e social encontrou quase imediatamente, o associacionismo de 1848 esboçou uma outra definição da cidadania, a da legitimidade, da representação e da soberania. Em seu próprio movimento, a República soube, durante alguns meses, redefinir a exigência republicana e redesenhar as práticas democráticas. Esta é, além das reformas concretas propostas, a principal herança de 1848, principalmente meio século mais tarde. De fato, na virada do século, esse socialismo de 1848 ainda permanece vivo. O solidarismo e o radicalismo reivindicam-no, mas é sobretudo o socialismo democrático francês de Jaurès, assim como o de Mauss, que prolonga sua herança, e isso para melhor conter, no duplo sentido do termo, o marxismo. Esse "socialismo dos três pilares" (partido, sindicato, cooperativa) é, ao mesmo tempo, um socialismo experimental e pluralista.

À intransigência e ao dogmatismo dos guesdistas franceses, a seu marxismo estreito e bitolado, Mauss (1997) opõe um socialismo resolutamente experimental. Se a ação política deve permanecer secundária e se, em contrapartida, os sindicatos e as cooperativas são privilegiados, é porque já constituem uma experimentação concreta na qual se inventam uma economia, um direito, uma nova moral; de fato, para Mauss, trata-se de "viver imediatamente a vida socialista, criá-la em todos os sentidos". De modo mais geral, se o socialismo de Estado não é nem viável nem desejável, é porque não poderia ser instaurado sem atingir certos costumes, idéias democráticas e liberdades duramente conquistadas. Ao contrário, o socialismo somente poderá edificar-se abrindo espaço inicialmente a uma parcela importante de liberalismo e de individualismo. Experimental, o socialismo maussiano é tanto plural, como híbrido. Sua crítica precoce e feroz ao bolchevismo leva-o a desconfiar, já em 1924, de um socialismo consagrado a um único deus, sobretudo se este for o Estado ou o partido. Defendendo, ao contrário, esse socialismo dos "três pilares", no qual se articulam ação sindical, ação cooperativa e ação política, esse politeísmo conduz Mauss a defender um coletivismo original.

O projeto coletivista sustentado na mesma época por Jaurès tampouco se resume a um socialismo de Estado. Em 1895, o autor já evoca o que será o sistema econômico soviético: "Entregar aos homens de Estado e aos governantes, já donos da nação armada e da diplomacia nacional, a direção efetiva do trabalho nacional, dar-lhes o direito de nomear a todas as funções diretivas do trabalho [...] seria dar a alguns homens um poder perto do qual aquele dos déspotas da Ásia não é nada" (JAURÈS, 1931, p. 345-6). Jaurès esclarece que essa propriedade, esses bens que sofreram um processo de apropriação coletiva, ao contrário, devem ser delegados pela Nação, em condições determinadas, a indivíduos ou a grupos de indivíduos, pois "a propriedade soberana que o coletivismo quer atribuir à nação não exclui de modo algum a propriedade dos indivíduos ou das associações particulares" (ibid., p. 165).

O papel do Estado consiste em garantir, a todo cidadão, a co-propriedade dos meios de trabalho que se tornaram propriedade coletiva. Para Jaurès, somente a democracia permite organizar essa co-propriedade; tal é o cerne de sua teoria da propriedade social (CHANIAL, 2001). Quer se trate da coletivização da indústria, do desenvolvimento e da gestão dos serviços públicos ou da implantação da segurança social, Jaurès sempre mobiliza estes dois aspectos da propriedade social: a propriedade social como compartilhamento, como mutualização (dos meios de produção, dos serviços, das proteções e das seguridades) e a propriedade como socialização dos poderes, realizando aquele velho sonho operário de fazer as suas próprias coisas. A propriedade social, para Jaurès, não é portanto somente uma propriedade comum, compartilhada, e, por essa razão, "propriedade dos sem-propriedade"; ela é também uma propriedade cívica, "poder dos sem-poder". Pela propriedade social, concretiza-se tanto o ideal de justiça social, quanto o imperativo de liberdade e de cidadania social. Propriedade cívica, a propriedade social supõe uma extensão da democracia, assegurando a participação direta dos operários associados ao poder econômico. O princípio de associação, desenvolvido como "autogoverno dos cidadãos associados", constitui o único meio de se praticarem conjuntamente o socialismo e a democracia.

**4.** Essa política socialista da associação é indissociável de uma redefinição dos laços entre liberdade negativa e liberdade positiva. Se a socialização da moral exige a socialização da economia, ela reclama igualmente uma socialização do Estado, da *res publica*. Para os mais republicanos desses socialistas, a liberdade negativa não se opõe à liberdade positiva. A liberdade individual supõe, ao contrário, uma socialidade crescente, uma densificação das relações de cooperação, e exige, portanto, a multiplicação das formas e dos espaços cívicos de engajamento. É por meio do envolvimento em tais relações de associação que o indivíduo poderá desenvolver livremente cada uma de suas faculdades, realizar-se como indivíduo social.

Articulando solidariedade e autogoverno, dádiva e engajamento cívico, o associacionismo convida-nos a identificar o ideal democrático com o modelo de uma sociedade liberada de toda forma de servidão, principalmente aquela das forças do mercado, como a estatal. Essa sociedade é, em suma, isenta de dominação. Mesmo que essa tradição política tenha sido historicamente derrotada na França, ela reencontra, no contexto do desmoronamento dos "socialismos reais", da crise da social-democracia e de desgaste do acordo fordista, uma nova atualidade sob formas já em construção.

**BIBLIOGRAFIA**

BOLTANSKI, L.; THÉVENOT, L. (1992), *De la justification: les économies de la grandeur*, Paris: Gallimard.

CHANIAL, P. (2001), *Justice, don et association:* la délicate essence de la démocratie, Paris: La Découverte; MAUSS.

CHANIAL, P.; LAVILLE, J.-L. (2001), Société civile et associationnisme: une analyse sociohistorique... *Politique et Sociétés*. Gouvernance et société civile, v. 20, n. 2/3.

DESROCHE, H. (1981), *Solidarités ouvrières*, Paris: Les Editions ouvrières. Tome 1.

EVERS, A. (2000), Les dimensions socio-politiques du tiers secteur. Les contributions théoriques européennes sur la protection sociale et l'économie plurielle. In: LALLEMENT, M.; LAVILLE, J.-L. (Ed.), *Sociologie du travail.* Qu'est-ce que le tiers secteur? v. 42, n. 4, p. 567-586, sep./déc.

JAURÈS, J. (1931), Études socialistes I: 1888-1897. In: BONNAFOUS, M. (Ed.). *Oeuvres de Jean Jaurès*, Paris: Rieder. T. 1, 2.

LA REVUE DU MAUSS (2000), L'autre socialisme, Paris: La Découverte; MAUSS, n. 16.

LAVILLE, J.-L. (1999), *Une troisième voie pour le travail*, Paris: Desclée de Brouwer.

_____. (2004), L'association: une liberté propre à la démocratie. In: LAVILLE, J.-L.; SAINSAULIEU, R. (Ed.), *Sociologie de l'association*, Paris: Desclée de Brouwer. p. 33-71.

LEROUX, P. (1997), *À la source du socialisme français*, Paris: Desclée de Brouwer. Anthologie établie et présentée par B. Viard.

MALON, B. (1894), *La morale sociale*, Paris: Giard et Brière.

MAUSS, M. (1997), *Écrits politiques,* Paris: Fayard.

# AUTOGESTÃO
Daniel Mothé

**1.** A autogestão é um projeto de organização democrática que privilegia a democracia direta. Esta constitui um sistema em que voluntariamente, sem perceberem remuneração e sem recorrerem a intermediários, os cidadãos debatem todas as questões importantes, em assembléias. A periodicidade dessas reuniões deve ser compatível com a disponibilidade dos agentes envolvidos. A democracia representativa, por seu turno, corresponde ao sufrágio universal dos Estados democráticos, em que os cidadãos elegem uma minoria de mandatários remunerados, incumbidos de representá-los em instâncias decisórias de governanças nacionais e locais. Os eleitos atuam ainda em muitas outras instituições, como as de natureza representativa ou os conselhos de administração das associações.

A democracia participativa é uma forma atenuada de autogestão, consistindo em reunir-se, em assembléias, o conjunto dos atores envolvidos em um tema com vistas a debatê-lo (por exemplo, a organização do trabalho em uma oficina ou a limpeza urbana em determinado bairro). Frequentemente, o papel dessas assembléias é apenas consultivo, e a participação nesses encontros não é conquistada por seus executantes, mas viabilizada pelos dirigentes.

A democracia radical é uma forma ampliada de autogestão, na qual todos os cidadãos devem poder debater e votar sobre as leis e regras administrativas que lhes digam respeito. Sua consequência é o aumento do poder direto do cidadão e a diminuição da margem de manobra de seus representantes e de expertos. Esse regime político toma o governo de Atenas do século V a. C. como modelo de referência.

**2.** O termo *autogestão* foi introduzido como conceito, na década de 1950, pelo partido comunista iugoslavo, que esperava modernizar o sistema econômico do País, atraindo a participação dos cidadãos depositários dos conhecimentos técnicos e profissionais nas empresas e nas municipalidades em que o aparelho do partido detinha o poder. O termo seria aplicado, durante alguns anos, a regimes autoritários (por exemplo, Iugoslávia e Argélia). Outros regimes totalitários comunistas instituiriam assembléias de democracia direta (China, Camboja, Albânia), que serviriam para encobrir Estados liberticidas, mas não empregariam o tema *autogestão*, devido a conflitos internos ao bloco comunista.

O sentido que a autogestão assumiu na França, sobretudo a partir de 1968, foi o de uma democracia radical, ao mesmo tempo opondo-se às experiências stalinistas e reivindicando Marx. A democracia radical propunha a volta às origens do socialismo, baseando-se nas perspectivas do comunismo e recusando aos partidos de vanguarda o monopólio sobre a representação dos interesses dos cidadãos. Esse conceito de democracia radical já aparecia nos anos 1920, nas correntes marxistas revolucionárias: em Rosa de Luxemburgo, na oposição operária russa e nos comunistas de conselhos holandeses, sem se esquecer a corrente libertária. Na década de 1950, muitos marxistas e libertários constataram que as ditaduras dos países do Leste não haviam deixado lugar algum à democracia operária, prometida tanto nas fábricas, como na Nação. Uma corrente que poderia, mais tarde, ser chamada de autogestionária, propôs-se então a voltar às fontes originais do socialismo, constatando que a abolição da propriedade privada não bastara à concretização do projeto socialista. O termo *autogestionário* abrangeria também a ação dos empresários alternativos agindo nas cooperativas operárias de produção, nas associações e em comunidades, instituindo formas de democracia direta sem participar obrigatoriamente dos debates ideológicos dos militantes políticos.

Os adeptos da autogestão são assim representados por duas correntes: os políticos e os alternativos. Os militantes políticos julgam que a introdução de uma parcela maior de democracia direta nas instituições constitui em si um programa de transformação política o qual tange à ideologia socialista. Por essa razão, subordinam a autogestão à conquista política do poder. De um lado, encontram-se os maximalistas revolucionários, que prometem uma sociedade de autogestão radical cujos espaços político, administrativo e produtivo serão submetidos à democracia direta; de outro, estão os reformistas, que prometem, em seus programas eleitorais, efetuar algumas melhorias por meio de uma participação mais importante dos cidadãos nas decisões. Para essas duas tendências, a ação política é a chave para a passagem a uma sociedade autogerida. Os alternativos são essencialmente profissionais que tentam materializar espaços de autogestão limitados e circunscritos, aqui e agora, na produção, no consumo, na cultura, na educação, na inserção, nos bairros, na habitação, etc.

**3.** A concepção política maximalista da autogestão repousa sobre três hipóteses: o sistema capitalista, fator de desigualdade econômica, deve ser destruído para que se realize a autogestão; o exercício do poder corrompe o indivíduo; e os cidadãos livres da exploração capitalista e dos profissionais da política ficarão disponíveis para investir nas questões públicas. Afirmando inicialmente que a autogestão não é compatível com a economia de mercado e que só poderá se realizar quando abolida a propriedade privada, os maximalistas priorizam a revolução e não aceitam qualquer tentativa experimental de autogestão. Parecem ignorar a experiência das práticas de democracia direta das cooperativas, das sociedades mutualistas e das associações que se instituíram em reação ao sistema capitalista desde o século XIX.

Os militantes revolucionários, por seu turno, aceitam a idéia de que a democracia direta possa ser utilizada em um sistema capitalista, unicamente no âmbito das reivindicações dos assalariados. Essa democracia direta das lutas assumiu, a partir dos anos 1970, um lugar cada vez maior nas práticas de conflito – os grupos revolucionários tentavam substituir o poder dos sindicatos pelos comitês de greve, unidos entre si por coordenações dependentes de uma democracia direta permanente de grevistas, na qual os representantes sindicais frequentemente desempenhavam apenas um papel secundário. Os revolucionários, que, até então, haviam privilegiado o conceito de *classe social* como a explicação cêntrica da dominação, ampliaram-no ao conceito de *dominante*. Podiam assim provar, mediante exemplos históricos, que se poderia submeter o povo sem se pertencer à classe dos capitalistas, mas somente exercendo a profissão de representante eleito. A resposta política para se evitar essa inflexão seria reabilitarem-se a democracia direta e o controle dos representantes eleitos. Resgatava-se a proposta sugerida por Rosa de Luxemburgo: a revogabilidade permanente desses representantes. Na democracia autogestionária, a virtude cívica natural do homem deve ser protegida contra a tentação não menos natural do exercício do poder em seu proveito pessoal ou daquele de um clã político liberado da vontade de seus mandantes.

A autogestão parte de uma ambição antropológica, especulando sobre as potencialidades infinitas abertas ao imaginário humano de cidadãos livres do jugo da ideologia dominante. Ela abre o caminho para uma idéia de progresso diferente daquele da produção ilimitada das riquezas: o progresso ilimitado de uma democracia criadora. Ao mesmo tempo em que se diz não saber antecipadamente o que os cidadãos decidirão, afirma-se saber o que eles não decidirão. Defende-se implicitamente a idéia de que, uma vez livres da ideologia burguesa dominante, eles não desejarão voltar a ela, pois a racionalidade igualitária mantém sempre a força de sua convicção.

No início do século XX, a idéia dos anarcossindicalistas, segundo a qual o trabalho manual não é somente uma força, mas um produto da inteligência, foi sendo cada vez mais admitida pela opinião pública. Pela primeira vez na História, atribuía-se um estatuto político ao trabalho manual. Essa idéia foi retomada na década de 1970 pelos gestores das empresas industriais, quando se constatou que o conhecimento prático dos assalariados de base era indispensável para se melhorar a racionalidade dos processos de produção. Chegou-se a criticar o taylorismo exatamente em nome da produtibilidade capitalista. Invocando-se o utilitarismo, constatou-se que as experiências dos assalariados de base extraídas de seu trabalho tornavam-nos depositários de informações absolutamente indispensáveis à operação eficaz dos novos sistemas industriais automáticos e informatizados. Experiências de grupos autônomos de produção substituíram o trabalho em linha de montagem, e círculos de qualidade levaram os assalariados a contribuírem intelectualmente para a melhoria dos produtos e para sua fabricação. Na França, em 1982, novas regras internas nas empresas e uma lei sobre os grupos de expressão buscaram instituir procedimentos autogestionários limitados a equipes de trabalho e circunscritos a alguns temas.

A idéia de que os cidadãos possuem conhecimento ganhou credibilidade quando o setor dos serviços desenvolveu-se e percebeu-se que a organização padronizada não convinha mais ao atendimento, devendo este ser adaptado à pessoa singular do usuário. Os profissionais das áreas sociais vêm tentando substituir a política social do gabinete pela participação dos usuários na solução de seus problemas. Assim, na França, uma lei de 2004 sobre o direito dos usuários recorreu a argumentos teóricos extraídos dos autogestionários. Nesse espírito, o atendimento ao público tende a incluir o indivíduo como um dado informativo específico, em face do desperdício ocasionado pela padronização. A individualização do atendimento adaptado à identidade da pessoa abala os princípios burocráticos.

Os autogestionários que criticavam a separação entre dirigentes e executantes parecem ter sido ouvidos na sociedade do início do século XXI, na qual noções tão abstratas e pessoais quanto o desejo do cidadão entram no campo político. Desejos de minorias sexuais, por exemplo, tornam-se reivindicações políticas e, depois, leis. Assiste-se a uma conjunção entre princípios coletivistas autogestionários e os princípios individualistas liberais, reconhecendo-se no indivíduo um cidadão soberano.

Representantes eleitos que estão perdendo credibilidade acabam por entrever a participação dos habitantes na gestão municipal. O envolvimento dos cidadãos é percebido pelos mandatários como uma resposta política ao desencanto com a democracia parlamentar. Nesse plano, a perenidade dos métodos participativos em cidades brasileiras mostra que o engajamento dos eleitores no processo inicial das decisões facilita a exequibilidade de projetos. Não há somente antecipações técnicas detalhadas por parte dos futuros executantes, mas estes desenvolvem o sentimento de que são co-autores da decisão e das restrições que devem aceitar. Pode-se concluir que, em meio século, as idéias autogestionárias e suas práticas dispersas, em temas e terrenos, ganharam credibilidade e foram concretizadas, não da maneira fulgurante que os revolucionários esperavam, mas, pouco a pouco, tanto mediante a ação política, como por meio de iniciativas práticas.

Os integrantes de associações voltadas à educação popular sabem, há bastante tempo, que uma das dificuldades interpostas à democracia continua sendo a distribuição assimétrica do capital cultural aos cidadãos. Aqueles que fazem experiências baseadas na democracia direta têm buscado, há muitos anos, procedimentos para atrair, aos debates, os menos experientes, sem que estes sofram os estigmas de sua ignorância e de sua inabilidade diante dos acadêmicos e dos militantes. Ao reunirem populações heterogêneas, as experimentações autogestionárias obrigam seus organizadores a encontrar métodos para atenuar esses déficits, a fim de que as assembléias não reproduzam um sistema oligárquico, não mais fundado sobre o capital financeiro, mas sobre o capital cultural.

A autogestão foi pensada no âmbito de um elã revolucionário cujos atores são movidos pelo desejo da mudança. No calor de uma vitória sobre seus opressores, as multidões convidam-se à mesa do debate político; não precisam ser convidadas. Esses são breves períodos que servem de referência, superando os menos espetaculares, assinalados ao longo do tempo, como os *kibutzim* e as cooperativas operárias, os quais devem sobreviver ao ardor pela mudança desencadeada por seus fundadores. Essa constatação põe-nos diante de uma evidência, qual seja, a de que a democracia direta só se sustenta na subjetividade da intenção. Se a democracia direta não reunir uma parcela significativa dos cidadãos envolvidos, sua legitimidade não ultrapassará aquela dos partidos e dos sindicatos. Ao serem tomadas somente por um número reduzido de cidadãos voluntários, as decisões não terão mais autoridade do que aquela das democracias representativas.

Argumentos teóricos que justifiquem a democracia direta não são suficientes para se sustentar um modelo que consuma muito tempo do indivíduo. Nesse sentido, basta refletir-se sobre a distribuição atual dos tempos sociais dos cidadãos, aqueles consagrados ao trabalho, à vida familiar e à locomoção, não esquecendo as atividades lúdicas. Essa dificuldade natural dos tempos disponíveis nunca é evocada na abundante literatura dos anos 1970-1980 sobre o assunto. Já a autogestão apresenta-se diferentemente conforme se situe em um mesmo espaço como a empresa ou na vida externa ao trabalho. Na empresa, os participantes estão dispostos a discutir em grupo sem que isso lhes crie um incômodo maior, pois o tempo do debate insere-se no período de trabalho. A autogestão que se efetua em espaços externos, cujos participantes precisem deslocar-se para encontrar os outros membros do grupo, supõe que esse tempo seja tomado do lazer. Mesmo que os tempos de reunião sejam retribuídos, as compensações nunca serão suficientes para se concretizar o projeto de democracia radical.

As constatações empíricas permitem afirmar que resultados eficazes da democracia direta podem verificar-se entre um número limitado de pessoas, em um espaço público em que cada indivíduo possa expressar-se mediante outros recursos, além de aplausos e gritos. Quando mais pessoas dispersas geograficamente estão envolvidas em uma decisão, mais é preciso recorrer-se a uma democracia representativa. É nesse limiar que a autogestão é questionada, apresentando-se o dilema de como conservar-se a riqueza da democracia direta em outra dinâmica incontornável, a da democracia representativa. No início do século XXI, ainda surpreende o quanto certos conceitos adquiriram, em meio século, um lugar legítimo no pensamento e na prática democrática, abrindo à necessidade de enriquecer o conceito com todas as realizações do planeta.

BIBLIOGRAFIA

Castoriadis, C. (1999), *Figures du pensable:* les carrefours du labyrinthe VI, Paris: Seuil.

Gret, M.; Sintomer, M. (2002), *Porto Alegre*, Paris: La Découverte.

Groupe de Recherche Administratives Politiques et Sociales – GRAPS (1999), *La démocratie locale*, Paris: PUF.

Guillerm, A.; Bourdet, Y. (1975), *Clefs pour l'autogestion*, Paris: Seghers.

Morin, E.; Lefort, C.; Coudray, J. M. (1968), *Mai 1968:* "la brèche", Paris: Fayard.

Mothé, D. (1958), *Journal d'un ouvrier*, Paris: Éditions de Minuit.

___. (1980), *L'autogestion goutte à goutte*, Paris: Centurion.

Rosanvallon, P.; Viveret, P. (1977), *Pour une nouvelle culture politique*, Paris: Seuil.

# B

**BANCOS COMUNITÁRIOS DE DESENVOLVIMENTO**
Genauto Carvalho de França Filho
Jeová Torres Silva Junior

**1.** Os bancos comunitários de desenvolvimento (BCDs) podem ser definidos como uma prática de finanças solidárias de apoio às economias populares situadas em territórios com baixo índice de desenvolvimento humano. Estruturados a partir de dinâmicas associativas locais, os BCDs apóiam-se em uma série de ferramentas para gerar e ampliar a renda no território. Para tanto, articulam-se quatro eixos centrais de ações em seu processo de intervenção: fundo de crédito solidário, moeda social circulante local, feiras de produtores locais e capacitação em economia solidária. Diferente das práticas de microcrédito convencionais, orientadas à pessoa ou organização individual, os BCDs preocupam-se com o território ao qual pertencem, seja ele uma comunidade, um bairro, seja um pequeno município. Nesse sentido, os BCDs procuram investir simultaneamente nas capacidades de produção, geração de serviços e consumo territorial. Para tanto, financiam e orientam a construção de empreendimentos socioprodutivos e de prestação de serviços locais, bem como o próprio consumo local. Isso porque, para além da disseminação de microcréditos com múltiplas finalidades conforme as linhas de crédito definidas pelos bancos, seu maior objetivo e compromisso são a construção de redes locais de economia solidária mediante a articulação de produtores, prestadores de serviços e consumidores locais.

Tais redes são também conhecidas como *redes de prossumidores*, pelo fato de associarem produtores e consumidores locais por meio do estabelecimento de canais ou circuitos específicos de relações de troca, o que implica uma ruptura com a clássica dicotomia entre produção e consumo, característica da lógica capitalista de organização do funcionamento econômico. A construção de redes desse tipo materializa a expressão concreta de uma outra economia nos territórios, a forma encontrada para se fortalecerem as economias locais, reorganizando-as na direção de um outro modo de promover o desenvolvimento, com base nos princípios da economia solidária. Os BCDs afirmam-se como partícipes de um movimento de economia solidária, seja atuando no âmbito dos fóruns regionais e nacionais desse movimento, seja na constituição de sua própria rede, a rede brasileira de bancos comunitários.

**2.** Uma das condições indispensáveis à criação de um BCD diz respeito à mobilização endógena do território, embora haja várias possibilidades de arranjo institucional nesse sentido, mediante aportes de recursos de outras instituições. Em outras palavras, o início de um BCD deve se dar a partir do desejo intrínseco da comunidade, ainda que existam motivação e processos de estimulação por parte de agentes externos. De todo modo, alguns requisitos devem ser atendidos, tais como a disponibilidade de: capital financeiro para o fundo de crédito; recurso financeiro para pagamento das despesas operacionais do banco; organização comunitária (associação, fórum, conselho, etc.) que possa assumir a gestão do banco; pessoas capacitadas para as funções de agente de crédito e gerente de crédito; e assessoramento para assimilação da tecnologia pela comunidade.

Outro aspecto salutar ao funcionamento dos BCDs é a existência de garantia e controle baseados nas relações de proximidade e confiança mútua, ou seja, um BCD considera o cadastro formal do tomador de empréstimo apenas como um registro para o conhecimento de sua vida na comunidade. O agente de crédito do banco consulta assim a rede de relações de vizinhança como fonte de conhecimento. Por sua vez, a cobrança do crédito ocorre mediante a introdução de um sistema de controle social extremamente inédito: são os próprios moradores do território que passam a exercer um mecanismo de pressão moral sobre os demais.

Em suma, quatro características resumem a especificidade dos BCDs enquanto experiência de finanças solidárias segundo a própria visão da rede brasileira de BCD: a) a coordenação do banco e a gestão dos recursos são efetuadas por uma organização comunitária; b) as linhas de microcrédito para a produção e o consumo local pautam-se sob juros justos, que possibilitam a geração de renda e oportunidades de trabalho a toda a comunidade; c) a concessão e cobrança dos empréstimos baseiam-se em relações de vizinhança e domesticidade, impondo um controle muito mais social que econômico; e d) a criação de instrumentos alternativos de incentivo ao consumo local – cartão de crédito e moeda social circulante local – é reconhecida por produtores, comerciantes e consumidores como meio eficaz para a dinamização da economia local.

3. Na origem dos BCD, encontra-se a experiência do Banco Palmas, ocorrida em Fortaleza, no Brasil (França Filho e Silva Júnior, 2006). Esse banco foi criado em 1998, como fruto da ação da Associação de Moradores do Conjunto Palmeiras (ASMOCONP) no processo de construção do próprio bairro e melhoria das condições de vida naquele espaço. Mais particularmente, a idéia de um banco comunitário delineou-se em face da constatação de que as condições de infra-estrutura urbana no bairro haviam avançado, porém os problemas de falta de renda e oportunidades de trabalho permaneciam muito significativos. Os êxitos obtidos por essa experiência, em termos de geração de renda e redução da exclusão local, atribuíram alto grau de reconhecimento institucional à iniciativa. Diante dos apelos à replicação dessa metodologia, foi criado, em 2003, o Instituto Palmas de Desenvolvimento e Socioeconomia Solidária, no intuito de implantar tecnologias sociais de economia solidária em parceria com diversas instituições no Brasil.

A repercussão das ações do Instituto Banco Palmas no sentido de replicar a metodologia do banco comunitário iniciou ao final de 2004, com a implantação do Banco PAR, em Paracuru, CE. No ano seguinte, o Ministério do Poder Popular para a Economia Popular (MINEP), do Governo da Venezuela, aproximou-se do Instituto Banco Palmas e demonstrou interesse em transpor a experiência dos Bancos Comunitários àquele país. O modelo de banco comunal/comunitário foi assumido como política pública de desenvolvimento pelo governo venezuelano. No ano seguinte, em maio de 2006, foi aprovada a Lei dos Conselhos Comunais, que estabeleceu os bancos comunais como administradores de recursos outorgados pelo executivo para desenvolvimento de projetos locais. Em 2008, já se computavam algumas dezenas de bancos comunais em todo o país, estimulados por uma série de programas governamentais, mas conduzidos principalmente pelo Ministério do Poder Popular para a Economia Comunal (MINEC).

O Governo Federal brasileiro, sob orientação da Secretaria Nacional de Economia Solidária (SENAES/MTE), também tem entendido o BCD como produto catalisador das ações do desenvolvimento territorial ao articular, simultaneamente, produção, comercialização, financiamento e formação cidadã. As ações governamentais iniciaram em 2005, quando a SENAES decidiu investir no Projeto de Apoio à Implantação e Consolidação de Bancos Comunitários, proposto pelo Instituto Palmas. Desse modo, a SENAES passou a atuar, juntamente com o Instituto Palmas, no apoio à organização de bancos comunitários a fim de consolidar essa metodologia e torná-la referência de política nacional de incentivo ao crédito para a produção, consumo e desenvolvimento local. Não obstante, diferente do governo venezuelano, o governo brasileiro não constituiu ainda um marco legal ou garantiu recursos para o fundo de créditos desses bancos comunitários. Essa dificuldade foi parcialmente superada no início de 2006, quando outro parceiro juntou-se à iniciativa, o Banco Popular do Brasil (subsidiário do Banco do Brasil para o segmento de microcrédito e correspondente bancário). Essa instituição passou a agir no suporte às iniciativas de bancos comunitários mediante o aporte de recursos financeiros à constituição do fundo de crédito do Banco Comunitário.

O Projeto de Apoio à Implantação e Consolidação de Bancos Comunitários teve um efeito importante na ampliação dos BCDs enquanto tecnologia social para o desenvolvimento socioeconômico de territórios. Em outras palavras, o Projeto funcionou como um amplificador das parcerias e como catalisador de esforços para tornar os bancos comunitários uma referência de política de incentivo à geração de trabalho e renda para populações excluídas socialmente. Isso fica evidente quando se constata uma série de ações e parcerias estabelecidas entre essas organizações e os órgãos dos governos federal, estadual e municipal desde fins de 2005. Dado esse esforço, até o primeiro semestre de 2008 já estavam implantados cerca de 30 BCDs em diferentes cidades brasileiras.

Ainda será necessário haver o aperfeiçoamento processual para que os BCDs possam se multiplicar de modo sustentável, constituindo-se em uma política pública eficaz de mitigação das desigualdades sociais e de desenvolvimento socioeconômico de um território. Três grandes aspectos devem ser observados para a consolidação dos BCDs: 1) identificação e captação de recursos de fundos que alimentem as linhas de crédito do BCD; 2) estabelecimento de infra-estrutura tecnológica que torne mais eficientes e eficazes as operações do banco comunitário; e 3) utilização de linhas de fundos públicos para viabilizar projetos socioeconômicos locais por meio da metodologia dos bancos comunitários. Quando esta última meta passar a ser executada, contando com um amparo legal próprio, juros mais baixos e mecanismos apropriados às experiências de microfinanças, será dado um passo definitivo na consolidação da metodologia de BCDs enquanto política pública.

**4.** Cabe indagar se os BCDs expressam uma outra economia e se estão contribuindo para um outro modo de desenvolvimento possível. Em primeiro lugar, os BCDs têm vocação a promover uma construção conjunta da oferta e da demanda. Eles materializam uma iniciativa associativa envolvendo moradores, em um determinado contexto territorial, que buscam a resolução de problemas públicos concretos relacionados à sua condição de vida no cotidiano, por meio do fomento à criação de atividades socioeconômicas. Nesse sentido, o estabelecimento de atividades ou oferta de serviços dá-se em função de demandas reais expressas pelos moradores de certo local. A idéia visa estimular, no território, a concretização de um circuito integrado de relações envolvendo produtores ou prestadores de serviços em articulação com consumidores ou usuários de serviços.

Nesse tipo de economia, perde sentido a consideração da oferta e demanda como entidades abstratas, do mesmo modo que a competição deixa de ter importância nessa lógica. O objetivo da rede é instituir a ruptura com a dicotomia habitual entre a produção e o consumo, estimulando a livre associação entre produtores e consumidores (ou prestadores de serviços e usuários) e permitindo a afirmação do conceito de *prossumidores*. Nessa economia de *prossumidores*, a regulação ocorre via debates públicos concretos travados no espaço associativo, em um exercício de democracia local em que os próprios moradores planejam e decidem sobre a oferta de produtos e/ou serviços (ou seja, a criação de atividades socioeconômicas) em função das demandas efetivas identificadas anteriormente por eles próprios. O estímulo à criação de fóruns locais torna-se comum na prática dos BCDs, a exemplo do fórum econômico local (Fecol), do bairro do Conjunto Palmeiras, em Fortaleza.

Finalmente, a edificação conjunta da oferta e da demanda como característica-chave dessa outra economia estimulada pelos bancos comunitários supõe haver ainda, no nível da ação, uma articulação fina entre dimensões socioeconômica e sociopolítica. A elaboração das atividades socioprodutivas conjuga-se a uma forma de ação pública: trata-se de moradores em um determinado território debatendo politicamente seus problemas comuns e decidindo seu destino. Esse processo é coerente com o fato de que o banco comunitário, enquanto vetor de desenvolvimento socioeconômico da rede, inscreve-se em uma dinâmica associativa local. Tais iniciativas têm vocação a constituírem-se também como formas inéditas de espaço público em seus respectivos territórios de pertencimento, ensejando a idéia de espaços públicos de proximidade (Laville, 1994).

Em segundo lugar, devido à natureza dos serviços prestados, assim como a suas fontes bastante diversificadas de geração e captação de recursos, os BCDs agenciam diferentes lógicas em sua dinâmica de funcionamento. Tais lógicas remetem a distintos princípios do comportamento econômico quando se adota uma concepção plural acerca do funcionamento da economia real. Essa concepção opõe-se à interpretação habitual da economia sempre como sinônimo exclusivo de economia de mercado. Ao contrário, os BCDs promovem uma hibridação de princípios econômicos diversos entre economias mercantil, não-mercantil e não-monetária (Laville, 1994). É assim que a sustentabilidade nesse tipo de iniciativa articula diferentes fontes de geração e captação de recursos (consubstanciado na idéia do fundo solidário de investimento comunitário): mercantil, pela prestação de alguns serviços; não-mercantil, mediante a captação de recursos junto a instituições públicas governamentais e não-governamentais, permitindo subsidiar muitas operações e serviços; e não-monetária, por meio de contribuições voluntárias e da própria lógica solidária, traduzida em um modelo de garantia e controle social dos empréstimos fundamentado em relações de cooperação e confiança.

Com base nesse mecanismo plural de sustentabilidade, cujo equilíbrio de gestão deve ser preservado em nome, acima de tudo, do imperativo solidário como registro maior de sua ação, os BCDs afirmam ainda a condição de *utilidade social* ou *comunitária* própria à sua dinâmica organizativa. Trata-se de iniciativas sem fins lucrativos, voltadas para o desenvolvimento do território onde se situam mediante o envolvimento dos próprios moradores na autogestão da iniciativa e na oferta de produtos e serviços diretamente vinculados às reais necessidades da população local. Em suma, a utilidade social dos bancos comunitários reside no fato de constituírem-se em organizações radicalmente distintas de outras. Seu modo de atuar no território marca sua singularidade. Esta se baseia em relações de proximidade e na mobilização de valores e princípios como exigências básicas para a sua prática, tais como a confiança mútua, a participação cidadã ou os mecanismos de solidariedade redistributiva. Seu papel institucional é de grande relevância para o território, não podendo ser desempenhado de igual maneira por outro ente qualquer, seja ele uma empresa, uma organização não-governamental, seja o próprio poder público.

É precisamente esse caráter de utilidade social ou comunitária dos BCDs, inscrito ainda em uma lógica de construção conjunta da oferta e da demanda (ou de fomento à criação de um sistema local de *prossumidores*), que permite situar a natureza de alguns de seus serviços como prestações mercantis não-concorrenciais. Nesses termos, a atuação de um banco comunitário, enquanto organização que envolve os próprios moradores na condição ao mesmo tempo de profissionais remunerados, gestores do empreendimento e usuários ou beneficiários diretos dos produtos ou serviços ofertados, cria uma *mais-valia social* no seu território. Esse aspecto relevante vem somar-se ao fato de os BCDs atuarem em um campo de atividades cujas demandas não são satisfeitas nem pelo mercado, nem pelo Estado. Por mais-valia social, devem-se considerar os benefícios diretos e indiretos advindos da atuação de um BCD por meio da prioridade à geração de trabalho e circulação da renda no próprio território. Na avaliação de tais benefícios, deve-se considerar ainda uma dimensão qualitativa fundamental oriunda de sua prática: a contribuição para a formação e qualificação das pessoas, bem como para o fortalecimento do tecido social local mediante novos padrões de sociabilidade calcados na disseminação de valores como confiança, lealdade e solidariedade.

A ousadia de um BCD reside na busca pela restauração de laços e vínculos sociais seriamente degradados pelas condições mais gerais de vida das pessoas localizadas em bairros populares, por meio de um novo tipo de relação com o dinheiro e de organização da vida econômica local. Essa relação constrói um novo tipo de sociabilidade a partir de novas formas de relações econômico-produtivas; logo, os serviços financeiros solidários ofertados por um banco comunitário, mesmo quando envolvem trocas mercantis, não podem ser postos em situação de concorrência com outros entes públicos ou privados. O reconhecimento da especificidade dessas formas de organização torna-se então uma questão de suma importância para seu desenvolvimento institucional.

BIBLIOGRAFIA

França Filho, G.; Laville, J.-L. (2004), *Economia solidária*: uma abordagem internacional, Porto Alegre: Editora da UFRGS.

França Filho, G.; Silva Júnior, J. (2006), Uma experiência emblemática no Nordeste brasileiro. In: França Filho, G.; Laville, J-L.; Medeiros, A.; Magnen, J. P. (Org.), *Ação pública e economia solidária:* uma perspectiva internacional, Porto Alegre: EDUFRGS; Salvador: Edufba.

Laville, J.-L. (Org.) (1994), *L'économie solidaire*: une perspective internationale, Paris: Desclée de Brouwer.

**BENS PÚBLICOS MUNDIAIS**
Philip Golub
Jean-Paul Maréchal

**1.** Os bens públicos mundiais são aqueles basilares para a humanidade. Concernem à preservação da natureza, recursos naturais, ar puro, água, patrimônio mundial e paz, à prevenção e erradicação das epidemias mundiais, à promoção da solidariedade internacional, no caso de crise humanitária, e, de forma geral, dizem respeito a qualquer fenômeno que ultrapasse fronteiras nacionais. A globalização neoliberal implica resultados catastróficos tanto no plano societário, quanto no ambiental. Conforme resume Stiglitz (2002, p. 279), Prêmio Nobel de Economia em 2002 e ex-economista-chefe do Banco Mundial, "a globalização não funciona. Não funciona para os pobres do mundo. Não funciona para o meio ambiente. Não funciona para a estabilidade da economia mundial." Tal diagnóstico remete sobretudo à produção insuficiente de bens públicos e, em particular, de bens públicos mundiais.

**2.** A noção de bens públicos remonta pelo menos à escola clássica inglesa. Adam Smith, nos anos 1770, atribuiu ao poder público um triplo dever: garantir a defesa nacional e a justiça e prover o financiamento "dos trabalhos e das instituições que facilitam o comércio da sociedade". Os primeiros constituiriam as infra-estruturas rodoviárias e portuárias, ao passo que as instituições materializar-se-iam nos estabelecimentos de ensino elementar (SMITH, 1995, Livro V, cap. I). Essa tese, segundo a qual um conjunto de bens deveria ser fornecido pelo Estado, seria amplamente retomada e aprofundada pela análise econômica.

Atualmente, distinguem-se no geral duas categorias de bens de consumo: os bens privados e os bens públicos. Os primeiros são os "que podem ser divididos entre os diferentes indivíduos", ao passo que os segundos são aqueles "de que todos se beneficiam conjuntamente, sendo que o consumo de um bem desse tipo por uma pessoa não vem em prejuízo do consumo desse bem por outra pessoa" (SAMUELSON, 1966, p. 1223). Em outras palavras, diferentemente do que se observa quanto a um bem privado – tal como a gasolina ou os legumes –, o consumo de um bem público por um agente econômico – como, por exemplo, a iluminação de uma rua ou um ambiente de qualidade – não diminui em nada a quantidade disponível do bem em questão para os outros agentes econômicos.

Um bem público (ou coletivo) será chamado de *puro* se detiver as propriedades de *não-exclusão* e *não-rivalidade*. Mediante a primeira expressão, entende-se que nenhum agente econômico pode ser excluído do benefício da produção do bem; pela segunda, estabelece-se que o consumo do bem por uma pessoa não diminui em nada a possibilidade de que outra o faça.

A defesa nacional constitui o exemplo perfeito de um bem público puro, na medida em que cada novo cidadão (todos os dias nascem cidadãos) dela se beneficia (não-exclusão) sem que isso diminua em nada o nível de proteção desfrutado pelos outros membros da coletividade nacional (não-rivalidade). Além da defesa nacional, os bens públicos mais frequentemente citados são a segurança nacional, a pesquisa fundamental (diferentemente da pesquisa aplicada, que pode ser objeto de patenteamento), os programas de luta contra a pobreza, as políticas de estabilização, a regulamentação trabalhista, a redistribuição de renda, as normas e convenções – inclusive da língua e unidades de medida. Existe um grande número de bens públicos que não são puros, divididos entre *bens mistos* (ou *bens de clube*) e *bens comuns*. Nos primeiros, a exclusão é possível, embora não sejam rivais, a exemplo da auto-estrada ou do parque natural. Já nos segundos, nenhuma exclusão pode ser considerada, conquanto sejam rivais.

A particularidade essencial dos bens públicos reside no fato de, sendo não-rivais e não-exclusivos, não poderem ser produzidos pelos mecanismos mercantis tradicionais. Uma vez que consumidor racional algum está disposto a pagar por um bem do qual possa beneficiar-se gratuitamente – situação em que é chamado *passageiro clandestino* –, nenhuma empresa desejará assegurar tal produção. É essa "falha" do mercado em fornecer esses bens (e serviços), úteis a todos, que torna indispensável a intervenção do Estado. Via impostos, este é o único agente econômico em condições de obrigar os cidadãos a financiar a produção desses bens.

Concebida inicialmente por Adam Smith para o âmbito da economia nacional, a noção de bens públicos foi transposta, nos últimos anos, para o nível internacional. Nessa dinâmica reside o porquê das expressões *bens públicos internacionais*, *mundiais* ou *globais*, podendo estes ser definidos segundo critérios distintos. Tais parâmetros podem referir-se a: suas características intrínsecas – bens naturais (água, etc.), artificiais (medicamentos, etc.) e imateriais (conhecimentos, etc.); sua dimensão espacial – do local (ruído, etc.) ao planetário (ozônio estratosférico); ou sua dimensão intemporal (maior ou menor irreversibilidade) (Hugon, 2003, p. 20). O primeiro e mais importante dos bens públicos é, naturalmente, a paz.

A necessidade de se produzirem esses bens coletivos internacionais revela-se problemática devido à ausência de uma autoridade transnacional. Às falhas do mercado, que justificam a intervenção estatal, acrescentam-se, no caso dos bens públicos internacionais, e *a fortiori* globais, as falhas dos próprios Estados, pois o que é verdadeiro para os agentes econômicos em uma economia nacional (ou seja, os comportamentos oportunistas) também o é para os Estados no que tange às relações que mantêm entre si.

Esse duplo fracasso – do mercado e dos Estados – motiva, segundo Hugon, a definição de duas áreas de bens públicos mundiais. A primeira, oriunda dos fracassos dos mercados, concerne aos bens coletivos puros (resultantes da pesquisa fundamental, erradicação das epidemias, recursos genéticos, não-reforço ao efeito estufa, etc.), aos bens de clube (direitos de propriedade industrial, conhecimentos técnicos, etc.) e a certos bens comuns (recursos haliêuticos e outros). A renovação destes últimos encontra-se em perigo devido à rivalidade crescente de que são objeto. A segunda área, engendrada pelas falhas dos Estados, é muito diferente da anterior: "Trata-se das funções regalianas e reguladoras do Estado que não podem ser asseguradas por Estados em um território nacional. Trata-se de bens tutelares nacionais em vias de regionalização ou de globalização devido ao transbordamento das fronteiras e dos espaços de ação política: educação, saúde, segurança física ou alimentar, estabilização financeira" (Hugon, 2003, p. 40).

Essas duas séries de falhas geram a necessidade de elaborarem-se regras internacionais coercivas. Tal exigência indica, aliás, a existência de uma terceira falha, pois as regras em questão são igualmente um bem público mundial. Diante dessas incapacidades sucessivas dos Estados e dos mercados, deve-se identificar *a* ou *as* fontes de autoridade capazes de permitir a implantação de regimes de governança que garantam a produção dos bens públicos internacionais.

**3.** Sob o prisma teórico neo-realista das relações internacionais, a criação de bens coletivos internacionais pode, e deve, ser assumida por um *hegemon*. Segundo Kindleberger (1986), fundador da teoria da "estabilidade hegemônica", numerosos autores neo-realistas, partindo de uma análise dos ciclos hegemônicos sucessivos britânico e americano, julgam que a estabilidade do sistema internacional depende da intervenção de uma potência predominante. Esta deve ter condições e vontade de manter uma ordem internacional liberal, mediante a aplicação de um conjunto de regras, normas e disciplinas às relações interestatais. Nessa perspectiva, o *hegemon* é produtor de bens públicos internacionais na medida em que a ordem que ele constitui garante não somente a paz e a segurança, bens públicos essenciais, mas também a manutenção de um sistema econômico internacional aberto e cooperativo. Há que se ter reservas quanto ao sentido deste último adjetivo. No vocabulário da escola neo-realista estadunidense, a cooperação não implica absolutamente a harmonia ou a convergência dos interesses dos diferentes atores estatais, mas apenas o ajuste de seus comportamentos respectivos. Embora a concentração do poder nas mãos de um Estado dominante engendre ordem, sua manutenção duradoura relaciona-se estreitamente à capacidade de essa potência conservar uma posição hegemônica. Conforme tal raciocínio, o declínio desse Estado só pode induzir à anarquia – a ausência de governança, formal ou não, em escala mundial – e favorecer o conflito, por exemplo, mediante a constituição de blocos rivais.

À potência hegemônica, é atribuído o papel de institucionalizar regimes de governança internacionais a fim de assegurar a estabilidade e a continuação do sistema capitalista em sua totalidade. Ela estabelece as normas e as restrições do sistema, age como estabilizador em último recurso no caso de falha dos mercados e garante a paz, condição indispensável para o funcionamento e expansão dos mercados. Essa teoria pressupõe que o *hegemon* seja um ator racional com objetivos unificados e que os objetivos em questão avancem infalivelmente no sentido do bem comum. Ora, isso não se verifica nem no plano empírico nem no plano teórico. Além de a hegemonia não constituir absolutamente uma condição necessária e suficiente para a cooperação (Keohane, 1984), a teoria da estabilidade hegemônica comporta três falhas significativas.

Primeiramente, ela negligencia o fato de que hegemonia é, desde a Revolução Industrial européia, simultaneamente a causa e a conseqüência da divisão desigual do mundo entre centros dominantes e periferias dependentes e dominadas. Como salienta Braudel (1985, p. 96), "o centro [é] a ponta dominante, a superestrutura capitalista do conjunto da construção. Como há reciprocidade das perspectivas, se o centro depende dos abastecimentos da periferia, esta depende das necessidades do centro, que lhe dita sua lei". Ainda que a *pax britannica* tenha se traduzido por um longo período de paz interestatal e de expansão econômica na Europa, o imperialismo da livre-troca engendrou uma hierarquia desigual entre o centro europeu e as periferias, a qual, *mutatis mutandis*, perdura em suas linhas gerais ainda hoje. No caso dos Estados Unidos, a hegemonia pós-1945 não deu lugar à constituição de um império no sentido principal do termo – "territorial" –, e a esfera da cooperação hegemônica abrangeu, de fato, apenas os países capitalistas desenvolvidos.

Em segundo lugar, naturalizando o *status quo*, a teoria da estabilidade econômica exclui possibilidades de transformação. Toda mutação da ordem internacional constituída pelo *hegemon*, a saber, toda difusão ou redistribuição do poder, aumenta por definição o risco de anarquia, ao passo que a manutenção do *status quo* hegemônico continua sendo a principal condição da paz. Desse modo, um sistema multipolar ou descentrado será considerado *a priori* mais instável e perigoso do que uma ordem hegemônica a qual, supostamente, inibe as rivalidades (Kagan, 1998). A teoria tampouco reconhece a contribuição das dinâmicas e das contradições sociais à construção da política do Estado hegemônico. Ora, a política internacional de um Estado não poderia exprimir nada além dos interesses particulares historicamente contextualizados dos grupos sociais dominantes. Essa é a razão da crítica vigorosa de Ashley (1984, p. 239), para quem o neo-realismo funda-se em um "modelo histórico cujas coalizões dominantes encontram uma justificativa para legitimar e obter o consentimento para seu reinado precário."

Em terceiro lugar e em decorrência das razões acima, a teoria da estabilidade econômica cala-se completamente quando o próprio *hegemon* torna-se fonte de instabilidade sistêmica e de guerra, como ocorre atualmente. Ela se revela incapaz de explicar, menos ainda de prever, os momentos em que o poder hegemônico desmantela os regimes de governança, os quais ele próprio instaurou, e questiona a ordem internacional que ele supostamente comanda. Neste caso, rui a hipótese de que uma distribuição do poder hegemônico propicia a instituição ou permanência de regimes liberais, cooperativos e estáveis.

**4.** Dessa constatação, sucede ser necessário identificar-se uma fonte de autoridade democrática que possa assegurar a produção de bens públicos globais. Conquanto tal fonte não exista atualmente, sobejam reflexões sobre o tema, como provam os trabalhos de autores tão diferentes quanto Rawls, Walzer, Habermas ou Ikenberry. Independentemente dessas teorias – bem examinadas por Golug e Maréchal (2004) –, os princípios igualitários e imparciais enunciados na Carta das Nações Unidas permitem imaginar uma construção institucional não-hegemônica que transcenda o âmbito interestatal tradicional, onde prevalecem apenas as relações de força.

Toda reforma que buscasse fidelidade aos princípios fundadores dessa Carta deveria, primeiramente, traduzir-se por uma democratização das tomadas de decisão e por uma redefinição das políticas recomendadas pelas instituições responsáveis pela orientação da globalização: o Fundo Monetário Internacional (FMI), o Banco Mundial (BM) e a Organização Mundial do Comércio (OMC). Essa redefinição passaria por um "retorno" à motivação fundadora do FMI e do BM, em 1944 – a construção de um mundo melhor, por meio de uma política regulamentária e redistributiva, social e democrática. Tal reorientação terá poucas chances de estabelecer-se (mesmo que se constatem certos avanços interessantes) enquanto os sistemas de direitos de voto que prevalecem nos órgãos diretivos dessas organizações – sistemas favoráveis aos países ricos – não forem modificados.

É imperativo reequilibrar-se a composição do Conselho de Segurança da Organização das Nações Unidas (ONU) para que ele melhor reflita a diversidade do planeta e os interesses de todos. A solução *a minima* consistiria em pôr-se fim ao monopólio dos cinco membros permanentes, dando-se voz não-simbólica mas efetiva, isto é, um assento de membro permanente, aos grandes países hoje excluídos das tomadas de decisão (Índia, Brasil e outros). Aprofundando-se a reflexão, poder-se-ia se imaginar um sistema de representação regional ou sub-regional no Conselho (África, América Latina, etc.), que teria a vantagem de compartilhar a tomada de decisão e de federar os Estados.

Além dessa primeira reforma, poder-se-ia apoiar, a exemplo da França, o projeto de criação de um "Conselho de segurança econômica, social e ecológica", cuja missão seria projetar ações comuns nas áreas da pobreza, alimentação, migrações, poluição e exploração dos recursos naturais, entre outras. Igualmente, seria preciso ainda, como reivindica Bauchet (2003, p. 82-88), conceber e adotar uma constituição das instituições internacionais que definisse as tarefas das diversas instituições públicas internacionais, suas relações e os princípios de suas intervenções. Seriam três esses preceitos: o princípio de subsidiariedade, o princípio de regulação (harmonização das imposições fiscais, das condições de emprego, etc.) e o princípio de gestão consensual (entre poderes públicos e interesses privados).

O caminho que resta a percorrer para se alcançar a produção de bens públicos globais é ainda longo e acidentado. Ele exige políticas audaciosas que façam prevalecer a cooperação sobre a competição, prática que nada tem de espontâneo. Como prova a construção européia – único exemplo atual de regionalização bem-sucedida e, mais ainda, de construção interestatal não-hegemônica –, esse caminho é geralmente engendrado por grandes catástrofes. Os milhões de vítimas da AIDS e a ameaça de uma mudança climática não parecem, por enquanto, constituir elementos suficientemente graves para se demoverem os favorecidos de sua visão de curto prazo. O cenário mundial indica que as avaliações desfavoráveis têm futuro.

**BIBLIOGRAFIA**

ASHLEY, R. (1984), The poverty of Neorealism. *International Organization*, v. 38, n. 2, p. 225-286, Sum.

BAUCHET, P. (2003), *Concentration des multinationales et mutation des pouvoirs de l'État*, Paris: CNRS Éditions.

BRAUDEL, F. (1985), *La dynamique du capitalisme*, Paris: Arthaud.

GOLUB, P.; MARÉCHAL, J. P. (2004), Hyper puissance américaine et biens publics globaux. *Géoéconomie*, n. 30, été.

HUGON, P. (2003), *L'économie éthique publique*: biens publics mondiaux et patrimoines communs, Paris: UNESCO. Publication du programme interdisciplinaire Éthique de l'Économie.

KAGAN, R. (1998), The benevolent empire. *Foreign Policy*, n. 111, p. 24-35, Sum.

KEOHANE, R. (1984), *After hegemony*: cooperation and discord in the world political economy, New Jersey; Princeton: Princeton University Press.

KINDLEBERGER, C. P. (1986), International public goods without international government. *The American Economic Review*, v. 76, n. 1, p. 1-13, Mar.

SAMUELSON, P. A. (1966), The pure theory of public expenditure. In: STIGLITZ, J. E. (Ed.), *The collected scientific papers of Paul A. Samuelson*, Cambridge: The MIT Press. v. 2.

SMITH, A. (1995), *Enquête sur la nature et les causes de la richesse des nations*, Paris: PUF (1.ª edição, em inglês, 1776).

STIGLITZ, J. (2002), *La grande désillusion*, Paris: Fayard.

# C

**CADEIAS PRODUTIVAS**
Lee Pegler

**1.** O debate relativo às cadeias produtivas e à perspectiva de um desenvolvimento mais justo e igualitário traz consigo um grande número de conceitos tradicionais, assim como algumas idéias novas e, também, diferentes maneiras de se conceber o processo de desenvolvimento. Em um sentido amplo, o *sistema de cadeias produtivas* apropria-se da idéia de "cadeia" (usada nas ciências físicas) e aplica-a no intuito de que a produção se torne mais distribuída em diversos países, sendo ao mesmo tempo mais bem coordenada pelas empresas e por seus gestores. O caso das grandes empresas, com poucas fábricas próprias e longas cadeias de fornecimento, é provavelmente o mais notório desse fenômeno.

A maior dispersão, combinada à maior coordenação da produção, tem repercussões fundamentais no reconhecimento de direitos, nas condições de trabalho, na mão-de-obra diretamente empregada e nas comunidades locais. Como as relações e os direitos do trabalho apresentam-se dentro de muitas dessas cadeias de forma desigual, a questão levantada por vários estudiosos é a seguinte: essa forma de organização e de distribuição de direitos e dividendos deve ou pode ser modificada? Em uma perspectiva mais positiva, os grandes avanços alcançados nas comunicações e na logística, que facilitaram o desenvolvimento das cadeias, também abriram possibilidades para ações mais rápidas, visíveis e coordenadas pelos trabalhadores e pelas organizações da sociedade civil, interessadas em discutir tais desigualdades (BRONFENBRENNER, 2007).

**2.** A teoria de cadeias produtivas nasceu a partir de um conceito mais limitado de *cadeias de fornecimento*, que evoluiu para c*adeias produtivas* e, então, para *sistemas* ou *redes de produção*. Entre outras razões, isso reflete um desenvolvimento e um entendimento mais sofisticado da fluidez com que o valor é agregado aos produtos, em vários estágios de sua produção. Serviços, como o turismo, também podem ser analisados dessa forma. Outra distinção importante a considerar diz respeito a dois tipos de cadeias produtivas: o *cluster*, de alcance geográfico limitado, mas com uma variedade de empresas frequentemente maior; e o *global*, em que a produção é distribuída pelos continentes, terminando à mercê das empresas que coordenam a cadeia.

O conceito de *cluster* – um grupo de firmas que gera benefícios mútuos via coordenação da produção – tem suas raízes nos trabalhos da antiga Economia Neoclássica. Uma visão mais acurada das análises econômicas e das tendências das políticas públicas mostra como os *clusters* estiveram e deixaram de estar em voga. Assim, evidências da inovação e competitividade elevadas em certas áreas da indústria na Itália e na Alemanha, durante os anos 1970 e 1980, promoveram um interesse renovado nos possíveis benefícios da coordenação interfirmas. Introduziram uma dinâmica de pequenas empresas e um debate em relação *à nova onda* de industrialização, denominada especialização flexível (Piore e Sable, 1984). Tais estudos, e outros mais recentes sobre o mesmo assunto (Palpacuer, 2000), também sugeriram que os trabalhadores iriam beneficiar-se em termos de habilidades, salários e força no mercado.

A euforia inicial suscitada por esse ressurgimento particular dos *clusters* foi atenuada. O abrandamento deu-se não somente em relação à potencialidade do modelo para as empresas, mas também em relação aos limitados benefícios para o trabalhador e à segmentação do mercado de trabalho, tanto dentro das firmas como no mercado de trabalho em geral. Temas como confiança (ou capital social), intercâmbio de informação e aprendizado entre as organizações continuaram a ser importantes áreas de estudo. Enquanto isso, conexões mais polêmicas surgiram entre a área das cadeias produtivas e o desenvolvimento, no que tange à força de trabalho intrafirmas e ao potencial de respostas organizacionais alternativas, com a finalidade de resolver problemas relacionados à produção e aos direitos trabalhistas. Esses temas merecem alguma discussão, especialmente no tocante às *cadeias produtivas globais*.

O conceito de *cluster* também tem sido incorporado por muitos setores da sociedade civil. A literatura acadêmica, institucional e ativista, está recheada de estudos e de propostas estratégicas afirmando que os *clusters*, promovidos mais cuidadosamente em seus aspectos sociais e como dispositivos de rede, poderiam oferecer novas e amplas oportunidades aos países em desenvolvimento (Unido, 2006). Uma questão interessante, levantada amiúde recentemente, em particular na América Latina, vai mais além: formas cooperativas de negócio (ou *clusters cooperativos*) poderiam ajudar a assegurar que a inserção na cadeia produtiva não promovesse apenas o crescimento, mas também levasse a uma divisão mais igualitária dos benefícios, dentro da empresa e da cadeia, inclusive para aliviar a pobreza. Essas, são hipóteses desafiadoras, a indicarem que os direitos dos trabalhadores e a governança, mais uma vez, ocupam uma posição chave na política e nos debates das ciências sociais.

A organização de *cadeias produtivas globais*, apesar da novidade da designação, possui também importantes antecedentes históricos e conceituais. Os insumos e os produtos finais (*inputs* e *outputs*) lembram o conceito de ligações *a montante* e *a jusante* dentro da teoria de desenvolvimento. O territorialismo das cadeias globais destaca o crescente alcance geográfico da produção, enquanto a distinção entre os tipos conduzidos pelo comprador (*buyer driven*) e aqueles conduzidos pelo produtor (*producer driven*) mostra como as características dos produtos podem influenciar a distribuição da produção, o emprego e as habilidades ao longo da cadeia. Nesse nível tipológico, um bom exemplo de cadeias conduzidas pelo produtor é a de automóveis, na qual é mais provável que o produtor conduza a cadeia, isto é, decida sobre os pontos de produção. Ademais, a decisão sobre a localização nos vários mercados será relativamente fixa, por causa do grande investimento de capital, e a produção poderá depender fortemente de trabalhadores formais, mais qualificados. Alternativamente, cadeias produtivas como as do ramo calçadista podem ser conduzidas por vários compradores, as "aranhas", que procuram os locais de produção ao redor do mundo, tanto para a fabricação de peças como para a montagem do produto final. Nesses casos, a produção também é mais flexível, a qualificação dos trabalhadores mais baixa e a organização do trabalho tende a ser, geralmente, mais informal.

O conceito de *governança* enfatiza nesse campo o fato de que algum estamento da gestão está definindo o produto, bem como sua qualidade e o eventual mercado, o local da produção, os fornecedores e ainda, em última instância, a distribuição de renda dentro da cadeia. É nesse ponto que o sistema parece mais dinâmico, mais sujeito ao debate e também mais útil como uma ferramenta de direito trabalhista e de promoção do desenvolvimento local. Para as empresas integrantes de uma cadeia, a governança pode envolver um relacionamento de mercado, ou uma hierarquia, definindo o poder que uma firma tem, de fato, dentro da cadeia. Aqui, ganha interesse o fato de que, na abordagem de *clusters*, um maior grau de interação entre as firmas seja considerado um dos benefícios mais positivos, enquanto que, na literatura sobre as cadeias produtivas globais, as relações mais distantes entre as empresas da cadeia geralmente sugerem que as empresas (e a mão-de-obra) locais podem ter melhores opções de crescimento (HUMPHREY e SCHMITZ, 2002). A inserção dos países em desenvolvimento nas cadeias produtivas globais segue em geral o modelo hierárquico, de modo que oferece menores oportunidades para as empresas locais.

O que parece ser mais importante é o nível inicial no qual a firma ou país tenham sido inseridos na cadeia, além do papel das firmas líderes da cadeia, em particular sua propensão para promover os direitos trabalhistas e o desenvolvimento local. A entrada em uma alta esfera da cadeia, combinada com um relacionamento participativo entre as empresas que lideram, parece ser ideal, pelo menos para o empreendedor. Além disso, essas firmas líderes não precisam ser necessariamente as montadoras do produto final. As firmas mais importantes podem ser produtoras de insumos chave, como é o caso, no Brasil, dos circuitos eletrônicos das cadeias de TV e DVD, ou dos compressores da cadeia de refrigeradores.

Com relação a isso, outro conceito central na literatura é o de *upgrading*. As categorias empregadas pelos estudiosos, são o *upgrading* de produtos, o *upgrading* de processos e o *upgrading* funcional ou de rede (atinente à coordenação dentro da cadeia). Enquanto cada um desses tipos de *upgrading* tem diferentes implicações para os cargos, habilidades e condições de emprego, geralmente é observado que esses benefícios aumentam conforme a empresa assuma na cadeia papéis funcionalmente mais importantes. A relevância dessa categorização torna-se ainda mais clara ao se perceber que um nível mais alto de *upgrading* é mais viável quando as firmas na cadeia exibem relacionamentos mais distantes. Uma vez que os países em desenvolvimento provavelmente se inserem em hierarquias predefinidas (HUMPHREY e SCHMITZ, 2002), dispõem de menor possibilidade de *upgrading* e de menor aprimoramento nas condições de emprego, como resultado da sua inserção em cadeias produtivas. Por conseguinte, as cadeias produtivas não se livram das dificuldades fundamentais quanto ao nível de igualdade e de justiça, evidente dentro das estruturas atuais do capitalismo e resultante do processo de globalização. Em um nível conceitual e empírico, isso se reflete em expressões como *high road* e *low road* – termos que significam estratégias para alta e baixa qualidade dos produtos. Permanece, ao fundo, uma importante questão: até que ponto, ou sob quais condições, as empresas, as regiões e os países têm realmente outras opções estratégicas? Como fato preocupante, a análise de estudos de caso continua demonstrando que a inserção e o *upgrading* oferecem frequentemente condições de trabalho e sustento adversos, especialmente para mulheres e agentes em situações conduzidas pelo comprador (DOLAN, 2004). Mesmo os exemplos otimistas de inserção em cadeias produtivas mostram que, enquanto alguns trabalhadores beneficiam-se, um maior número vivencia insegurança crescente ou maior segmentação e diferenciação, diante de uma aristocracia trabalhista altamente especializada (KNORRINGA e PEGLER, 2006).

A possibilidade de tornar o trabalho informal mais formal, ou de converter o *trabalho decente* em um conceito efetivo, em particular nos países em desenvolvimento, está longe da realidade. O crescimento miserável (*immiserising growth*), causado pela contínua competição com baixa qualidade, na qual até mesmo empresas que fazem *upgrading* podem perder para seus competidores, pode se tornar regra (KAPLINSKY, 1998). Ao lado das diretrizes e dos acordos internacionais e nacionais, o atual sistema da governança trabalhista inclui um grupo de agentes dos setores privado e público comprometido e muito mais transparente (HASSEL, 2008), e estes parecem ter semeado certas "ilhas" de produção responsável (KNORRINGA, 2007). No entanto, qualquer desejo de multiplicar esses exemplos pode ser totalmente frustrado pelo impacto crescentemente dominante das estratégias das cadeias produtivas das gigantes asiáticas, tais como a China e a Índia, na economia mundial (ALTENBURG et al., 2008).

**3.** Alguns estudos sobre mudanças setoriais registraram melhorias de salário e emprego como resultado da inserção em cadeias produtivas globais (NADVI, THOBURN, THANG et al., 2004). Ainda que esse equilíbrio dê-se em função do contexto, ele reflete a maneira pela qual as políticas governamentais afetam as decisões de investimento e os resultados sobre o emprego bem como o grau em que os agentes sociais são capazes de se mobilizar e atuar. Assuntos que recebem atenção específica na literatura a esse respeito incluem a relevância e a aplicabilidade dos padrões da Organização Mundial do Trabalho (OIT) e da Organização de Cooperação Econômica ao Desenvolvimento (OCED) a atividades de cooperação entre empresas transnacionais. Além disso, tratam da eficiência dos parâmetros nacionais e de questões relacionadas com a efetividade de estratégias tais como a negociação ética e a certificação, com os padrões trabalhistas em contratos de negócios e com as iniciativas de responsabilidade social corporativa (RSC) para a promoção de tais direitos (JENKINS et al., 2002). A relação entre a RSC, a redução da pobreza, a inclusão social e outros direitos humanos também figura como importante tópico de debate.

É preciso mencionar especificamente a probabilidade de que o impacto da RSC sobre a produção sustentável e justa, no plano dos direitos humanos e do ambiente natural, torne-se mais a norma do que a exceção, especialmente ao longo de cadeias produtivas (KNORRINGA, 2007). De um início bastante sujeito a ceticismo, que consistia em solicitar aos capitalistas para monitorarem e moderarem seu próprio comportamento, a RCS tem mostrado sinais de maior profundidade (ao longo da cadeia) e amplitude (tipos de atividades) no tocante à forma como as firmas promovem os direitos trabalhistas, a sustentabilidade e a inclusão na comunidade (KOLK e VAN TULDER, 2006). Apesar das crescentes evidências empíricas de que os relacionamentos trabalhistas estáveis, representativos e participativos irão melhorar significativamente a performance das empresas (KUCERA, 2001), existe ainda a preocupação de que RSC possa ser também um mecanismo para enfraquecer os sindicatos e negligenciar a representação coletiva de trabalhadores (JUSTICE, apud JENKINS et al., 2002). Confrontar essa estratégia também requer que os sindicatos desenvolvam estruturas organizacionais e identidades mais efetivas, para se conectarem com os trabalhadores localmente e, ao mesmo tempo, tratarem os desafios das cadeias produtivas para os trabalhadores em um nível sistêmico (HEROD, 2001). O relacionamento dos sindicatos com o crescente movimento de ONGs e com as cooperativas está também sob minucioso exame, no mundo global socialmente em rede (EADE e LEATHER, 2005).

Existem sinais claros de que os sindicatos estão selando parcerias e relacionamentos mais estáveis com as ONGs e com o movimento cooperativo, tanto em âmbito local quanto internacional. Isso é muito importante, pois diversas cadeias produtivas cruzam as fronteiras organizacionais, setoriais e ocupacionais. O fato de que o valor esteja sendo agregado cada vez mais ao longo da distribuição da cadeia aponta os desafios existentes para as estruturas dos sindicatos, por ramo de ocupação ou por setor. Diante disso, é promissor que as propostas de novas combinações verticais e horizontais entre as estruturas representativas, incluindo sindicatos e cooperativas, com a intenção de promover a produção responsável, encontrem suas raízes dentro das políticas e práticas de muitas agências e organizações. As concepções acerca de muitas das estruturas necessárias para uma melhor governança ao longo das cadeias produtivas estão muito mais claras do que há uns anos.

Sob a ótica do pensamento desenvolvimentista, as cadeias produtivas globais têm suas raízes na teoria de dependência. Possuem, portanto, seu lugar entre os expoentes dessa escola de pensamento, moderados ou radicais. Assim, uma visão *frankiana* restrita afirmaria que os resultados dos produtos *high road*, bem como os direitos trabalhistas *high road*, não irão disseminar-se em um mundo globalizado. Em contrapartida, existe otimismo em casos como o do Leste da Ásia, de contínuo *upgrading* das empresas no setor do vestuário, o que poderia ser replicado se certas estruturas e parâmetros das políticas mudassem (Unido, 2006; Sable, O'Rourke e Fung, 2000). Exemplos onde isto ocorre, nos quais são evidentes as melhorias nos direitos trabalhistas, provavelmente permanecerão minoritários (Knorringa e Pegler, 2006). Os movimentos sociais, com o seu contínuo aprofundamento e ampliação, nos planos local e internacional, por meio de sindicatos, cooperativas e redes, são vitais para o progresso nesse sentido. O uso ativo da análise de cadeias produtivas, para avaliar pontos de dificuldade e de desigualdade e para a construção de estratégias coordenadas, contribuirá consideravelmente para outra economia, mais justa.

## BIBLIOGRAFIA

Altenburg, T; Schmitz, H; Stamm, A. (2008), Breakthrough? China's and India's Transition from Production to Innovation, *World Development*, v. 36, n. 2, p. 325-333.

Bronfenbrenner, K. (ed.) (2007), *Global Unions*: challenging transnational capital through cross-border campaigns, New York: Cornell.

Dolan, C. (2004), On farm and packhouse: employment at the bottom of a global value chain, *Rural Sociology*, v. 69, n. 1, p. 99-124.

Eade, D; Leather, A. (Ed.) (2005), *Development NGOs and Labor Unions*; Terms of Engagement, Bloomfield CT: Kumarian Press.

Hassel, A. (2008), The Evolution of a Global Labor Governance Regime, *Governance*, v. 1, n. 2, p. 231-251.

Herod, A. (2001), Organizing Globally, Organizing Locally: Union Spatial Strategy in a Global Economy. In: Harrod, J; O'Brien, R. (Ed.), *Global Unions? Theory and Strategies of Organized Labour in the Global Political Economy*, London: Routledge, p. 83-99.

Humphrey, J; Schmitz, H. (2002), How does Insertion in Global Value Chains Affect Upgrading in Industrial Clusters? *Regional Studies*, v. 36, n. 9, p. 231-27.

Jenkins, R; Pearson, R; Seyfang, G. (Ed.) (2002), *Corporate Responsibility and Labour Rights*; Codes of Conduct in the Global Economy, London: Earthscan.

Kaplinsky, R. (1998), Globalisation, Industrialisation and Sustainable Growth: The Pursuit of the Nth Rent, *IDS Discussion Paper*, n. 365.

Knorringa, P. (2007), Reach and Depth of Responsible Production: Towards a Research Agenda, *Paper for Workshop on Global Production Networks and Decent Work: Recent Experience in India and Global Trends*, ILO/IILS, Bangalore, India.

Knorringa, P; Pegler, L. (2006), Globalisation, Firm Upgrading and Impacts on Labour, *TESG – Journal of Social Geography*, Special Issue, v. 97, n. 5, p. 468-477.

Kolk, A.; Van Tulder, R. (2006), Poverty Alleviation as Business Strategy? Evaluating Commitments of Frontrunner Multinational Corporations, *World Development*, v. 34, n. 5, p. 789-801.

Kucera, D. (2001), *The Effects of Core Workers Rights on Labour Costs and Foreign Direct Investment*; Evaluating the "Conventional Wisdom", Geneva: International Labour Organization.

Nadvi, K.; Thobum, J.; Thang, B. et al. (2004), Vietnam in the Global Garment and Textile Value Chain: Impacts on Firms and Workers, *Journal of International Development*, v. 16, p. 111-123.

Palpacuer, F. (2000), Competence-Based Strategies and Global Production Networks: a Discussion of Current Changes and their Implications for Employment. *Competition and Change*, n. 4, p. 353-400.

Piore, M; Sable, C. (1984), *The Second Industrial Divide*: Possibilities for Prosperity, New York: Basic Books.

Sable, C; O'Rourke, D; Fung, A. (2000), *Ratcheting Labor Standards*: Regulation for Continuous Improvement in the Global Workplace, KSG Working Paper, John F. Kennedy School of Government, Harvard University.

Unido (2006), *Industrial Clusters and Poverty Reduction*: Toward a Methodology for Poverty and Social Impact Assessment of Cluster Development Initiatives, Unido/Compid Programme, Vienna.

## CAPITAL SOCIAL
Susana Hintze

**1.** O capital social refere-se, em um sentido amplo, às características da organização social que facilitam a cooperação e a coordenação em prol do benefício mútuo, como, por exemplo, o compartilhamento de redes, a confiança e as pautas de reciprocidade. Esse conceito é um exemplo emblemático da maneira como se constroem e popularizam formas de interpretação do âmbito social. Periodicamente, utilizam-se, nas ciências sociais, alguns conceitos que se referem a modos específicos de organização das relações sociais, respondendo a diferentes objetivos, perspectivas ou enfoques sobre elas. A partir das críticas pós-modernas às grandes teorias e, especialmente, ao marxismo – por suas limitações para incorporar, à sua teoria, dimensões como a subjetividade, a cultura e o comportamento cotidiano dos sujeitos àquele movimento cíclico –, acrescenta-se ainda a preocupação em encontrarem-se conceitos capazes de relacionar os níveis micro e macro da reprodução social. Entre eles, se encontra o conceito de capital social.

**2.** É comum a literatura sobre capital social estipular seus antecedentes na obra *A Democracia na América* (1835/1840), de Alexis de Tocqueville, que ressaltava a importância das associações cívicas na conformação de instituições democráticas estáveis e eficazes (PUTNAM, 1994). Não obstante, o conceito de capital social, formulado por autores dos países capitalistas avançados, adquiriu credibilidade nas ciências sociais latino-americanas na década de 1990, principalmente balizado nas idéias da obra de Robert Putnam, que o utilizou para analisar o desempenho institucional na Itália a partir dos anos 1970. Em 1994, um ano depois da sua publicação em inglês, já havia uma tradução ao espanhol do livro *Making Democracy Work*, seu trabalho mais influente sobre o tema.

Não se deve deixar de reconhecer a ascendência dos organismos internacionais, como o Banco Mundial e o Banco Interamericano de Desenvolvimento, na utilização do conceito, sobretudo referindo-se às condições de vida dos grupos vulneráveis. Para o caso da América Latina, os estudos sobre o capital social, tanto acadêmicos quanto aqueles produzidos pelos organismos internacionais de financiamento, em sua grande maioria, apresentaram o conceito como um ativo dos setores pobres, o qual poderia agir como mecanismo para superar ou, pelo menos, aliviar tal condição. O conceito foi usado por Loury em 1977 para referir-se aos recursos inerentes às relações familiares que resultam mais úteis ao desenvolvimento cognitivo das crianças ou dos adolescentes (HERREROS e DE FRANCISCO, 2001). Desde os anos 1960, essa definição foi utilizada por James Coleman e discutida no livro *A Reprodução*, de Pierre Bourdieu, no começo dessa década.

Ambíguo, conceitualmente equívoco, imprecisamente definido, condutor de raciocínios circulares, polissêmico, novo nome para questões amplamente trabalhadas pela Sociologia e pela Antropologia (HERREROS e DE FRANCISCO, 2001; LECHNER, 2000; PORTES, 1999; SMITH e KULYNYCH, 2002), são algumas das ressalvas feitas sobre o conceito, paralelamente à sua ampla aceitação. Sob o ponto de vista metodológico, objeta-se à dificuldade de encontrar indicadores que permitam operacionalizá-lo na pesquisa empírica.

Conforme Portes (1999), a popularidade do conceito ("parcialmente exagerada", segundo suas palavras) justifica-se por sua capacidade de acentuar "fenômenos reais e importantes". O exagero provém do fato de que não são fenômenos novos, tendo já sido estudados: "[...] denominá-los capital social é, em maior medida, apenas uma forma de apresentá-los com uma embalagem conceitual mais atraente". Preocupado com a utilização dada ao conceito nas literaturas científica, jornalística e política e na linguagem cotidiana, esse autor acrescenta que "[...] estamos aproximando-nos de um ponto em que o capital social é aplicado a tantos fatos e em tantos contextos diferentes que ele perde qualquer sentido distintivo que poderia chegar a ter" (PORTES, 1999). Soma-se a isso a convicção de haver poucas razões para se supor que o capital social oferecerá solução aos grandes problemas sociais, tal como registram algumas versões derivadas da análise de Putnam. Portes considera que, enquanto "denominação abreviada das consequências positivas da sociabilidade", o conceito tem "um lugar definido na teoria sociológica".

**3.** Antes de sua vasta difusão nas versões atuais – e tendo uma perspectiva distinta –, o conceito havia sido formulado por Pierre Bourdieu, relacionando-o a preocupações que se reiterariam ao longo da sua obra: as estruturas e processos que facilitam a reprodução do poder e os privilégios sociais. A perspectiva de Bourdieu é especialmente significativa porque mostra que o capital social não pode ser desvinculado do capital econômico – muito menos adquirir autonomia –, a cuja reprodução contribui.

Bourdieu retomou os atributos do capital em seu sentido convencional: acumulação, investimento, manutenção, rendimento, mobilização e concentração, utilizando-se de um conceito para referir-se aos proprietários do capital: "O capital social é o conjunto dos recursos atuais ou potenciais vinculados à posse de uma *rede duradoura de relações* mais ou menos institucionalizadas de interconhecimento e inter-reconhecimento; ou, dito de outro modo, *à pertença a um grupo*", no qual seus membros estão unidos por "vínculo permanentes e úteis" que se baseiam em intercâmbios materiais e simbólicos (BOURDIEU, 2001).

O volume do capital social depende da extensão da rede e dos recursos que seus componentes possuam. A rede de vínculos é o resultado de estratégias de investimento social destinadas, consciente ou inconscientemente, à instituição ou à reprodução de relações sociais utilizáveis. Segundo o autor, o capital social não é algo espontâneo – nem "algo que é dado socialmente" –, ao contrário (do mesmo modo que o capital convencional, poder-se-ia acrescentar), é o resultado de uma construção que supõe haver importantes investimentos materiais, simbólicos e esforços que implicam outros gastos. Sua utilidade é vista nos benefícios materiais e simbólicos (o prestígio, por exemplo) que permitem sua apropriação, dependendo da participação na rede de relações.

A construção do capital social permite converter "relações contingentes" (vizinhança, parentesco e outras) em "relações necessárias e eletivas" que subentendem obrigações institucionais, comunicativas e sentidas (como respeito, amizade, gratidão). A reprodução do capital é derivada das instituições que delimitam as trocas legítimas e excluem as ilegítimas, "[...] favorecendo oportunidades (reuniões, cruzeiros, caçadas, recepções, etc.), lugares (bairros elegantes, escolas seletas, clubes, etc.) ou práticas (esportes para ricos, jogos de sociedade, cerimônias culturais, etc.)" (BOURDIEU, 2001), por intermédio das quais um proprietário de capital convencional aumenta seu capital privado.

James Coleman (1988), outro precursor na história do conceito, considera serem formas de capital social as obrigações, expectativas e fiabilidade das estruturas, os canais de informação e as normas e sanções efetivas. O autor acentua a forma como as relações entre indivíduos afetam a acumulação de capital social, mas não atenta à maneira como as relações entre diferentes classes, estratos e grupos atingem essas alianças entre indivíduos. Esse é, em contrapartida, um aspecto central no enfoque de Bourdieu.

Uma forma de sistematizar as diferentes concepções sobre o capital social – a partir de alguns dos seus maiores expoentes – que caracterizam a grande quantidade de trabalhos destinados a difundir o conceito está nas idéias propostas por Herreros e De Francisco (2001). Para esses autores, Bourdieu e Coleman (com as diferenças existentes entre ambos) mantêm uma visão "estrutural" do capital social em contraposição à "disposicional ou cultural", postulada por Putnam e seus seguidores. A primeira perspectiva enfatiza os recursos disponíveis pelos atores sociais, derivados de sua participação em redes (acesso à informação, obrigações de reciprocidade, aproveitamento de normas sociais cooperativas). A segunda considera o capital social como um fenômeno subjetivo, composto por valores e atitudes dos indivíduos que determinam sua inter-relação, baseados na confiança social em pautas de reciprocidade e em princípios de cooperação compartilhados (HERREROS e DE FRANCISCO, 2001).

A distinção das *funções básicas* do capital realizada por Portes (1999), a partir da revisão da literatura, constitui uma boa categoria organizadora do campo teórico importante à compreensão dessa segunda perspectiva, na qual o capital social é, em definitivo, entendido como um ativo dos atores. Conforme essa distinção, o capital é percebido: a) como fonte de controle social mediante a imposição de normas e regras com base em relações de confiança em estruturas comunitárias; b) como fonte de apoio familiar; e c) como fonte de benefícios por intermédio de redes extrafamiliares.

Os teóricos do capital social ponderam os efeitos deste sobre as condições macrossociais (bom governo, democracias vitais, desenvolvimento econômico). Para Putnam, o capital social diminui a necessidade de monitoramento, negociações, litígios e acordos formais. Assim, o capital social "refere-se às características da organização social como, por exemplo, redes, normas e confiança, que facilitam a cooperação e a coordenação em benefício mútuo" (PUTNAM, 2001) e constitui "um ingrediente vital para o desenvolvimento econômico no mundo" e uma condição para a revitalização da democracia e o bom governo. "Uma política inteligente pode favorecer a formação de capital social e, por sua vez, o capital social aumenta a eficácia da ação do governo. Desde os serviços de expansão agrícola durante o século passado [XIX] até as isenções de impostos para as organizações comunitárias neste século [XX], o governo dos Estados Unidos promoveu com frequência os investimentos em capital social e agora deve renovar esse esforço. Uma nova administração que esteja mais disposta a utilizar o poder público e o orçamento do Estado para o interesse público não deveria subestimar a importância das redes sociais como apoio a uma política eficaz" (PUTNAM, 2001). Adotando o mesmo viés teórico, o Banco Mundial argumenta que "O capital social refere-se às instituições, relações e normas que conformam a qualidade e quantidade das interações sociais de uma sociedade. Diversos estudos demonstram que a coesão social é um fator crítico para que as sociedades prosperem economicamente e para que o desenvolvimento seja sustentável. O capital social não é apenas a soma das instituições que conformam uma sociedade, mas a matéria que as mantém unidas." (THE WORLD BANK GROUP, 2008).

**4.** Cabe indagar acerca das razões que explicam a ampla utilização do conceito. O questionamento justifica-se, sobretudo, ao se considerar que o desenvolvimento do conceito ocorre quando – como ressaltam Smith e Kulynych (2002) –, ironicamente, se escrevem em profusão trabalhos acadêmicos, políticos e jornalísticos que explicam uma grande variedade de problemas relacionados ao capital social, ao mesmo tempo em que, globalmente, as desigualdades de riqueza e renda adquirem enormes dimensões no capitalismo.

Lechner oferece um tipo de resposta. Segundo o autor, "[...] a globalização exige estratégias de competitividade sistêmica que pressupõem a participação das pessoas envolvidas", embora a organização da participação tenda a oferecer problemas, pois "as pessoas querem beneficiar-se com os resultados da ação coletiva, sem pagar pelos custos da cooperação". Baseando-se em Putnam e Grootaert, Lechner (2000) afirma que esse dilema pode ser superado mediante uma sociabilidade geradora de laços de confiança e cooperação. Para esse autor, o capital social permite: "1) compartilhar informação e diminuir, assim, a incerteza acerca das condutas dos outros; 2) coordenar atividades e assim reduzir os comportamentos oportunistas; 3) graças ao caráter reiterativo da relação, incentivar a realização de experiências de sucesso de colaboração e 4) fomentar uma tomada de decisão coletiva e, assim, atingir resultados equitativos para todos os participantes".

Outra resposta sublinha as implicações do próprio termo *capital*. Como a linguagem é uma construção social e histórica, o termo inevitavelmente abriga um conjunto de significações impossíveis de evitar. Acerca dessa polissemia, Smith e Kulynych (2002) sustentam argumentos de difícil contestação. Conforme eles, a partir da terminologia jurídica do direito romano, o conteúdo do vocábulo é essencialmente monetário. Ademais, historicamente, ele aparece ligado ao capitalismo, um sistema econômico vinculado, por sua vez, ao individualismo, ao interesse próprio, à concorrência e ao afã de lucro, aspectos que geralmente resultaram antitéticos com as virtudes cívicas que os teóricos do capital social defendem.

Segundo os autores, ao atribuir o nome de *capital* a um conjunto tão amplo de relações (usualmente positivas), as relações sociais, econômicas e políticas do capitalismo são *naturalizadas* e legitimadas. Consideram que seu emprego, na versão de Coleman, de Putnam e de seus seguidores, pode ser explicado pelo contexto econômico, político e social prevalecente ao final do século XX, sob o predomínio de concepções neoliberais, e pela forma como o vocabulário do mercado impregnou o discurso político e social. Além disso, o termo constitui uma expressão do economicismo reinante nas ciências políticas e sociais norte-americanas (SMITH e KULYNYCH, 2002).

Para Smith e Kulynych (2002), a utilização do conceito obscurece a interpretação dos processos que pretende explicar, especialmente quando ele é usado para referir-se às organizações dos trabalhadores e dos pobres. Diante do fato de que a solidariedade da classe trabalhadora é considerada uma forma de capital social, juntamente com várias outras expressões sociais, os autores indagam sobre as aproximações dessa forma de relação e aquela estabelecida entre os integrantes de uma liga de boliche (referindo-se a outro importante trabalho de Putnam, *Bowling Alone, America's Declining Social Capital*). Acerca dessa analogia, vale mencionar que, em Coleman, alguns exemplos de expressão empírica do conceito de capital social são: os comportamentos de ativistas estudantis radicais na Coréia do Sul, que se opõem a um regime opressivo; as fontes de confiança entre médicos e pacientes; a forma como os comerciantes do mercado central do Cairo cooperam para satisfazer suas necessidades e as preferências dos seus clientes; e a estreita unidade da comunidade de comerciantes judeus de Nova Iorque. Além das ligas de boliche, Putnam cita, como exemplos de criação de redes de sociabilidade e confiança, os órfãos, grupos de dança, movimentos de direitos civis e organizações de trabalhadores (SMITH e KULYNYCH, 2002; PUTNAM, 1994, 2001).

O conceito de capital social, se homogeneizado, oculta o que é específico das relações sociais, cuja diversidade e riqueza as ciências sociais deveriam contribuir para esclarecer. O emprego dos "outros capitais" nas linguagens acadêmica, política e técnica (habilidades, destrezas e credenciais educativas transformadas em *capital humano* e redes de confiança, intercâmbio e reciprocidade convertidas em *capital social*) comporta uma noção ampla de capital, no momento em que o capital apresenta uma concentração extrema e que algumas das suas formas (como o capital financeiro globalizado) comandam o processo mundial de acumulação. Essas formas delimitam não só as condições de inclusão no desenvolvimento global dos sujeitos, grupos e classes sociais, mas também de regiões inteiras do planeta.

Tais atributos do conceito revelam suas limitações para descrever e explicar a questão da reprodução e das condições de vida dos setores populares e a ela propor soluções. A preocupação pelo *capital dos pobres*, principalmente, resulta em mais um artefato ideológico do que em uma contribuição significativa para a abordagem de tais questões. A ênfase para potencializar seus recursos – indubitavelmente vitais para a sobrevivência – tende a negligenciar o problema central dos "pobres": sem se desconhecer a importância do desenvolvimento de redes baseadas na confiança, na solidariedade, na reciprocidade e no "núcleo duro" da superação da desigualdade, enfatiza-se que a pobreza passa centralmente pela distribuição da riqueza e, portanto, do capital convencional.

Diante dessa análise, a resposta acerca da adequação teórica e empírica do conceito torna-se um desafio complexo. Se, como muitos autores consideram, esse é um conceito que chegou para ficar, seria necessário repensar, à luz das críticas acima abordadas, seus conteúdos e abrangência, discutindo se – exceto na versão de Bourdieu – ele constitui um conceito fértil para se refletir sobre as realidades sociais contemporâneas.

**BIBLIOGRAFIA**

BOURDIEU, P. (2001), El capital social: apuntes provisionales, *Zona Abierta*, Madrid, n. 94/95, p. 83-88.

COLEMAN, J. (1988), Social capital in the creation of human capital, *The American Journal of Sociology*, The University Chicago Press, v. 94. Supplement: Organizations and Institutions: Sociological and Economic Approaches to the Analysis of Social Structure.

HERREROS, F.; DE FRANCISCO, A. (2001), Introducción: el capital social como programa de investigación, *Zona Abierta*, Madrid, n. 94/95, p. 1-46.

LECHNER, N. (2000), Desafíos de un desarrollo humano: individualización y capital social, *Instituciones y Desarrollo*, Instituto Internacional de Gobernabilidad, Barcelona, n. 7.

PORTES, A. (1999), Capital social: sus orígenes y aplicaciones en la sociología moderna. In: CARPIO, J.; NOVACOVSKY, I. (Comp.), *De igual a igual*: el desafío del Estado ante los nuevos problemas sociales, Buenos Aires: Fondo de Cultura Económica; SIEMPRO-FLACSO.

PUTNAM, R. (1994), *Para hacer que la democracia funcione*, Caracas: Editorial Galac.

\_\_\_. (2001), La comunidad próspera. El capital social y la vida pública, *Zona Abierta*, Madrid, n. 94/95, p. 89-104.

SMITH, S.; KULYNYCH, J. (2002), It may be social, but why is it capital? The social construction of social capital and the politics of language, *Politics and Society*, Sage Publications, v. 30, n. 1, p. 49-186.

THE WORLD BANK GROUP (2008), *Social capital* (1): building social capital for development and poverty reduction in NE Brazil. Disponível em: <http://info.worldbank.org/etools/docs/library/53437/brazil/brazil/ne_kl/english/seminar2.html>. Acesso em: 28 jul. 2008.

## CIDADANIA
Paulo Henrique Martins

**1.** Cidadania é um constructo moral, político e jurídico ambivalente que aparece em sociedades históricas, complexas e abertas, nas quais o dilema entre indivíduo e sociedade é equacionado mediante o surgimento de esferas públicas que valorizam o "mundo comum". Na Modernidade, tais esferas reduzem as influências do privado e realçam a importância da igualdade como conquista política e jurídica, ou seja, nelas, a propriedade individual é relativizada pela propriedade social. Do ponto de vista moral, o valor básico da cidadania é aquele da igualdade social que, nos casos das experiências democráticas, é pautada por um novo valor de liberdade, o qual não é mais aquele do tirano, mas do homem comum. Promover a igualdade significa privilegiar o todo social, a vontade coletiva, a obrigação moral supra-individual e a predominância da sociedade, enfim, aceitar que a propriedade social implica certa socialização da antiga propriedade privada. Conjuntamente observados, os valores morais básicos da igualdade e da liberdade ganham consistência histórica e sociológica mediante ações políticas geradas nas tensões entre a perspectiva de manutenção das crenças e valores coletivos e as pressões crescentes do individualismo contemporâneo a favor da liberalização dos desejos e singularidades. Na prática, essa ambivalência constitutiva da cidadania resolve-se entre as mobilizações crescentes em prol de diferenciação (de gênero, de etnia, de nacionalidades e de culturas, entre outros) e aquelas voltadas para a preservação da ordem social estabelecida.

Além dos elementos da moral e da política, o constructo da cidadania exige componentes jurídicos. Nessa perspectiva, a cidadania apenas ganha força de lei e de sanção com a linguagem escrita, com os códigos jurídicos e com as constituições republicanas que, ao nomearem a coisa pública como central na vida coletiva, permitiram que a idéia de cidadania ganhasse estatutos jurídico e legal, ou melhor, constitucional. Aqui, há de se assinalar a influência das tradições grega e romana. Para os gregos, a idéia de cidadania não se confundia com o indivíduo concreto. O respeito às leis da *polis* era a única maneira de se evitar que a comunidade fosse submetida a um único mestre ou tirano, como se supunha serem os casos dos povos bárbaros de então. A tradição romana, em seguida, acentuaria o aspecto legal e representador da cidadania. Para Cícero, a cidadania relacionava-se com a presença de uma comunidade de direitos. A definição romana do cidadão em termos jurídicos permitiu, igualmente, introduzir-se um segundo grupo de valores, a começar pela universalidade de direitos, a qual foi reapropriada, nos séculos seguintes, pelo cristianismo e difundida pelo espírito colonizador europeu.

**2.** Historicamente, a cidadania apenas é reconhecida com a passagem do Direito do Estado para o Estado de direito, com a substituição do ponto de vista do príncipe pela ótica dos indivíduos comuns sem títulos de nobreza, mas com garantias constitucionais abrigadas pela legislação comum. A organização desse Estado de direito e a quebra dos privilégios aristocráticos não constituíram um processo histórico simples. O advento da cidadania moderna a partir do século XVIII teve sucesso graças a revoluções sangrentas como a americana e a francesa. Se o pensamento renascentista preparou o retorno do ideal republicano da cidadania moderna, sua sistematização deveu-se a alguns pensadores tidos como fundamentais para se refletir sobre a natureza do indivíduo.

T. Hobbes (1982) propunha a idéia de um contratualismo vertical, decidido de cima para baixo por um legislador soberano. Acreditava que, tendo o ser humano uma natureza hostil, este seria incapaz de deliberar espontaneamente a respeito do interesse coletivo. Em orientação contrária, J. Locke (2004) propunha que a sociedade seria fruto de um contrato entre indivíduos livres que comporiam uma pluralidade organizada anterior à própria sociedade. Em uma outra direção, J. J. Rousseau (2002) acreditava que os indivíduos teriam todo o interesse de se colocarem espontaneamente sob o manto de uma vontade geral. Para o autor, o contrato social derivado de um pacto desse porte, edificado sobre o consentimento, seria a condição para que cada cidadão pudesse assimilar a liberdade e a obrigação como virtudes comuns. No fundo, Rousseau articulou a idéia de cidadania com a de comunidade. Nessas três tendências do pensamento político tradicional, temos as bases de modalidades diferentes de organização da cidadania: a cidadania tutelada, encontrada em vários regimes autoritários, inspira-se em Hobbes; o pensamento liberal remonta a Locke; e a formulação comunitarista e associativa alude a Rousseau. Tais concepções continuam a predominar ainda no séc. XXI, sendo atualizadas pelo debate entre os defensores de um entendimento liberal da cidadania, presente em autores como N. Bobbio e R. Rorty, e os defensores de uma noção comunitária e multicultural da cidadania, como C. Taylor e W. Kymlicka.

**3.** Recentemente, passou-se a constatar uma forte tendência – sobretudo em autores influenciados pela filosofia política contemporânea – de se valorizar a cidadania pela ótica do direito. Para T. H. Marshall (1976), é possível organizar-se o desenvolvimento dos direitos de cidadania a partir de três fases distintas: a dos direitos civis, tidos como direitos de primeira geração; a dos direitos políticos que seriam de segunda geração; e a dos direitos sociais, como direitos de terceira geração. Os direitos de primeira e segunda gerações teriam sido granjeados entre os séculos XVIII e XIX. Os direitos civis teriam sido conquistados no século XVIII, correspondendo aos direitos individuais de liberdade, igualdade, propriedade, de ir e vir, de segurança, entre outros. Os direitos políticos teriam sido alcançados no século XIX e diriam respeito à participação eleitoral e à liberdade de associação, de reunião e de organização política e sindical. Por sua vez, os direitos sociais teriam sido institucionalizados no século XX, a partir das lutas operárias e sindicais, expressando-se nos direitos ao trabalho, à saúde, à educação e à aposentadoria, ou seja, aquelas garantias de acesso ao bem-estar e ao bem social. Enfim, na segunda metade do século XX, poderia falar-se de direitos que teriam como titular não o indivíduo, mas grupos humanos como a nação, as coletividades étnicas ou a própria humanidade. Seriam exemplos destes os direitos à autodeterminação dos povos, os direitos ao meio ambiente, o direito do consumidor e os direitos das mulheres, das crianças e dos idosos. Alguns autores já falam em direitos de quarta geração, como os relativos à bioética e aqueles voltados a impedir a destruição da vida ou a criação sem critérios da vida em laboratórios.

Há autores que fazem restrição a Marshall, por considerarem que os direitos de cidadania não foram estabelecidos em etapas complementares, conforme teria sido aventado na análise desse pensador. Tais autores lembram que, ao se observar o mosaico da cidadania em nível planetário, percebe-se que as modalidades de seu aparecimento variam enormemente entre sociedades e culturas. Nesse sentido, propõem, seria mais interessante pensarem-se os direitos de cidadania no marco da diversidade cultural. Autores como W. Kymlicka (1996) alvitram a tese da *cidadania diferenciada*, forma de superação do velho fator nacional e de adoção de uma perspectiva multicultural. Essa tese seria comprovada por fatos novos, como a série de lutas em torno de direitos linguísticos, de autonomia regional, de imigrações e naturalizações, de reivindicações territoriais e de diferenças religiosas, entre outros. Nessa mesma perspectiva, C. Taylor (1995) sugere que as novas lutas pela cidadania não podem mais ser reguladas pela gestão clássica do social, exigindo instaurar-se uma política do reconhecimento e da dignidade para se responder efetivamente às novas demandas. Por sua vez, J. Habermas (2002) também se preocupa com o tema da nova cidadania e da rediscussão da relação entre nação e direitos, mas enfatiza a idéia de uma *cidadania pós-nacional*. Pensando nos desafios da integração européia, o autor destaca a importância de se discutirem formas alternativas de integração e de inserção social a partir de uma nova relação entre Estado de direito e democracia.

Identificar-se cidadania com democracia e reduzir-se sumariamente uma à outra constituem equívocos. Embora a segunda não exista sem a primeira, a cidadania pode existir sem a democracia. Os gregos tinham ciência dessa diferença. Mesmo considerando cidadão apenas aqueles que participavam do poder deliberativo ou judiciário na coletividade de indivíduos denominada *polis*, Aristóteles aventava a possibilidade de existir cidadania em regimes não-democráticos, como os despóticos ou tirânicos. Na atualidade, a conquista jurídica, política e moral da igualdade não tem sido tarefa fácil, e, dependendo do contexto, predominam as opiniões dos que consideram a propriedade social mais importante do que a individual ou vice-versa. Nos regimes burocrático-socialistas do século XX, exagerou-se o valor da obrigação sobre a liberdade e, nos regimes de democracias burguesas, em particular os mais influenciados pela ideologia neoliberal, vê-se o contrário: a liberdade individual é mais apreciada que a obrigação coletiva. Nos dois casos, a relação entre cidadania e democracia é problemática, pois se o abusivo peso da igualdade coletiva sufoca as liberdades individuais, o contrário também é verdadeiro, o excesso de liberdade individual reprime as perspectivas de sobrevivência do "mundo comum". Entre um e outro caso, expandem-se as tentativas de se conciliarem cidadania e democracia, mediante experiências de democracias participativas que buscam incluir e harmonizar os ganhos da representação (escolha indireta) individual e da assembléia (escolha direta) coletiva, ao mesmo tempo em que reconhecem a possibilidade de divergências.

Se a moral, a política e o direito são os fundamentos inquestionáveis da cidadania, sua permanência e estabilidade históricas dependem de fatores complementares. Aqui podemos lembrar o princípio da universalidade de direitos, que busca compatibilizar os valores primários da igualdade e da liberdade em um patamar institucionalmente mais complexo, que integre as diferenças nacionais em uma esfera comum mundializada. A despeito desse princípio, a cidadania não é, ao contrário do que possa supor o senso comum, uma espécie de "direito natural" humano e universal. As evidências históricas provam que ela é um fenômeno histórico localizado e que as sociedades organizadas a partir do ideal de cidadania são minoritárias na história humana. O sentimento de que a cidadania seja algo natural é apenas o resultado de um processo de interiorização de uma ordem moral, a moderna, que busca erroneamente inscrevê-la como uma evidência universal *a priori*, negligenciando o valor da esfera pública como espaço de conversação e organização dos fins comuns incertos (Taylor, 1995). O valor da universalidade é, no fundo, uma espécie de operador simbólico transnacional da política, legitimado pela possibilidade de realizar com sucesso as operações de tradução e de adaptação de significações nacionais, religiosas, históricas e culturais, que são sempre diferenciadas e particularizadas. Tal sucesso nem sempre está assegurado.

**4.** A idéia da cidadania como um direito universal tem sido reforçada por outro princípio, o dos direitos humanos. Generalizou-se assim, no Ocidente, a crença de que a cidadania seria um valor democrático, universal e necessariamente fundado nos direitos humanos. Sendo um direito universal e um bem intangível do ser humano, a cidadania democrática moderna deveria, por conseguinte, ser tida como referência para toda organização política independentemente dos contextos culturais particulares. A concretização desses ideais humanistas vem conhecendo na prática, contudo, dificuldades importantes, como o provam as tentativas problemáticas dos colonizadores europeus de imporem verticalmente o ideal da república democrática a outros povos, ao longo dos últimos 200 anos. A construção da cidadania exige uma série de acordos intersubjetivos que não se limitam apenas à redistribuição das riquezas materiais e de bens de poder. Em muitas sociedades, tais acordos devem incluir necessariamente reconhecimentos identitários, culturais, religiosos e políticos. Essas pressões cotidianamente renovadas, geradas pelas lutas por bens materiais e simbólicos, incidem necessariamente sobre as instituições sociais, em geral, obrigando a criarem-se novos mecanismos de participação, de regulação e de deliberação dos direitos da cidadania, em vários níveis das sociedades organizadas: desde o poder central até os poderes regionais e locais.

Finalmente, há que se ressaltar a forte pressão gerada pelo pensamento neoliberal para se reduzir a discussão sobre cidadania à questão econômico-mercantil, reafirmando-se as idéias de autonomização do mercado, de redução do papel regulador do Estado e de limitação de direitos de cidadania ao consumo produtivo e ao trabalho flexibilizado. Contra essa visão reducionista, há sempre que se recorrer às tradições dos pensamentos antigo e moderno que se abrem para entendimentos complexos dos fundamentos da cidadania, como foi acima exposto, recolocando a questão econômica no interior do social. Igualmente é mister reforçar-se a organização de um pensamento crítico antiutilitarista que revalorize a discussão da cidadania nas esferas da moral, da política e da justiça, evitando-se sua redução à ideologia mercadológica. Nesse sentido, vale lembrar B. S. Santos (1995, p. 261), para quem a organização de um entendimento complexo de cidadania, que responda às exigências de abolição das formas atuais de opressão e de exclusão, não pode efetivar-se com a mera concessão de direitos, esta típica de parte importante das tendências teóricas recentes. Tal organização exige uma reconversão global dos processos de socialização e dos modelos de desenvolvimento. Essa observação é muito relevante em sociedades periféricas, onde a construção da cidadania é permanentemente obstruída por problemas estruturais gerados pela modernização e pelos valores tradicionais dominantes (Souza, 2003).

O entendimento contemporâneo da cidadania exige considerar-se que o jurídico é apenas um dos seus termos constituintes, devendo ser lembradas igualmente a moral e a política, como foi assinalado no início deste texto. Individualmente considerados, cada um desses termos é insuficiente para se explicar a emergência da cidadania. Seu sucesso como projeto histórico procede da confluência das lutas pelo reconhecimento e pela dignidade, pela participação e representação livres e igualitárias e pelo usufruto comum de direitos cívicos, políticos, sociais, econômicos, culturais e ambientais. Tal convergência deve se dar em torno da experiência de um mundo comum, que não pode ser privatizado por indivíduos ou corporações. Esse entendimento é particularmente importante ao se considerar a invenção da cidadania democrática, que oscila permanentemente entre as ambivalências da vida social – os interesses individuais e os coletivos, as ordens instituídas e as instituintes, os espaços global e local.

### BIBLIOGRAFIA

ARENDT, H. (1958), *The human condition*, Chicago: The University of Chicago Press.

ARISTOTE (2004), *Politique*, Paris: Nathan.

BOBBIO, N. (1992), *A era dos direitos*, Rio de Janeiro: Campus.

HABERMAS, J. (2002), *A inclusão do outro:* estudos de teoria política, São Paulo: Edições Loyola.

HOBBES, T. (1982), *Le citoyen ou les fondements de la politique*, Paris: Flamaryon.

KYMLICKA, W. (1996), *Ciudadania multicultural*, Barcelona; Buenos Aires: Paidós.

LOCKE, J. (2004), *Essay concerning human understanding*, London: Penguin.

MARSHALL, T. H. (1976), *Class, citizenship and social development*, Connecticut: Greenwood.

RORTY, R. (2007), *Contingência, ironia e solidariedade*, São Paulo: Martins Fontes.

ROUSSEAU, J. J. (2002), *Du contrat social et discours sur l'économie politique*, Paris: Athena.

SANTOS, B. S. (1995), *Pela mão de Alice:* o social e o político na Pós-Modernidade, São Paulo: Cortez.

SOUZA, J. (2003), *A construção social da subcidadania:* para uma sociologia política da modernidade periférica, Belo Horizonte; Ed. UFMG; Rio de Janeiro, IUPERJ.

TAYLOR, C. (1995), *Philosophical arguments*, Cambridge; London: Harvard University Press.

## COMÉRCIO JUSTO
### Alfonso Cotera
### Humberto Ortiz

**1.** Comércio justo é o processo de intercâmbio de produção-distribuição-consumo, visando a um desenvolvimento solidário e sustentável. Esse desenvolvimento procura beneficiar sobretudo os produtores excluídos ou empobrecidos, possibilitando melhores condições econômicas, sociais, políticas, culturais, ambientais e éticas em todos os níveis desse processo, tais como o preço justo para os produtores, educação para os consumidores e desenvolvimento humano para todos e todas, respeitando os direitos humanos e o meio ambiente de forma integral. O comércio justo traduz-se no encontro fundamental entre produtores responsáveis e consumidores éticos.

Busca-se obter condições mais justas para os produtores, especialmente os mais marginalizados, fazendo-se evoluírem as práticas e as regras do comércio internacional em direção a critérios de justiça e equidade, havendo, para tanto, o apoio dos consumidores. Um indicador do impacto resultante do comércio justo não reside na soma daqueles que já eram ricos e tornaram-se ainda mais ricos por meio desse comércio, mas no montante dos que ele ajudou a sair da pobreza, da exclusão e da marginalidade em todos os níveis.

O comércio justo não se configura apenas como uma relação comercial. Ele procura estabelecer um vínculo de cooperação e parceria entre os produtores do Sul e os importadores do Norte, baseada na igualdade e no respeito mútuo. No comércio justo, o consumidor consciente não só adquire produtos, mas também assume relações de compromisso com os produtores, ao estar informado sobre a origem do produto (nos aspectos éticos e ambientais). Pode-se definir o comércio justo como a relação de troca econômica e ética entre produtores responsáveis e consumidores éticos, orientados ao desenvolvimento humano integral solidário. Em sua base, está o trabalho por uma economia justa e solidária.

**2.** O comércio internacional tradicional vem se desenvolvendo sob relações de troca, em um modelo que gera injustiça, desigualdade e marginalidade. No âmbito agrícola, os países do Norte importam produtos que não se desenvolvem nos climas dessas regiões, para que sua população possa consumi-los, como banana, café, cacau, açúcar, etc. Da mesma forma, esses países importam produtos que demandariam altos custos de mão-de-obra caso fossem produzidos localmente, se comparados aos preços baratos pagos aos países do Sul, onde a mão-de-obra é menos remunerada. Além disso, subsidiam sua agricultura e até mesmo a indústria, mas fazem todo o possível para que os países do Sul assim não procedam.

Os acordos internacionais sobre comércio (OMC) estipularam que os países industrializados reduzissem os impostos sobre as importações agrícolas em 36%, em um prazo de seis anos, e que os países em desenvolvimento chegassem a 24%, em dez anos. Na prática, os países desenvolvidos mantêm subvenções agrícolas muito elevadas, enquanto os países em desenvolvimento não podem fazê-lo devido aos condicionamentos principalmente do sistema financeiro internacional, gerando, assim, um verdadeiro *dumping* e tornando os produtores do Sul menos competitivos.

A consequência dessa situação é a continuidade da exportação de produtos agrícolas e matérias-primas por parte de países e regiões cujas populações padecem de fome a outros países com superprodução alimentícia. Os produtos locais e tradicionais dos países do Sul são usufrutuados no tocante ao direito à propriedade pelas empresas transnacionais, sem que estas reconheçam seu saber ancestral, apesar do acordo 169 da OIT.

Há quase 50 anos, as organizações não-governamentais dos países do Norte, especialmente as européias, em diálogo com organizações não-governamentais e grupos de produtores dos países do Sul, vêm desenvolvendo enfoque e processo alternativos ao comércio internacional tradicional. Sob as denominações *comércio justo* ou *comércio equitativo e solidário*, procuram reverter "desde baixo" a tendência injusta presente nas trocas realizadas no comércio internacional, promovendo o reconhecimento ao trabalho dos produtores do Sul mediante o pagamento de um preço justo a seus produtos e sensibilizando os consumidores do Norte sobre o conhecimento dessa realidade, o consumo saudável e seu verdadeiro poder de compra não só econômico, mas principalmente ético.

O movimento do comércio justo pôs em andamento mercados alternativos nos países do Norte, com normas precisas para cada produto. O número desses produtos é cada vez maior, e sua produção mais diversificada, sendo eles oferecidos em lojas solidárias e em alguns supermercados (como exemplo, há a experiência mexicana dos supermercados solidários).

Esses mercados propiciam uma relação mais direta com os produtores dos países do Sul, oferecendo-lhes melhores condições comerciais. Essa relação direta dá-se não tanto pela redução da distância física, mas pela aproximação ética, o que pode ser denominado uma "economia da proximidade", apesar das grandes distâncias geográficas.

A proposta originária de um comércio justo consistia em substituírem-se as relações de assistência Norte/Sul por relações de solidariedade no nível das trocas econômicas (*Trade, not aid* – comércio, não assistencialismo). Após essa iniciativa, verificaram-se, em quase todos os países da Europa e da América do Norte, diversas experiências nacionais de certificação mediante o selo de comércio justo (*fair trade label*) e certificação orgânica e de qualidade. Esses agentes também importam e promovem produtos das cooperativas, associações e pequenos produtores dos países do Sul.

Em 1997, todas essas iniciativas uniram-se sob a FLO-Internacional (Fairtrade Labelling Organizations), para munirem-se de um selo de comércio justo internacional. A partir desse momento, esses agentes passaram a trabalhar em conjunto para facilitar a exportação dos produtos das organizações de pequenos produtores e promovê-los, com o intuito de reduzir a distribuição desigual de bens entre o Norte e o Sul. Atualmente, no México, o comércio justo interno está sendo desenvolvido, visando à promoção dos pequenos produtores, havendo um selo não só de certificação equitativa, mas também de comercialização (com uma marca *comércio justo, a experiência Usiri*). Formou-se também uma rede de produção e comercialização solidária entre produtores do México e dos Estados Unidos da América do Norte, denominada Coalizão Rural (Rural Coalization).

No início do século XXI, a possibilidade de se criarem certificadoras solidárias nos próprios continentes do Sul já avançou. Em 2006, a rede latino-americana de comércio justo propôs a criação de um selo no subcontinente contemplando inclusive a "certificação cruzada", pela qual a entidade de um país, cumprindo os padrões, e com legitimidade, pudesse certificar os produtos de outro país, e assim sucessivamente. A rede vem realizando estudos para o lançamento desse "selo do Sul", que permitirá acesso de um maior número de pequenos produtores a ela.

**3.** O conceito de comércio justo ampliou-se, estendendo essa definição ao comércio praticado internamente nos países, revalorizando o mercado local (e não só a exportação) e a comercialização entre os países do Sul, bem como entre países do Norte e do Oriente-Ocidente. Nessa direção, situam-se os acordos propostos durante o I Encontro Latino-Americano de Comércio Justo, Consumo Ético, Troca e Moeda Social, realizado em Lima, Peru, em março de 2001.

O comércio justo vincula-se também ao consumo ético, sendo ambos duas facetas de uma mesma concepção, uma não podendo existir sem a outra. Tal como o escambo (intercâmbio direto) e a moeda social, constituem meios de troca nas economias locais e regionais, especialmente para os grupos mais marginalizados e pobres, embora igualmente demonstrem sua viabilidade em meio a outros setores sociais. Reconhece-se, cada vez mais, a multifuncionalidade do comércio justo, não se devendo analisá-lo apenas como uma estratégia de comercialização, mas também de promoção da produção local permanente e sustentável, da criação de empregos, do estabelecimento de relações de equidade entre mulheres e homens e entre gerações, de mobilização de valores ético-culturais e de desenvolvimento a partir do espaço local.

O comércio justo implica ainda produzirem-se estratégias de diálogo com os Estados, as organizações multilaterais e as redes sociais, buscando-se a incorporação de um estatuto jurídico para o comércio justo aos níveis nacional e internacional. No caso da União Européia, por exemplo, o Parlamento Europeu aprovou, por unanimidade, a Resolução A4-198/98, sobre a promoção do "comércio equitativo e solidário", em 2 de julho de 1998.

No Equador, sob iniciativa de Maquita Cushunchic ("demo-nos as mãos comercializando como irmãos"), impulsionou-se, a partir do comércio interno, um movimento de comercialização comunitária com as organizações populares do campo e da cidade, denominada Rede Latino-Americana de Comercialização Comunitária (RELACC), com sedes em 18 países da América Latina. Tendo por objetivo tornar-se uma alternativa ao livre comércio (ao TLCAN), formou-se a Coalizão Rural, uma aliança composta por mais de 90 organizações de pequenos produtores e assalariados agrícolas do México e Estados Unidos. No Peru, existe a Rede Peruana de Comércio Justo e Consumo Ético, agrupando redes de produtores nacionais vinculados às redes internacionais de comércio justo, como as do café, reunidas na Junta Nacional do Café (JNC), e as de artesanato, coligadas na Central Inter-Regional de Artesãos do Peru (CIAP). Esta congrega 19 associações de artesãos e artesãs dos setores camponeses e urbanos populares, impulsionando toda uma dinâmica, com a criação das lojas solidárias de comércio justo em várias cidades do país, e incentivando redes de turismo solidário, produtores orgânicos e organizações de consumidores ecológicos, produtores em cárcere (apoiados pela Comissão Episcopal de Ação Social), o movimento das crianças e adolescentes trabalhadores (MANTHOC) e os grupos de iniciativa de economia solidária.

No Chile e no Peru, as experiências em comercialização, das organizações de mulheres ("comprando juntas", no primeiro caso, e as empresas comerciantes de alimentos, no segundo), procuraram vincular diretamente os produtores aos consumidores. Na mesma linha, há as feiras de consumo na Venezuela (experiência de CECOSESOLA) e as experiências de troca e moeda social desenvolvidas na Argentina, México, Equador, Brasil e outros países. Sob essa perspectiva, formou-se também a Feira de Santa Maria, no Brasil, a qual, a partir do comércio justo, projetou suas idéias durante o Encontro Latino-Americano e Caribenho de Economia Solidária, que, em sua última convocatória, reuniu mais de 140.000 participantes. Todas essas são experiências tanto de troca de produtos, como de troca de saberes.

O poder transformador do comércio justo permite estabelecerem-se outros tipos de relações entre produtores e consumidores, baseados na equidade, na cooperação, na confiança e no interesse compartilhado. Essa modalidade de comércio tem como princípios: a) a criação de novas formas de trocas econômicas, fundamentadas na solidariedade, que buscam o desenvolvimento sustentável e justo dos territórios e seus habitantes; b) a cooperação como base e condição das trocas, o que implica confiança, transparência na informação e relações justas e duradouras; c) a incorporação dos custos sociais e ambientais à sustentabilidade das trocas, os quais se supõe serem assumidos conscientemente pelos produtores e consumidores; d) a formulação de critérios e normas que permitam haver mais equidade nas transações comerciais entre os países do Norte e os países do Sul, modificando a tradicional divisão internacional do trabalho; e) o estabelecimento de uma relação mais direta e solidária entre produtores e consumidores, não só como mecanismo de barateamento do preço dos produtos, mas também como um processo de socialização com vistas a se construir um mundo responsável e sustentável; e f) a humanização do processo comercial, por isso, o comércio justo integra-se a uma visão da economia centrada na pessoa, não se limitando às trocas mercantil e monetária.

O comércio justo possui diversos objetivos. O primeiro deles é fazer evoluírem as práticas comerciais em direção à sustentabilidade e à incorporação dos custos sociais e ambientais, incidindo sobre a conscientização das pessoas e as legislações nacionais e internacionais. Essa conscientização dos consumidores respeita ao seu poder (de compra ética) de atuarem a favor de trocas mais justas. Outro objetivo é impulsionar estratégias que busquem o equilíbrio entre os mercados locais e internacionais. Já a promoção da igualdade de gênero e entre gerações visa incentivar a participação humana integral, mediante relações equitativas entre homens e mulheres e entre pessoas de diferentes idades, em uma dinâmica que propicie, às mulheres, desempenharem um papel mais ativo no processo de desenvolvimento, na tomada de decisões e na gestão da organização. Para tanto, deve-se promover uma maior participação das mulheres nas atividades econômica, social e política. Com o objetivo de favorecer a expressão das culturas e valores locais, no âmbito de um diálogo intercultural, o comércio justo busca o reconhecimento de que os produtos não só têm valor de uso e valor de troca, mas, por meio deles, expressam-se realidades e vivências características da cultura de quem os produz. Eles são veículos de comunicação e troca que possibilitam haver um diálogo intercultural de consumidores, os quais expressam seus gostos e desejos que são considerados respeitando-se identidades. Finalmente, o comércio justo objetiva promover o desenvolvimento integral em termos econômico, organizativo, social e político. Para isso, no âmbito econômico, enfatiza a melhoria das técnicas de produção e a diversificação da produção, com a meta de evitar que as pessoas dependam de um só produto como fonte de renda. No âmbito organizacional, o comércio justo opera melhorando a capacidade gerencial e administrativa dos diretivos presentes e futuros da organização, bem como supõe a plena participação dos membros na definição das estratégias a serem seguidas e na utilização das rendas adicionais resultantes das vendas realizadas. No plano social, o comércio justo volta-se à melhoria das condições de vida dos membros da organização e de suas famílias e, em geral, da comunidade onde estão localizados, por exemplo, mediante políticas e programas de saúde e educação, melhoramento das moradias e sistemas de água potável, entre outros.

Há critérios básicos para que se desenvolva o comércio justo. É preciso estabelecer-se a relação o mais direta possível entre produtores e consumidores, reduzindo-se a intervenção de especuladores e intermediários convencionais. A troca deve ser realizada a um preço justo, que permita, ao produtor e à sua família, viverem dignamente dos frutos de seu trabalho. Com relação às condições de trabalho dos produtores (quando se trata de trabalhadores assalariados), estas precisam corresponder, ao menos, às normas internacionais da Organização Internacional do Trabalho (OIT), ou às normas do respectivo país, se estas forem superiores às da OIT, respeitando-se o direito de associação e proibindo-se o trabalho forçado. No caso de produtores autônomos, se estes necessitarem, financiamentos parciais devem ser autorizados antes da colheita ou da produção manufatureira. As relações contratuais são estabelecidas em longo prazo, baseando-se no respeito mútuo e nos valores éticos. Essas relações procuram não só determinar um preço justo para os produtos, como também criar as condições para haver um desenvolvimento sustentável dos grupos de produtores ou assalariados. Esses critérios mínimos resumem-se em solidariedade, justiça, responsabilidade e enfoque nos direitos. Além deles, as organizações de comércio justo estabeleceram, para alguns casos, os denominados critérios de "progresso".

O movimento do comércio justo ocorre sob um processo de criação e desenvolvimento constante de formas diversas que evoluem de acordo com os contextos socioeconômico, político, cultural e ambiental, em cada uma das regiões do mundo. Nesse processo, diversos atores têm participado da implantação, promoção e formação de trocas econômicas mais justas. Os atores são todos os que estão vinculados na dinâmica de troca de comércio justo, ou seja, os que intervêm na atividade econômica de forma direta.

Os *produtores* são todos os que elaboram os produtos, de acordo com certas exigências, normas técnicas e condições, oferecidos no mercado de comércio justo. Esses produtores encontram-se, em sua grande maioria, marginados do comércio tradicional e procedem dos países do Sul ou do Leste. Os *consumidores/as* são todas as pessoas que consomem os produtos oferecidos no mercado do comércio justo, fazendo-o por sensibilidade diante do injusto sistema internacional de troca comercial ou por consciência solidária em relação aos marginados e excluídos do sistema. Esses consumidores encontram-se, em sua grande maioria, nos países do Norte. Por sua vez, as *empresas* integradas ao comércio justo são entidades do setor privado que têm responsabilidade social e que estão dispostas a trabalhar sob a perspectiva dessa forma de comércio. A classificação não se aplica àquelas cuja responsabilidade social for apenas um mecanismo de *marketing* para infiltrarem-se no movimento do comércio justo. Diferente das empresas, as *organizações de cooperação* são aquelas que oferecem contribuições econômica, técnica ou promocional à estruturação do comércio justo. Já os *governos* são aquelas administrações públicas locais, regionais ou nacionais que ajudam o mercado, pelo menos o regulamentando de acordo com critérios ambientais e sociais ou propondo um quadro jurídico para o comércio justo.

Outro grupo de atores é formado pelas *instituições de comércio justo*, que são entidades ou organizações criadas especificamente para dar prosseguimento ao processo de troca de comércio justo. As *organizações de produtores/as* são aquelas cooperativas, associações de produtores, sindicatos de trabalhadores ou outras que representem o interesse dos seus associados nas negociações no interior do movimento de comércio justo e nas relações interinstitucionais com outros. Em outra ponta, as *organizações dos/as consumidores/as* são as associações e cooperativas dos consumidores que trabalham na promoção do comércio justo, colaborando à formação da consciência do cidadão perante os desafios que se apresentam a um consumo ético e responsável. Algumas delas implantaram sistemas originais de distribuição de produtos regionais ou de importação sob condições justas. As *agências de certificação* são aquelas entidades dedicadas a certificar se os produtos estão em condições de entrar no mercado do comércio justo, permitindo sua distribuição nos supermercados. Formaram-se ao final dos anos 1980 e desenvolveram certos critérios para cada produto. Outros agentes, as *centrais de compras* ou *importadores do comércio justo*, são os encarregados de adquirir e colocar os produtos no mercado (distribuidores, lojas de todo o mundo, pontos de venda varejistas). A venda direta ao consumidor fica a cargo das *lojas de comércio justo*, cujos provedores, muitas vezes, são as centrais de compras do comércio justo, embora essas lojas também possam ter relações comerciais diretas com os produtores. Por fim, os *distribuidores* e *pontos de venda* são os sócios comerciais das organizações do comércio justo (produtores, emissores de selos e centrais de compra) encarregados da distribuição dos produtos no mercado aberto, buscando sua maior difusão, especialmente dos produtos alimentícios.

Muitas são as perspectivas que se apresentam à temática do comércio justo. Primeiramente, a ampliação do conceito de *comércio justo* supõe haver mais inter-relação entre atores e líderes dessas experiências e entre as próprias experiências, para adotar e renovar critérios comuns e sensibilizar outros atores a incorporarem a perspectiva do comércio justo nas dimensões locais, regionais e nacionais e nas transações comerciais Sul/Sul e Norte/Norte, superando a visão restritiva da União Européia, que reconhece apenas a dimensão Norte/Sul. Sob essa ótica de ampliação, é necessário reconhecerem-se os produtores e assalariados como atores com plenos direitos e contribuir-se ao alargamento da comunicação entre todos os atores do comércio justo. Para tanto, é importante implementarem-se plataformas de articulação entre os atores e experiências de comércio justo nos níveis local, regional, nacional e internacional.

Ao impulsionar estratégias de desenvolvimento local, como um todo, e, especificamente, de desenvolvimento econômico local, os objetivos centrais do comércio justo devem ser promover a soberania, a segurança alimentar, o emprego, a saúde, a diversificação produtiva, a articulação econômica local, a abertura de mercados regionais e o progresso endógeno e integrado. Na perspectiva de firmar-se a colaboração entre o movimento de produção e comercialização orgânica e o comércio justo, é preciso incorporarem-se critérios ambientais aos selos de comércio justo e critérios socialmente solidários aos selos orgânicos, buscando-se a participação de todos os protagonistas (produtores, consumidores, instituições, organizações e outros). Nessa direção, os parâmetros de comércio justo devem contemplar os impactos dos modos de produção e trocas internacionais sobre o meio ambiente, no âmbito da busca de um comércio sustentável.

Novos produtos e novos setores demandam a elaboração de normas equitativas, ao mesmo tempo em que a ampliação da distribuição dos produtos justos não pode incorrer em práticas oligopólicas. Busca-se ainda que a transformação dos produtos primários seja efetuada pelos mesmos produtores, o mais próximo possível ao lugar de origem dos respectivos produtos.

O movimento do comércio justo faz parte de uma proposta integral de economia solidária, devendo-se articular com outros movimentos e esforços de promoção de atividades econômicas solidárias. Entre estes, estão as finanças solidárias, o desenvolvimento local, o turismo responsável, o consumo ético, a troca e a moeda sociais, as trocas de saberes e os serviços de proximidade, entre outros, que permitem gerarem-se sinergias econômicas e sociais e propiciam, à economia solidária, fazer-se mais presente nos espaços públicos.

No âmbito legal, o comércio justo deve se expressar mediante um estatuto jurídico nacional e internacional que promova e facilite tal atividade. Nesse sentido, é necessário ainda se intervir nos processos de troca e integração comercial que se desenvolvam na esfera internacional. Em aliança com outros atores econômicos e sociais, devem-se promover diálogos entre a sociedade civil e os Estados acerca das implicações dos acordos multilaterais sobre os investimentos, os condicionamentos das instituições financeiras internacionais, as negociações nas zonas de livre comércio, os convênios e outros acordos das cúpulas mundiais. Ao se promoverem acordos de integração equitativa regionais e sub-regionais nos continentes do Sul, assume-se uma atitude crítica e ativa com respeito às propostas dos tratados de livre comércio e aos acordos de associação.

É necessário assumir-se uma estratégia integral, afirmando-se os princípios, objetivos e méritos do movimento de comércio justo. Essa forma de ação implica agir-se em diversos cenários, estabelecendo-se relações de apoio e articulação com outros movimentos sociais que busquem transformar as condições injustas do atual sistema econômico e procurando-se instituir alianças estratégicas com setores do Estado e empresas que ofereçam verdadeiras evidências de responsabilidade social.

## BIBLIOGRAFIA

Aloe (2008), *Intercambiando visiones sobre una economía responsable, plural y solidaria*, Paris: FPH.

Christian, A. (2001), *Manifiesto por el movimiento del comercio justo*, London: mimeo.

Ciap – Central de Instituciones de Artesanos y artesanas del Perú (2002), *"Marcando huellas"*, la experiencia de 10 años del CIAP, Lima.

Cotera Fretell, A. (2008), *Visiones de una economía responsable, plural y solidaria en América Latina y El Caribe*, Lima: mimeo.

Fassa, R. (1998), *RAPPORT sur le commerce équitable*, Commission du Développement et de la Coopération.

Fbes (2007), *Experiencias de la Feria de Santa María*, Documentos FBES.

Flo-Internacional (2000), *El comercio equitativo*, una alternativa viable para pequeños productores.

Fundación Consumidor Consciente (2001), *El planeta necesita un consumidor consciente*.

Gresp (2001), *Memoria del Encuentro Latinoamericano de Comercio Justo y Consumo Ético*.

Ifat (2002), *Estándares para las organizaciones del comercio justo*, mimeo.

Johnson, P. (2001), Alianza para un mundo responsable, plural y solidario, *Cuaderno de Propuestas para el Siglo XXI: COMERCIO JUSTO*, Ed. Charles Léopold Mayer.

Mcch – Maquita Cusunchic, Comercializando como Hermanos (2002), *Quince años del MCCH, Mercado Ético con Calidad y Espiritualidad*, Quito, Ecuador.

Ortiz, H.; Muñoz, I. (1998), Simposio Internacional: *Globalización de la Solidaridad: un Reto para Todos*, Ed. GES.

Pdp – Promoción del Desarrollo Popular A. C. (1999-2000), *Generando un sistema de productos y servicios utilizando vales multitrueque*, Tlaxcala, México.

Pdp e Fonaes (2001), *Talleres regionales local, global y mundial*, surge un sistema sinérgico de intercambio de valores, México.

Simoncelli-Bourqe, E.; Cotera, A. (2002), *Directorio de Comercio Justo*, Ed. GRESP.

Soares, F.; Diehl, N. (2001), Alianza para un mundo responsable, plural y solidario, *Cuaderno de Propuestas para el Siglo XXI: CONSUMO ÉTICO*, Ed. Charles Léopold Mayer.

## CONSELHOS DE EMPRESA
Hermes Augusto Costa

**1.** Os conselhos de empresa são instâncias de representação e participação laboral em contexto empresarial, vinculadas aos locais de trabalho (*shop floor*). Ao assegurarem a expressão de interesses colectivos dos assalariados de uma determinada organização, configuram-se, regra geral, como instituições a quem é conferido o direito: de exercer um controle de gestão ao nível da empresa; de informação e consulta sobre os aspectos económicos/financeiros ou sociais relativos à actividade da empresa; de participação nos processos de reestruturação empresarial, organização do trabalho, formação profissional, etc. Trata-se, assim, de instâncias que concorrem para a democracia laboral na empresa.

A utilização do termo "conselhos de empresa" não é, todavia, uniforme transnacionalmente. Na Alemanha, fala-se em *betriebsrät*, na França em *comité d'entreprise*, em Itália em *consiglio di fabrica*, na Bélgica em *conseil d'entreprise*, em Portugal em *comissão de trabalhadores*, em Espanha em *comités de empresa*, no Brasil em *comissão de fábrica*, etc. A composição dos conselhos pode também variar entre uma composição simples de trabalhadores e uma composição mista de interesses laborais e interesses patronais (neste domínio, por exemplo, as comissões/comités de segurança, higiene e saúde no trabalho são uma realidade em vários países). Esta multiplicidade de experiências nacionais tornaria, pois, recomendável uma certa uniformidade transnacional de procedimentos. Assim sendo, a uma escala transnacional o papel dos conselhos de empresa europeus merece um destaque especial, ainda que também existam experiências (em menor número) de conselhos de empresas mundiais.

**2.** De um ponto de vista histórico, poderá dizer-se que os conselhos de empresa se constituem como estruturas complementares aos sindicatos. Embora não sejam propriamente rivais dos sindicatos mas, sim, paralelos a eles, os conselhos de empresa são organizações que, no espaço da empresa, acabaram por "desafiar" a hegemonia dos sindicatos. Não no sentido de substituírem ou de se tornarem mais representativos do que os sindicatos, mas de exercerem um controle mais directo sobre o processo de produção. O facto de assentarem numa dinâmica de proximidade entre trabalhadores e administrações das empresas – afinal os conselhos de empresa actuam no contexto empresarial, ao passo que a actuação dos sindicatos, podendo ser de empresa, conhece outros princípios de organização, como o ofício, a indústria ou a categoria – constitui um elemento de valorização do seu papel.

É inquestionável o papel histórico do movimento sindical no contexto da sociedade capitalista industrial saída do último quartel do século XVIII. Esse papel traduziu-se, de resto, na afirmação de um conjunto de ambições – emancipação, homogeneização e internacionalização – que, por sinal, ainda hoje continua a ser prosseguido. Ainda que com distintos impactos à escala internacional, os múltiplos sinais de crise sindical que se abateram sobre o sindicalismo nas últimas décadas (crise de agregação de interesses, de solidariedade ou de representatividade, entre outros) e, por vezes, o consequente abraçar de lógicas burocráticas ou mesmo partidárias têm vindo a pôr a nu algumas das suas fraquezas. Mesmo que os sindicatos continuem a ser hoje os principais agentes que testemunham a importância da centralidade do trabalho nas nossas sociedades, observa-se que nalguns contextos a sua visão fundadora, assente na busca de uma outra economia e de uma outra sociedade, vai por vezes cedendo lugar a um enfraquecimento de estratégias de contrapoder.

O surgimento dos conselhos de empresa não é também (tal como sucedeu com o do movimento sindical) simultâneo em diferentes países. Em países europeus (como a França, a Alemanha, a Itália ou a Inglaterra) o seu surgimento remonta mesmo ao final do século XIX, início do século XX. Nessa época e, por exemplo, no contexto das revoluções russas, aos *soviets* (conselhos/assembleias) era reservado o papel de luta revolucionária contra o capitalismo no sentido da sua destruição. Enquanto embrião dos *soviets*, os conselhos de fábrica (empresa) conferiam autonomia ao processo produtivo e pugnavam pela abolição da divisão da sociedade em classes. No Brasil, e sem prejuízo de algumas referências que remontam ao início do século XX, costuma situar-se a origem das comissões de fábrica na região do ABC paulista entre o final dos anos 1970, início dos anos 1980, contribuindo para o reforço da resistência da classe trabalhadora brasileira emergente nos últimos anos da ditadura e acompanhando também o surgimento do "novo sindicalismo". A primeira experiência de comissão de fábrica remontará mesmo a 1965 (à empresa Cobrasma, localizada na cidade de Osasco), ainda em plena ditadura militar. Em Portugal, por sua vez, as comissões de trabalhadores conheceram sobretudo uma expansão nas médias e grandes empresas na sequência do 25 de Abril de 1974, em resultado do processo de democratização do país. Poderá mesmo dizer-se que o seu nascimento foi espontâneo, tendo estas organizações constituído um importante instrumento de democracia directa.

Em teoria, o alcance dos conselhos de empresa afigurar-se-ia até mais englobante (na medida em que representam todos os trabalhadores de uma empresa, estejam ou não sindicalizados) do que o requisito corporativo e selectivo que recorrentemente se encontra associado à actividade sindical. Na prática, porém, há dois "contras": por um lado, é às associações sindicais que é confiado legislativamente o papel de celebração de convenções colectivas de trabalho ou de participação na elaboração da legislação laboral (no Brasil, por exemplo, as comissões de fábrica não estão previstas na legislação, ao passo que em Portugal as comissões de trabalhadores, embora estejam previstas legalmente, não têm competências de representação laboral nas negociações colectivas); por outro lado, a fronteira/autonomia entre conselhos de empresa e sindicatos existe, mas por vezes os representantes que falam em nome dos conselhos de empresa pertencem também aos sindicatos, o que atesta que os conselhos de empresa não estão imunes à influência das próprias estruturas sindicais e sobretudo às orientações político-ideológicas que as guiam.

Apesar de não serem um instrumento de negociação colectiva, os conselhos de empresa desempenham por vezes um papel de maior relevo do que os próprios sindicatos. Um exemplo nesse sentido (onde foi notória a influência de um "modelo alemão" de co-gestão) ocorreu em Portugal, na Autoeuropa (filial da Volkswagen – VW), onde a administração da empresa e a comissão de trabalhadores acordaram manter mais de um quarto dos empregos em troca de um congelamento salarial durante dois anos, confirmando o princípio da flexibilidade do horário de trabalho sem perda de salário. Este exemplo, apesar de contestado e classificado mesmo de ilegal por alguns representantes sindicais (sobretudo os pertencentes às estruturas sindicais com menor poder de influência nas referidas comissões de trabalhadores), pois, como se disse, é aos sindicatos que a lei confere os requisitos da contratação colectiva, acabou por não ser minimamente abalado. A importância estratégica da Autoeuropa para a economia portuguesa, aliada ao facto de a empresa, influenciada pela tradição alemã de parceria social, dialogar preferencialmente com a comissão de trabalhadores conferiu a este exemplo sinais de uma "outra economia" que os sindicatos foram levados a aceitar pois não dispunham também de uma alternativa melhor para propor. Na prática, o conselho de empresa (comissão de trabalhadores) negociou melhores condições de trabalho com a administração da empresa e nessa valorização de uma dimensão humana (assente na salvaguarda de postos de trabalho) conquistou o direito ao trabalho e antecipou-se aos sindicatos.

**3.** Não existindo propriamente uma teoria geral sobre o papel dos conselhos de empresa, tanto mais que é em acções concretas (e historicamente situadas) que a sua utilidade é posta à prova, convirá olhar para experiências de carácter transversal e transnacional (mesmo que, também aqui, o seu impacto seja distinto consoante os sistemas de relações laborais de cada país) como as ocorridas no quadro das multinacionais. Com efeito, no "reino" das multinacionais, por sinal o *leitmotiv* da globalização económica, o papel dos conselhos de empresa deve ser enquadrado como elemento de novas oportunidades para muitos colectivos de trabalhadores espalhados pelo mundo fora. Na linha da construção das novas solidariedades operárias transnacionais – baseadas, por exemplo, em múltiplas experiências de alianças sociais transnacionais sintonizadas com o espírito do Fórum Social Mundial e das quais emergem articulações entre lutas emancipatórias de diferentes campos sociais –, o papel de tais conselhos de empresa concorre para ajudar a desvendar, a uma escala transnacional, a "caixa negra" das multinacionais e, portanto, para ajudar a encontrar alternativas para o mundo laboral. A este propósito, duas experiências regionais transnacionais são aqui mencionadas: os Conselhos de Empresa Europeus (CEE) e o Contrato Colectivo do Mercosul (inspirado nos CEE).

Os CEE são produto de uma regulação *descendente*, pois resultam de uma lei comunitária (Directiva 94/45/CE, de 22.09.1994) que visa melhorar o direito à informação e consulta dos trabalhadores nas empresas ou grupos de empresas de dimensão comunitária que, no Espaço Económico Europeu (EEE – Estados-membros da UE, Islândia, Noruega e Liechtenstein), empreguem pelo menos 1000 trabalhadores e que, em pelo menos dois Estados-membros diferentes, empreguem um mínimo de 150 trabalhadores em cada um deles (note-se, no entanto, que uma empresa americana, africana, brasileira, etc., pode ser abrangida desde que possua filiais em pelo menos dois Estados do EEE). As questões sobre as quais os trabalhadores podem ser informados ou consultados – a estrutura da empresa; a situação económica e financeira; a evolução provável das actividades, produção e vendas; a situação e evolução provável do emprego; os investimentos; as alterações de fundo relativas à organização; a introdução de novos métodos de trabalho ou de novos processos de produção; as transferências de produção; as fusões, a redução da dimensão ou encerramento de empresas, de estabelecimentos ou de partes importantes de estabelecimentos; os despedimentos colectivos – apontam, assim, o caminho do reforço do diálogo social dentro das multinacionais. Mas a importância da Directiva extravasa o plano jurídico, na medida em que comporta uma dimensão política e simbólica fundamental de sentido *ascendente*. Ou seja, os CEE abrem também a possibilidade de criar condições para uma organização laboral transnacional assente numa articulação de lutas resultante da partilha de problemas comuns aos trabalhadores de uma mesma empresa, ainda que de diferentes nacionalidades, superando-se, assim, barreiras linguísticas e culturais e reforçando-se o diálogo social transnacional.

Celebrado em 1999, e tendo por referência o "modelo" dos CEE, o Contrato Colectivo do Mercosul (CCM) foi subscrito, pela parte laboral, por vários sindicatos e comissões de fábrica do Brasil e Argentina e, pela parte patronal, pela VW Brasil Ltda e VW Argentina SA. O objectivo geral do acordo foi o de estabelecer princípios básicos de relacionamento entre capital e trabalho no âmbito do Mercosul. As principais áreas envolvidas foram: a troca de informações, a competitividade, a solução de conflitos, a formação profissional e a representatividade. Este último ponto merece ser realçado por se ter traduzido na constituição de comissões internas de fábrica nas unidades fabris da VW onde não existiam, suscitando assim uma maior mobilização e pressão conjunta (comissões de fábrica e sindicatos) sobre o *modus operandi* da empresa e fiscalizando o cumprimento do CCM. Em resultado de um aperfeiçoamento do CCM, em 2000 seria celebrado um Protocolo de Entendimento acautelando domínios como o intercâmbio de informações entre representantes da empresa e representações internas dos empregados da VW Brasil e Argentina, a formação de trabalhadores e a celebração de códigos de conduta (a "Carta Social" da VW, assinada em 2002, foi exemplo disso).

Em comum, ambas as experiências têm o facto de: i) terem sido constituídas em torno de um objectivo amplo: criar mecanismos de informação e consulta dos trabalhadores nas multinacionais, de modo a instituir princípios de diálogo transnacional entre capital e trabalho; ii) serem instâncias de representação laboral mais amplas, reunindo não apenas sindicatos (mesmo que estes estejam em maior número), mas também conselhos de empresa (comissões de trabalhadores ou comissões de fábrica); iii) contribuírem para a partilha transnacional de experiências no local de trabalho e para o reforço da solidariedade operária transnacional; iv) criarem condições supranacionais de diálogo que muitas vezes compensam os défices de diálogo à escala nacional.

Mas o facto de estarmos diante de experiências ainda relativamente escassas (por exemplo, no que concerne aos CEE, em meados de 2008, num universo de mais de 2200 multinacionais em condições de os constituir, apenas cerca de 800 o haviam feito, num total de mais de 14 milhões de trabalhadores envolvidos só na Europa) recomenda que se modere a euforia em redor delas. No caso dos CEE, é mesmo possível distinguir entre uma linha de *optimistas* – que vêem nos CEE os verdadeiros "embaixadores" da Europa Social – e outra de *pessimistas* – para quem os CEE são sobretudo extensões de diferentes estruturas nacionais de informação e consulta dos trabalhadores. Na verdade, são conhecidos resultados favoráveis propiciados pelos CEE: melhor percepção das actividades das multinacionais (perspectiva macro); antecipação de problemas que afectam outras sucursais de multinacionais; criação de redes informais e formas de interconhecimento à margem das reuniões formais; intercâmbio de informações e experiências entre representantes (direitos, regalias, métodos de trabalho, organização laboral, etc.); pressão transnacional para a resolução de problemas nacionais/locais; mitigação da competitividade entre sucursais; dinamização de acções de solidariedade transnacional; etc. Em simultâneo, porém, são identificáveis obstáculos à constituição e funcionamento dos CEE: nomeação de representantes de trabalhadores manipulada pelas administrações das empresas; direitos de informação sobre transferências de produção, fusões, aquisições ou despedimentos colectivos relativamente fracos; escassa salvaguarda do direito à formação dos trabalhadores que participam nos CEE; fracturas internas (de tipo cultural, ideológico e linguístico) entre colectivos de trabalhadores; escassez de tempo reservado pelas administrações das empresas aos representantes dos trabalhadores para que estes exponham os problemas e os pontos de vista dos seus representados; acessos desiguais à informação, consoante os trabalhadores participem no Conselho Restrito (órgão que gere o CEE) ou estejam próximos do país-sede da multinacional; o papel da consulta é recorrentemente subvertido, havendo muitas decisões que as multinacionais apresentam como meros factos consumados e não obedecendo, como tal, a uma consulta prévia aos representantes dos trabalhadores nos CEE, etc. O processo de revisão da Directiva em curso ao longo de 2008 (depois de estar previsto desde 1999) dirá que luz se fará no futuro sobre esta matéria no sentido de reverter alguns destes obstáculos.

O mesmo se poderá dizer do CCM. Por um lado, o CCM significou uma conquista para os trabalhadores, pois foi portador da conquista de direitos sociais num contexto neoliberal adverso, cuja característica central é a exclusão. Desde logo no Brasil, onde é escassa a cultura de organização dos trabalhadores no local de trabalho, a criação de comissões internas de fábrica nas unidades fabris da VW onde não existiam constituiu, por si só, uma conquista importante para os trabalhadores. Por outro lado, porém, não podem esquecer-se alguns obstáculos: o CCM não é ainda uma realidade facilmente "exportável" para outras empresas do Mercosul ou apropriável pelo tecido empresarial; os centros de produção da VW estão muito fechados sobre si mesmos, predominando uma visão autocentrada da fábrica enquanto local de produção; a articulação entre as várias unidades fabris da VW do Mercosul está aquém do que seria desejável; subsistem resistências empresariais à constituição de comités de negociação bi-nacionais ou bi-regionais; o CCM está despido de cláusulas que salvaguardem o seu cumprimento e que punam quem o desrespeite; a crise no mercado automóvel mundial induz igualmente efeitos perversos no tecido produtivo, etc.

**BIBLIOGRAFIA**

Antunes, R.; Nogueira, A. (1982), *O que são as comissões de fábrica?* São Paulo: Brasiliense.

Barbosa, M. S. (2002), *Sindicalismo em tempos de crise: a experiência na Volkswagen do Brasil* (Tese de Mestrado em Economia Social do Trabalho), Campinas: Universidade Estadual de Campinas.

César, S. (1996), *As comissões de fábrica da Ford e da Volkswagen na Autolatina:* práticas e experiências (Tese de Mestrado em Ciências Sociais), São Paulo: Pontifícia Universidade Católica.

Costa, H. A. (2008), *Sindicalismo global ou metáfora adiada?* Discursos e práticas transnacionais da CGTP e da CUT, Porto: Afrontamento.

Dornelas, A. (coord.), (2006), *Livro verde sobre as relações laborais*, Lisboa: Ministério do Trabalho e da Solidariedade Social.

Knudsen, H. (1995), *Employee participation in Europe*, London: Sage.

Lecher, W.; Platzer, H.-W.; Rub, S.; Weiner, K.-P. (2002), *European Works Councils:* negotiated Europeanism. Between statutory framework and social dynamics, Aldershot: Ashgate.

Rodrigues, I. J. (1991), *Comissão de fábrica e trabalhadores na indústria*, São Paulo: Cortez/Fase.

Véras, R. (2002), *Sindicalismo e democracia no Brasil:* atualizações. Do novo sindicalismo ao sindicato cidadão (Tese de Doutoramento em Sociologia), São Paulo: Universidade de São Paulo.

Whittall, M.; Knudsen, H.; Huijgen, F. (Ed.) (2007), *Towards a European Labour Identity.* The case of the European Works Councils, London: Routledge.

# CONSUMO SOLIDÁRIO
Euclides André Mance

**1.** O ato de consumo não é apenas econômico, mas também ético e político. A pessoa que consome um produto ou serviço cuja elaboração ou oferecimento impliquem exploração de seres humanos ou dano ao ecossistema é co-responsável por esses efeitos. Seu ato de compra contribui para que os responsáveis por essa opressão econômica e pela agressão ambiental possam converter as mercadorias produzidas daquela forma em capital a ser reinvestido do mesmo modo, reproduzindo práticas socialmente injustas e ecologicamente danosas. O consumo é, pois, um exercício de poder pelo qual efetivamente se pode tanto apoiar a exploração de seres humanos, a destruição progressiva do planeta, a concentração de riquezas e a exclusão social, quanto se contrapor a esse modo lesivo de produção. Neste caso, promove-se, pela prática do consumo solidário, a ampliação das liberdades públicas e privadas, a desconcentração da riqueza e o desenvolvimento ecológica e socialmente sustentável. Quando uma pessoa seleciona e consome produtos e serviços da economia solidária, o valor econômico por ela despendido para tanto realimenta a produção solidária em prol do bem-viver de todos os que integram as redes solidárias de produtores e consumidores e, igualmente, fomenta a manutenção do equilíbrio dinâmico dos ecossistemas.

O consumo final é o instante de acabamento do processo produtivo. Teoricamente, é em função dele que o processo de produção é organizado, contudo, nas sociedades capitalistas, o próprio consumo acaba reduzido a uma mediação necessária ao giro da produção pela venda da mercadoria. Essa dinâmica possibilita a conversão do valor econômico objetivo (do bem ou serviço comercializado) em valor econômico geral, viabilizando a obtenção do lucro e o acúmulo de mais-valia. Para atender a essa finalidade, a vida útil de muitos produtos é encurtada, e estratégias de *marketing* são adotadas, visando-se, neste caso, ampliar a busca por certas mercadorias para as quais não havia demanda.

O consumo como tal pode ser analisado enquanto consumo produtivo de insumos, energia, etc., para a realização de um bem ou serviço, e consumo final, compreendido como o acabamento ou consumação do produto e fruição do bem ou serviço. Ambos podem ser divididos em quatro classes: alienado, compulsório, realizado para o bem-viver e solidário.

O *consumo alienado* é, em geral, praticado por influência das semioses publicitárias. A mercadoria, neste caso, cumpre principalmente o papel de objeto suporte dos signos elaborados pela empresa na estratégia de *marketing*, sendo modelada sob diversos significados que a associam imaginariamente a propriedades extrínsecas, as quais ela não contém, mas em razão das quais é interpretada e consumida. Gerando desejos e fantasias, a publicidade incita as pessoas a comprar determinados produtos de certas marcas, não propriamente por suas funções objetivas de uso (similares às de outros produtos de mesmo tipo disponíveis no mercado), mas por associá-los semioticamente a outros objetos que gostariam de ter, situações que lhes parecem aprazíveis ou identidades que almejariam assumir. Ao comprar tais produtos, entretanto, as pessoas asseguram o lucro a determinada empresa e não a uma concorrente, viabilizando assim a completude do seu giro de produção.

O *consumo compulsório* é aquele indispensável à satisfação de necessidades biológicas, culturais e situacionais, ocorrendo quando a pessoa tem poucos recursos para atendê-las ou não dispõe de alternativas. Neste caso, quando o consumidor faz suas compras, busca geralmente o produto mais barato, mesmo que ele não seja de boa qualidade, visando essencialmente alcançar a quantidade requerida para o atendimento a suas necessidades. Aqui, a preocupação primeira não se relaciona à melhor qualidade do produto ou a marcas famosas, mas à ampliação da quantidade do que a pessoa poderá comprar com o mesmo dinheiro, que lhe é pouco. Outro caso em que também se pratica o consumo compulsório, é aquele em que, por exemplo, para chegar-se a um destino, é necessário pagar-se pedágio a fim de se transitar por uma via, não havendo rota alternativa.

O *consumo para o bem-viver*, por sua vez, ocorre quando o consumidor não se deixa iludir pelas artimanhas publicitárias. Tendo recursos que possibilitam escolher o que comprar, opta por aqueles produtos e serviços adequados a seu bem-viver, à satisfação de sua singularidade como ser humano.

Por fim, o *consumo solidário* é aquele praticado em função não apenas do bem-viver pessoal, mas também do bem-viver coletivo, em favor dos trabalhadores que produzem, distribuem e comercializam os bens e serviços consumidos e, igualmente, em prol da manutenção do equilíbrio dinâmico dos ecossistemas. Trata-se, pois, do consumo em que se dá preferência aos produtos e serviços da economia solidária em relação aos produtos de empresas que exploram os trabalhadores e degradam os ecossistemas. O consumo solidário é igualmente praticado com vistas a contribuir-se à geração e manutenção de postos de trabalho sob estratégias de desenvolvimento territorial sustentável, para se preservar o equilíbrio dos ecossistemas e melhorar o padrão de consumo dos participantes de redes colaborativas solidárias. Concorre-se, assim, para a construção de sociedades mais justas e sustentáveis, combatendo-se a exclusão societária e a degradação ambiental.

A todos favorece a adoção de preços justos, negociados com autonomia entre produtores, comerciantes e consumidores no interior de redes colaborativas solidárias, com base em critérios de ordens ética e econômica, remunerando de maneira equitativa o trabalho e resultando em preços acessíveis aos consumidores. Essa realidade torna-se possível graças ao privilégio dado a cadeias produtivas curtas e à sua remontagem solidária, suprimindo-se os focos de concentração de riqueza em seu interior, particularmente os verificados nos processos de intermediação, logística e financiamento da produção e consumo. O consumo solidário dos produtos e serviços dessas redes colaborativas possibilita que seus empreendimentos vendam toda a sua produção, ampliando-se o excedente alcançado e as possibilidades de seu reinvestimento coletivo na implantação de outros empreendimentos solidários, remontando-se as cadeias produtivas. Esse reinvestimento gera novos postos de trabalho e viabiliza a produção de outros bens e serviços ainda não disponibilizados nessas redes, assegurando-se sua oferta aos consumidores, com mais diversidade e melhor qualidade. Igualmente, incrementa a distribuição de renda, pela incorporação de mais pessoas ao processo produtivo, o que, por sua vez, possibilita o aumento de demanda final e de sua satisfação com produtos e serviços de economia solidária, preservando-se o equilíbrio dos ecossistemas.

**2.** O conceito de consumo solidário é sucedâneo à noção de consumo crítico, desenvolvido nas últimas duas décadas, tendo origem em movimentos ecológicos e de defesa dos consumidores. Sob a lógica do consumo crítico, cada ato de consumo é um gesto de dimensão planetária, passível de tornar o consumidor um cúmplice de ações desumanas e ecologicamente prejudiciais, pois o consumo pode ser poluidor, insustentável e opressivo. Além de se considerar o lixo final derivado do consumo – invólucros, embalagens, etc. –, avalia-se o impacto ambiental do processo produtivo, que pode ser insustentável, causando não apenas fenômenos de esgotamento de recursos naturais, mas também mudanças prejudiciais aos ecossistemas locais e planetário. Como exemplos, há o aumento do buraco na camada de ozônio, o efeito estufa, a alteração de correntes de ar, chuvas ácidas e muitos outros, cujas consequências são dramáticas para as populações e para o planeta como um todo. O consumo pode ainda configurar-se como uma forma de conivência com a opressão e a injustiça, quando consumimos produtos que resultam de atividades produtivas desumanas e cruéis.

Em frente a essa situação, considerando-se o aspecto ecológico, propõe-se ao consumidor os famosos 4R: a) *redução* do consumo de itens inúteis, descartáveis, que despendem recursos não-renováveis, etc.; b) *reutilização* dos bens, abandonando modismos, adquirindo produtos usados, etc.; c) *reparação* dos bens que se danificam, aumentando sua vida útil; e d) *reciclagem* de tudo que seja possível, reduzindo o descarte e a emissão de resíduos. Além disso, propõe-se: não desperdiçar energia (petróleo e outros recursos) e privilegiar o uso da energia renovável; agir defensivamente nos supermercados (uma vez que a música ambiental, a exposição dos objetos, as entregas em domicílio, a facilitação de pagamento, o incentivo ao endividamento, as publicidades e outros elementos visam incitar ao consumo de bens que, a rigor, seriam dispensáveis); encorajar os serviços coletivos – em particular, o uso do transporte público – ou a utilização coletiva de equipamentos tais como lavadoras, computadores, etc.; por fim, superar o medo da sobriedade, isto é, perceber que é possível viver confortavelmente dispondo de menos objetos e utensílios os quais, muitas vezes, nada acrescentam significativamente às mediações necessárias ao bem-viver.

A fim de pressionarem as empresas no sentido de terem práticas socialmente justas e ecologicamente sustentáveis, consumidores desenvolveram, ao longo do tempo, dois instrumentos: o boicote e o consumo crítico. O boicote consiste na "[...] interrupção organizada e temporária da aquisição de um ou mais produtos para forçar a sociedade produtora a abandonar certos comportamentos" (CENTRO..., 1998, p. 18). Por sua vez, o consumo crítico é "[...] uma postura permanente de escolha, toda vez que fazemos algum gasto, em frente a tudo o que compramos. Concretamente, o consumo crítico consiste em escolherem-se os produtos tendo por base não somente o preço e a qualidade destes, mas também a sua história e a dos produtos similares, e o comportamento das empresas que os oferecem." (ibid., p. 19). Desse modo, o consumo crítico apóia-se no exame dos produtos e das empresas que os elaboram, permitindo, ao consumidor, pautar suas escolhas por critérios conscientes, considerando, além das qualidades técnicas dos produtos e seus similares, os impactos de sua produção e consumo sob uma perspectiva econômica, ética e ecológica.

O consumo crítico distingue-se do consumo solidário porque é possível praticar-se o consumo crítico comprando-se produtos tanto de empresas capitalistas, como de empresas solidárias. Já o consumo solidário pode ser praticado somente ao comprarem-se produtos e utilizarem-se serviços que sejam oriundos da economia solidária.

**3.** A difusão do consumo solidário é um dos elementos centrais à estratégia de expansão das redes de colaboração solidária ou das redes colaborativas de economia solidária. A difusão desse consumo possibilita, aos empreendimentos, a venda de toda a sua produção e a geração de excedentes que, reinvestidos coletivamente, permitem montar novos empreendimentos autogestionários. Remontam-se assim as cadeias produtivas e expandem-se as redes colaborativas, diversificando as ofertas e ampliando seu número de consumidores.

Duas são as principais objeções à prática do consumo solidário como estratégia de enfrentamento à reprodução do capitalismo. Segundo a primeira, o consumo solidário "[...] pressupõe um conhecimento a respeito de cada produto – desde quem os produziu, a forma como foi feita, o material utilizado e os impactos da produção e consumo desses produtos no meio ambiente e na sociedade – que é impossível de ter" (Assmann e Mo Sung, 2000, p. 150). A segunda objeção segue os argumentos de Singer (2002, p. 119), para quem, "ao proteger as pequenas unidades solidárias de produção, *o consumo solidário lhes poupa a necessidade de se atualizar tecnicamente, levando-as a se acomodar numa situação de inferioridade, em que ficam vegetando*".

À primeira objeção, contrapõe-se o fato de ser possível representar-se facilmente, em um selo, os elementos solidários e ecológicos de qualquer produto ou serviço, considerando-se toda a sua cadeia produtiva. Um selo desse tipo pode se compor de uma figura dividida basicamente em três partes, reservadas aos aspectos de insumos, produção e comercialização. Essas partes podem ser subdivididas em outras duas, referindo-se às propriedades solidárias e ecológicas dos insumos, da produção e da comercialização. Cada um desses seis campos, por sua vez, pode ser preenchido, em proporções diversas, com cores distintas indicando afirmação, negação ou desconhecimento daquela propriedade. A proporção de preenchimento tanto pode corresponder ao valor relativo de custos dos diversos itens de certos campos, quanto seguir padrões preestabelecidos pelas redes colaborativas de economia solidária.

Considerando-se diversas escalas dessas proporções, podem-se gerar códigos

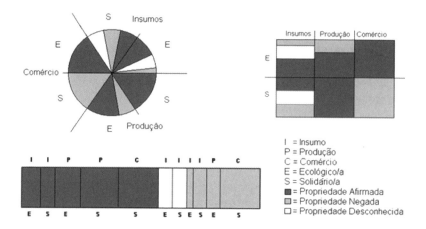

de barras capazes de armazenar as informações das cadeias produtivas peculiares a cada produto, como no exemplo do código simplificado, abaixo. Na primeira parte da barra, tem-se a especificação do caráter *solidário* e *ecológico* e, na segunda parte, do *não-solidário* e *não-ecológico*. Assim, quanto mais próximo de 9 estiverem as barras da primeira parte, mais ecológico e solidário será o produto. Quanto mais próximo de 9 estiverem as barras da segunda parte, menos solidário e ecológico ele o será. Em ambas as partes, o primeiro par de dígitos refere-se aos insumos, o segundo, à produção e o terceiro, ao comércio. Em cada par, o primeiro número indica a propriedade ecológica, e o segundo, a solidária.

Basta considerar-se a participação dos insumos diversos na composição do produto final para gerarem-se as proporções que lhe sejam correspondentes ao selo de tal produto. Considerando-se as peculiaridades do empreendimento que o produz, define-se o segundo par de valores e, observando-se a forma de comércio do produto, define-se o terceiro par.

Quanto à segunda objeção, desconsidera-se que o consumo solidário é uma modalidade do consumo para o bem-viver. Se o produto assegura o bem-viver do consumidor e o processo produtivo garante o bem-viver dos produtores e o equilíbrio do ecossistema, não há problema em que ele seja mantido em tais parâmetros de sustentabilidades técnica, social e ecológica. Entretanto, se o produto deixa de propiciar bem-viver aos consumidores, em razão do refinamento da sensibilidade destes, ou se o processo produtivo inviabiliza a geração de mais tempo livre, con-

siderando o desenvolvimento tecnológico já alcançado socialmente, então caberá às redes solidárias promover as transformações requeridas para que os novos padrões de bem-viver tecnologicamente possíveis, socialmente requeridos e ecologicamente sustentáveis sejam adotados nos empreendimentos que elas integram, posto ser isso vantajoso para consumidores e trabalhadores.

### BIBLIOGRAFIA

Assmann, H; Mo Sung, J. (2000), *Competência e sensibilidade solidária*: educar para a esperança, Petrópolis: Vozes.

Centro Nuovo Modello di Sviluppo – CNMDS (1998), *Guida al consumo critico*, Bologna: EMI.

Mance, E. A. (2000), *A revolução das redes*, Petrópolis: Vozes.

___. (2002), *Redes de colaboração solidária*, Petrópolis: Vozes.

Singer, P. (2002), *Introdução à economia solidária*, São Paulo: Fundação Perseu Abramo.

## COOPERAÇÃO
Paulo de Jesus
Lia Tiriba

**1.** O termo *cooperação* está dicionarizado como o ato de cooperar ou operar simultaneamente, colaborar, trabalhar em conjunto. Está associado às idéias de ajuda mútua, de se contribuir para o bem-estar de alguém ou de uma coletividade. No sentido amplo, indica a ação coletiva de indivíduos com o intuito de partilhar, de forma espontânea ou planejada, o trabalho necessário para a produção da vida social. Também é entendido como processo social em que pessoas, grupos, instituições e/ou países atuam de forma combinada para atingir objetivos comuns ou afins (v. *Cooperação internacional*). No sentido restrito, a cooperação é entendida como a base das relações econômico-sociais que os trabalhadores associados pretendem estabelecer no processo de trabalho (v. *Cooperativismo*). Denota um valor ético-político, resultante de uma visão de mundo e de ser humano que atribui ao sujeito coletivo a disposição, o empenho, a solidariedade, o compromisso de apoiar, de fazer com, de produzir com, de tomar parte de um empreendimento coletivo cujos resultados dependem da ação de cada um dos sujeitos ou instituições envolvidas.

**2.** Em todos os espaços e tempos históricos, para garantir sua sobrevivência enquanto espécie, os seres humanos trabalham em *cooperação*. Sendo uma ação intencional para atingir determinados objetivos, as peculiaridades da cooperação têm como referência as formas como os grupos e classes sociais relacionam-se no processo de produção da realidade humano-social. Na perspectiva do materialismo histórico, Marx (1980, p. 374) define a cooperação como "a forma de trabalho em que muitos trabalham juntos, de acordo com um plano, no mesmo processo de produção ou em processos de produção diferentes mas conexos". Tendo se dedicado, no capítulo XI do livro I de *O Capital*, a analisar a cooperação no processo de trabalho, o autor destaca que "o simples contato social, na maioria dos processos produtivos, provoca emulação entre os participantes, animando-os e estimulando-os, o que aumenta a capacidade de realização de cada um" (MARX, 1980, p. 375). Nesse sentido, os processos cooperativos, nos quais se combina o trabalho de muitos trabalhadores, caracterizar-se-iam pela fusão de muitas forças em uma força social comum, o que resulta em um produto global diferente das forças individuais dos trabalhadores isolados ou superior à soma dessas. Reduzindo o tempo socialmente necessário para a produção, a jornada coletiva de trabalho geraria uma quantidade de valores de uso maior que a soma das jornadas de trabalho individuais, isoladas. Em outras palavras, o aumento da capacidade produtiva não seria o resultado da elevação da força individual de trabalho ou o produto da soma das forças produtivas individuais, mas o efeito da criação de uma força produtiva nova: a força social coletiva. Para Marx, a força produtiva do trabalho social teria sua origem na própria cooperação, que, em última instância, seria parte constitutiva do processo de formação humana, pois, "ao cooperar com outros, de acordo com um plano, desfaz-se o trabalhador dos limites de sua individualidade e desenvolve a capacidade de sua espécie" (MARX, 1980, p. 378).

A partir do conceito marxiano de cooperação, podemos inferir que, ao contrário da competição, em que um trabalhador ou um grupo de trabalhadores tenta maximizar suas vantagens em detrimento dos demais, a cooperação pressupõe a coordenação do esforço coletivo para se atingirem objetivos comuns. Fundada na divisão do trabalho e sendo a forma como os homens, trabalhando lado a lado, completam-se mutuamente, Marx sinaliza que a cooperação manifesta-se desde o início das civilizações, estando presente nos modos de produção anteriores ao capitalismo. A despeito dessa ampla ocorrência, é preciso distinguirem-se três formas de cooperação: a) a cooperação que se fundamenta na propriedade comum dos meios de produção; b) a que se baseia nas relações diretas de domínio e servidão (como na Idade Média); e c) aquela que pressupõe o assalariamento, ou seja, a venda da força de trabalho. É no capitalismo que esta última apareceria como força produtiva do capital. Seu valor de uso torna-se a produção de mais-valia, assegurada pela reunião e atuação de vários trabalhadores no mesmo local ou no mesmo campo de atividade. Sob a coordenação, direção e controle do capitalista e daqueles que o representam na divisão do trabalho, a cooperação é obtida por meio da emulação, da promoção do ânimo dos trabalhadores. Ao determinar o ritmo e a intensidade do trabalho coletivo, a maquinaria cumpre um papel fundamental no processo cooperativo, garantindo a subsunção efetiva do trabalhador ao capital. A produtividade do capital não seria a soma das forças individuais de trabalho, mas o resultado da nova força coletiva produzida pelo trabalho combinado dos trabalhadores assalariados.

Na perspectiva marxiana, "a cooperação capitalista não se manifesta como forma histórica especial da cooperação, mas a cooperação é que se manifesta como forma histórica peculiar do processo de produção capitalista, como forma histórica que o distingue especificamente" (MARX, 1980, p. 384). Nesse mesmo horizonte, podemos verificar haver, ao longo do capitalismo, distintas tecnologias de produção e de gestão da força de trabalho que pressupõem existir diferentes estilos de cooperação. Essas tecnologias originam, grosso modo, a "cooperação passiva" e a "cooperação ativa", em diversos níveis. Na primeira, o comando da cooperação dos assalariados cabe à gerência científica (organização taylorista-fordista); na segunda, mesmo se diminuindo os níveis de hierarquia e aumentando-se os níveis de participação na gestão da empresa (organização toyotista), as ações dos trabalhadores permanecem sob o comando da "autoridade do capitalista, como o poder de uma vontade alheia que subordina a um projeto próprio a ação dos assalariados aos objetivos do capital" (MARX, 1980, p. 380).

Admitindo-se existirem diferentes contextos em que se processa a cooperação (relações diretas de domínio e servidão, propriedade comum dos meios de produção e assalariamento), é possível afirmar-se que o exercício da cooperação pode ensejar diversas práticas sociais, o que pode igualmente sugerir haver posicionamentos distintos em relação ao ato de se produzir. Em se querendo uma outra economia (v. *Associativismo*, *Economia Solidária*, *Economia Popular* e *Desenvolvimento Local*, entre outros), sinaliza-se também para outra sociedade, onde, espera-se, predominem os contextos de propriedade comum dos meios de produção. Em tal sociedade, ensejam-se estruturas produtivas formatadas de modo a evitar-se a exclusividade sobre a produção da mais-valia – restrição essa típica da produção capitalista –, embora tenhamos como certo um bom período em que ocorreriam relações comerciais com outras estruturas econômicas. Nessa direção, haveremos de redefinir e reotimizar *cooperação*, admitindo, por exemplo, ser uma nova *cooperação ativa* aquela em que os trabalhadores permitam-se trabalhar *com*, aceitando, inclusive, eventual divisão técnica do trabalho a partir de ato voluntário.

No atual contexto em que, com a crise do emprego estrutural, vivencia-se a proliferação de organizações econômicas associativas, frequentemente se escuta: *aqui não há cooperação! As pessoas não cooperam!* A discussão sobre a natureza dos motivos que levam uma pessoa a participar de uma cooperativa, por exemplo, pode ser importante para compreensão dos desafios da organização dos trabalhadores. Poder-se-ia então perguntar: *quais os motivos da falta de cooperação? O que incita o trabalhador ou trabalhadora para a prática da cooperação?* Na resposta a essas questões, a polarização "interesse individual" *versus* "interesse coletivo" novamente se manifesta. Há autores como Eschenburg (1983, p. 7) para quem, "segundo a teoria econômica, o indivíduo toma uma decisão a favor da cooperação somente quando a cooperação lhe favorece a possibilidade de uma maior satisfação de suas necessidades, comparando-as com as outras possibilidades", ou seja, "um grupo de indivíduos se une em cooperação quando, e somente quando cada um deles acredita poder antecipar um proveito da cooperação". Em contrapartida, Monnier e Thiry (1997), por exemplo, chamam a atenção para o enfoque neoliberal ou utilitário-monetarista, segundo o qual a hipótese do egoísmo, que caracterizava inicialmente só o *homo œconomicus*, foi progressivamente contaminando todas as áreas da atividade humana, inclusive da vida familiar, tendo hoje se radicalizado. A visão de homem egoísta normal teria passado para aquela de "homem egoísta total, cínico e calculador, que persegue seu interesse" quase sempre medido pelas vantagens pecuniárias. Esses autores evocam as últimas tendências das pesquisas em ciências cognitivas, que mostram o ser humano como um sujeito no qual se enfrentam permanentemente a utilidade ou interesse e a moral: "mesmo que o indivíduo seja um ser racional que sabe escolher os meios adequados aos fins que persegue, também atua sob o impulso das emoções e sob a influência de certos valores. [...] os valores de solidariedade e de democracia econômica, em que se baseiam os movimentos cooperativos e mutualistas e a ação voluntária, dificilmente têm espaço na visão 'utilitário-monetarista' do indivíduo" (MONNIER e THIRY, 1997, p. 17). Talvez se possa afirmar, contudo, que os motivos que levam à cooperação tanto podem ser de natureza individual, como podem ser relacionados ao interesse geral ou coletivo: quando alguém decide integrar uma cooperativa ou dela participar, o faz por razões ou motivos pessoais/individuais (sozinho/a não teria condições de montar um empreendimento) e por razões coletivas (a consciência de que está oportunizando renda para o grupo de pessoas que integram o empreendimento ou está contribuindo para uma cultura do trabalho calcada em novas relações econômico-sociais). Razeto (1993) entende que, dependendo do grau de estabilidade dos processos cooperativos e dos valores que os trabalhadores e trabalhadoras atribuam às organizações econômicas populares, estas podem representar uma estratégia de sobrevivência, uma estratégia de subsistência e, mesmo, uma *estratégia de vida*. No último caso, a preferência pelo trabalho associado ou cooperativo dar-se-ia porque as pessoas consideram fechadas as formas tradicionais de trabalho ou porque valorizam a liberdade, o companheirismo e o exercício da autogestão.

Na tentativa de se buscar a unidade dialética entre o "local" e o "global", há que se considerar que a motivação para cooperar está relacionada com as condições materiais e imateriais que dão sustentação a uma determinada estrutura econômico-social, a qual só pode ser compreendida se situada no espaço/tempo histórico. Os vínculos com os movimentos sociais são um elemento a ser levado em conta nas relações de cooperação. Quanto a essa questão, é elucidativa a comparação feita por Patrick Develtere (1998) entre a expansão do movimento cooperativo na Europa e a situação verificada nos países do hemisfério sul. O autor defende a tese de que toda iniciativa cooperativa que não se apóie em um movimento parece condenada ao fracasso. No caso de países periféricos do capitalismo, as cooperativas não apresentaram ligação alguma com outros tipos de associações cívicas, tais como as associações de ajuda mútua e os grupos de auto-assistência, entre outros, não fazendo parte de amplos movimentos sociais (Develtere, 1998). Embora essas considerações sejam pertinentes, não se pode deixar de lado o fato de que, nos casos de "subdesenvolvimento estrutural social e econômico", como no Brasil, havia uma sociedade e uma economia baseadas na força de trabalho escrava. Nesse contexto, os movimentos sociais tinham como motivação e objetivo primeiro a libertação dos escravos, existindo poucas condições de pensar-se nas formas de organização do trabalho cooperativo. Também não se pode esquecer de que, no começo do século XX, o movimento cooperativo estava legalmente vinculado ao movimento sindical, sendo de competência dos sindicatos a criação de cooperativas (Luz Filho, 1939).

Ao resgatar as relações de cooperação na história da humanidade, autores como George Lasserre (1967) analisam que, nas "comunidades naturais", o indivíduo encontrava, no grupo, a proteção e os meios materiais necessários à vida. Embora ele não gozasse de direitos nem de existência jurídica própria, nessas sociedades predominava um pensamento conformista em face do abuso de poder por parte de chefes e castas dirigentes, que oprimiam as pessoas e opunham clãs, nações e impérios (ibid., p. 5). Para o autor, o coletivismo foi pouco a pouco sendo substituído pela civilização individualista, a qual se materializa por meio de várias revoluções, a saber: *revolução econômica* (sucedida quando os indivíduos separaram-se da economia familiar para terem uma vida econômica independente); *revolução intelectual* (ocorrida no Renascimento, quando o homem descobriu o uso da razão e do pensamento livre e laico, tornando a ciência possível); *revolução espiritual* (identificada com a Reforma, que "possibilitou a conquista mais preciosa da era individualista: a liberdade de consciência"); *revolução agrícola* (verificada quando os camponeses liberaram-se das formas coletivas e dos direitos feudais); *revolução política* (quando a democracia passa a favorecer a conquista das liberdades individuais fundamentais) e *revolução industrial* (associada ao capitalismo moderno e ao progresso material rápido). Ao analisar os processos civilizadores calcados no individualismo, Lasserre enfatiza que "o movimento da história se inverte: o individualismo parece ter dado tudo que podia dar e esgota sua fertilidade [...] A tendência que se desenha agora é a de um retorno ao coletivo", seja em função do progresso técnico (ruptura com as velhas rotinas, no qual a iniciativa individual e a livre iniciativa estão superadas e as fortunas individuais mostram-se insuficientes, impondo-se a sociedade anônima), seja devido à condição de classe dos trabalhadores construída historicamente pelo capitalismo. O autor conclui que "os trabalhadores compreenderam pouco a pouco que uma mudança profunda de natureza social era necessária e que sua única arma [...] residia na associação, graça à qual, seu número, de fraqueza, transformava-se em força". Para Lasserre (1967, p. 6-9), o movimento dos trabalhadores desenvolve-se e progride crescentemente em três direções principais: o sindicalismo, o socialismo político e a cooperação. A última nasceu "no mesmo meio social, na mesma época, da mesma miséria proletária e da mesma opressão, sob o impulso do mesmo espírito que originou o sindicalismo e o socialismo".

Ao longo da história da humanidade, a cooperação tem sido um elemento chave de produção e reprodução dos laços societários. De acordo com as relações que os grupos e classes sociais estabeleçam entre si no processo de produção material, a cooperação pode ser voluntária ou mesmo forçada pelas circunstâncias sociais. No atual contexto histórico do século XXI, quando, com a crise estrutural do emprego, observa-se o crescimento vertiginoso de organizações econômicas geridas pelos próprios trabalhadores, muito se tem debatido sobre os desafios colocados aos processos cooperativos. Na perspectiva de constituição de uma "outra economia", tem-se perguntado de que maneira seria possível, na prática, materializar-se um estilo de cooperação em que a coordenação do esforço coletivo tivesse como horizonte a possibilidade de, nos termos de Gramsci (1982), todos os trabalhadores tornarem-se governantes de si, controlando aqueles que, transitoriamente, os dirigissem. Cabe indagar se a gestão cooperativa contribui, de fato, para a construção da autonomia dos trabalhadores ou assemelha-se à gestão participativa proposta pelos empresários.

Pode se apresentar como um desafio a discussão mais ampla acerca das concepções e práticas de organização do processo de trabalho em que grupos sociais tenham por horizonte a construção de relações de cooperação, aqui entendida como prática econômica, social e cultural e como movimento dos trabalhadores associados na produção da vida social. No processo de (re)criação de relações de convivência que caminhem no sentido inverso ao da "sociedade dos indivíduos", ou seja, "do mercado", pode tornar-se relevante a compreensão da necessidade de se superar a "cooperação capitalista" como mecanismo de exploração da força de trabalho. O desafio consiste em estabelecerem-se as condições objetivas e subjetivas para o fortalecimento da cooperação como prática social humanizadora e mediadora do processo de reprodução ampliada da vida.

**BIBLIOGRAFIA**

DEVELTERE, P. (1998), *Économie sociale et développement*, Paris: De Boeck Université.

ESCHENBURG, R. (1983), Una breve introducción a la teoria económica de la participación, *Perspectiva Econômica*, São Leopoldo, ano VIII, v. 13, n. 39, p. 7-14.

GRAMSCI, A. (1982), *Os intelectuais e a organização da cultura*, Rio de Janeiro: Civilização Brasileira.

LASSERRE, G. (1967), *La coopération*, Paris: PUF.

LUZ FILHO, F. (1939), *O cooperativismo no Brasil e sua evolução*, Rio de Janeiro: Coelho Branco.

MARX, K. (1980), *O capital:* crítica da economia política, Rio de Janeiro: Civilização Brasileira. Livro I.

MONNIER, L.; THIRY, B. (1997), Arquitectura y dinámica del interés general. In: _____. (Org.), *Câmbios estructurales e interés general*, Madrid: CIRIEC.

RAZETO, L. (1993), Economia de solidariedade e organização popular. In: GADOTTI, M.; GUTIÉRREZ, F. *Educação comunitária e economia popular,* São Paulo: Cortez.

SANTOS, B. S. (2002), *Produzir para viver:* os caminhos da produção não capitalista, Rio de Janeiro: Civilização Brasileira.

# COOPERAÇÃO INTERNACIONAL
Dipac Jaiantilal

**1.** Por cooperação internacional, em sentido lato, entende-se o conjunto de acções de carácter bilateral ou multilateral desenvolvidas por organizações públicas internacionais, como as Nações Unidas, ou por organizações não-governamentais e da sociedade civil com vista a colaborar num objectivo de reconhecido interesse para um determinado país e relacionado com o seu desenvolvimento. Num sentido mais restrito, e mais frequentemente usado, o objectivo declarado da cooperação internacional é a promoção do desenvolvimento de países periféricos ou da semi-periferia caracterizados por elevadas taxas de pobreza e por um acesso inadequado e desigual aos serviços básicos com o concurso de recursos dos países industrializados. Existem contudo fluxos de cooperação entre os países do Sul – a chamada cooperação Sul-Sul – quer seja entre os países periféricos, quer seja entre estes e os países chamados emergentes como o Brasil, a Índia, a África do Sul e a China, ou ainda entre os próprios países emergentes.

Mesmo entre países ricos e industrializados do Norte existem formas de cooperação internacional, seja de tipo formal como no caso da OCDE, seja de tipo semi-formal ou informal como no caso dos fóruns internacionais do grupo dos países mais industrializados, G-7, a nível ministerial, e G-8, a nível presidencial, de elevada influência na direcção das linhas principais de evolução política, económica e financeira do mundo contemporâneo. Geralmente excluem-se da noção de cooperação internacional os fluxos de investimento directo estrangeiro e o fluxo de capitais financeiros privados, por se regerem pela lógica da maximização do lucro privado. Estas duas últimas modalidades não serão tratadas aqui, senão quando se relacionem com as principais formas de cooperação internacional mencionadas.

De entre as formas de cooperação internacional, assume principal relevância a chamada Assistência Pública ao Desenvolvimento (APD), não só pela sua dimensão, mas sobretudo por conter elementos de concessionalidade (na forma de donativos ou de empréstimos a juros abaixo do nível de mercado) e ser principalmente motivada pela ajuda ao desenvolvimento. São estas características que permitem que os receptores da assistência possam, na medida do permitido pelos condicionalismos geralmente ligados aos acordos de concessão, utilizá-la em actividades económicas de tipo solidário, nomeadamente em empreendimentos colectivos de geração de rendimentos visando a inclusão dos pobres e excluídos pela economia de mercado e a sua participação na gestão e no desenvolvimento local, com reforço do respectivo tecido social. Contudo existem hoje várias organizações governamentais internacionais de grande dimensão que se dedicam tanto a acções de desenvolvimento nos países periféricos (Oxfam, Action Aid, Mercy Corps) quanto à dinamização do "comércio justo" entre os mercados dos países desenvolvidos e a produção dos países subdesenvolvidos. O mesmo acontece com fundações de carácter desenvolvimentista ou filantrópico que já atingiram um volume financeiro e de actividades considerável e que não podem deixar de ser referidas neste contexto.

2. No período posterior à vaga de constituição das nações modernas, nos séculos XVIII e XIX, assistiu-se a disputas internacionais pelo controlo dos mercados ou pela hegemonia económica que culminaram na I Guerra Mundial. Em resultado desta foi criada a Liga das Nações para, através de negociações e diplomacia, garantir um sistema de segurança colectiva, o desarmamento e a prevenção de guerras bem como a melhoria da qualidade de vida global (Tratado de Versalhes, 1919-20). Apesar de alguns sucessos iniciais notáveis, a Liga das Nações mostrou-se incapaz de impedir a agressão das Potências do Eixo nos anos 1930 e o começo da II Guerra Mundial, tendo após o final desta sido substituída pela Organização das Nações Unidas (ONU). Esta herdou um número de agências e organizações fundadas pela Liga, entre as quais a OIT (Organização Internacional do Trabalho) e a OS (Organização de Saúde, rebaptizada a partir de então de OMS, Organização Mundial de Saúde).

Do fim da II Guerra à década de 1980. Com a vitória dos aliados liderada pelos EUA, seguiu-se um período de hegemonia desta potência na Europa Ocidental e no Mundo não-socialista. O sucesso da reconstrução europeia, graças ao Plano Marshall, gerou a convicção optimista de que seria possível replicar o desenvolvimento nas zonas subdesenvolvidas do mundo, ao mesmo tempo que se tentava impedir o avanço do comunismo para além dos países do Leste Europeu. Em 1944 foi instituído um novo sistema financeiro mundial, com a criação do Banco Mundial (BM) e do Fundo Monetário Internacional (FMI), que se tornou operacional em 1946. Por sua vez, os EUA aprovaram em 1952 a base legal da sua ajuda internacional, o "Mutual Security Act", pela qual a cooperação ficou desde o início comprometida com os objectivos estratégicos de segurança internacional e com os imperativos da guerra fria, e ao abrigo da qual foi prestada ajuda, entre outros países, à Coreia do Sul, Formosa (Taiwan), Filipinas, Tailândia, Paquistão e Irão.

O final da Guerra Mundial inicia o período das independências na Ásia – Filipinas em 1946, Índia e Paquistão em 1947 e Ceilão em 1948 – e, um pouco mais tarde, na África – Gana em 1957 –, tendo os novos países passado a ter uma voz na arena internacional, mesmo que fraca. A assimetria de poder entre os "doadores", de um lado, e os "recipientes" da assistência internacional, do outro, foi e continua a ser em grande medida uma característica das relações desiguais entre estes grupos de países. Em 1955 ela veio a ser reconhecida na Conferência Afro-Asiática de Bandung dando lugar ao surgimento do que viria a ser designado de movimento dos não-alinhados. Dois anos depois, é criado o Fundo Europeu de Desenvolvimento para apoiar financeiramente projectos nas antigas colónias de África, Caraíbas e Pacífico, a que se segue a criação do Banco Interamericano de Desenvolvimento, bem como de outros bancos de desenvolvimento similares para a Ásia e África.

Nos anos 1960 surge a APD (Ajuda Pública ao Desenvolvimento) e o princípio do tratamento preferencial aos países periféricos, em 1964 a CNUCED (Conferência das Nações Unidas para o Comércio e Desenvolvimento) e, no mesmo ano, aprova-se o Sistema Generalizado de Preferências, dentro do AGTC (Acordo Geral de Tarifas e Comércio), antecessor da actual

Organização Mundial do Comércio. Sob o mandato de McNamara, o Banco Mundial reorienta a sua acção para a luta contra a pobreza, promovendo políticas educacionais, de saúde e nutrição e de desenvolvimento rural. Em 1970, as Nações Unidas aprovam uma resolução que recomenda aos países ricos um aumento de 0,7% do seu rendimento nacional para a assistência, tendo-se os países nórdicos salientado como os primeiros (dos poucos) a cumprir. Nos meados dos anos 1970 iniciam-se discussões sobre as relações Norte-Sul no seio da CNUCED, com a participação activa do Grupo dos 77, maioritariamente composto pelos não-alinhados, caminhando-se para o conceito de uma Nova Ordem Económica Internacional. Porém, os debates fracassaram nos princípios dos anos 1980, tendo os países da OCDE, em 1983, substituído esse conceito pelo de interdependência como base dos debates entre o Norte e o Sul.

Dos anos 1980 até aos finais do século XX. A subida ao poder de regimes conservadores e neoliberais nos Estados Unidos e no Reino Unido coincidiu com o agravamento da crise financeira na América Latina e da dívida externa dos países africanos e veio pôr um fim ao período optimista anterior, dando lugar à dominância das políticas do "Consenso de Washington" (Williamson, 1990), baseadas na noção de um Estado mínimo, na primazia do mercado no estabelecimento dos preços e das regras de jogo da sociedade, na privatização das empresas e dos serviços sociais e na liberalização do comércio externo. O FMI e o BM, tidos pelos países doadores como líderes na assistência internacional aos países da periferia, e na coordenação e planeamento de políticas, lançaram-se com zelo na promoção de programas económicos com essa orientação em países subdesenvolvidos dependentes de suportes financeiros externos para enfrentar as crises. Ao mesmo tempo, as agências das Nações Unidas viram-se com falta de recursos e relativamente marginalizadas, sendo um exemplo marcante o CNUCED, que tinha vindo a pugnar por uma perspectiva desenvolvimentista e interventiva. O bloco socialista afunda-se neste período.

As novas crises da década de 1990 na Ásia e América Latina, bem como o fracasso dos programas de ajustamento estrutural em África, levaram a um retrocesso das formas mais extremas do modelo neoliberal, com a reintrodução de fundos sociais para a amortização dos efeitos nefastos na destruição de empregos e no crescimento da informalidade, do custo de vida e das desigualdades sociais. A Cimeira do Desenvolvimento Social de 1995, em Copenhaga, marca uma nova viragem na cooperação internacional, ao comprometer os governos a terem metas quantificadas e prazos pré-definidos para atingir as suas metas no tocante à redução da pobreza. O próprio BM, no seu relatório de 2001 sobre a pobreza, salienta a importância do combate à pobreza e propõe-se substituir os programas de ajustamento estrutural nos países de baixo rendimento que se qualificaram à redução da dívida, por créditos de apoio às estratégias de redução da pobreza que estes venham a elaborar. Nos restantes tipos de intervenção, o BM, bem como o FMI, continuaram a seguir os paradigmas económicos tradicionais. Na sequência da Cimeira citada, foi acordado, em 1996, pelos países doadores a fixação de "metas de desenvolvimento internacional" a serem atingidas até 2015 que incluíam a redução da pobreza extrema para metade em todo o mundo e, em 2000, na Cimeira do Milénio das Nações Unidas, foram aprovados os oito "Objectivos de Desenvolvimento do Milénio" (ODM) a atingir igualmente até 2015. Estes objectivos incluem a redução para metade do número de pessoas sofrendo de fome, a educação primária para todos, a eliminação das disparidades de género em todos os níveis escolares, a redução em dois terços da mortalidade infantil e de três quartos da mortalidade materna, a reversão das taxas de malária, HIV-SIDA, tuberculose e outras doenças, a redução para metade dos que não têm acesso a água potável e serviços de saneamento, o melhoramento da sustentabilidade ambiental e as parcerias para o desenvolvimento em termos de fundos de cooperação, a resolução abrangente das dívidas dos países subdesenvolvidos e um sistema de comércio internacional e financeiro mais equitativo.

De 2000 até ao presente. Em 2002, na Conferência de Monterrey para o Financiamento do Desenvolvimento e, mais uma vez, na Cimeira do Milénio de 2005, os países ricos comprometeram-se a elevar as suas contribuições para o nível de 0,7% do seu PNB para que os ODM sejam atingidos. Dado o atraso maior da África em alcançar os ODM, os países industrializados comprometeram-se a duplicar a APD para aquele continente até ao ano 2010. Em Doha, em 2001, como parte dos esforços colectivos para favorecer o clima para o desenvolvimento dos países do Sul, acordou-se que as negociações na área do comércio internacional seriam conduzidas de forma a beneficiar o desenvolvimento, em particular, orientadas para a remoção de subsídios nos países avançados. Entretanto, após o 11 de Setembro de 2001, verificou-se um reacentuamento da primazia dos interesses políticos e de segurança na ajuda dos Estados Unidos (ANING, 2007).

**3.** Apesar dos compromissos assumidos, a APD global decresceu desde 2004 (revertendo os aumentos anteriores devidos, em parte, ao perdão da dívida do Iraque e Nigéria), tornando assim muito duvidosa a referida duplicação para África até 2009. Apesar de alguns avanços, se as tendências actuais continuarem, muitos dos ODM não serão atingidos, como por exemplo, a redução da pobreza extrema em África e, a nível global, o aumento do acesso da população a serviços básicos de salubridade e a redução da subnutrição infantil (UN, 2007).

Num cenário mais pessimista, se a actual crise financeira nos Estados Unidos levar a uma recessão prolongada, com repercussões nos outros países avançados cujas economias estão mais integradas na economia americana, as tendências poderão ser ainda mais graves. A subida acelerada do preço do petróleo e o aumento dos preços dos produtos alimentares, que muitos organismos internacionais prevêem que se mantenha por um período prolongado, poderão (continuar a) causar retrocessos na redução das taxas de pobreza de diversos países.

O mundo actual dispõe de recursos e tecnologia para resolver os problemas principais que confrontam a humanidade, porém as desigualdades não param de aumentar, não só a nível interno dos países mas também a nível internacional.

Os montantes da ajuda internacional são ainda residuais e insuficientes para fazer face aos problemas existentes. Além disso, tudo leva a crer que venham a surgir novos problemas, com possíveis repercussões negativas nas condições de vida e de dignidade humana, como é o caso das alterações climáticas.

No sistema actual, baseado numa relação assimétrica entre as nações, em que prevalecem os interesses dos países mais fortes, avanços no sistema podem, contudo, ser de utilidade, mesmo que se reconheçam os seus limites. É o caso da Declaração de Paris sobre a Eficácia da Ajuda ao Desenvolvimento (2005), que prevê que os países ajudados exerçam liderança no delineamento e implementação das estratégias de desenvolvimento, por meio de processos consultivos amplos (em que os doadores respeitem essa liderança) e do uso de sistemas e procedimentos "reforçados" por parte dos países recipientes para aumentar "a apropriação, a harmonização, o alinhamento, os resultados e a responsabilidade mútua", incluindo o aumento da previsibilidade dos recursos a médio prazo.

A implementação desta Declaração tem mostrado que, apesar de alguns progressos verificados, ainda se está longe do abandono das condicionalidades, da consideração plena das condições locais para o desenvolvimento e da priorização dos programas identificados pelos próprios beneficiários. Em certos casos, o aumento do apoio directo ao orçamento dos países beneficiários tem levado a um incremento da monitorização dos acordos de cooperação, como é o caso de Moçambique (Killick et al., 2005). Em contrapartida, uma avaliação independente mostrou recentemente que os condicionalismos macroeconómicos do FMI não se reduziram; pelo contrário, aumentaram em áreas tradicionalmente fora das suas competências – domínio fiscal e monetário – passando a referir-se a modificações estruturais (IMF-IEO, 2007). Esta situação parece mostrar quão profundamente enraizados estão certos hábitos e ideias no mundo da cooperação internacional e confirmar que os esforços das forças de mudança, tanto nos países desenvolvidos como nos países periféricos, têm que persistir na luta por um novo tipo de relacionamento entre esse grupo de países.

**BIBLIOGRAFIA**

Aning, K. (2007), *Has aid become a political tool?* Ottawa: North-South Institute.

IMF-Ieo (2007), *An IEO evaluation of IMF structural conditionality in IMF-supported programs 2007*, Washington DC: IMF-IEO.

Killick, T.; Castel-Branco, C.; Gerster, R. (2005), *Perfect Partners?* The performance of programme Aid partners in Mozambique, Maputo: Programme Aid Partners.

Molina, N.; Pereira, J. (2008), *Critical Conditions:* the IMF maintains its grip on low-income governments, Brussels: EURODAD – European Network on Debt and Development.

Ocde (2007), *Debt relief is down:* other ODA rises slightly, Paris: OCDE.

Un (2007), *The Millennium development goals report 2007*, New York: United Nations.

Williamson, J. (1990), What Washington means by policy reform. In: _____. (ed.), *Latin American Adjustment:* how much has happened, Washington: Institute for International Economics.

**COOPERATIVAS DE TRABALHO**
Jacob Carlos Lima

**1.** Por cooperativas de trabalho, entendem-se formas autogestionárias de organização da produção, do controle da atividade laboral e do produto realizado pelos próprios trabalhadores. Constituem-se em associações voluntárias de trabalhadores que organizam a cooperativa, uma empresa da qual todos são sócios e participam dos processos decisórios, assim como do resultado do labor coletivo. Essas cooperativas têm como princípios fundamentais a democracia, a autonomia, a solidariedade e a igualdade social.

Cooperativas de trabalho e cooperativas de produção industrial têm definições distintas, embora os termos sejam empregados como sinônimos. As primeiras referem-se à prestação de serviços pessoais especializados, reunindo, por exemplo, profissionais de educação ou de saúde, motoristas de táxi e assim por diante. Em geral, os cooperados utilizam seus próprios instrumentos, atuando a cooperativa como intermediária na captação e na distribuição dos serviços. No segundo tipo de cooperativa, a produção de bens resulta do trabalho coletivo, tendo-se a fábrica como modelo. As fábricas, ou unidades de produção – oficinas, ateliês –, são geridas coletivamente. De qualquer forma, embora a utilização dos termos seja controversa e eles se confundam, as duas formas de cooperativa têm por fundamento o trabalho como elemento de posse e de gestão coletiva.

**2.** A origem das cooperativas de trabalho e de produção encontra-se nos socialistas utópicos do século XIX, a exemplo das aldeias cooperativas de Owen – propostas ao governo inglês – e da experiência implantada no estado de Indiana, Estados Unidos. Esta funcionou por quatro anos, seguida por comunidades profissionais na Inglaterra, que tiveram vida curta, nas primeiras décadas daquele século. Na França, Charles Fourier propôs os falanstérios, comunidades autogeridas que reuniriam até 1.800 pessoas, nas quais a propriedade seria coletiva, sob a forma de sociedade acionária e de livre escolha dos trabalhos. Esses grupos atuaram mais enquanto movimento do que como experiência prática. Os princípios fourieristas também balizaram três associações estabelecidas nos Estados Unidos (SINGER, 2002) e uma comunidade autogerida composta por 2.000 pessoas, na França, organizada pelo industrial Jean-Baptiste-André Godin e seu Familistère de Guise. No geral, essas propostas concebiam o associativismo como forma de superação das precárias condições de vida e de trabalho dos operários e baseavam-se em princípios de solidariedade e colaboração de classes.

Ao lado dessas propostas, o movimento operário também proporia cooperativas como formas de resistência e como alternativas ao capital. No ano de 1844, encontra-se o marco de constituição do movimento cooperativista, com a criação da Rochdale Society of Equitable Pioneer, em Rochdale, próximo a Manchester, Inglaterra. Inicialmente, essa era uma cooperativa formada por operários de indústrias têxteis, voltada ao consumo de bens. Em 1850, a Rochdale abriu uma cooperativa de produção industrial – um moinho – e, em 1854, uma tecelagem e fiação.

O movimento expandiu-se rapidamente em diversos países europeus. Em

1852, foi promulgada, na Inglaterra, a Lei das Sociedades Industriais e Cooperativas, que dispunha sobre as relações das cooperativas com o Estado. Em 1895, em Genebra, foi criada a Aliança Cooperativa Internacional, que ratificou os princípios basilares de Rochdale: a adesão voluntária e livre de seus membros, a gestão democrática, a participação econômica dos membros na criação e no controle do capital, a educação e a formação dos sócios e a intercooperação no sistema cooperativista (Lima, 2004).

O movimento cooperativista iria refletir suas origens e as clivagens existentes no movimento operário do século XIX. Nele, passariam a conviver desde propostas revolucionárias de contraposição ao capital, até propostas reformistas de humanização das relações capital-trabalho de inspiração cristã.

No debate sobre o papel das cooperativas na construção do socialismo, Marx (1977) destacava o avanço que representavam ao se constituírem em ponto de partida para o novo modo de produção. Ao mesmo tempo, enfatizava o risco de os trabalhadores auto-explorarem-se, pelo fato de serem patrões de si mesmos e pelos riscos inerentes às exigências do mercado capitalista.

Outras críticas foram implacáveis. Luxemburgo (2001) avaliava ser contraditório os operários serem trabalhadores e patrões de si mesmos. Essa situação colocaria as cooperativas em um impasse, tendo de escolher entre transformarem-se em empresas capitalistas ou dissolverem-se. Crítica similar foi feita por Webb e Webb (1914) com a "tese da degeneração das cooperativas", segundo a qual o sucesso das cooperativas representaria o fim destas, uma vez que as democracias de produtores enfrentariam as necessidades de adequação ao mercado, progressivamente incorporando o lucro e passando a contratar trabalhadores assalariados.

Durante a maior parte do século XX, as cooperativas tiveram seu crescimento vinculado a crises econômicas e à formação de frentes de trabalho por diversos Estados europeus, nos quais se mantinham apenas em situações de crise e nos quais os princípios cooperativistas nem sempre eram observados. Com o Estado de bem-estar social e a consolidação do assalariamento, bem como a permanência de uma situação próxima ao pleno emprego, o movimento perdeu força. Mesmo assim, Itália e França destacaram-se pela presença de um forte setor cooperativista, conhecido, no segundo país, como economia social. A experiência soviética das cooperativas deixou de lado a questão da autonomia, constituindo-se em empresas integrantes do planejamento estatal. Mesmo as iniciativas iugoslavas não chegaram a romper esse vínculo, embora tenham avançado no sentido de haver mais autonomia para os trabalhadores. Nos países em desenvolvimento, no início dos anos 1970, políticas de organização de cooperativas foram apoiadas por órgãos internacionais com vistas a reduzir-se a pobreza, materializando-se elas sobretudo em iniciativas para geração de renda e em atividades localizadas em áreas rurais (Lima, 2004).

**3.** O movimento cooperativista retomou fôlego a partir dos anos 1970, mas como resposta a movimentos contraculturais e em reação ao desencanto com as estruturas fossem capitalistas, fossem socialistas. Por outra via, respondeu igualmente à reestruturação produtiva, identificada com o desemprego resultante das transformações econômicas e da produção no âmbito das novas tecnologias e técnicas organizacionais, processo que se convencionou chamar de produção enxuta, ou acumulação flexível.

Novas questões pautaram o movimento dos trabalhadores no final do século XX. Entre elas, verificavam-se o fechamento de postos de trabalho, a reespacialização da indústria, o enxugamento do setor de serviços, a derrocada do mundo socialista, a perda da força ideológica das bandeiras classistas operárias e o enfraquecimento do movimento sindical, com a redução dos contingentes de trabalhadores. Representando grupos ecológicos, setores políticos diversos e minorias sexuais, cooperativas alternativas voltadas à prestação de serviços societários foram organizadas em diversos países. Sua proposta era o estabelecimento de uma nova economia solidária e social, e seu objetivo era a construção de uma nova sociedade, mais justa e igualitária. Com o apoio de sindicatos, partidos e movimentos sociais, trabalhadores ocuparam fábricas em situação falimentar, objetivando garantirem empregos e gerarem renda.

O mercado deixou de ser demonizado, e as cooperativas buscaram adequar-se a ele, sem se descaracterizarem enquanto projeto alternativo. Tinha-se por modelo o Complexo de Mondragón, no País Basco espanhol, visto como experiência bem-sucedida de democracia industrial e de inserção competitiva no mercado. Da mesma forma, cooperativas da "Terceira Itália", detentoras de amplo desenvolvimento tecnológico, passaram a ser indicadas como possibilidades de trabalho autogestionário, ao lado de diversas outras experiências italianas que demonstram a viabilidade de empresas cooperativas sobreviverem no mercado mantendo os princípios do movimento cooperativista e a capacidade de os trabalhadores gerirem empreendimentos autônomos.

Nesse contexto, situa-se o movimento de economia solidária, que, no Brasil, já reúne milhares de empreendimentos, nos quais as cooperativas de trabalho e de produção constituem o eixo central, ocupando milhares de trabalhadores. Essas formas de associação agrupam fábricas recuperadas e cooperativas organizadas para a produção fabril, a prestação de serviços e a geração de renda, voltando-se à população de baixa renda, como as cooperativas de reciclagem e de coleta de lixo. Diversas entidades – vinculadas a ONGs, centrais sindicais, igrejas ou universidades – prestam suporte à incubação dessas cooperativas, atuam como consultoras e apóiam a formação e capacitação técnica dos trabalhadores. A partir da segunda metade da década de 1990, políticas públicas foram implementadas com o objetivo de incentivar-se a multiplicação desses empreendimentos e, a partir de 2003, tornaram-se política de Estado, com a criação da Secretaria Nacional de Economia Solidária (SENAES).

**4.** Grandes problemas ainda persistem. Da mesma forma que as cooperativas foram organizadas pelos trabalhadores como reação ao desemprego e como possibilidade de construção de uma alternativa democrática e autônoma, elas também foram percebidas pelos empresários como meio de rebaixamento de custos, na lógica da competitividade internacional em redes de terceirização. Embora essa situação tenha existido no início do século XX, o que alimentou a resistência de parte do movimento operário às cooperativas, no final do século, assumiu nova configuração na sociedade em rede, com forte tendência à desregulamentação das relações capital-trabalho.

Numerosas cooperativas foram organizadas sob supervisão empresarial e mesmo com o suporte de políticas de governos municipais e estaduais, visando à terceirização industrial, de serviços e da área agrícola. Brechas na legislação permitiram a terceirização de cooperativas sem que houvesse ônus para as empresas. A multiplicação desses empreendimentos requereu mais fiscalização por parte do Ministério Público, sendo vários deles fechados ou revertidos em empresas regulares. Outras cooperativas regulamentaram seu funcionamento, garantindo os fundos de reserva e as justas retiradas financeiras por parte dos trabalhadores, o que viabilizou sua permanência. Em diversos estados do Nordeste, cooperativas organizadas sob esse formato funcionaram por dez anos, apoiadas por fortes incentivos governamentais. Após esse período, a fiscalização constante e as ações dos trabalhadores contra o "assalariamento disfarçado" tornaram-nas desinteressantes para as empresas contratantes.

Questões comuns a todas as cooperativas são a escassez de capital para se organizarem e de capital de giro para manterem suas atividades, a inserção ou a reinserção no mercado, os equipamentos obsoletos, a falta de experiência gerencial dos trabalhadores e a carência de uma cultura de assalariamento na qual se separa o gerir do executar. Há ainda os problemas disciplinares, aguçados quando todos se tornam donos da empresa. Em face dessas questões, os momentos iniciais são penosos para as cooperativas, e muitas acabam operando como terceirizadas ou se organizando para tanto. Nesses termos, configura-se um quadro de subordinação às empresas primeiras o qual independe da observância interna dos princípios autogestionários. Tais variáveis propiciam a discussão acerca do caráter "autêntico" ou não da cooperativa. Esse debate centra-se na vinculação das cooperativas a órgãos representativos cujas concepções afastam-se do cooperativismo, o que viabiliza alegar-se haver gradações de autenticidade às vezes com forte conotação ideológica, mas sem sustentação na prática da autogestão.

Esses fatores, somados a uma legislação fundada nos direitos sociais vinculados ao assalariamento, tornam as cooperativas, de uma forma geral, suspeitas de fraudarem a lei e de utilizarem assalariamento disfarçado. Instauram-se situações constrangedoras e provocam-se fechamentos injustificados, decorrentes de interpretações distintas do que seja o trabalho em cooperativas. Outro pretexto ao qual se recorre para tanto é a suposta utilização política das cooperativas, por exemplo, por sindicatos ligados a centrais sindicais distintas.

**5.** As cooperativas de trabalho e produção industrial representam uma alternativa de ocupação e de renda em um mercado de trabalho segmentado e altamente informal. Apontam um caminho em que a autogestão constitui uma possibilidade em frente ao assalariamento, sem que ela necessariamente signifique precarização. A observância aos princípios cooperativistas pode garantir melhores condições de trabalho e de renda ao trabalhador, com a manutenção dos direitos básicos vinculados à atividade realizada sob formas coletivas de gestão, havendo a possibilidade, inclusive, de ampliá-los.

Não obstante esses benefícios, a vinculação das cooperativas ao mercado capitalista e a dependência com relação a ele não permitem conservarem-se muitas expectativas quanto aos trabalhadores granjearem mais autonomia ou mesmo emancipação, nas condições atuais. Multiplicam-se as cooperativas de intermediação de mão-de-obra que se valem da precarização das condições de trabalho, tendo como objetivo apenas a redução de custos empresariais. Deve haver mais fiscalização para se atenuarem os abusos, assim como uma adequação da legislação a formas não-assalariadas de organização do trabalho, para que não se confunda trabalho associado com trabalho assalariado, ou que não se conceba trabalho realizado em cooperativas como tendo necessariamente um caráter precário. O mesmo pode ser dito acerca da relação dos sindicatos com as cooperativas, conflituosa em inúmeras situações. O dilema da gestão precisa ser enfrentado, considerando-se as transformações operadas no mundo do trabalho e do assalariamento.

BIBLIOGRAFIA

HOLZMANN, L. (2001), *Operários sem patrão*: gestão cooperativa e dilemas da democracia, São Carlos: Editora da UFSCar.

LIMA, J. C. (2002), *As artimanhas da flexibilização*: o trabalho terceirizado em cooperativas de produção, São Paulo: Terceira Margem.

___. (2004), O trabalho autogestionário em cooperativas de produção: o paradigma revisitado, *Revista Brasileira de Ciências Sociais*, v. 19, n. 56, p. 45-74, out.

___. (2007), *Ligações perigosas*: trabalho flexível e trabalho associado, São Paulo: Annablume.

LUXEMBURGO, R. (2001), *Reforma o revolución*, Buenos Aires: Longseller.

MARX, K. (1977), Manifesto de lançamento das associações internacionais dos trabalhadores, 1864. In: MARX, K.; ENGELS, F. *Textos 3*, São Paulo: Edições Sociais, p. 313-321.

QUIJANO, A. (2002), Sistemas alternativos de produção? In: SANTOS, B. S. (Org.), *Produzir para viver*: os caminhos da produção não capitalista, Rio de Janeiro: Civilização Brasileira.

SINGER, P. (2002), Economia solidária: um modo de produção e distribuição. In: SINGER, P.; SOUZA, A. R., *A economia solidária no Brasil*: a autogestão como resposta ao desemprego, São Paulo: Contexto.

VIEITEZ, C. G.; DAL RI, N. M. (2001), *Trabalho associado*: cooperativas e empresas de autogestão, Rio de Janeiro: DP&A.

WEBB, S.; WEBB, B. (1914), Cooperative production and profit sharing, *New Statesman*, v. 2, n. 45, p. 20-22. Special Supplement.

# COOPERATIVISMO
Rui Namorado

1. São várias as palavras que concorrem entre si para designarem o fenómeno cooperativo como realidade global. Num discurso corrente podem ser utilizadas como sinónimos, mas se forem pesadas com rigor reflectem ângulos de abordagem diferentes. Pode assim falar-se em movimento cooperativo, sector cooperativo e cooperativismo, para se deixar de lado expressões puramente descritivas como o já usado fenómeno cooperativo, realidade cooperativa e outras afins.

Quando se fala em movimento cooperativo, designa-se o conjunto das cooperativas numa perspectiva dinâmica, historicamente situada, encarado como um movimento social que assume uma identidade marcada por um horizonte específico.

A expressão *sector cooperativo* tem uma conotação sincrónica, referindo-se ao conjunto das cooperativas que existem numa certa circunstância temporal e espacial, radicado em características específicas.

Quando se fala em cooperativismo, envolve-se quer a dinâmica cooperativa como evolução histórica com um passado e um futuro, quer o conjunto das cooperativas realmente existentes, não se deixando de fora a doutrina cooperativa, nem a normatividade inscrita na identidade cooperativa, nem a respectiva reflexão teórica, nem mesmo o proselitismo cooperativista. Sem a pretensão de lhe percorrer todos os recantos, o cooperativismo será encarado no seu sentido mais amplo, de modo a assinalar-lhe com clareza as raízes e a tornar evidente a sua energia futurante. Quando for útil, em função do tema abordado ou do objectivo visado, dar-se-á prioridade ao movimento cooperativo ou ao sector cooperativo.

Aceitando-se a noção que a Aliança Cooperativa Internacional (ACI) consagrou: "Uma cooperativa é uma associação autónoma de pessoas unidas voluntariamente para prosseguirem as suas necessidades e aspirações comuns, quer económicas, quer sociais, quer culturais, através de uma empresa comum democraticamente controlada."

Assim, a ACI assumiu a perspectiva, há muito adoptada por G. Fauquet, que via na cooperativa uma simbiose de associação e de empresa. Valorizou a autonomia, destacando a voluntariedade da pertença, salientando que as necessidades ou aspirações que aquela visa satisfazer são não só de natureza económica, mas também de natureza social e cultural. A natureza democrática das cooperativas não foi esquecida.

A lógica cooperativa contraria a lógica lucrativista das empresas capitalistas, dominante nas sociedades actuais. É, por isso, uma lógica subalterna, reflectindo naturalmente a subalternidade do cooperativismo nas sociedades capitalistas. Daí à invisibilidade mediática do fenómeno cooperativo e à respectiva desconsideração simbólica vai apenas um passo.

Justifica-se, por isso, dar um panorama do movimento cooperativo mundial, como ilustração da sua importância. As cooperativas expandem-se por todos os sectores de actividade e assumem dimensões muito distintas. Podem ser pequenos grupos artesanais ou de prestação de serviços, bem como grandes empresas. Existem em todos os continentes. De acordo com os dados fornecidos pela própria

ACI, em todo o mundo são mais de oitocentos milhões os membros de cooperativas, entre os quais 236 milhões na Índia e 180 milhões na China. Como simples indício da sua importância relativa, em alguns países, recorde-se que, por exemplo, no Canadá, na Noruega e nas Honduras um cidadão em cada três é cooperador. Nos EUA, um em cada quatro é membro de uma cooperativa. Tanto na Argentina como no Reino Unido, contam-se mais de nove milhões de cooperadores. Em todo o mundo, as cooperativas no seu todo geram mais de cem milhões de empregos, ou seja, mais 20% do que o emprego gerado por todas as empresas multinacionais juntas.

**2.** Encarando o cooperativismo como projecção e apologia do movimento cooperativo, que, desse modo, com ele se identifica, pode dizer-se que emergiu, com a fisionomia actual, no início do século XIX, conjugadamente com a hegemonia do capitalismo. Manifestou-se então como uma rede de organizações predominantemente económicas, cujo eixo principal era a cooperação entre os seus membros.

Deste modo, as cooperativas modernas traduzem a centralidade de uma prática social, a cooperação, que é um dos tecidos conjuntivos das sociedades humanas, tendo, aliás, havido uma época no dealbar da história em que ela foi uma verdadeira condição de sobrevivência da espécie.

As cooperativas são, assim, a expressão moderna das práticas sociais de cooperação, bem gravadas no seu código genético, mas revelam-se por intermédio de um movimento social que se afirma no seio do movimento operário como uma das suas vertentes, o movimento cooperativo.

Jaurès viu no movimento operário uma articulação de três pilares: um político, um sindical e um cooperativo. O político, correspondente aos partidos políticos operários de matriz socialista; o sindical, envolvendo a defesa dos trabalhadores, em face dos patrões, pugnando pela defesa dos seus direitos; o cooperativo, traduzindo a intervenção na vida social de protagonistas ligados ao movimento operário, por intermédio de uma actividade empresarial.

Não se afastam, no essencial, desta perspectiva os que partem da existência de uma nebulosa associativa inicial para sustentarem que a sua evolução suscitou a sua diferenciação. O fenómeno associativo amadureceu dando lugar a três tipos diferenciados de associações: os partidos, os sindicatos e as cooperativas.

Esta evolução, estruturada em três vias principais, não impediu que outros amadurecimentos diferenciadores, mas socialmente menos radicais, tivessem ocorrido. Uma destas especializações mais relevantes foi a que suscitou o mutualismo, mantendo-se a natureza associativa das entidades que o integraram. Menos universais, mas também marcantes nalguns países, surgem as associações de instrução pública e as recreativas.

A centralidade dos comportamentos cooperativos inscrita no código genético destas organizações e a sua inserção no movimento operário, que emergiu com significativa relevância na Europa do século XIX, são os elementos mais relevantes do enraizamento histórico da identidade cooperativa. E este segundo aspecto dá-lhe naturalmente uma tonalidade social própria.

Mas a especificidade dessa tonalidade social, que reflecte uma conexão íntima entre as práticas cooperativas e o carácter operário do movimento social que as exprimiu e impulsionou, não se deve entender como se o movimento cooperativo tivesse sido, em todos os casos, desde o seu início um movimento apenas de operários e, muito menos, como se sempre assim se tivesse mantido.

De facto, hoje, nas organizações cooperativas estão congregados cooperadores oriundos dos mais diversos grupos sociais que representam diversos sectores produtivos, sendo algumas delas, pelo seu tipo e pelo seu objecto, participadas por elementos com múltiplas pertenças sociais. Há até alguns ramos em que predominam, ou têm inequívoca relevância, as cooperativas de empresários, como é o caso da comercialização.

A partir desta constatação, pode perguntar-se que sentido tem atribuir ainda um significado, que não seja o da sua relevância histórica, à inserção do movimento cooperativo no movimento operário. Será possível encontrar uma resposta a essa questão, lembrando que o fenómeno cooperativo está fortemente impregnado, no cerne da sua própria identidade, por uma componente normativa. E nesta, assumem uma centralidade evidente os princípios cooperativos, conjunto de mensagens normativas gerais onde está o essencial da identidade cooperativa.

Ora, esses princípios têm uma origem histórica bem determinada: emergiram, na sua primeira versão, numa cooperativa de operários em 1848, em Rochdale, nos arredores de Manchester. As suas mutações, ocorridas através de reformulações feitas no quadro da ACI, nos anos 30, 60 e 90, do século XX, não romperam com a sua matriz inicial, a qual incorpora, em si própria, uma ligação genética do movimento cooperativo com o movimento operário.

Nesta perspectiva, embora a cooperatividade conserve, por essa via, a marca genética do movimento operário, ela deixou de ser um tipo de resposta usado apenas (ou sequer, predominantemente) por essa classe social. E, sendo assim, vale a pena procurar-se a existência de uma motivação genérica típica que possa ajudar a compreender esse alargamento do espaço social da sua incidência.

Porventura, o traço mais comum será o de haver estímulo à cooperatividade sempre que os potenciais cooperadores prevejam a concorrência ou o enfrentamento com entidades dotadas de uma força ou de um potencial claramente maiores. Na verdade, a especificidade desse artefacto empresarial, historicamente radicado no movimento operário, foi a de reunir um máximo de sinergias perante a provável competição com iniciativas idênticas, no objecto de actividade, de uma envergadura muito maior ou financeiramente mais robustas.

Pode acontecer que a resposta cooperativa se baseie também na necessidade de se darem respostas rápidas e concertadas a problemas especialmente graves, inesperados ou melindrosos. E, é claro, não podem menosprezar-se as virtualidades de indução de comportamentos socialmente positivos e eticamente virtuosos, inerentes às práticas cooperativas.

Na verdade, a origem e o código genético das cooperativas não podem ser esquecidos sob pena de se não compreender a lógica mais funda do fenómeno em causa.

**3.** As cooperativas são empresas com a especificidade de terem de obedecer a um conjunto de princípios e de agir em consonância com um leque de valores. Uns e outros, conjugando-se com uma noção caracterizadora, constituem, na sua globalidade, a identidade cooperativa.

Desde a sua fundação, em 1895, que a ACI, fiel à tradição de Rochdale, assume os princípios cooperativos que a exprimem como a sua matriz identitária, ao mesmo tempo que se responsabilizou pela aferição periódica da respectiva perenidade. De facto, logo na sua fundação, a ACI delimitou o seu âmbito com base nesses princípios. Nos anos 30 do século XX, promoveu a textualização formal dos princípios cooperativos, ajustando-os também ao passar do tempo, sem que isso representasse qualquer ruptura com a matriz inicial. Em 1966, consumou-se um novo processo de actualização dos princípios, numa época em que o fenómeno cooperativo adquirira uma expressão mundial inequívoca.

A sua mais recente reformulação concluiu-se no Congresso de Manchester, em 1995, por ocasião das comemorações do primeiro centenário da ACI. Pela primeira vez, eles deixaram de exprimir, por si sós, a identidade cooperativa. Embora continuem a ser o seu elemento central, essa identidade passou a ser constituída não só por eles, mas também pelos valores cooperativos e por uma noção de cooperativa, precisamente aquela que foi enunciada acima.

Em 1995, a ACI textualizou em Manchester os valores cooperativos, integrando-os na identidade cooperativa, nos seguintes termos: "As cooperativas baseiam-se nos valores de auto-ajuda, responsabilidade individual, democracia, igualdade, equidade e solidariedade. Fiéis à tradição dos seus fundadores, os membros das cooperativas assumem os valores éticos da honestidade, transparência, responsabilidade social e altruísmo."

Foram assim diferenciados dois conjuntos de valores. O primeiro, fundamentalmente, dirige-se à actividade das cooperativas como organizações. O segundo envolve, mais directamente, o comportamento dos cooperadores enquanto tais.

Quanto aos princípios em si próprios, apesar de terem sofrido várias alterações, o texto aprovado não rompe com a tradição de Rochdale.

Saliente-se que o actual elenco de princípios é resultado de três complexos processos de revisão, ocorridos ao longo do século XX. Os cooperativistas que os lideraram tinham origens diversificadas e não se limitaram à conjugação de elaborações teóricas. De facto, analisaram as experiências vividas por milhões de cooperadores e centenas de milhar de cooperativas, um pouco por todo o mundo. Cruzaram perspectivas diferentes, promoveram debates, elaboraram estudos, observaram em detalhe o fenómeno cooperativo na sua diversidade e na sua evolução. Aliás, a própria experiência de Rochdale não foi uma construção de fundadores iluminados. A indesmentível criatividade dos pioneiros foi alimentada por uma cuidadosa avaliação das causas de muitas experiências falhadas de iniciativas congéneres, ponderadamente tidas em conta.

É certo que os princípios de Rochdale estão longe de exprimir um programa revolucionário de destruição do capitalismo, mas não deixam de ser elementos de uma dinâmica social, harmonizável com a superação do capitalismo e, por isso, estruturalmente consonante com uma lógica que lhe resista.

Continham também, implicitamente, uma visão crítica quanto a aspectos pontuais das sociedades vigentes, respostas a bloqueios conjunturais do sistema, estando impregnados por valores diferentes dos que legitimam o capitalismo.

**4.** Nos anos 1930, sob o impulso doutrinário de Georges Fauquet e em convergência com o início de afirmação do conceito de economia mista, ganhou força a ideia de encarar a realidade cooperativa como um sector específico que se conjugaria com um sector privado, mas também como um sector público. Ou seja, a diversificação da paisagem económica manifestava-se também através da emergência de uma componente cooperativa autónoma.

Assim se exprimia também a perda de força da "república cooperativa", como horizonte que disputava o futuro ao capitalismo, como alternativa específica. Um horizonte alternativo que o economista francês Charles Gide teorizou, através de uma proposta radicada no cooperativismo dos consumidores.

Passada a II Guerra Mundial, nos países exteriores ao modelo soviético, a noção de sector cooperativo permitiu valorizar e compreender a galáxia cooperativa em si própria, tendo-se ainda revelado como via adequada para reflectir, estabilizar e esclarecer a inserção das cooperativas no conjunto da sociedade.

Mas o sector cooperativo não é uma paisagem uniforme. A doutrina cooperativa, reflectindo e potenciando uma diferenciação das respectivas práticas, há muito o repartiu em diversos ramos. Alguns são, desde o seu início, aspectos estruturantes do movimento cooperativo, outros são manifestações mais recentes ou episódicas da energia cooperativa. Alguns existem, com pequenas particularidades distintivas ou de simples nomenclatura, em todos os países; outros são especificidades que se manifestam num ou noutro país, num ou noutro continente.

Tem também algum eco na doutrina cooperativa uma classificação que transcende os ramos para valorizar como eixo de distinção fundamental o contraponto entre cooperativas de utentes e cooperativas de produtores, no âmbito das quais são proeminentes as cooperativas de trabalhadores (ou de trabalho). Nesta perspectiva, há quem proponha ainda uma terceira categoria onde se colocariam as cooperativas que em si próprias exprimem uma conjugação entre trabalhadores e utentes.

Desde a reformulação de 1966 que a intercooperação é um dos princípios cooperativos, tendo-se tornado um factor determinante do desenvolvimento cooperativo. Na verdade, a ideia de olhar para as cooperativas como um sector induz uma certa racionalidade de conjunto e uma conjugação de sinergias.

Por isso se estimula quer a intercooperação informal, traduzida numa colaboração corrente e quotidiana, traduzida em trocas e entreajuda, quer a intercooperação formal, traduzida na criação de uniões, federações e confederações cooperativas, dentro de cada país, bem como de instituições internacionais e mundiais, sectoriais ou globais, constituídas por cooperativas.

Assim, muito antes de a colaboração em rede ser um índice de modernidade do tecido empresarial já era o modo de ser do universo cooperativo.

Nas últimas décadas, com um relevante protagonismo inicial da França, tem vindo a emergir a estruturação de um novo conjunto de organizações no qual as cooperativas se integram. É um espaço de limites ainda instáveis, com uma caracterização em parte ainda controversa, cuja designação não está ainda estabilizada, nem é unívoca.

Podemos chamar-lhe economia social. Mas com esta expressão concorrem também os conceitos de economia solidária, de terceiro sector, de organizações não-lucrativas, para só referir as mais difundidas.

Esta problemática será objecto de análise aprofundada noutros textos deste dicionário, pelo que aqui cabe apenas sublinhar que as cooperativas convivem neste conjunto emergente com os outros tipos de organizações que para ele convergem.

Das outras vertentes da economia social as cooperativas podem receber uma contaminação solidária através de um robustecimento significativo do princípio do interesse pela comunidade. Quer isto dizer que essa evolução não será um acrescento virtuoso à identidade cooperativa, mas o seu amadurecimento natural.

Em contrapartida, as outras vertentes da economia social podem ter nas cooperativas um alfobre de democraticidade e de participação com que muito pode ganhar o seu modo de funcionarem.

**5.** É importante não esquecer que a irradiação moderna do cooperativismo, desencadeada no início do século XIX e que o tornou num fenómeno universal, sempre se processou como resistência à hegemonia do capitalismo, mesmo quando ele veio incorporar respostas compensatórias às sequelas mais gritantes das pulsões mais predatórias do capitalismo. Uma resistência que, não apagando a sua subalternidade perante a lógica dominante, não permitiu que se diluísse nela sem retorno e alimentou, de algum modo, também a sua alternatividade perante o capitalismo.

É essa alternatividade, em face do capitalismo, que inscreve o horizonte cooperativo como um dos rostos possíveis do pós-capitalismo. Esse era, no fundo, o sentido mais futurante das concepções de Charles Gide quando propôs a sua "República Cooperativa".

Neste registo, o cooperativismo exprimiria uma alternatividade concorrente com a do socialismo, o que configuraria o pós-capitalismo também como uma competição entre um horizonte cooperativo e um horizonte socialista. Mas esta linha autonomista do cooperativismo foi perdendo força, sendo hoje particularmente inexpressiva.

Tem, pelo contrário, virtualidades maiores, principalmente após a implosão do modelo soviético, a perspectiva que encara o horizonte cooperativo como um elemento integrante de um horizonte socialista, valorizando a presença cooperativa nesse horizonte, até ao ponto de sustentar que a anemia dessa presença pode ser fatal para a credibilidade desse horizonte.

É claro que há uma ideologia cooperativa, implícita nas concepções de muitos dos práticos do movimento cooperativo, que aponta para a perenidade de um sistema predominantemente capitalista, onde o sector cooperativo se situa como um espaço estruturalmente subalterno, com uma função compensatória que ajude a atenuar o peso das sequelas do capitalismo em certos grupos sociais ou profissionais, ou em certos territórios. Neste conjunto, muitos são aqueles que vivem as práticas cooperativas em si próprias sem cuidarem das suas implicações mais amplas, o que não implica que não possam protagonizar essas práticas com plena autenticidade.

Seja qual for a imaginação do futuro incorporada nas perspectivas dos cooperativistas sobre o fenómeno cooperativo ela não impede a cooperação entre os que protagonizam posições diferentes. Sem excluir que haja aspectos particulares onde essas diferenças se possam fazer sentir, raramente atingirão graus e esferas verdadeiramente relevantes. Podem assim colaborar no seio do movimento cooperativo, sem reserva mental e sem instrumentalização mútua, cooperadores com diversas maneiras de encarar o próprio cooperativismo.

## BIBLIOGRAFIA

Book, S. A. (1993), *Valores cooperativos num mundo em mudança*, Lisboa: INSCOOP.

Cole, G. D. (1988), Rochdale. Son premier projet. Ses premiers principes (1844-1862), *Communautés*, n. 83.

Desroche, H. (1982), *Charles Gide, 1847-1932:* trois étapes d'une créativité: coopérative, sociale, universitaire, Paris: CIEM.

Drimer, A. K.; Drimer, B. (1975), *Las cooperativas – Fundamentos – Historia – Doctrina* (2ª Ed.), Buenos Aires: Intercoop.

Fauquet, G. (1979), *O sector cooperativo*, Lisboa: Livros Horizonte.

Macpherson, I. (1996), *Princípios cooperativos para o século XXI*, Lisboa: INSCOOP.

Morley-Fletcher, E. (1986), Certezza per rischiare, competere per cooperare: una introduzione. In: *Cooperare e Competere* (vol. I), Milano: Feltrinelli.

Namorado, R. (2000), *Introdução ao direito cooperativo*, Coimbra: Almedina.

___ (2005), *Cooperatividade e direito cooperativo*, Coimbra: Almedina.

Torres y Torres Lara, C. (1983), *Cooperativismo – el modelo alternativo*, Lima: Universidad de Lima.

# D

## DÁDIVA
Alain Caillé

**1.** Dádiva pode ser definida como o oferecimento aos outros de um bem ou serviço sem garantia de que haverá retribuição, mas com esperança de que ocorrerá correspondência, situação que pode estabelecer relações de aliança e de amizade. Dádiva não é filantropia ou sacrifício, tampouco gratuidade sem motivo e sem intenções. Para todos aqueles que desejem libertar-se das imposições da economia, quer tentando construir uma economia diferente, quer procurando um lugar distinto, para além da economia, a menção à dádiva impõe-se como uma evidência principal, como um recurso obrigatório. Se os bens e os serviços não devem ser produzidos em função do interesse individual, do lucro, se não se destinam à venda, então têm de ser concedidos, compartilhados ou, no mínimo, portadores de uma dimensão de gratuidade. Dificilmente uma economia poderá ser "solidária" se aqueles que a reivindicam não se inspirarem, de uma maneira ou outra, no princípio da dádiva; entretanto, imediatamente se coloca a questão de como convém entender tal espírito.

Dois grandes posicionamentos confrontam-se sobre essa questão: anutilitarista e antiutilitarista. O primeiro seduz por um aparente radicalismo. Pela falta de um conceito preciso de dádiva, estimula-se o rompimento definitivo com toda idéia de interesse particular, de contrato, de devolução ou de reciprocidade. Era por meio desse expediente que, em suas épocas, Stalin ou Mao Tse-Tung conclamavam os trabalhadores a renunciarem aos "estimulantes materiais" e a produzirem sob a motivação única do desenvolvimento da sociedade comunista. É assim ainda, em uma ordem de idéias bem diferentes, que a tradição teológica e depois filosófica afirma que a dádiva não pode existir como tal se não for absolutamente pura, isto é, desprovida de qualquer intencionalidade e de qualquer expectativa de retorno. Se dou, explica, por exemplo, Derrida (1991), então não dou, pois, sabendo que dou, olho-me dando e aproveito ao menos o prazer de minha posição de doador. De outra forma, sustentava Marion (1997), para que haja dádiva (pura e verdadeira), é preciso que não exista o sujeito que dá, nem objeto ofertado, tampouco o recebedor da dádiva. Os preceitos anutilitaristas, portanto, reduzem a dádiva a uma "doação" sem sujeito.

A concepção antiutilitarista, com certeza menos grandiosa, entretanto mais adaptável à realidade, não conclama absolutamente ao sacrifício da utilidade, do interesse, da intenção, da subjetividade nem a qualquer renúncia. Os antiutilitaristas consideram a dádiva como um operador sociológico, criador de aliança, laços afetivos e ações solidárias, assemelhando-se aos motivos que impelem as relações sociais pela cooperação, acima de qualquer interesse, seja em tempos de paz, seja em conjunturas de guerra. Para instaurar associações e criar a confiança, faz-se necessária, de fato, a presença de uma parcela de gratuidade e de feitos desinteressados, fundadores da relação social. Nessa perspectiva, a incondicionalidade subjaz às vantagens individuais que possam ser obtidas. A dádiva antiutilitarista é, portanto, absolutamente gratuita e incondicional; mais ainda, limita-se a subordinar o momento da conveniência, do cálculo e do interesse a imperativos de conceder sem ônus e de incondicionalidade primeiros. Ela se ordena de acordo com uma lógica da incondicionalidade condicional.

Essa concepção antiutilitarista da dádiva pode assumir uma perspectiva antropológica, que se apóia em múltiplos trabalhos. Desde a publicação, em 1923-24, do célebre *Ensaio sobre a Dádiva*, de Marcel Mauss (1985), sobrinho e legatário teórico universal de Durkheim, fundador da escola sociológica francesa, a interrogação sobre as práticas da dádiva cerimonial é medular no trabalho dos etnólogos. A obrigação de dar – ou, antes, a "tripla obrigação de dar, receber e devolver" –, que constituiu a regra social basilar de ao menos certo número de sociedades selvagens e arcaicas, segundo Mauss descobriu, nada mais é do que a tradução concreta do princípio de reciprocidade colocado por Lévi-Strauss no fundamento de sua antropologia estrutural. Cabe ressaltar que Polanyi, por meio de suas idéias de troca e de distribuição, contrastou esse preceito.

Para que a sociologia econômica (isto é, uma maneira de pensar a economia diferentemente dos economistas) desenvolva-se, ela deverá necessariamente se interrogar sobre o lugar ocupado pelas lógicas de mercado, em cada tipo de prática da economia atual, da hierarquia redistributiva e da dádiva recíproca respectivamente. Acredita-se que, além da sociologia econômica, a teoria da dádiva seja indispensável à teoria sociológica geral e à filosofia política.

A descoberta essencial de Mauss pode ser assim generalizada: na sociedade primeva, o laço social não se construía a partir do contrato ou das trocas mercantis, mas obedecia à imposição de rivalizar em generosidade manifesta. A dádiva selvagem, carregada de agressividade e ambivalência, não se harmonizava com o que prescreve a caridade cristã; é uma dádiva agnóstica. Adquire-se prestígio e eleva-se o próprio nome quando não se medem gastos, despende-se dinheiro até o desperdício e aceita-se essa perda. Essa descoberta lança evidentemente um desafio fantástico aos postulados centrais da teoria econômica e da *Rational Action Theory*, já que atesta, como escrevia Mauss, que "o *homo œconomicus* não está atrás de nós, mas diante de nós", não tendo o despojamento e a universalidade que lhe atribuem os economistas. Aliás, os bens dados, aceitos e devolvidos no âmbito da obrigação de reciprocidade generosa não têm, na maioria das vezes, qualquer valor utilitário. Só valem enquanto símbolos da relação social que criam e nutrem, fazendo circular indefinidamente entre os parceiros uma dívida que poderá – e deverá – inverter-se, mas nunca se anular. As dádivas são alegorias, pois pressupõem uma devolução, mesmo que não imediata e equivalente. Não se trata apenas da circulação de bens positivos, de benefícios, mas, igualmente, de insultos, vinganças e feitiçarias, malefícios, ou seja, se não se é capaz de dar o mal, não se pode dar o bem. Os exemplos mais célebres dessas práticas agonísticas de dádiva são o *potlatch* dos índios kwakiutl da Colômbia Britânica, no Oeste do Canadá, e a *kula* das ilhas Tobriand, no Nordeste da Nova Guiné.

O que subsiste, ainda no século XXI, desse universo primitivo da dádiva, à parte as práticas de presentear nas festas, não é muito aparente, porque nossa concepção da dádiva sofreu modificações ao ser modelada por dois mil anos de cristianismo. Todas as grandes religiões devem, de resto, ser interpretadas como transformações do sistema arcaico da dádiva, pois agiram para universalizá-la (deve-se dar a outros que não os próximos), para radicalizá-la (dar realmente o objeto desejável e não somente seu signo) e para interiorizá-la (renunciar à dádiva ostensiva). Não obstante, todo um conjunto de bens ainda circula no mundo da dádiva, e seria totalmente errôneo crer que as práticas de dádiva concernem apenas às sociedades selvagens e que teriam desaparecido das sociedades contemporâneas.

Desde Titmuss (1972), o exemplo mais célebre é o da dádiva do sangue. Godbout (Godbout e Caillé, 1992), por sua vez, mostra que a característica da dádiva moderna é o fato de ela se tornar também dádiva aos estranhos. É possível, de modo mais geral, se propor a hipótese de que a obrigação de dar permanece a regra fundamental da *socialidade primária*, das relações de pessoa a pessoa (essa esfera na qual a personalidade dos indivíduos importa mais que as funções que eles cumprem) e que, mesmo no âmbito em princípio impessoal da *socialidade secundária* (a instância do mercado, do Estado e da ciência, onde a exigência de eficácia funcional das pessoas importa mais que sua personalidade), a obrigação de dar, receber e devolver desempenha um papel subordinado, mas decisivo, já que também nela as ações funcionais são sempre realizadas por pessoas. Não poderia existir empresa, administração ou laboratório de pesquisa eficazes se não conseguissem, de um modo ou de outro, mobilizar a seu favor a energia criativa, isto é, o impulso de dar, a lealdade e a fidelidade de seus membros.

Sob essa ótica, o vínculo entre a descoberta de Mauss e a nova sociologia econômica revela-se mais estreito. Não é na racionalidade individual nem em regras holísticas, as quais a tudo se sobrepõem, que se deve buscar a chave das ações sociais, explica-nos Granovetter, mas nas redes e na confiança que liga e une os seus membros. Cabe ressaltar que esse mesmo tema também se encontra nas idéias de Callon (1998) e dos teóricos da ANT (Analysis Network Theory). Essas concepções são exatas, desde que se acrescente que é pela dádiva que as redes criam-se e pela renovação das dádivas que a confiança mantém-se. A relação de rede é um vínculo de dádiva – a primeira grande rede estudada foi o círculo *kula*, observado por Malinowski (1992).

**2.** Algumas implicações teóricas possibilitam e tornam necessário ir-se além dessas observações, conforme postula o grupo da *Revue du M.A.U.S.S.*, o qual aceita que a sociologia encontra sua especificidade em relação à ciência econômica no antiutilitarismo – presente tanto em Durkheim quanto em Weber, Marx ou até Pareto. Outrossim, esse antiutilitarismo só se fundamenta quando se organiza a partir da descoberta de Mauss e respeita o "paradigma da dádiva". O que Mauss mostra, com efeito, estudando a dádiva arcaica, é que a ação social não obedece somente ao interesse racional, mas também a uma lógica primeira da simpatia, e que essa tensão entre interesse e desinteresse coincide com outra, entre obrigação e liberdade. A exigência de dar é ato compulsório paradoxal de liberdade. A relação social não se constrói, portanto, nem a partir do interesse racional – como acreditam os individualistas metodológicos – nem a partir de uma lei sempre presente e acima de tudo, como afirmam os defensores do holismo metodológico. Essas duas vertentes teóricas e metodológicas, entre as quais oscila a maior parte das escolas em ciência social, compartilham, para além de sua oposição, o desejo de explicar a ação e a história, reduzindo-as às escolhas e às decisões de um sujeito substancial preexistente: o indivíduo ou a sociedade tidos como entidades. O que falta é a dimensão de advento da relação social ou da psique dos sujeitos. O emprego da dádiva não é explicado pela caridade ou pelo altruísmo, como se acredita muitas vezes, mas pela emergência. A dádiva assim concebida representa a modalidade privilegiada do que se pode chamar de ações constitutivas (Perret, 2004), sendo da mesma ordem que a ação no sentido de Arendt ou que o conceito *do* político.

Devem ser salientadas duas implicações do paradigma da dádiva quanto à crítica ao economismo. Afirma-se que não só existem e que deve haver ações que não procedam somente do interesse material calculado (como no caso do mercado) ou de uma obrigação (como no caso do Estado e da redistribuição), mas também e primeiramente de uma lógica da aliança e de certa gratuidade. O paradigma antiutilitarista, em compensação, encontra-se inconteste mais próximo dos partidários da economia solidária e da valorização de tudo o que se faça em nome do princípio associativo. Se, no setor associativo, o espírito da dádiva é em princípio hierarquicamente dominante em relação às lógicas do interesse individual e da obrigação, ele não o é necessariamente e sempre na prática e, por sua vez, certa dimensão de gratuidade é imprescindível no seio da empresa ou dos aparelhos de Estado. Longe das oposições claras entre dádiva pura e interesse, ou entre mercado, Estado e associações, o paradigma da dádiva leva a compreender com clareza não só a diferença das lógicas, mas também as continuidades e as variações dialéticas. A dádiva identifica-se com uma concepção propriamente política da relação social por insistir vigorosamente na idéia de que a condição primeira e prévia da eficácia (sem discutir o significado desse termo) de todo coletivo humano reside nas próprias modalidades de sua constituição em sujeito. Em contrapartida, não há nação próspera que não seja primeiramente um país, uma pátria; não existe consórcio solidário que não privilegie o princípio associativo sobre imperativos funcionais; não há empreitada de laboratório ou de equipe esportiva eficaz que não seja também uma comunidade.

Disso se deduz que as alternativas que imperiosamente devem-se buscar ao megacapitalismo contemporâneo não são, em primeiro lugar, propriamente econômicas. Em certo sentido, não há mais alternativa econômica plausível para a economia de mercado. O lugar da economia pode ser limitado, isto é, ela deve ser instituída de outro modo e subordinada principalmente a exigências de gratuidade, dádiva e democratização.

**BIBLIOGRAFIA**

Caillé, A. (2000), *Anthropologie du don:* le tiers paradigma, Paris: Desclée de Brouwer.

___. (2004), *Don, intérêt et désintéressement:* Bourdieu, Mauss, Platon et quelques autres, 2ème éd., Paris: La Découverte; MAUSS.

Callon, M. (Ed.) (1998), *The laws of the markets*, Oxford: The Sociological Review; Blackwell Publishers.

Derrida, J. (1991), *Donner le temps*, Paris: Galilée.

Godbout, J. T. (2001), *Le don, la dette, l'identité*, Paris: La Découverte; MAUSS.

Godbout, J. T.; Caillé, A. (1992), *L'esprit du don*, Paris: La Découverte; Poche.

La Revue Du Mauss. (1993), Ce que donner veut dire, Paris: semestrielle n. 1, 1er semestre.

___. (1997), L'obligation de donner. La découverte sociologique capitale de Marcel Mauss, Paris: semestrielle n. 8, 2ème semestre.

Malinowski, B. (1992), *Les argonautes du Pacifique occidental*, Paris: Gallimard.

Marion, J. L. (1997), *Étant donné:* essai d'une phénoménologie de la donation, Paris: PUF.

Mauss, M. (1985), Essai sur le don (1923-24). In: *Sociologie et Anthropologie*, Paris: PUF.

Perret, B. (2004), *La société comme monde común*, Paris: Desclée de Brouwer.

Titmuss, R. M. (1972), *The gift relationship:* from human blood to social policy, New York: Vintage Books.

## DESENVOLVIMENTO LOCAL
Rogério Roque Amaro

**1.** O conceito de desenvolvimento local teve a sua afirmação científica a partir dos finais dos anos 1970 e o seu reconhecimento político-institucional a partir dos anos 1990, sendo estes dois dos critérios mais importantes para aferir a sua validação e utilidade na sociedade contemporânea (dos últimos 30 anos).

No primeiro caso, são de referir, sobretudo, as reflexões propostas e os trabalhos publicados por autores como John Friedmann e Clyde Weaver, Walter Stöhr e David Taylor, José Arocena, Bernard Pecqueur e Bernard Vachon, entre outros.

Quanto ao reconhecimento político-institucional do conceito de desenvolvimento local, é de mencionar a proposta do Programa "Iniciativas Locais de Emprego" da OCDE, no final dos anos 1980, e a importância que este assumiu na definição das políticas europeias de combate ao desemprego e à pobreza e exclusão social, na União Europeia (vg. Programas Europeus de Luta Contra a Pobreza II e III; Conselhos Europeus de Corfu, em 1993, de Essen, em 1994, de Dublin, em 1996, e de Florença, em 1997), para além de outras referências explícitas, nos anos 1990, em relatórios e encontros organizados por organismos internacionais como o PNUD e a OIT.

A partir de várias das contribuições referidas, é possível formular uma primeira definição de desenvolvimento local como "o processo de satisfação de necessidades e de melhoria das condições de vida de uma comunidade local, a partir essencialmente das suas capacidades, assumindo a comunidade o protagonismo principal nesse processo e segundo uma perspectiva integrada dos problemas e das respostas".

Para além de uma reformulação teórica dos paradigmas do Desenvolvimento, de um ponto de vista espacial (como expressam os autores antes mencionados e se verá adiante), o conceito de desenvolvimento local corresponde sobretudo a uma multiplicidade assinalável de iniciativas de base local, a partir das quais, actores locais, de muitos tipos e numa grande variedade de situações, tentam encontrar respostas para os problemas colocados pelas crises económicas, tecnológicas, ambientais e políticas que puseram termo ao chamado período dos "anos dourados" do crescimento económico relativamente estável dos 30 anos posteriores à II Guerra Mundial.

Tais iniciativas são, desse ponto de vista, a resposta local (das comunidades locais) aos problemas económicos (crises sectoriais, falências e fecho de empresas, desestruturação das economias locais), sociais (desemprego, pobreza e exclusão social, ausência de respostas sociais para o acompanhamento dos mais novos e dos mais velhos), culturais (marginalização ou descaracterização das identidades, dos valores culturais e dos patrimónios locais, homogeneização cultural) e ambientais (destruição de ecossistemas locais, falta de saneamento básico, ameaças à qualidade de vida, extinção de espécies, desflorestação), provocados pelas alterações dos modelos de desenvolvimento após a década de 1970, pela globalização de predomínio economicista e pelas crises do Estado-Nação e do Estado-providência (e afirmação das correntes neoliberais).

**2.** Embora se tenha afirmado sobretudo a partir da década de 1980, a base histórica do desenvolvimento local remonta a finais dos anos 1950. Nessa altura, estava-se na fase de afirmação do conceito de Desenvolvimento e da sua aplicação aos processos de ajuda aos novos países independentes (antigas colónias europeias), normalmente chamados de "subdesenvolvidos" que, afirmava-se, muito teriam a aprender com os países já considerados "desenvolvidos" (na maior parte dos casos, as suas antigas potências colonizadoras).

Para isso, os processos de "ajuda e cooperação para o desenvolvimento" propunham (ou impunham, em muitos dos casos) a imitação, por parte desses países, dos modelos de desenvolvimento, baseados no crescimento económico e na industrialização, já "testados" historicamente nos países "mais desenvolvidos", levando-os a "modernizar" as suas estruturas económicas, sociais, culturais, políticas e tecnológicas, abandonando os seus sistemas tradicionais, considerados um obstáculo ao progresso. Por isso, a esta perspectiva de desenvolvimento, promovida por autores como Arthur Lewis e Walt Whitman Rostow, se chamou "paradigma da modernização" (ou "estruturalista").

Para além desta influência, digamos teórica, também o peso ideológico do confronto "capitalismo-socialismo" condicionou sobremaneira aqueles processos de "ajuda", fazendo com que eles fossem mais de "arregimentação" e alinhamento ideológico do que de promoção de efectivo desenvolvimento.

Na prática e no terreno, muitos técnicos dos organismos internacionais (no âmbito da ONU) e das organizações não-governamentais (ONG), que começavam então a surgir neste campo de intervenção, constatavam que os modelos (de economia, de industrialização, de tecnologias, de ensino, de medicina, etc.) de que eram portadores, em vez de promoverem processos de autonomização e desenvolvimento, colocavam uma série de problemas, nomeadamente: a) ignorar as necessidades efectivamente sentidas pelas comunidades locais, bem como os seus recursos e capacidades; b) desprezar os seus valores, identidades e saberes, considerando-os primitivos e subdesenvolvidos; c) estimular a dependência e a subordinação em relação "ao que vem de fora"; d) criar novos problemas (económicos, sociais, culturais e ambientais), até aí desconhecidos.

Foi a partir desta constatação que muitos daqueles técnicos começaram a propor e a pôr em prática um método pragmático de promover o desenvolvimento, assente em três ideias fundamentais:

– o diagnóstico das necessidades das comunidades locais deve realizar-se com participação destas;

– a resposta a essas necessidades deve basear-se na utilização dos recursos e capacidades da própria comunidade;

– os problemas e as soluções devem ser abordados de forma integrada, conjugando as suas várias componentes e áreas de intervenção (alimentação, educação, saúde, emprego, rendimento, cultura, etc.).

A este método alternativo de promoção do desenvolvimento chamou-se, na altura, "Desenvolvimento Comunitário", porque assente numa perspectiva de valorização das comunidades locais e das suas aspirações e capacidades. Mas, porque foi essencialmente um método prático mais do que uma teoria, passou despercebido à quase totalidade dos autores teóricos do desenvolvimento, não sendo mencionado, em regra, nos manuais publicados nessa época sobre este tema.

No entanto, implicou a acção de muitos técnicos dos departamentos da ONU, com intervenções no domínio da ajuda ao desenvolvimento, e várias ONG que estavam então a surgir, como foi o caso, nomeadamente, da ONG sueca "Dag Hammarskjöld Foundation" que, ligada à Universidade de Uppsala, editou uma revista sobre estes temas, designada "Development Dialogue", onde algumas destas questões foram reflectidas. E está seguramente na base da formulação do conceito de desenvolvimento local, a partir dos anos 1980, como já foi referido.

Foram os problemas surgidos, a partir de finais dos anos 1970, como mencionado, que levaram ao ressurgimento/actualização desses processos e iniciativas de base local, como resposta da sociedade civil às "falhas" e aos problemas provocados pelo mercado (de forte influência liberalizante e com uma feição cada vez mais global) e às "falhas" e insuficiências das respostas do Estado-providência, então em crise.

**3.** Se, como já foi dito, o desenvolvimento local se afirma pela via indutiva (da iniciativa das comunidades locais, como resposta aos seus problemas), também encontra um importante pilar na reformulação teórica dos paradigmas do Desenvolvimento Regional.

É a partir dos finais dos anos 1970 e, em parte, na sequência das crises económicas e sociais dessa década, que vários autores (como os assinalados anteriormente) colocam em causa o paradigma dominante até aí denominado de "funcionalista" (porque assente no princípio das funções centrais a desempenhar por cada centro urbano no espaço geográfico à sua volta e porque inspirado na lógica funcionalista dos processos de desenvolvimento) ou "top-down" ou, ainda, "from above" (FRIEDMANN e WEAVER, 1979; STÖHR e TAYLOR, 1981; STÖHR, 1984; PECQUEUR, 1989).

Segundo este modelo, o desenvolvimento regional deveria ocorrer do centro para a periferia, das grandes metrópoles e das cidades para as zonas rurais, da nação para as regiões, dos pólos de desenvolvimento para as suas "áreas de influência" e, portanto, "de cima para baixo", segundo uma lógica (automática) de centrifugação do progresso.

Argumentavam esses autores que o saldo era predominantemente o inverso, de resultados centrípetos, que acentuavam ainda mais o efeito de polarização e de concentração do desenvolvimento, em vez de o difundirem para as áreas periféricas, que, desse modo, seriam sempre desfavorecidas.

Propunham, em contrapartida, que o desenvolvimento, a nível espacial, devesse "partir de baixo", de cada território, atribuindo a cada comunidade local a iniciativa e o protagonismo dos seus processos de desenvolvimento, a partir das suas capacidades, invertendo portanto as dinâmicas e lógicas consideradas até aí.

Para isso, consideravam que a essência deste paradigma residia nas potencialidades endógenas, mais do que nos impulsos exógenos, embora estes pudessem ser importantes para dinamizar e fecundar aquelas, sobretudo quando as comunidades locais tivessem perdido a capacidade de iniciativa e a vontade de mudança (muitas vezes por acção dos modelos de desenvolvimento importados, desmobilizadores das forças locais).

Porque assente no protagonismo de cada território, foi este paradigma designado de "territorialista", tendo, muitas vezes, sido oposto, de forma radical, à perspectiva funcionalista, a que corresponderam também por vezes de maneira excessivamente contrastada as oposições endógeno-exógeno e local-global.

No entanto, a maioria daqueles autores evoluiu para uma posição menos radical, a que alguns chamaram de "neoterritorialista", conjugando as perspectivas e as forças "de fora" e "de dentro", embora continuando a colocar o acento tónico nestas.

A par da inspiração indutiva (vinda das experiências da acção concreta), foi este paradigma (territorialista/neoterritorialista) que enquadrou a (re)conceptualização do desenvolvimento local, como se viu na linha do método do Desenvolvimento Comunitário, ensaiado a partir dos finais dos anos 1950 em muitas intervenções de apoio ao desenvolvimento nos novos países ditos "subdesenvolvidos".

**4.** A partir destas contribuições, é possível propor uma definição mais aprofundada do que se pode entender por desenvolvimento local.

Define-se então desenvolvimento local a partir de dez atributos, a saber:

a) um processo de mudança, levando à melhoria do bem-estar e das condições de vida da população;

b) centrado numa comunidade territorial de pequena dimensão, definida pela existência (real ou potencial) de uma identidade comum, capaz de mobilizar solidariedades de acção (colectiva) e com pretensões a uma autonomia de afirmação do seu destino;

c) que tem como uma das suas motivações fundamentais a resposta a necessidades básicas da comunidade que estão por satisfazer;

d) a partir essencialmente da mobilização das capacidades locais;

e) o que implica a adopção de metodologias participativas e de "emporwerment" da comunidade local (do ponto de vista individual e colectivo);

f) contando também com a contribuição de recursos exógenos, capazes de mobilizar e fertilizar os recursos endógenos (e não de os substituir ou inibir);

g) numa perspectiva integrada, na abordagem dos problemas e das respostas;

h) o que exige uma lógica de trabalho em parceria, ou seja, de articulação dos vários actores, protagonistas e instituições locais ou a trabalhar no local;

i) com impacto tendencial em toda a comunidade;

j) e segundo uma grande diversidade de processos, dinâmicas e resultados.

Como se percebe, há uma ligação íntima entre esta definição e os pontos de referência do método designado por Desenvolvimento Comunitário, antes indicado, situando-se na mesma perspectiva de desenvolvimento e lógica de intervenção.

Note-se que, nesta acepção, o desenvolvimento local não é uma decomposição do Desenvolvimento Regional, como por vezes se supõe (e este, nessa mesma lógica, uma divisão espacial do Desenvolvimento a nível nacional). Trata-se, sim, de uma outra perspectiva metodológica de abordagem dos processos de desenvolvimento, centrando-os na comunidade local e no seu território, com as consequências em termos teóricos e práticos daí resultantes, como se referiu.

Neste sentido, o conceito de desenvolvimento local pertence à mesma categoria conceptual de um outro conceito de afirmação recente (também a partir dos anos 1980) que é o de Desenvolvimento Participativo, colocando a ênfase, como a designação indica, na questão da participação das pessoas como eixo nuclear dos processos de desenvolvimento.

**5.** Não deixa de ser curioso constatar que o ressurgimento do desenvolvimento local como conceito e como prática, nos anos 1980, é simultâneo com a aceleração e acentuação dos processos de globalização das sociedades contemporâneas, sobretudo nos seus aspectos económico-financeiros. Pareceriam ser lógicas opostas e contraditórias. E são-no, em grande medida, mas também apresentam complementaridade, noutros aspectos.

De facto, pode dizer-se que o desenvolvimento local resulta, por um lado, da resistência das economias locais e das identidades locais às consequências da liberalização da circulação de mercadorias, serviços e capitais, e da homogeneização cultural provocadas pela globalização dominante e que tende a destruir aquelas especificidades. Mas, por outro lado, é também a resposta (local) aos problemas económicos, sociais, culturais, ambientais e políticos dela resultantes; numa fase em que o Estado-providência, de âmbito nacional, entrou em crise e perdeu a eficácia na regulação daqueles problemas e não surgiu, ainda, em alternativa, nenhum modelo de regulação de âmbito global (supranacional ou transnacional).

Nesse sentido, pode dizer-se que o desenvolvimento local tem servido de amortecedor às crises e problemas trazidos pela globalização, perante as falhas das regulações supranacionais (da União Europeia, por exemplo) e as ausências das regulações à escala mundial (inoperância da ONU e do entendimento entre as grandes potências sobre a resolução partilhada dos grandes problemas mundiais – veja-se o caso do Protocolo de Quioto).

Pode então afirmar-se que o desenvolvimento local não tendeu, nem tende, a desaparecer com a globalização, antes, pelas duas razões postuladas, a complementá-la (e a contrariá-la, propondo uma outra globalização a partir do local), daí se entendendo a sua afirmação simultânea, balizando o que se poderia entender por processo contraditório e paradoxal de "glocalização".

### BIBLIOGRAFIA

Amaro, R. R. (2003), Desenvolvimento – um conceito ultrapassado ou em renovação? Da teoria à prática e da prática à teoria. *In*: *Cadernos de Estudos Africanos*, n.º 4, Janeiro/Julho, Centro de Estudos Africanos, ISCTE, Lisboa, p. 57 e ss.

Aydalot, P. (Org.) (1984), *Crise et espace*, Paris: Economica.

Friedmann, J.; Weaver, C. (1979), *Territory and function*: the evolution of regional planning, London: E. Arnold Publications.

Houée, P. (2001), *Le développement local au défi de la mondialisation*, Paris: Éd. L'Harmattan.

Pecqueur, B. (1989), *Le développement local*, Paris: Syros-Alternative.

Stöhr, W. (1984), La crise économique demande-t-elle de nouvelles stratégies de Développement Régional ? – vers un nouveau paradigme du Développement Régional. In: Aydalot, P. (Org.), *Crise et espace*, Paris: Economica.

Stöhr, W. (Ed.) (1990), *Global challenge and local response* – initiatives for economic regeneration in contemporary Europe, London: The United Nations University.

Stöhr, W.; Taylor, D. F., (Ed.) (1981), *Development from Above or from Below?*, Chichester: John Wisley & Sons.

Vachon, Bernard (1993), *Le développement local*: théorie et pratique, Montréal: Gaätan Morin.

# E

**ECONOMIA DA FAMÍLIA**
Lina Coelho

**1.** A economia da família ocupa-se das determinantes económicas das relações entre as pessoas no seio da família, sejam estas de natureza conjugal (produção doméstica, oferta de trabalho, consumos diferenciados de homens e mulheres, violência doméstica) ou intergeracional (despesas com educação, saúde e nutrição das crianças, investimentos desiguais em filhos e filhas, apoio económico dos filhos aos pais, etc.).

Gary Becker trouxe a família para o corpo central da ciência económica ao evidenciar as motivações económicas da sua formação e funcionamento e o seu contributo decisivo para a sobrevivência e bem-estar das sociedades humanas. Este esforço conceptual foi feito no quadro metodológico da teoria neoclássica, dando primazia às preocupações relativas à eficiência em detrimento da equidade, pelo que a família é encarada como uma entidade análoga à empresa, visando assegurar a maximização do excedente económico com base na especialização produtiva dos seus membros, justificada esta por diferentes produtividades do trabalho. Nesta família, o pai opera como ganha-pão (*breadwinner*) e a mãe assegura o trabalho doméstico e de reprodução (*housekeeper*), em consequência das diferenças biológicas que determinam vantagens comparativas diferenciadas para cada um. A teoria postula decisões familiares (de consumo, oferta de trabalho ou alocação) consensuais (representadas através duma só função utilidade), pois que, embora a família seja constituída por pessoas com preferências diversas, o chefe de família ao transferir parcelas do seu rendimento para os restantes familiares assegura que estes ajam de acordo com as preferências dele. O bem-estar das mulheres e das crianças e a sua subordinação ao poder masculino são questões omissas neste modelo unitário da família, pois que não está em causa qualquer propósito de questionamento ou transformação das relações sociais.

**2.** A evolução da economia da família tem-se norteado pelo duplo esforço conceptual de superação da questão metodológica relativa ao individualismo do *homo œconomicus*, por um lado, e da questão ética relativa à equidade entre sexos e gerações, por outro. O espectro de teorias disponíveis contém desde propostas onde os pressupostos e os métodos da teoria hegemónica estão claramente presentes – individualismo, preferências exógenas, comportamentos maximizadores de eficiência, equilíbrio das soluções obtidas, rigor formal – até leituras fortemente subversivas da ortodoxia, como a feminista, onde o rigor formal e a axiomática sobre os comportamentos humanos são preteridos a favor dos "problemas económicos reais".

No âmbito conceptual hegemónico, a principal debilidade da teoria de Becker reside no tratamento da família como *unidade* de decisão, contrariando o princípio da prossecução do interesse próprio enquanto motivação fundamental para os comportamentos económicos. Os desenvolvimentos teóricos consequentes seguem duas vias diferenciadas: a chamada teoria colectiva da família, por um lado, e os modelos de negociação baseados na teoria dos jogos, por outro.

A teoria colectiva da família prossegue uma linha metodológica eminentemente ortodoxa, partindo do pressuposto de que os resultados da interacção intrafamiliar são sempre eficientes segundo Pareto e apresentando-se como uma teoria geral, à luz da qual outras podem ser tratadas como casos "especiais". O modelo usa informação sobre a despesa ou a oferta de trabalho específica de cada cônjuge para determinar a regra de partilha intrafamiliar, ou seja, a parcela do rendimento familiar auferida por cada pessoa, sendo esta usada para explicar a alocação intrafamiliar (BROWNING, BOURGUIGNON, CHIAPPORI e LECHENE, 1994). Significa isto que o modelo não procura explicar o processo de interacção entre as pessoas, apenas se limitando a constatar os seus resultados.

Em obediência aos imperativos do individualismo e da eficiência, a Economia hegemónica apresenta-se como "socialmente neutra" mas resulta, de facto, em interpretações apologéticas do *status quo*. A desigualdade – de remunerações, rendimentos e oportunidades – entre homens e mulheres, ainda que sistemática e observável em todas as sociedades, é omitida ou pode ser interpretada como o resultado de preferências individuais diferenciadas. Ignoram-se assim os valores, as normas e as instituições que condicionam, moldam e limitam a própria formação de preferências. Parece inquestionável que, nas sociedades onde são escassas as oportunidades de vida para as mulheres fora do casamento, a margem de escolha por preferências alternativas é diminuta bem assim como o poder negocial das mulheres. Já nos países desenvolvidos, as escolhas são condicionadas pelo facto de se continuarem a atribuir às mulheres as tarefas atinentes à reprodução.

Os modelos baseados na teoria dos jogos aprofundam a análise ao caracterizarem a interacção conjugal como uma negociação entre pessoas com poder eventualmente diferenciado. Manser e Brown (1980) e McElroy e Horney (1981) construíram modelos cooperados de negociação, com consideração explícita de preferências individuais diferenciadas, sendo a alocação de recursos na família a solução negociada que resulta de um jogo cooperado de Nash aplicado a duas pessoas. Supondo perfeita comunhão de rendimentos e soluções Pareto-eficientes, o casamento é vantajoso se a utilidade individual obtida for superior à da situação de solteiro, tendo os indivíduos que decidir sobre a repartição dos ganhos do casamento. O ponto de conflito do jogo corresponde à utilidade possível em caso de divórcio, a qual depende não só dos rendimentos familiares e dos preços mas, também, dos rendimentos de cada indivíduo e do enquadramento sócio-jurídico (funcionamento dos mercados de casamento, estrutura legal que enquadra o casamento e o divórcio, tributação e transferências públicas ou privadas associadas ao estatuto marital ou familiar, valores culturais e religiosos).

Já os modelos de negociação não-cooperada procuram superar, por um lado, o irrealismo dum ponto de conflito exterior ao casamento (o divórcio) e, por outro, a inadequação da hipótese inerente aos jogos cooperados segundo a qual os acordos negociais internos ao casamento são vinculativos e susceptíveis de se fazerem cumprir sem custos. Um exemplo é o "modelo negocial com esferas de actuação separadas" para os diferentes membros do casal definidas em conformidade com "os papéis tradicionais de género e as expectativas existentes quanto a esses papéis" (LUNDBERG e POLLAK, 1993). O modelo corresponde à situação dum casal que maximiza a sua utilidade, com cada cônjuge a tomar o comportamento do outro como dado. A manutenção dum casamento infeliz pode ser preferida ao divórcio porque, mesmo assim, os indivíduos usufruem de bens públicos familiares, ainda que de forma não eficiente, ou seja, em quantidade (e qualidade) inferior às que ocorreriam em situação de cooperação e coordenação. As actividades desenvolvidas por cada cônjuge serão, neste caso, as que conformam os papéis tradicionais de género.

**3.** Estas diferentes concepções de família têm inspirado um vastíssimo trabalho de pesquisa empírica em países com níveis de desenvolvimento, culturas, religiões e tradições diversos, cujos resultados já permitiram um amplo consenso em torno de algumas ideias importantes:

– Homens e mulheres não comungam dos rendimentos familiares, o que implica a rejeição empírica do modelo unitário;

– As mães empenham-se mais no bem-estar dos filhos do que os pais. O empoderamento das mulheres através da legislação relativa ao casamento e à família, subsídios à maternidade, educação ou reforço do rendimento conduz a aumentos das despesas de consumo e saúde das crianças e mulheres comparativamente aos homens. Por outro lado, determina reduções nos consumos de álcool e tabaco (bens viciantes), bem assim como reduções na fecundidade e na parcela de trabalho doméstico realizada pelas mulheres;

– Pais e mães manifestam diferentes preferências por filhos e filhas, com os primeiros a investirem mais nos rapazes e as segundas nas raparigas;

– A afectação dos recursos produtivos no âmbito familiar nem sempre se revela eficiente.

No entanto, a informação estatística disponível e os quadros conceptuais de referência restringem muito as possibilidades de mensuração das realidades económicas intrafamiliares, sendo particularmente penalizante conseguir estimar-se a distribuição entre cônjuges, por um lado, e entre pais e filhos, por outro, mas não ambas em simultâneo. Carece-se, pois, de abordagens multidimensionais, o que levanta a questão, ainda não resolvida, de sintetizar indicadores múltiplos de forma satisfatória.

Os modelos económicos não abordam a família como um todo mas tão-só facetas da realidade familiar. Por exemplo, nos modelos referidos o objecto de estudo não é o agregado familiar mas, sim, "o casal". Os filhos, ou são omitidos ou tratados como "bens". Esta truncagem da família decorre quer das dificuldades de formalização matemática quando se consideram mais de dois agentes, quer da implausibilidade de considerar as crianças como indivíduos autónomos, racionais e conscientes do seu interesse egoístico. Assim se evidenciam as dificuldades da teoria hegemónica para a compreensão do mundo real.

Um outro aspecto crítico é a omissão da produção doméstica na maioria dos modelos, na medida em que esta é maioritariamente o resultado do trabalho feminino. Se todos os bens domesticamente produzidos tivessem substitutos no mercado, esta omissão não constituiria óbice à compreensão da realidade económica. Os homens e as mulheres optariam por afectar o seu trabalho a actividades domésticas ou remuneradas, consoante a sua produtividade em cada uma. Mas este raciocínio é falsificador na presença de bens domésticos sem substituto mercantil como a criação dos filhos, um trabalho tão radicalmente decisivo quanto é dele que depende a sobrevivência da própria espécie. Esta omissão é uma das principais expressões do viés androcêntrico do discurso dominante, pois dela decorre, em grande medida, a ocultação do papel económico das próprias mulheres. A mesma ordem de ideias se aplica à natureza estática da maioria dos modelos, por inviabilizar a análise das consequências assimétricas que o surgimento dos filhos produz sobre a capacidade negocial relativa do pai e da mãe.

Numa perspectiva feminista, o poder é crucial em economia como em todas as outras formas de relação social (veja-se, a propósito, o verbete *Economia Feminista*). Nelson (1996) sublinha que as pessoas vivem as suas vidas como pessoas-em-relação e que, nesta qualidade, ou dependem do poder de alguém ou estão em posição de exercer poder sobre outros. O acesso ao rendimento é uma determinante incontornável da posição ocupada. Agarwal (1997) afirma que as desigualdades económicas são uma das principais determinantes das relações de poder, ao proporcionarem a algumas pessoas maior autoridade na definição de regras e na sua interpretação do que a outras. Um exemplo é a formulação das normas sociais que determinam o controle reduzido da propriedade pelas mulheres. Folbre (1994) aponta um conjunto de quatro variáveis que afectam o modo como as pessoas fazem as suas escolhas no mercado, na família ou noutras instâncias: os activos, as normas, as regras políticas e as preferências. São activos, o tempo e o dinheiro; as regras evidenciam-se através das leis; as normas decorrem da pertença a determinados grupos sociais; e as preferências variam com a pessoa. Cada indivíduo situa-se numa configuração específica definida pela combinação daquelas com seis categorias colectivas – género, idade, preferências sexuais, nação, raça e classe –, daí resultando a situação particular do indivíduo no conjunto social e na sua relação com os outros, e daí decorrendo as suas possibilidades de escolha e controle.

Sen (1990) sublinha que a individualidade de cada ser humano constitui o resultado (nem sempre harmonioso) de identidades múltiplas associadas ao sexo, à posição dentro da família, à classe social, ao grupo ocupacional, à nação ou à comunidade a que se pertence. Todas influenciam o modo como cada pessoa apercebe os seus interesses, bem-estar, obrigações, objectivos e legitimidade dos comportamentos. A percepção acerca do interesse próprio e a percepção que os outros têm sobre a contribuição de cada um para o bem-estar da família são elementos determinantes da alocação intrafamiliar. Nalgumas sociedades as mulheres identificam de tal modo o seu bem-estar individual com o da família que isso as impossibilita de equacionar de forma minimamente objectiva os seus próprios interesses. Por outro lado, as actividades relacionadas com o sustento, a sobrevivência e a reprodução da família tendem a ser encaradas como "não produtivas" o que condiciona a percepção social acerca da legitimidade das mulheres reivindicarem para si uma parcela justa dos rendimentos familiares. O poder relativo dos homens e das mulheres na família decorre da tecnologia social própria a cada comunidade, a qual determina, *inter alia*, uma dada divisão sexual do trabalho e percepções estereotipadas sobre esforço e merecimento. O estudo da família deve, pois, fazer-se no quadro de uma teoria negocial qualitativa, centrada no conceito de conflito-cooperativo, e que atenda a três diferentes determinantes da alocação intrafamiliar de recursos: os níveis relativos de bem-estar obteníveis pelo homem e pela mulher em caso de ruptura da cooperação, a percepção do interesse próprio e o modo como é apercebida a contribuição de cada um para o bem-estar da família.

Ao considerar como não económicas (exógenas) variáveis como os valores, as normas, ou as determinantes das preferências individuais e ao conformar-se ao espartilho dos modelos formalizados, a Economia hegemónica situa-se aquém do necessário para compreender cabalmente a realidade e, assim, promover a melhoria das condições de vida em geral, nomeadamente informando decisões políticas pertinentes e adequadas ao combate à pobreza infantil e à promoção da poupança das famílias, do bem-estar, da formação de capital humano, da eficácia da segurança social, dos cuidados aos idosos e cuidados de saúde, da equidade intrafamiliar (incluindo a de género), das heranças ou de um tratamento fiscal eficiente e equitativo dos dependentes e dos encargos familiares.

Ainda assim, mesmo no quadro hegemónico, as implicações normativas das diferentes concepções teóricas são radicalmente diversas: o modelo de decisão unitária de Becker sustenta que as políticas dirigidas a melhorar a situação económica de categorias específicas de indivíduos no seio da família (como as mulheres ou as crianças) são totalmente ineficazes; já os modelos de escolha colectiva sustentam a eficácia de intervenções dirigidas à alteração dos rendimentos ou do controle sobre o rendimento de homens e mulheres.

Alderman et al. (1997) relevam o facto da complexidade dos processos em causa dificultar um quadro conceptual universal sobre a família, válido para todas as culturas e para todas as questões de natureza política, dada a importância determinante de factores culturais, sociais e institucionais. Ainda assim, face à evidência empírica e às discussões teóricas já desenvolvidas, consideram que a omissão dos processos de alocação intrafamiliar determina frequentemente o insucesso das políticas dirigidas à promoção do bem-estar e que, apesar da adopção de uma política errada envolver sempre custos, a aplicação errónea do modelo unitário tem consequências políticas mais graves do que a aplicação errónea do modelo colectivo.

A escolha do enquadramento teórico adequado a diferentes circunstâncias e a avaliação dos benefícios de políticas dirigidas a públicos específicos (*targeting*) são questões ainda em aberto, às quais só poderá vir a responder-se cabalmente aprofundando a investigação. Sugerem-se, como vias a seguir, a interdisciplinaridade, a integração de dados qualitativos e quantitativos e o teste das hipóteses próprias a diferentes modelos conceptuais em contextos nacionais (logo, culturais, sociais e institucionais) diversos.

## BIBLIOGRAFIA

AGARWAL, B. (1997), 'Bargaining' and Gender Relations: within and beyond the household. *Feminist Economics*, v. 3, n. 1, p. 1-51.

ALDERMAN, H., HADDAD, L.; HODDINOTT, J. (1997), Policy Issues and Intrahousehold Resource Allocation: conclusions. In: HADDAD, L.; HODDINOTT, J.; ALDERMAN, H. (Eds.), *Intrahousehold Resource Allocation in Developing Countries:* methods, models and policy, Baltimore: Johns Hopkins University Press.

BECKER, G. S. (1981), *A Treatise on the Family*, Cambridge, Massachusetts: Harvard University Press.

BROWNING, M., BOURGUIGNON, F., CHIAPPORI, P.-A., LECHENE, V. (1994), Income and Outcomes: a structural model of intrahousehold allocation. *Journal of Political Economy*, v. 102, n. 61, p. 1067-96.

FOLBRE, N. (1986), Hearts and Spades: paradigms of household economics. *World Development*, v. 14, n. 2, p. 245-55.

___. (1994), *Who Pays for the Kids:* gender and the structure of constraint, New York: Routledge.

HADDAD, L.; HODDINOTT, J.; ALDERMAN, H. (Ed.) (1997), *Intrahousehold Resource Allocation in Developing Countries:* methods, models and policy, Baltimore: Johns Hopkins University Press.

LUNDBERG, S.; POLLAK, R. A. (1993), Separate Spheres Bargaining and the Marriage Market. *Journal of Political Economy*, v. 10, n. 6, p. 988-1010.

MANSER, M.; BROWN, M. (1980), Marriage and Household Decision-Making: a bargaining analysis. *International Economic Review*, v. 21, n. 1, p. 31-44.

McELROY, M. B.; HORNEY, M. J. (1981), Nash-Bargained Household Decisions: toward a generalization of the theory of demand. *International Economic Review*, v. 22, n. 2, p. 333-49.

NELSON, J. A. (1996), *Feminism, Objectivity and Economics*, London: Routledge.

SEN, A. (1990), Gender and Cooperative Conflicts. In: TINKER, I. (Ed.), *Persistent Inequalities:* women and world development, Oxford: Oxford University Press, p. 123-49.

## ECONOMIA DO TRABALHO
José Luis Coraggio

**1.** A economia do trabalho alude às formas de organização da produção de acordo com uma lógica reprodutiva da vida. Nelas se incluem os processos autogestionados pelos trabalhadores, sejam individuais ou coletivos – empreendimentos familiares, associações que organizam as condições de vida, caixas de consórcio e cooperativas. Essas modalidades abrangem também os trabalhos doméstico e comunitário, as diversas formas de associação para melhora dos termos de troca e, certamente, o trabalho assalariado, mesmo sob a direção do capital e a tensão relativa à busca por uma crescente autonomia e emancipação dos sistemas produtivistas, tayloristas ou toyotizados. Nessa perspectiva, o trabalhador não é o proprietário de um recurso organizado pelo capital, mas o sujeito da produção, em pugna por sua autonomia a partir do cerne do sistema capitalista.

A perspectiva de uma economia do trabalho só pode ser compreendida cabalmente traçando-se um contraponto com a economia do capital. Esta gerou, entre outros efeitos, um modo de organização e um sentido de trabalho específicos, próprios desta época denominada capitalismo. Um de seus aspectos característicos é a mercantilização do trabalho, mediante a separação, de um lado, entre a pessoa e a sua capacidade de trabalho – a força de trabalho, como denominou Marx (1971) – e, de outro, a compra e venda dessa força de trabalho num mercado, como mercadoria fictícia (POLANYI, 1957). Funcionando em termos de um mercado auto-regulado, no capitalismo liberal ou novamente no período neoliberal, o preço do trabalho e as condições do contrato de trabalho são estipulados pela oferta e demanda. Essas forças não são mero mecanismo que reúne quantidades de qualidades homogêneas, mas um verdadeiro campo multidimensional de forças, no qual a cultura, os valores e a estrutura de "capitais" permitem ocorrer diferenciação, segmentação e determinação de práticas que, por sua vez, reproduzem ou geram variações na estrutura, tal como o recente surgimento de segmentos de alta qualificação detendo conhecimentos especializados, que os distinguem do proletariado (BOURDIEU, 1997; CUNCA BOCAYUVA, 2007).

A partir de sua primeira "grande transformação", o capitalismo organizado regulou o mercado de trabalho por meio de forte intervenção estatal e poderosas organizações sindicais. Com esse regramento, permitiu que os trabalhadores e a sociedade como um todo progredissem em direção a uma cultura de direitos do trabalhador e da sua família, ao mesmo tempo impondo limites ao jogo livre do mercado e impedindo que o salário se firmasse nos níveis do "livre mercado". Assim se constituiu a denominada "sociedade salarial" (CASTEL, 1995), em que o trabalho organizou-se dentro de uma institucionalização regulada do mercado enquanto princípio de interação social universal. Tal como Polanyi havia antecipado, o mercado de trabalho – juntamente com os mercados de terra, dinheiro e mercadorias fictícias (aos quais se poderia acrescentar, no século XXI, o conhecimento) – passou a funcionar sob fortes restrições do Estado e da sociedade civil organizada.

A organização capitalista do trabalho abrange ainda a própria organização material do trabalho e as consequências diretas desta sobre a subjetividade e qualidade da vida cotidiana dos trabalhadores, enquanto resultado da divisão social do trabalho que impulsionou não só os processos imediatos de produção, mas também aqueles mediados pelo mercado de mercadorias. O controle da ciência e da tecnologia pelo capital, instrumentando o conhecimento como meio para a busca de lucros, permitiu que o proletariado passasse a conformar uma massa de trabalhadores como portadores de trabalho abstrato (valor), tendo sua força de trabalho como um recurso mais a ser economizado. A tendência intrínseca do capital de substituir o trabalho vivo pela força do aparelho produtivo objetivado ficou clara mediante a ruptura do modelo de capitalismo organizado e o ataque conservador ao estatismo, fosse socialista, fosse social-democrata. O trabalho concreto tornou-se cada vez mais atribuído à máquina, aos robôs, aos sistemas automatizados de produção mediados por mercados que, para vários bens homogeneizados, funcionam também como autômatos.

O trabalho do capital, que, sob a perspectiva dos trabalhadores, era a instituição integradora e orientadora das opções e estratégias de vida, permanecia heteronômico e alheio a essas transformações. Cada processo de produção mantinha-se dirigido pela ditadura do capitalista ou dos seus representantes, e o trabalho crescentemente passou a ser imposto por um sistema de necessidades gerado em função do acúmulo de capital privado, algo que as invenções organizacionais do toyotismo não puderam superar (GORZ, 1988). Com o neoliberalismo e a debilitação dos sindicatos, o trabalho sofreu transformações vertiginosas, tornando-se mais precário e perdendo sua centralidade para o capital sem que antes tenha sido substituído por processos equivalentes de integração social. O trabalho desregulamentado deixa de ser, para enormes massas de trabalhadores, uma fonte de obtenção de recursos para a sobrevivência, anteriormente definidos como um valor histórico da força de trabalho, tornando-se um desestruturante dos horizontes de vida. Mesmo os que têm um trabalho vivem-no como uma "segurança precária", que fratura a sociedade entre os poucos protegidos e os muitos assistidos, em um contexto de ausência de proteção social (COSTANZO, 2007) construído para que a fome e o medo da destituição definitiva pressionem aqueles que não possuem nada além da sua força de trabalho a aceitarem qualquer oportunidade como uma oferta de emprego.

Uma vez que o imaginário da sociedade salarial perdura, sente-se saudade desse trabalho, almejado mais do que as posses individuais, reaprendendo-se a buscá-lo, mantê-lo e defendê-lo contra a disputa dos outros trabalhadores. Esse trabalho continua sendo assalariado, desenvolvido sob o jugo de um patrão (privado ou público), um trabalho que, mesmo não permitindo a autonomia, pode ser valorizado como "digno", por ser obtido no mercado, lugar onde "se sabe quem é quem" e o quanto valem as coisas e as pessoas. Tanto no âmbito da dinâmica particular de produção quanto na esfera da sua divisão social, esse trabalho não gera solidariedade, inter-subjetividade positiva nem um sentido que transcenda sua mera utilização como meio para a obtenção de dinheiro, o representante das coisas que necessitamos ou desejamos.

Sob a perspectiva da economia do capital, o conjunto da economia é visto como elemento institucionalizado por um único princípio de mercado, do qual participam indivíduos utilitaristas e calculistas. Nele, a capacidade de competir e ganhar dá acesso desde a riqueza, até o potencial de autodesenvolvimento, e sua orientação geral baliza-se conforme a lógica da acumulação de capital. Já sob a ótica da economia do trabalho, o conjunto da economia é concebido a partir da constituição de um sistema que combina cinco princípios de integração social: a) autarquia da unidade doméstica; b) reciprocidade intra e intercomunidades; c) redistribuição nos diversos níveis da sociedade; d) intercâmbio em mercados regulados ou livres; e) planejamento da complexidade (em particular, dos efeitos não-intencionais das ações particulares), orientada solidariamente pela lógica da reprodução ampliada das capacidades de todas as pessoas e da qualidade da vida em sociedade.

Para a economia do capital, o crescimento quantitativo da massa de mercadorias representa um critério definitivo de eficiência da economia, enquanto, para a economia do trabalho, o que prevalece é a qualidade da vida, a realização efetiva do potencial das pessoas interligadas por relações de solidariedade, com justiça e paz. Embora possam ser dotados de significado pelas sociedades, os recursos mobilizados são entendidos como um meio e não um fim, e o manejo estratégico das relações interpessoais deve ser minimizado, dando lugar a processos de mútuo reconhecimento, negociação e acordos entre pares.

Segundo a economia do trabalho, a questão social não reside na busca pela recuperação do pleno emprego (sob a direção do capital), para que todos possam ter renda e consumir o que a cultura do sistema capitalista decida produzir. Essa questão implica reconhecer, recuperar, potencializar, inventar e desenvolver outras formas de motivação e coordenação das atividades humanas, para que se alcancem outros produtos e resultados desejáveis e para que se possa desfrutar plenamente a vida cotidiana, a qual também inclui trabalho como experiência de deleite e fraternidade.

**2.** No âmbito das sociedades capitalistas realmente existentes, do mesmo modo que a empresa de capital constitui a forma elementar de organização microeconômica para o acúmulo de capital, a unidade doméstica (UD) materializa a forma elementar de organização microssocioeconômica própria do trabalho e sua reprodução. As UDs podem estender sua lógica particular por meio de associações, comunidades organizadas e redes formais ou informais de diversos tipos, consolidando organizações socioeconômicas que visem melhorar as condições da reprodução da vida dos seus membros. Em seu conjunto, as UDs conformam o que chamamos *economia popular* (CORAGGIO, 1999) e estabelecem relações de intercâmbio, dentro de uma economia mista sob a hegemonia do capital, com o subsistema de empresas de capital e com o subsistema de organismos do Estado.

Essas organizações da economia popular podem atender a aspectos específicos da reprodução, manifestando-se, por exemplo, na ação dos sindicatos que lutam pelo valor das condições contratuais do trabalho assalariado; das associações de produtores autônomos que compartilham meios de produção ou canais de comercialização; das cooperativas de autogestão de serviços; das redes de abastecimento; ou dos movimentos reivindicativos de recursos e ativos (terra, moradia, serviço de saúde, educação). Essas iniciativas propiciam uma espécie de acumulação originária na qual a nova economia recupera recursos da economia capitalista, não mediante o intercâmbio mercantil, mas por meio da pressão, força, reivindicação de direitos (NAVARRO MARSHALL, 2007) e de associações de bairro que auto-administram seu habitat comum enquanto constroem espaços de sociabilidade primária (MUTUBERRÍA, 2007; ARROYO, 2007). Além disso, organizações da economia popular podem adotar um enfoque mais abrangente, respeitando à sociedade como um todo, integrando-se, por exemplo, a movimentos em defesa do meio ambiente, direitos humanos, da posse pela terra, água ou território, da igualdade de gênero (QUIROGA, 2007), da afirmação étnica, educação popular, políticas culturais ou pela incidência e controle sobre determinadas políticas estatais (HINTZE, 2007), entre outros.

Ambas as formas de organização econômica – a do capital e a popular – podem desenvolver mesossistemas e auto-regulação, planejamento estratégico ou representação dos seus interesses. Ademais, ambas se vinculam – geralmente com contradições – à *economia pública*, suas políticas, seus espaços de concertamento e suas organizações político-administrativas, conformando, entre os três subsistemas, uma *economia mista*. Essa é a base material de um sistema em que predomina o capitalismo, dando lugar a uma luta contra-hegemônica ou de resistência em múltiplos espaços contraditoriamente institucionalizados sob a égide do capital.

No seu afã de acumular, apelando a uma racionalidade instrumental totalizante, as empresas de capital consideram recursos ou obstáculos todos os elementos dos contextos social, político, ecológico ou simbólico, entre outros, e digladiam-se por possuí-los ou eliminá-los, à medida que seu projeto para obter lucros o requeira e seu poder para dispor deles o permita. Na esfera mesoeconômica, não obstante, esse poder encontra-se limitado pela concorrência e, na esfera de sistema, por forças tidas como "extra-econômicas", sejam elas relativas à sociedade ou ao meio ambiente.

Em geral, a empresa capitalista não freará espontaneamente a expropriação do meio ambiente, a exploração do trabalho alheio, a troca desigual ou a degradação da qualidade de vida enquanto essas operações resultarem em lucros exorbitantes. Encerrado nos equilíbrios e desequilíbrios de mercado, o capital (principalmente aquele capaz de mobilizar-se em escala global) não se preocupará, de moto-próprio, com os desequilíbrios sociais, políticos, psicológicos ou ecológicos gerados por suas ações ou pelo conjunto das empresas nos territórios onde ele se aloje temporariamente. É necessário que o Estado e o sistema interestatal democratizem-se, gerando espaços públicos de debate sobre o bem comum, partindo das críticas das tendências empíricas resultantes, muitas vezes, de efeitos sistêmicos não-intencionais. Caso contrário, é preciso que outras formas de poder coletivo (sindicatos, movimentos ecológicos, movimentos feministas, movimentos étnicos, associações de consumidores ou outras) atuem como representantes do bem comum, promovendo formas *socialmente* mais eficientes do sistema empresarial, defendendo a ética não-manipulada pela mesma lógica da acumulação (Salmon, 2002) e limitando coativamente suas tendências destrutivas.

Polanyi (1957) evidenciou a perversidade de um mercado livre que pretende reduzir a integração social ao mero mecanismo formador de preços pela oferta e demanda, engendrando uma sociedade de mercado autodestrutiva e uma vida humana e uma natureza que se deterioram. Anteriormente, Marx já apontara haver a geração de um sistema de domínio abstrato, aparentemente natural, quando o que ocorrera e ocorre continuamente é a construção e institucionalização desses projetos de domínio particular (Postone, 2006). Nessa visão da boa economia, os trabalhadores não são sujeitos, mas objetos, são "recursos humanos", aos quais se acrescentaram as noções de "capital humano", "capital social" e toda a família de ativos e "capitais dos pobres".

**3.** A *economia social* pode ser analisada como transição da *economia mista* a uma *economia do trabalho*. Nesses termos, considera-se a possibilidade de desenvolver-se uma *economia centrada no trabalho* para satisfazer as necessidades legítimas de todos, articulada e coordenada com um alto grau de reflexividade crítica e mediada não só por um mercado regulado, mas também por diversas relações diretas de solidariedade. Esse trabalho não pode ser o mesmo trabalho assalariado, fragmentado, alienado, organizado pelo capital para que o homem converta-se em um *homo laborans*, extensão da maquinaria produtiva (Arendt, 2003).

Possibilitar a realização social de outro trabalho, enquanto capacidade subjetiva dos trabalhadores associados e autogestionários, implica uma mudança cultural, não apenas das valorações acerca do trabalho independente de patrões, mas dos comportamentos dos cidadãos no mercado, orientados pela reprodução da sua vida imediata. Enquanto consumidores, os trabalhadores podem contribuir para a ampliação dos desequilíbrios despercebidos pelo capital e para a reprodução ampliada do capital, mais do que para o desenvolvimento de outro trabalho organizado sob formas solidárias. Mesmo os setores que promovem a *economia social* (essa prática de construção socialmente consciente de outra economia e de outra sociedade) podem ser levados a internalizar formas de organização do trabalho sob valores e critérios de eficiência da empresa privada, ainda que não tenham o lucro por objetivo. Essa internalização pode se dar pela "prova do mercado", pela sustentabilidade definida estritamente em termos financeiros e pelo respeito à liberdade (negativa) de opção dos consumidores, conquanto seus gostos e critérios sobre a boa vida, o valor dos produtos e as relações sociais tenham sido produzidos sob uma hegemonia do capital.

A economia do trabalho propõe, como o sentido da economia, a resolução das necessidades e desejos legítimos de todos. Em seu horizonte estratégico, não se considera o acesso ao "reino da liberdade" como superação da "necessidade". Ao contrário, propõe-se a crítica prática à estrutura de desejos ou demandas de bens e serviços, a qual gera o imaginário do consumo numa sociedade capitalista, a tendência utilitarista das massas de consumidores médios, pobres ou empobrecidos. Trata-se de redefinir democraticamente um espectro de definições do que seja necessário e do que seja suficiente, útil e legitimamente desejável (Coraggio, 2007; Caillé, 2003; Laville, 2003), chegar a um acordo relativo às formas de produção e consumo mais adequadas (Max-Neef et al., 1990; Elizalde, 2001) e reconhecer, nos âmbitos locais, a unidade entre o trabalho de produção e o de reprodução, bem como a necessidade de ampliar os níveis de autarquia local, freando as irracionalidades dos mercados globais de alimentos.

Essas ações implicam um reconhecimento do peso e do potencial da economia popular realmente existente e uma crítica a ela superadora, porque essa *economia popular* reativa e adaptativa não pode garantir a sobrevivência de todos no contexto de transformação do capitalismo global. Ela requer uma abordagem sistêmica para transformar esse todo caótico em um conjunto organicamente vinculado de produção e reprodução, que volte a relacionar o trabalho (outro trabalho) com a satisfação de necessidades definidas historicamente por sociedades democráticas.

O ato de consumo ou de produção doméstica requer que as UDs tenham acesso a outras condições (gerais, de uso coletivo compartilhado) da produção doméstica ou da reprodução imediata da vida (e, portanto, das suas capacidades de trabalho), o que demandará a acumulação material como meio e não como fim. Sob a perspectiva de uma economia do trabalho, o controle das condições gerais da sua própria reprodução deve passar às mãos dos trabalhadores organizados ou das formas de governo e gestão descentralizadas e autenticamente democráticas.

Pode haver diferenças culturais muito amplas entre UDs ou relações de troca regidas pela cooperação utilitária, pela reciprocidade centralizada ou generalizada, ou pela identificação comunitária, assim como forte concorrência entre comunidades ou indivíduos, dependendo dos valores e instituições com as quais estejam imbricadas. A proposta de uma economia do (outro) trabalho implica expor-se a essa rica pluralidade de formas, na contramão da tendência do capital de impor o trabalho abstrato e o consumo incessante como niveladores sociais. Devem coexistir muitas concepções do que seja a boa vida, mas todos necessitam ter, antes de tudo, a vida garantida para poder escolher o novo ou ater-se a sua cultura original (Hinkelammert, 1984; Hinkelammert e Jiménez, 2005). Esse esquema propõe duas hipóteses sob o ponto de vista microssocioeconômico: a) o emprego em troca de um salário não foi e não é a única forma de concretizar as capacidades de trabalho das UDs e de aceder às condições e meios de vida; b) as relações de produção, trabalho e distribuição podem não estar objetivadas nem se impor como estruturas abstratas, mas podem estar sujeitas a relações interpessoais transparentes que vão desde o parentesco até as relações de concidadãos em uma democracia participativa.

A economia popular representa o ponto de partida socioeconômico das práticas de economia social orientadas à institucionalização de uma economia do trabalho. Na esfera macroeconômica, em uma economia mista em transição, a economia popular condiciona-se aos preços relativos do trabalho e dos bens e serviços que oferece, dos meios de vida e de produção que adquire nos mercados, ponderados pela estrutura de seus insumos, consumos e produtos. Esses preços não refletem meramente, como se espera, as diferenças de produtividade entre formas de produção, sendo, ao contrário, o resultado do acesso diferenciado às tecnologias, conhecimentos e informações – principalmente como bens privados e não como bens públicos –, assim como dos poderes relativos no mercado de empregadores e empregados, de ofertantes e usuários/compradores. Eles refletem, também, a ação do Estado no sentido de regular ou flexibilizar o mercado de trabalho e os mercados de bens e serviços que fazem parte da cesta básica de um domicílio padrão, bem como de intervir redistributivamente, subsidiando ou impondo fiscalmente a produção ou a distribuição dos produtos de primeira necessidade e beneficiando ou limitando os lucros e rendas monopólicas ao estimar e frear os efeitos não-desejados das ações fragmentárias.

Sob esses parâmetros, poderá haver, na esfera pública, um confronto entre as lógicas da economia do trabalho e da economia do capital. Caberá aí a possibilidade de alianças entre as múltiplas formas mencionadas de organização dos trabalhadores, com certas frações do pequeno capital e do médio capital organizadas como sistemas produtivos encadeados ou como conjuntos territoriais. O desenvolvimento local pleno pode cumprir a função de favorecer a visibilidade dos interesses particulares e o surgimento de possíveis alianças sob a hegemonia do princípio da reprodução ampliada. No paradigma tecnológico do início do século XXI, baseado na informação e conhecimento alienados da massa de trabalhadores, assim como na superexploração do trabalho e na expropriação da natureza, o confronto com o grande capital pela reprodução da vida é iniludível, o princípio do bem comum colocando-se como barreira às dimensões predatórias da globalização (Hinkelammert, 2003).

Enquanto o lucro e a eficiência do processo produtivo comandado pelo capital podem ser quantificados (ou reduzidos ao quantificável), a qualidade de vida é essencialmente qualitativa, ainda que abrigue aspectos quantitativos. O capital economiza custos de trabalho e de acesso aos recursos naturais, degradando-os, extinguindo-os. Em função da reprodução ampliada da vida de todos, o trabalho auto-organizado economiza a natureza e zela por seu equilíbrio, reconhecendo os seres humanos como sujeitos necessitados, partes do ciclo natural, mais do que como *Homo sapiens* dominadores do meio ambiente situados em um "lado de fora" social metafísico.

A economia popular realmente existente e uma economia pública em tensão por um projeto democratizante podem conformar a base de um sistema de economia do trabalho capaz de representar e fortalecer de maneira eficaz os projetos de qualidade de vida em uma sociedade mais igualitária, mais justa e autodeterminada. Essa premissa supõe um horizonte estratégico que visa transcender a escala microssocial, os empreendimentos ou microrredes solidárias para a sobrevivência, assumindo o projeto de chegar a um consenso democrático acerca de outra definição de riqueza, de natureza e de trabalho produtivo, outra forma de coordenar o sistema de divisão social do trabalho, ou, resumindo, outra economia.

## BIBLIOGRAFIA

ARENDT, H. (2003), *La condición humana*, Buenos Aires: Paidós.

ARROYO, S. (2007), *Activos, suelo urbano y hábitat popular desde la perspectiva de la economía social*: estudios de casos en la ciudad de Buenos Aires. Tesis (Maestría, MAES), Universidad Nacional de General Sarmiento, Los Polvorines.

BOURDIEU, P. (1997), Le champ économique. *Actes de la recherche en Sciences Sociales*. Économie et economistes, n. 119, p. 48-66, sep.

CAILLÉ, A. (2003), Sur les concepts d'économie en general et d'économie solidaire en particulier. *Revue du Mauss*: L'altéréconomie, Paris, n. 21.

CASTEL, R. (1995), *Les métamorphoses de la question sociale*, Paris: Fayard.

CORAGGIO, J. L. (1999), *Política social y economía del trabajo*: alternativas a la política neoliberal para la ciudad, Madrid: Miño y Dávila Editores.

___. (2007), *Economía social, acción pública y política*, Buenos Aires: Editorial CICCUS.

COSTANZO, V. (2007), *La protección social del trabajo desde la perspectiva de la economía social*: un análisis del sistema de riesgos del trabajo en Argentina. Tesis (Maestría, MAES), Universidad Nacional de General Sarmiento, Los Polvorines.

CUNCA BOCAYUVA, P. C. (2007), Economía solidaria y la nueva centralidad del trabajo asociado. In: CORAGGIO, J. L. (Org.), *La economía social desde la periferia*: contribuciones latinoamericanas, Buenos Aires: UNGS; ALTAMIRA.

ELIZALDE, H. A. (2001), *Nuevos aportes para una teoría de las necesidades humanas fundamentales*, Santiago de Chile: Universidad Bolivariana. Mimeogr.

GORZ, A. (1988), *Miserias del presente, riqueza de lo posible*, Buenos Aires: Paidós.

HINKELAMMERT, F. J. (1984), *Crítica a la razón utópica*, San José: DEI.

___. (2003), *El sujeto y la ley*: el retorno del sujeto reprimido, Heredia: EUNA.

HINKELAMMERT, F. J.; JIMÉNEZ, H. M. (2005), *Hacia una economía de la vida*, San José: Editorial Departamento Ecuménico de Investigaciones.

___. (2007), *Políticas sociales argentinas en el cambio de siglo*: conjeturas sobre lo posible, Buenos Aires: Espacios Editorial.

HINTZE, S., (2007), Políticas sociales argentinas en el cambio de siglo. Conjeturas sobre lo posible, Buenos Aires: Espacios Editorial.

LAVILLE, J.-L. (2003), Avec Mauss et Polanyi, vers une théorie de l'économie plurielle. *Revue de MAUSS*: l'altéréconomie. Quelle "autre mondialisation"? Paris, La Découverte-MAUSS, n. 21.

MARX, K. (1971), *Elementos fundamentales para la crítica de la economía política (Grundrisse) 1857-1858*, México: Siglo XXI Editores. V. I.

MAX-NEEF, M.; ELIZALDE, A.; HOPENHAYN, M., (1990), *El desarrollo a escala humana*, Santiago de Chile: Zed Books.

MUTUBERRÍA, V. (2007), *Los servicios públicos urbanos como medios colectivos para la producción y reproducción de la vida de los sujetos en sociedad desde la perspectiva de la economía social*: análisis de experiencias de gestión colectiva en el Gran Buenos Aires. Tesis (Maestría, MAES), Universidad Nacional de General Sarmiento, Los Polvorines.

NAVARRO MARSHALL, C. (2007), *La acumulación originaria de la economía del trabajo*: elementos para un debate necesario. Tesis (Maestría, MAES), Universidad Nacional de General Sarmiento, Los Polvorines.

POLANYI, K. (1957), The economy as an instituted process. In: POLANYI, K.; ARENSBERG, C.; PEARSON, H. (Ed.), *Trade and market in the early empires*: Economies in History Theory. Glencoe: The Free Press.

POSTONE, M. (2006), *Tiempo, trabajo y dominación social*: una reinterpretación de la teoría crítica de Marx, Madrid: Marcial Pons.

QUIROGA, N. (2007), *Economía feminista y economía social*: contribuciones a una crítica de las nuevas políticas de combate a la pobreza. Tesis (Maestría, MAES), Universidad Nacional de General Sarmiento, Los Polvorines.

SALMON, A. (2002), *Éthique et ordre économique*: une entreprise de séduction, Paris: CNRS Éditions.

## ECONOMIA FEMINISTA
Lina Coelho

**1.** "A Economia Feminista é um repensar da disciplina com o objectivo de melhorar a situação económica das mulheres" (STROBER, 1994, p. 143). Os autores feministas (quase só mulheres) partilham a perspectiva de que a ciência económica é uma construção social que omitiu tradicionalmente a realidade específica das mulheres e, nessa medida, abordou as questões económicas de forma truncada e parcial. O seu grande objectivo é então contribuir para transformar a disciplina no sentido de a capacitar para abordagens mais abrangentes e universais, explicitando o papel económico específico das mulheres e da família e as condicionantes a que elas estão sujeitas enquanto agentes económicos. Põe-se assim ênfase no valor do trabalho não remunerado no seio da família, ou nas normas e valores que determinam um contrato social particular entre os sexos em cada comunidade, conduzindo a formas desiguais de acesso aos recursos económicos e desembocando em soluções economicamente ineficientes por limitarem o contributo das mulheres para o crescimento e o aumento de bem-estar na medida ajustada às suas capacidades e competências.

A economia feminista tem vindo a ocupar-se, portanto, daquilo a que Sen (1987) chamou as questões "éticas" em economia, por contraponto às questões da "engenharia". Nas palavras de Nelson (1993, p. 33): "Questões relativas à organização da produção, ao poder e à pobreza, ao desemprego e à dureza das condições de vida, aos cuidados de saúde e à educação – em suma, os problemas económicos reais (...) – tornam-se a *raison d'être* da profissão económica, e não mais a elaboração duma particular teoria axiomática do comportamento humano."

Neste esforço, a economia feminista está a (re)abrir questões mais amplas do que as habitualmente postas pelos economistas, questões essas que põem em causa os supostos adquiridos acerca de conceitos como os de trabalho, valor e bem-estar. As(os) autoras(es) feministas provêm das várias "escolas" em economia – neoclássica, institucional, marxista... –, mas nas duas últimas décadas o esforço principal tem sido dirigido a repensar os fundamentos e métodos da ciência económica.

Contudo, os métodos de trabalho neoclássicos também podem servir os objectivos feministas, como o demonstram os contributos dentro desta perspectiva, principalmente no domínio da economia do trabalho, ao esclarecerem e aprofundarem questões tão importantes como as relativas à oferta de trabalho das mulheres, à segregação ocupacional e à discriminação laboral e remuneratória com base no sexo e, em particular, ao hiato remuneratório entre homens e mulheres (BLAU et al., 2006; e JACOBSEN, 2007, abordam amplamente estes contributos).

**2.** O maior investimento intelectual da economia feminista tem vindo a fazer-se, no entanto, em torno da ideia de que as categorias conceptuais em que se baseou o paradigma dominante em Economia na segunda metade do séc. XX não permitem explicações satisfatórias para muitos fenómenos económicos. A ciência económica nasceu centrada no mercado, lugar de livre troca entre indivíduos motivados pelo seu interesse próprio. Adam Smith viu o mercado como o lugar de actuação de uma "mão invisível" cuja acção compatibiliza interesses individuais divergentes, resultando na prossecução do interesse de todos. Esta ideia fundadora teve como implicação perversa limitar o objecto de estudo da economia ao conjunto dos bens destinados ao mercado e que, por essa via, têm um preço monetário. Um deles é o trabalho, cujo valor se expressa através de um salário. A Economia tende a ignorar, por isso, todas as produções que, sendo embora cruciais para a sobrevivência e o bem-estar das pessoas, não são valoradas através do mercado. Fica assim de fora do seu âmbito de estudo aquilo a que hoje chamamos o sector não formal (Smith apelidava-o de "trabalho improdutivo"), do qual faz parte, de modo muito substancial, o trabalho doméstico e, muito em particular, o trabalho reprodutivo. Esta omissão é lida pelas(os) autoras(es) feministas como uma das expressões do viés androcêntrico da ciência económica, uma vez que aquele é um trabalho esmagadoramente desempenhado pelas mulheres. A sua invisibilidade em Economia determina por isso, em grande medida, a desconsideração da importância económica das próprias mulheres.

Apesar da *New Home Economics* de Becker constituir um alvo de eleição das críticas feministas (Gustafsson, 1991; Ferber, 2003), ela teve o mérito de trazer para a *mainstream economics* a importância da produção doméstica (Becker, 1965). Quase meio século volvido, impressiona o facto de esta dimensão da realidade económica continuar a ser extensamente ignorada nos modelos referenciais ou nas discussões sobre alternativas de política, exceptuando as áreas da economia pública e do desenvolvimento. Pode pois concluir-se, com Apps (2004, p. 8), que: "A literatura sobre os modelos que incorporam explicitamente a produção doméstica tende a ser encarada como especializando e não generalizando a abordagem padrão nos modelos da família, ou seja, como pertencendo a uma subdisciplina vocacionada para a análise detalhada da família enquanto instituição económica específica." A gravidade desta situação reside no facto de assim se ignorar a importância do trabalho em causa para a satisfação das necessidades materiais e emocionais das pessoas e, no limite, para a sobrevivência da própria espécie. Por isso, várias autoras feministas têm vindo a estudar métodos para incorporar o valor do trabalho doméstico não remunerado nas medidas de produção, distribuição do rendimento, carga horária de trabalho e produção de capital humano pela família (veja-se, a propósito, *Feminist Economics*, 1996, p. 3).

A afirmação da abordagem neoclássica da Economia conduziu à definição desta ciência pela metodologia de análise utilizada, assente no pressuposto do individualismo egoístico e racionalizado como padrão dominante dos comportamentos humanos, e no recurso a modelos matemáticos de maximização condicionada como instrumento analítico fundamental. O sujeito desta análise é então um indivíduo racional, dotado de plenas capacidades físicas e intelectuais, autónomo, autodeterminado, social e familiarmente descomprometido, que prossegue a máxima satisfação das suas necessidades. A este "agente económico representativo" são alheias algumas características inerentemente humanas, como o facto de sermos seres-em-relação e de, nessa qualidade, dependermos de outros ou sermos responsáveis por outros. Nesse sentido, são liminarmente erradicados como sujeito da análise as crianças, os deficientes, os idosos, mas também as mulheres, na medida em que lhes é atribuída em quase todas as sociedades a responsabilidade pela provisão das necessidades dos membros dependentes da família.

Por outro lado, o agente económico é um indivíduo motivado pelo seu interesse próprio e dotado de livre-arbítrio e poder de decisão, constrangido apenas pelo rendimento de que dispõe. Todas as outras condicionantes das decisões económicas – normas sociais, posição nas hierarquias sociais, sexo, percepção do interesse próprio – são tratadas como não económicas (exógenas). Na realidade, contudo, muitas pessoas dispõem de uma margem de manobra limitada para fazer opções apenas em função do seu interesse próprio (Folbre, 1994), enquanto que, em muitas sociedades, a própria percepção do interesse próprio é distorcida pelos valores e normas vigentes, como, por exemplo, quando estes condicionam as mulheres a identificar de tal modo o seu bem-estar individual com o da família que isso as impossibilita de equacionar de forma minimamente objectiva os seus próprios interesses (Sen, 1990).

Estas questões têm implicações decisivas na chamada *economia da família* (ver verbete) que, numa perspectiva feminista, deve atender à "medida em que os membros da família são tratados em função do género e não apenas como indivíduos; por outras palavras, o reconhecimento de que ser-se homem ou mulher importa para determinar o modo como as decisões são tomadas e os recursos são alocados". Isto implica, quer ao nível teórico quer empírico, ter em conta a heterogeneidade sistemática das preferências e as assimetrias de poder, as quais podem assumir formas diversas... (Katz, 1997). A teoria económica ortodoxa é particularmente limitada na sua abordagem da família na medida em que: trata a família como uma entidade caracterizada por cooperação interna e altruísmo, em que as decisões económicas são unas ou (o que é o mesmo) tomadas por consenso e os cônjuges detêm idêntico controle sobre o rendimento; o objecto estudado é a família ocidental, nuclear, heterossexual – excluindo múltiplas formas de arranjo familiar como sejam as famílias monoparentais, alargadas, reconstituídas, homossexuais, etc.; considera implicitamente que na origem da família estão relações heterossexuais livremente consentidas, ocultando assim os efeitos coactivos de situações individuais muito desiguais para homens e mulheres em termos de acesso a rendimento, alternativas de vida, medo de violência física ou sexual. Embora os relacionamentos de natureza sexual na maioria dos países desenvolvidos não sejam actualmente determinados por este tipo de factores, não podemos afirmar o mesmo no que respeita à realidade vivida por milhões de mulheres que no nosso mundo continuam coagidas à exploração e abuso permanentes no âmbito de relações conjugais (ou não-conjugais) sustentadas por gritantes desigualdades de escolha e controle fundadas na condição sexual.

Sendo o *homo æconomicus* um adulto autónomo, as questões atinentes à reprodução e resultantes da total dependência das crianças nas primeiras fases da vida são omitidas pela economia ortodoxa. Ignora-se assim, por exemplo, como diferentes políticas de família (licenças de maternidade e paternidade, disponibilidade e qualidade de equipamentos sociais dirigidos ao cuidado e educação das crianças, etc.) interagem com práticas e normas vigentes nos postos de trabalho, combinando-se de forma a limitar o sucesso profissional relativo das mulheres face aos homens. Mesmo nas sociedades onde se verifica crescente participação das mães no trabalho remunerado, mantém-se evidente um *trade-off* entre o trabalho remunerado e o trabalho de cuidado às crianças ou, dito de outro modo, entre os investimentos nas crianças e os investimentos na produtividade do trabalho. Isto significa que a persistência de estruturas de uma sociedade caracterizada pela dominação masculina continua a influenciar as escolhas que homens e mulheres fazem em relação ao trabalho e à vida familiar. Daí que, na sequência da maternidade, continue a ser a mãe e não o pai que altera o seu empenhamento no mercado de trabalho, seja ela que assuma total ou quase totalmente a licença de maternidade e, quando volta ao trabalho, o faça geralmente em regime de tempo parcial. O estudo da vida familiar requer, pois, que se tenham em conta as relações de poder quer de natureza económica – relacionadas com o acesso diferenciado a opções alternativas – quer normativa – resultantes de valores, como os relativos ao entendimento da maternidade e da paternidade.

O viés androcêntrico da economia ortodoxa é também claramente evidente no modo como é definido e medido o bem-estar das pessoas (veja-se, a propósito, *Feminist Economics*, 1999, p. 2). Desde logo por que as medidas de bem-estar habitualmente usadas se baseiam na produção/rendimento monetariamente expresso, desprezando as actividades que, embora não sendo valoradas pelo mercado, contribuem tanto ou mais do que aquelas para a satisfação de necessidades humanas (cuidado a crianças, idosos e outros dependentes no seio da família, satisfação de necessidades emocionais, cozinhar, recolecção de matérias combustíveis ou água potável, coordenação da satisfação de necessidades da família, etc.). Por outro lado, o bem-estar individual depende também dos modos de ocupação do tempo das pessoas, sendo que a dupla jornada de trabalho a que muitas mulheres estão sujeitas (ao acrescerem tempos de trabalho não-remunerado aos tempos próprios a um emprego remunerado) limita as suas possibilidades de usufruto de lazer, de tarefas de cuidado a si próprias ou de participação cidadã, muito mais do que acontece à generalidade dos homens. Finalmente, porque a teoria económica tradicional pressupõe uma perfeita comunhão de rendimentos pelos diferentes membros da família que não corresponde à evidência empírica comprovada.

**3.** O discurso económico feminista tem vindo também a mostrar que a não consideração de realidades económicas e contributos de autores não ocidentais conduziu à elaboração de teorias que se arrogam uma falsa universalidade. Agarwal (1994) mostra como a compreensão do bem-estar na Ásia do Sul (e, em particular, da desigualdade económica entre os homens e as mulheres) depende mais dos direitos de propriedade e uso da terra do que do rendimento monetário. Ao ignorar esta dimensão da análise, a teoria económica dominante e os programas de desenvolvimento que ela inspira enfermam de graves enviesamentos e diminuição de eficácia em detrimento das mulheres e das crianças.

As autoras feministas defendem que "o poder é tão crucial em economia como em todas as outras formas de relação social" (JARL, 2003, p. 35). "O poder é uma questão-chave em qualquer análise feminista. (...) A insuficiência de recursos das mulheres pobres também significa falta de poder. Aqueles que têm poder sobre outros reconhecem-se facilmente pelo facto de controlarem e terem acesso a recursos. E os recursos dão poder para controlar, recompensar e punir outros" (JARL, 2003, p. 48). A importância do poder, determinado pelo controle individual sobre os recursos económicos e determinante do mesmo, questiona claramente a capacidade da economia tradicional para a compreensão da realidade humana, uma vez que implica a consideração de variáveis consideradas não económicas (exógenas), como os valores, as normas, ou as determinantes da formação das preferências individuais. Daí que as(os) autoras(es) feministas considerem que a metodologia da análise económica (em particular o "espartilho" dos modelos formalizados) deva ser revista no sentido de transformar a Economia numa ciência dedicada ao estudo mais realista da existência humana e à melhoria das condições de vida em geral.

A economia feminista é um domínio da análise económica com reconhecimento recente, cujo corolário mais evidente foi a criação da *International Association for Feminist Economics* (IAFFE), em 1992, e a publicação da sua revista, *Feminist Economics*, a partir de 1995. As múltiplas facetas do pensamento e acção acumulados convergem para um ponto: contribuir para o empoderamento e o bem-estar das mulheres e de todos ou outros grupos de seres humanos que pela sua raça, nação, classe, idade, orientação sexual ou outros factores geradores de discriminação continuam sub-representados na partilha dos recursos e do poder, e limitados nas suas oportunidades de vida. A economia feminista não pretende portanto constituir-se como um corpo teórico alternativo, metodologicamente homogéneo e com cabal capacidade explicativa dos fenómenos económicos. Embora os caminhos a percorrer estejam a fazer-se e não possamos adivinhar o futuro da disciplina, a melhor medida do seu sucesso é o contributo para a transformação emancipatória da realidade económica.

BIBLIOGRAFIA

AGARWAL, B. (1994), *A field of one's own:* gender and land rights in South Asia, Cambridge: Cambridge University Press.

APPS, P. (2004), Gender, time use and models of the household, *Policy Research Working Paper Series* 3233, The World Bank.

BECKER, Gary S. (1965), A theory of the allocation of time. *The Economic Journal*, t. LXXV, v. 299, p. 493-517.

BLAU, F. D.; FERBER, M.A.; WINKLER, A. E. (2006), *The economics of women, men, and work*, 4th edition, Upper Saddle River, New Jersey: Prentice-Hall.

FEMINIST ECONOMICS (1996; 1999), Revista da *International Association for Feminist Economics* (IAFFE).

FERBER, M. (2003), A feminist critique of the neoclassical theory of the family. In: MOE, K. S. (Ed.), *Women, Family and Work*. Writings on the economics of gender, Oxford: Blackwell Publishing.

FOLBRE, N. (1994), *Who pays for the kids:* gender and the structure of constraint, New York: Routledge.

GUSTAFSSON, S. S. (1991), Half the power, half the income and half the glory. The use of microeconomic theory in women's emancipation research. *The Economist*, v. 139, n. 4, p. 515-529.

JACOBSEN, J. P. (2007), *The economics of gender*, 3rd edition, Malden: Blackwell Publishers.

JARL, A.-C. (2003), *In justice*. Women and global economics, Minneapolis: Augsburg Fortress.

KATZ, E. (1997), The intra-household economics of voice and exit. *Feminist Economics*, vol. 3, n. 3, Fall, p. 25-46.

NELSON, J. A. (1993), The study of choice or the study of provisioning? Gender and the definition of economics. In: FERBER, M. A.; NELSON, J. A. (Ed.), *Beyond Economic Man*. Feminist theory and economics, Chicago: University of Chicago Press.

SEN, A. K. (1987), *On ethics and economics*, Oxford: Basil Blackwell.

SEN, A. K. (1990), Gender and cooperative conflicts. In: TINKER, I. (Ed.), *Persistent inequalities:* women and world development, Oxford: Oxford University Press, p. 123-149.

STROBER, M. H. (1994), Rethinking economics througha Feminist Lens. *The American Economic Review*, v. 84, n. 2, p. 143-147.

## ECONOMIA MORAL
Noëlle M. P. Lechat

**1.** Uma economia moral em si não existe; a moralidade, embora subjetiva, faz parte da cultura e, como tal, depende do contexto sócio-histórico. A moral é o modo costumeiro de agir pautado por valores e normas, fruto da transmissão e reinterpretação destes por um grupo social em função de certa experiência de vida. Enquanto uma determinada sociedade não distinguir, de maneira específica, as atividades econômicas das demais, não haverá a necessidade de se estabelecer o conceito de economia moral. Atualmente, já que houve uma separação entre a esfera econômica e os outros domínios, e que a riqueza de certas nações ou regiões tem por corolário a miséria de outras, o conceito de economia moral é utilizado para dar-se conta de uma oposição à concepção clássica de economia. Na literatura, não há uma definição desse conceito, aliás, é mais comum encontrarem-se textos sobre ética do que sobre moralidade. A despeito dessas lacunas, pode definir-se economia moral como uma reunião coerente de normas e valores que deveriam ser respeitados pela atividade econômica. No quadro da economia solidária, trata-se de uma economia cuja base são certos valores como a justiça social, a solidariedade e o respeito à natureza. A economia moral busca a socialização da riqueza, privilegiando as necessidades sociais e não o lucro, o valor de uso e não o valor de troca. Seria em nome desses valores que, por exemplo, os proprietários de terra poderiam ser expropriados, em vista de uma justiça redistributiva.

**2.** Na história da humanidade, até o século XVIII, não havia distinção entre economia e moral, pois existia uma unidade entre o social, o econômico, o político e o religioso, a tal ponto que não fazia sentido separar-se uma da outra. Segundo a expressão cunhada por Karl Polanyi (1980), a economia estava enraizada no sistema social, sendo impossível separá-la mentalmente de outras atividades societárias. Em muitas sociedades não havia, inclusive, uma palavra específica para designar a economia. Estudos feitos por Russel Belk (apud WILK, 1996) mostram que diversas religiões advertem sobre o poder corruptor da riqueza, condenam a mesquinhez e elogiam a candura da pobreza. Ao final do século XX, esse tema foi desenvolvido por Albert Tévoédjrè (2002) no livro *A Pobreza, Riqueza dos Povos*, obra que inspirou, por exemplo, o Projeto Esperança (COOESPERANÇA) de economia popular solidária, desenvolvido na cidade de Santa Maria (RS, Brasil).

Se, para filósofos e teólogos da Idade Média, não havia dúvida acerca da subordinação da economia à moralidade cristã, tal visão foi totalmente suplantada pelos utilitaristas e por Adam Smith, mesmo que este acreditasse na moralidade da máxima "Deixem fazer, deixem passar". No século XVIII, os economistas clássicos consideravam o comércio como um poderoso agente moralizador, pois, segundo eles, só as pessoas que inspirassem confiança pela sua decência e honestidade teriam êxito nos negócios. Além do mais, o exercício do comércio exigiria um ambiente pacífico. David Hume e Adam Smith chegariam a atribuir, à expansão do comércio e da indústria o fortalecimento de "virtudes tais como a aplicação e a assiduidade, a frugalidade, a pontualidade e, o que talvez seja mais importante para o bom andamento da sociedade de mercado, a probidade" (Hirschman, 1986, p. 15). A visão do mercado assim expressa é, de fato, irreal, porquanto supõe haver uma sociedade em que o comprador poderia sempre escolher o vendedor, ou até não comprar, caso as condições de venda parecessem-lhe injustas. Essa alternativa é inviável quando se trata, por exemplo, de alimentação ou de outro produto básico.

A separação entre economia e moral foi progressiva. Durante o período mercantilista, foi se delineando a noção de economia enquanto mecanismo objetivo independente de imperativos morais, encontrando mais receptividade em certas áreas que em outras. A obrigação de o Estado proteger os pobres – e, indiretamente, evitar revoltas que deslegitimariam seu poder – tornava a ser afirmada na distribuição interna de bens de primeira necessidade, sobretudo em tempos de escassez.

Conforme a tese da autodestruição, o capitalismo traz em si mesmo o germe de seu aniquilamento. Nesses termos, pode-se afirmar que "a sociedade de mercado, longe de promover a suavidade e outras atitudes louváveis, manifesta uma forte tendência a minar os fundamentos morais que servem de base a toda sociedade" (Hirschman, 1986, p. 16). Reforçam essa teoria os escândalos financeiros ocorridos a partir da segunda metade do século XX, provocando crise e recessão. De fato, o econômico emancipou-se das regras morais herdadas do passado pré-capitalista e pré-industrial graças à separação radical operada entre o tecido social e os aspectos hoje denominados "econômicos".

A submissão do ser humano à necessidade (a fome) é, conforme Karl Polanyi, um fenômeno moderno. Foi somente com a desarticulação da economia (no sentido de *oikonomia*) que o homem passou a ter sua sobrevivência ameaçada, ao contrário do que se verificava nas sociedades tradicionais, onde não faltavam alimentos. A sociedade estava organizada de maneira tal, que todas as pessoas encontravam-se amparadas, independente de sexo ou idade. O custo do "progresso" é a desarticulação do social, da cultura e, consequentemente, da moral, os quais passam a rearticular-se em termos de subordinação aos interesses individuais da acumulação.

Cabe analisar-se o processo de erosão do patrimônio social. Segundo Hirsch (apud Hirschman, 1986), o fenômeno passou a ocorrer porque a cooperação e a preservação dos bens coletivos foram dificultadas em face da primazia do interesse individual sobre o coletivo. Ademais, o sistema fundado no interesse pessoal não dispunha de recursos próprios para motivar o interesse geral. Finalmente, a base racionalista e individualista do mercado minou a atitude religiosa que pregava virtudes. Marx e Engels já haviam denunciado que, na sociedade capitalista, tudo passara a se transformar em mercadoria, os trabalhadores teriam se alienado e os laços sociais estariam se dissolvendo pelo dinheiro. Essas avaliações são pertinentes mesmo se "Marx se mantém estritamente na tradição de Maquiavel, de Montesquieu e de Smith, quando se recusa constantemente a apelar para o argumento moral", como sublinha Hirschman (1986, p. 121).

Nas cidades européias, na segunda metade do século XIX, numerosas associações e o movimento operário organizado contestariam, cada vez mais, a dominação exercida pela economia capitalista. Várias utopias socialistas e o próprio movimento cooperativista tiveram aí sua origem, pois a liberdade dos mercados e dos empreendedores e a proteção dispensada à propriedade privada e à acumulação liberaram as energias do capitalismo, que irromperiam com grande custo social. Não obstante esses efeitos, no meio rural as comunidades tradicionais preservaram, durante muito tempo, os valores morais e religiosos como reguladores de suas transações econômicas. Pode-se afirmar que, de modo geral, esses comportamentos ainda são encontrados entre amigos e parentes.

Segundo Amartya Sen (1992), a economia tem duas origens, ambas ligadas à política. Uma diz respeito à ética, e a outra, à "engenharia". A primeira, já descrita por Aristóteles, vincula a economia ao tema das finalidades humanas e à resposta a duas questões fundamentais: "como se deve viver?" e "o que é desejável socialmente?". Segundo essa visão, a política, arte mestra, engloba todas as outras ciências, pois ela legisla sobre o que devemos e o que não devemos fazer. Para Aristóteles, a *oikonomia* concerne ao aprovisionamento e ao cuidado material da casa e da cidade, ao passo que a crematística consiste na forma mercantil de se adquirirem bens tendo-se por motivação a ganância. Por sua vez, Sen desenvolve o conceito de *engenharia*, ciência econômica focada em questões logísticas em detrimento de outros fins da sociedade. Conforme Sen, a importância do enfoque ético enfraqueceu-se substancialmente no processo de desenvolvimento da economia moderna, empobrecendo assim a própria economia.

**3.** No século XX, foi E. P. Thompson quem utilizou pela primeira vez o termo *economia moral*, em seu texto *A Economia Moral da Multidão Inglesa no Século XVIII*, escrito em 1971. Nele, o autor refuta o reducionismo econômico crasso, argumentando ser possível detectar-se, nas revoltas populares da Inglaterra do século XVIII, plena legitimidade. Segundo Thompson, eram evocados princípios morais, e não econômicos, quando das queixas e confiscos de grãos ou de pães, os quais se davam, em geral, de maneira disciplinada e sob objetivos claros.

Nesse primeiro texto, Thompson (1998, p. 152) escreve que aquela economia moral "supunha noções definidas, e apaixonadamente bem defendidas, do bem-estar comum". Além do mais, essa economia não se manifestava unicamente em momentos de crise, mas estava presente no pensamento geral da época e "incidia de forma geral sobre o governo". Thompson limita, então, o conceito de economia moral ao estudo dos conflitos ingleses do século XVIII ocorridos entre o tradicionalismo e a nova economia política, os quais giravam em torno das Leis dos Cereais. O tradicionalismo é definido pelo autor como um modelo paternalista inscrito na lei estatutária, no direito consuetudinário e no costume. Tradicionalmente, as vendas de grãos deviam ser efetuadas diretamente do agricultor para o consumidor, tendo preços e medidas controlados, antes que os comerciantes pudessem efetuar suas compras. Thompson justifica o uso do termo *moral*, que se tornou tão polêmico. Para o autor, a economia moral dos pobres é uma visão consistente tradicional do conjunto "das normas e obrigações sociais [e] das funções econômicas peculiares a vários grupos na comunidade" (THOMPSON, 1998, p. 212). Segue afirmando que essa economia poderia ser também denominada *sociológica*, considerando o significado original do termo *economia* (*oikonomia*).

O que Thompson deseja assinalar é a oposição entre dois modelos econômicos cujos pressupostos são distintos. A diferença entre ambos reside no fato de que o primeiro "apela a uma norma moral – ao que devem ser as obrigações recíprocas dos homens –, [e] o segundo parece dizer: 'é assim que as coisas funcionam, ou funcionariam se o Estado não interferisse'" (THOMPSON, 1998, p. 162). O primeiro modelo vigorava no Estado pré-capitalista, em que a produção e o comércio subordinavam-se a uma série de regras estabelecidas pelos costumes e pelos valores morais. O segundo modelo passou a vigorar no sistema capitalista, tendo sido criado pela economia política clássica, desobrigando proprietários e comerciantes de qualquer dever em relação aos pobres.

No capítulo *Economia Moral Revisitada*, de seu livro *Costumes em Comum*, Thompson (1998) retoma o tema da economia moral para examinar e refutar as críticas dirigidas a seu texto de 1971 e comentar outros trabalhos por meio do mesmo conceito. De início, o autor adverte: "A 'economia moral' não nos conduz a um único argumento, mas a uma confluência de raciocínios, e não será possível fazer justiça a todas as vozes" (THOMPSON, 1998, p. 203). Segundo Thompson, o termo *economia moral* foi registrado na Inglaterra do século XVIII, onde o Cartista Bronterre O'Brien dele se valeu ao opor-se aos defensores da economia política. O'Brien criticou haver, nos trabalhos dos economistas políticos, ausência de referência ao "ser humano inferior que uma ocupação única e fixa deve necessariamente produzir" (apud ibid., p. 256).

Atualmente, a teoria da economia moral está sendo utilizada em áreas e estudos diversos, sendo, por isso, necessária a sua redefinição em cada caso. Entre os estudos de economia moral realizados acerca de sociedades camponesas, há o de James Scott. Em *The Moral Economy of the Peasant*, esse autor escreve que o termo designa "'concepções camponesas de justiça social, direitos e obrigações, reciprocidade' [...], mas vai muito além de descrições de 'valores' ou 'atitudes morais'" (THOMPSON, 1998, p. 259). Conforme Scott, a ameaça às instituições redistributivas, às obrigações religiosas caritativas, às normas de reciprocidade e ao direito à subsistência, bem como a dominação européia e as racionalizações do mercado, incitaram, muitas vezes, a participação dos camponeses em movimentos revolucionários. Em *Weapons of the Weak*, Scott examina as formas de resistência que os pobres podem manifestar frente ao poder e aos limites que lhes podem ser impostos. Há uma série de acordos tácitos sobre tais limites que são, a todo o momento, testados e renegociados. Aqui, a economia moral apresenta-se sob a forma de reciprocidade entre forças sociais desiguais, traduzindo-se em alguns direitos que os fracos ainda podem contrapor aos mais fortes.

4. No início do século XXI, os movimentos sociais e políticos progressistas alvitram a substituição da moral do interesse pela moral da solidariedade, exigindo que a riqueza produzida seja controlada pela

sociedade e que mercados éticos sejam construídos. Integrando esses movimentos, encontra-se a Associação pela Tributação das Transações Financeiras para Ajuda aos Cidadãos (ATTAC), entidade internacional para o controle democrático dos mercados financeiros e de suas instituições. Valendo-se do *slogan* "O mundo não está à venda", a ATTAC denuncia a mercantilização da sociedade. Outro exemplo é o movimento da economia solidária, o qual vem se revelando como uma nova dinâmica de enfrentamento da pobreza e das desigualdades de todo tipo. Ele abrange práticas econômicas associadas à produção e serviços, à comercialização e troca e a finanças e consumo solidários. Assim como o movimento do comércio justo, baseia-se nos princípios da autogestão, cooperação, justiça social, desenvolvimento sustentável e humano e da igualdade de gênero, raça e etnia. Ambos os movimentos buscam conscientizar a sociedade de que o ato de consumir não constitui apenas uma questão de "gosto", mas também um ato ético e político (Senaes/Mte, 2006). Esses movimentos exigem, de seus integrantes, descartarem os valores dominantes da competição individual e da primazia do capital sobre o trabalho. Produzir, trabalhar e consumir de forma solidária e autogestionária seria, ao mesmo tempo, voltar a um princípio fundamental da relação humana e criar algo novo em relação aos comportamentos e maneiras de pensar hegemônicos. Esses movimentos podem ser considerados defensores de uma economia moral.

O termo economia moral descreve, então, a maneira como muitas relações econômicas são reguladas segundo normas e valores nas comunidades de trabalhadores rurais ou urbanos e expressa a legítima resistência à economia do "livre mercado".

BIBLIOGRAFIA

Aristóteles (1999), *Política*, São Paulo: Nova Cultura. Livro I, p. 143-168. (Coleção Os Pensadores).

Hirschman, A. O. (1986), *A economia como ciência moral e política*, São Paulo: Brasiliense.

Polanyi, K. (1980), *A grande transformação*: as origens da nossa época, 3. ed., São Paulo: Campus.

Sen, A. (1992), Comportamento econômico e sentimentos morais, *Lua Nova*, São Paulo, n. 25, p. 103-130.

Senaes/Mte (2006), *I Conferência Nacional de Economia Solidária*. Documento final, Brasília.

Scott, J. C. (1976), *The moral economy of the peasant*, London: Yale University Press.

___. (1985), *Weapons of the weak*, London: Yale University Press.

Tévoédjrè, A. (2002), *A pobreza, riqueza dos povos*, 3. ed., Petrópolis: Vozes.

Thompson, E. P. (1971), The moral economy of the English crowd in the eighteenth century, *Past & Present*, n. 50, p. 76-131, Feb.

___. (1998), A economia moral da multidão inglesa no século XVIII: Economia moral revisitada, In: ___. *Costumes em comum*, São Paulo: Companhia das Letras, p. 150-266.

Wilk, R. (1996), *Economies and cultures*: foundations of economic anthropology, Indiana: Westview Press.

## ECONOMIA PARA A VIDA
Franz J. Hinkelammert
Henry Mora Jiménez

**1.** Uma economia para a vida julga a liberdade humana focalizando as possibilidades de vida ou morte, pois o exercício da liberdade somente ocorre no âmbito da vida humana tornada possível. O ponto de partida dessa economia é a análise da coordenação do trabalho social e dos critérios de viabilidade das múltiplas atividades humanas necessárias para criar-se um produto material que permita a sobrevivência e o desenvolvimento de todos, a partir de uma satisfação adequada das necessidades humanas.

Enquanto sujeito corporal, natural, vivente, o ser humano situa-se antes de tudo em um âmbito de necessidades. Como parte integrante da natureza, o homem não pode colocar-se acima das leis naturais, pois elas determinam a existência de necessidades humanas para além das simples "preferências" (gostos) assinaladas pela teoria econômica neoclássica. Essas necessidades não se reduzem às fisiológicas – aquelas que garantem a subsistência física, biológica, da espécie – apesar de as incluírem obviamente. Trate-se, antes, de necessidades antropológicas (materiais, afetivas e espirituais), sem cuja satisfação a vida humana simplesmente não seria possível.

Para "escolher", deve-se poder viver e, para isso, utilizar-se um critério de satisfação das necessidades conforme a escolha dos fins. Estritamente falando, o ser humano (sujeito corporal) não é livre para escolher, mas livre para satisfazer suas necessidades. Satisfazê-las conforme preferências individuais faz parte da liberdade, mas esta é, necessariamente, uma parte derivada e subordinada. Onde há necessidades, as preferências ou os gostos não podem constituir o critério de última instância da orientação aos fins. O parâmetro básico deve ser, precisamente, o das necessidades. Quando essas necessidades são substituídas por simples "preferências", o problema da reprodução da vida é deslocado, quando não eliminado, da reflexão econômica, embora este seja, de fato, o problema fundamental da práxis humana e o princípio de uma economia para a vida.

Escolher entre "alimento" e "entretenimento" não se reduz à mera questão de gostos ou preferências, uma vez que certas opções podem pôr em risco a vida. O viciado que "prefere" continuar usando uma droga, renunciando à alimentação, à segurança e à vida afetiva, opta pela morte. Depois de morto, nenhuma outra escolha é possível. Em geral, onde houver necessidades, estará em jogo uma decisão sobre vida ou morte, incluindo-se determinações sobre o lugar de cada um na divisão social do trabalho, na distribuição da renda e na satisfação e potencialização de tais necessidades. Em face dessas assertivas, o ponto de partida deste verbete foi o sujeito de necessidades, ou o sujeito necessitado.

Independente de quais sejam os gostos de uma coletividade ou pessoa, sua viabilidade baseia-se no respeito à satisfação das necessidades. Esta torna a vida possível, ao passo que a satisfação das preferências pode torná-la mais ou menos agradável, porém, para que a vida possa ser agradável, ela tem de ser, antes de tudo, possível. Deve-se analisar esse problema a partir do circuito ou metabolismo natural da vida humana, que se estabelece entre o ser humano, enquanto ser natural (isto é, parte da natureza), e sua natureza exterior ou circundante, na qual a vida humana é viável e desenvolve-se. Nesse intercâmbio entre o ser humano enquanto natureza específica e a natureza externa a ele, a natureza em geral é humanizada (ou desumanizada) pelo trabalho humano. O trabalho é, portanto, o elo desse circuito entre o ser humano e a natureza (HINKELAMMERT e MORA, 2001).

Para entender e orientar a práxis humana dentro desse metabolismo, certamente é pertinente o desenvolvimento de uma teoria da ação racional, quer se trate de uma "gestão da escassez" (teoria econômica neoclássica), quer de uma "gestão da sustentabilidade" (economia ecológica). Não obstante, uma teoria da ação racional, tal como foi formulada inicialmente por Max Weber e retomada pelo pensamento econômico neoclássico, restringe-se a uma teoria da relação meio-fim, à qual subjaz um critério de racionalidade instrumental próprio do cálculo hedonista de utilidade (utilitarismo) e das relações mercantis (eficiência formal). A redução de toda reflexão teórica e de toda práxis humana a essa racionalidade instrumental meio-fim levou a humanidade a uma crise de sustentabilidade que hoje ameaça até mesmo sua sobrevivência e a da própria natureza.

A ação racional meio-fim, mesmo quando necessária em contextos parciais e delimitados, resulta como uma ação cujo núcleo é irracional, sendo necessário transcendê-la, superá-la (mas não aboli-la), condicionando-a a uma racionalidade mais integral que respeite o circuito natural da vida humana, à qual denominaremos *racionalidade reprodutiva*. Nesses termos, uma teoria da racionalidade humana tem de analisar e desenvolver não apenas essa ação racional meio-fim, mas também a possibilidade de que a própria práxis humana possa condicionar a lógica da racionalidade meio-fim àquela do circuito natural da vida humana, enquanto racionalidade da vida e de suas condições de existência. Tal possibilidade de uma práxis humana para além da racionalidade meio-fim (a racionalidade reprodutiva) pressupõe o reconhecimento de que a relação entre essas duas racionalidades é conflituosa e que, portanto, a simples ampliação dos critérios da relação meio-fim não é capaz de assegurar essa racionalidade necessária à reprodução da vida.

Dado esse conflito, é necessário haver uma mediação entre ambas, na qual se reconheça a racionalidade do circuito natural da vida humana como a última instância de toda racionalidade, pois ela fornece o critério de avaliação da racionalidade meio-fim. Essa aceitação pressupõe, por sua vez, um reconhecimento anterior, que é o mútuo reconhecimento dos seres humanos enquanto seres naturais e necessitados, já que cada ser humano depende de outro, sustenta o outro e participa do desenvolvimento do outro, comungando de uma aventura, de uma origem e de um destino comuns. Apenas a partir desse reconhecimento do outro como ser natural surge a possibilidade de se fixar o circuito natural da vida humana como o condicionante de toda vida humana e, consequentemente, também de qualquer institucionalidade.

Esse é o marco inicial de toda reflexão econômica, pois só mediante esse reconhecimento do outro como ser natural e necessitado, o ser humano chega a ter direitos, não podendo ser reduzido a objeto de simples opções próprias ou de outros. O reconhecimento do ser humano enquanto sujeito vivente, a corporeidade do sujeito, suas necessidades e direitos devem ser os pontos de referência básicos para a avaliação de qualquer racionalidade econômica e de toda organização econômica institucionalizada. Estes têm primazia sobre a eficiência abstrata ou qualquer uma das suas derivações (competitividade, taxa de crescimento, produtividade, taxa de lucros, "liberdade econômica", modernização, etc.), as quais têm constituído a norma dominante.

**2.** Questionar-se acerca da sociedade alternativa que se pode querer instaura de imediato uma pergunta fundamental da política e da filosofia política: qual é a melhor sociedade possível? Thomas More, em *Utopia*, Francis Bacon, em *A Nova Atlântida*, e Tomás Campanella, em *A Cidade do Sol*, foram os primeiros teóricos do Renascimento e da Modernidade que tentaram responder a essa pergunta, antecedidos por Platão, na Antiguidade Clássica, em *A República*, sua obra-prima. Não obstante, a busca por uma sociedade perfeita tende a tornar-se uma armadilha, podendo, inclusive, tomar o rumo do totalitarismo.

Em primeiro lugar, uma resposta direta à pergunta "qual é a melhor sociedade possível?" é impraticável, pois é necessário haver um referente ao "melhor possível". Essa referência não pode balizar-se por uma ética preconcebida, pois, nesse caso, não haveria qualquer critério de viabilidade. Antes de se formularem deveres ou modelos de sociedade, é necessário determinar-se esse marco de viabilidade.

Qualquer concepção da melhor sociedade possível deve iniciar com uma análise da "melhor sociedade concebível". A melhor sociedade possível apresenta-se, então, como uma antecipação da melhor sociedade concebível. O conteúdo do possível é sempre algo impossível que, apesar de tudo, dá sentido e direção ao que seja possível. A política é justamente a arte de tornar o impossível progressivamente possível. Partindo dessa análise, pode-se reconsiderar a contraposição tradicional entre socialismo e capitalismo, bem como a viabilidade de qualquer proposta de sociedade perfeita, quer se trate de uma sociedade comunista, uma sociedade anarquista (sem instituições) quer de uma sociedade de mercado total (concorrência perfeita).

Tome-se o exemplo da contraposição entre socialismo e capitalismo que, em grande medida, continua vigente no debate teórico. Tomem-se, também, dois de seus principais representantes: Karl Marx e Max Weber. Marx parte de uma premissa inteiramente relevante: a afirmação da vida humana concreta, corpórea e não de qualquer tipo de antropocentrismo abstrato. O autor situa tal afirmação em termos de uma plenitude que descreve o comunismo como "reino da liberdade" e concebe, com relação a ele, a sociedade socialista à qual aspira como uma aproximação ou antecipação ao "melhor possível".

A conceituação dessa plenitude é absolutamente radical, pois a sociedade em construção aparece sobretudo como uma sociedade viável que se realiza o "máximo possível". Para Weber, ao contrário, esse reino da liberdade é impossível, utópico, e contra ele o autor lança sua crítica. Constata que a abolição das relações mercantis – a qual Marx considera como parte do possível – inscreve-se no âmbito do impossível, entretanto, em sua própria análise, Weber dá continuação ao esquema que critica em Marx. Precisamente o capitalismo poderia garantir a reprodução material da vida humana, mas, como não é possível comprovar tal hipótese em termos empíricos, essa reprodução também é concebida em termos de uma plenitude capitalista impossível, tomando o conceito das primeiras análises neoclássicas do equilíbrio geral dos mercados. Essas utopias podem ser chamadas "utopias transcendentais", compreendendo as utopias do comunismo, do anarquismo e a utopia neoliberal do mercado total. Ora, qualquer proposta de sociedade vinculada a uma plenitude perfeitamente impossível termina por se autodeturpar, já que sua consecução fática é tida como passos em direção aos quais aquele infinito distancia-se da concepção. A história do século XX foi abundante em projetos de construções utópicas, com consequências desastrosas para o ser humano e a natureza.

O horizonte utópico da práxis humana é, indubitavelmente, um elemento central, essencial, dessa práxis; porém, ele não pode ser formulado apoiando-se em uma sociedade perfeita que possa ser alcançada mediante uma aproximação quantitativa calculável (aproximação assintótica), como se se tratasse de uma relação meio-fim. Ao eleger-se esse caminho, transforma-se a questão da busca por uma melhor sociedade em um problema de progresso calculável, o que pode ser destrutivo pelo menos por três razões: a) porque aniquila toda vivência da sociedade humana nesse caminho fictício para a realização da sociedade perfeita; b) porque elimina tudo o que não pareça ser compatível com esse progresso calculado e, com isso, suprime-se praticamente a realidade; e c) porque promete a utopia desde que se renuncie a toda crítica, a toda resistência. A utopia chega a ser o poder destrutivo absoluto. Se a realidade não for compatível com os termos da sociedade perfeita, então, deve-se eliminá-la, inclusive a das ciências empíricas. A realidade só é percebida como empiria quantificável, uma abstração que substitui a realidade pelas ciências empíricas; contudo, a realidade é uma realidade da vida.

Real é aquilo com o que se pode viver e do que se necessita para viver: a natureza e o convívio humano. Para voltar a essa realidade, o ponto de partida só pode ser a reivindicação do ser humano enquanto sujeito, que insiste em suas necessidades e seus direitos, em conflito com a lógica própria dos sistemas institucionais. Não se trata apenas de um conflito de classes, mas, principalmente, do conflito entre a possibilidade da vida perante a lógica própria dos sistemas.

Deve-se considerar a referência utópica de outra forma. A utopia é uma fonte de idéias sobre o sentido da vida, uma referência para o discernimento, uma reflexão sobre o destino, uma imaginação dos horizontes. Para não invalidar essa pretensão, a utopia jamais pode se converter em um fim a ser realizado, nem sequer de forma assintótica. A utopia não deve se transformar em *societate perfecta* que rege a vontade de todos e a realidade, impondo-se sobre elas. A utopia é, ao contrário, uma espécie de "idéia reguladora", no sentido kantiano do termo (especificamente em Kant da *Crítica da Razão Pura*). Somente nessa acepção a utopia não chega a ser novamente um cárcere, um muro ou um campo de concentração, mas uma fonte de vida e de esperança. Esta é a utopia necessária.

A "melhor sociedade possível" não se inscreve na realização do ideal utópico como tal, mas na aspiração a um estado em constante reevolução que ainda não existe, mas cuja realização é desejável e possível. No início do século XXI, o realismo político, ou a política como arte de tornar possível o impossível, deve propor um mundo, uma sociedade na qual cada ser humano possa assegurar sua possibilidade de vida em um âmbito que inclua a reprodução da natureza, sem a qual a própria reprodução da vida humana não é viável.

A liberdade humana só pode existir mediante uma relação entre o sujeito e suas instituições, às quais ele submete suas condições de vida. Ao contrário, as "máquinas de liberdade" (automatismo do mercado, leis da história) prometem a liberdade enquanto resultado da submissão absoluta às instituições e às suas leis. Não admitem qualquer "sujeiticidade" do ser humano, que é transformado em uma parte da engrenagem da "máquina da liberdade" (FRIEDMAN, 1989). Os sujeitos são livres à medida que sejam capazes de relativizar a lei em função das necessidades da vida. A liberdade não está na lei, mas na relação entre os sujeitos e a lei. Considerando a lei do mercado, a liberdade consiste, precisamente, em poder submetê-la às necessidades dos sujeitos. O reconhecimento mútuo entre sujeitos corporais e necessitados implica, necessariamente, a relativização de qualquer lei em função desse reconhecimento. A lei vale somente enquanto não impedir esse reconhecimento mútuo.

Como exemplo, pode-se citar o caso da "liberdade do consumidor". As relações mercantis capitalistas interferem de tal forma na espontaneidade do consumidor que a deformam. Substituem a orientação segundo valores de uso por outra baseada nos valores de troca e no lucro. Embora essa interferência ocorra em todos os modos de produção, ela predomina na produção mercantil, já que, nesta, há também a preponderância da especificação da necessidade em geral mediante as relações de produção. O consumidor perde, assim, sua liberdade. Reivindicá-la significa enfrentar e restringir as mesmas relações mercantis à medida que se comportem como destruidoras da espontaneidade e, portanto, da liberdade.

Uma economia para a vida não se dedica à análise de instituições parciais (empresas, escolas, sindicatos ou outras) nem de instituições globais (sistemas de propriedade, mercado, Estado), mas às formas da organização e coordenação da divisão social do trabalho, nas quais essas instituições se inserem. A importância dessas formas reside no fato de elas decidirem sobre a vida e a morte do ser humano e, consequentemente, sobre a possível liberdade humana.

A opção pela vida humana ameaçada requer uma nova solidariedade, aquela que reconhece ser a opção pela vida do outro a opção pela própria vida. O outro está em mim, e eu estou no outro. Em nome desse sujeito, toda lei absoluta, e especialmente a lei do mercado, deve ser relativizada com relação à possibilidade de viver. Essa lei pode ser válida apenas enquanto se respeite a vida, não sendo legítima se exigir a morte ou conduzir a ela, ao sacrifício de vidas, ao cálculo de vidas.

O objetivamente racional é subordinar todas as racionalidades à reprodução da vida de todos, estando nisso incluída a natureza, porque só haverá lugar para a vida humana se houver uma natureza que a torne possível. Ora, essa racionalidade da vida só pode basear-se na solidariedade entre todos os seres humanos. Trata-se de uma solidariedade necessária. Pode-se enfrentar o processo destrutivo do mercado total somente dissolvendo-se as "forças compulsivas dos fatos", o que é possível apenas mediante uma ação solidária. Enquanto, para os pensamentos neoclássico e neoliberal, a associação e a solidariedade entre os seres humanos são concebidas como uma distorção (o equilíbrio geral competitivo exige agentes econômicos atomísticos), para uma economia para a vida, elas representam o meio para se dissolverem essas "forças compulsivas dos fatos" (cf. HINKELAMMERT e JIMÉNEZ, 2003, 2005).

## BIBLIOGRAFIA

FRIEDMAN, David. (1989), *The Machinery of Freedom: guide to a Radical Capitalism*, Chicago, Open Court.

HINKELAMMERT, F. J.; JIMÉNEZ, H. M. (2003), Por una economía orientada hacia la vida. *Economía y Sociedade*, n. 22/23, mar./dez.

___. (2005), *Hacia una economía para la vida*, San José: DEI.

HINKELAMMERT, F. J.; MORA, H. M. (2001), *Coordinación social del trabajo, mercado y reproducción de la vida humana*: preludio a una teoría crítica de la racionalidad reproductiva, San José: DEI.

MAX-NEEF, M.; ELIZALDE, A.; HOPENHAYN, M., (1998), *Desarrollo a escala humana*: conceptos, aplicaciones y algunas reflexiones, Barcelona: Editorial Nordan-Comunidad.

## ECONOMIA PLURAL
Jean-Louis Laville

**1.** Economia plural é uma abordagem da economia real que parte do pressuposto de que as relações entre os produtores e entre estes e a natureza são regidas por princípios econômicos plurais e assumem formas institucionais igualmente diversas. Essa percepção analítica constitui uma crítica à identificação estreita entre mercado e economia classificada por Karl Polanyi como um sofisma econômico. Polanyi salienta o valor heurístico de uma retomada reflexiva da definição de economia.

**2.** O termo *econômico*, geralmente empregado para designar certo tipo de atividade humana, oscila entre dois pólos de significação. O primeiro sentido, formal, provém do caráter lógico da relação entre fins e meios, acepção que também origina a definição do econômico por referência à escassez. O segundo sentido, substantivo, insiste sobre as relações entre os homens e entre estes e os meios naturais onde buscam sua subsistência. A definição substantiva integra essas interdependências como constitutivas da economia.

Essas duas orientações para as quais pode tender a economia humana provêm "de fontes essencialmente diferentes" e são "ambas primárias e elementares", conforme Menger (1923, p. 77). Tal discussão foi esquecida, não sendo retomada em qualquer apresentação da economia neoclássica, que se caracteriza por uma apreensão da economia em seu sentido formal. Polanyi (1983) sugere que essa redução do campo do pensamento econômico acarretou uma ruptura total entre o econômico e o ser vivo, como o desenvolvem economistas preocupados com uma reflexão epistemológica sobre sua ciência (BÁRTOLI, 1977; MARÉCHAL, 2001; PASSET, 1996; PERROUX, 1970). A partir dessa distinção, podem-se destacar dois traços característicos da economia moderna.

A autonomia conferida à esfera econômica assimilada ao mercado constitui o primeiro traço. A ocultação do sentido substantivo da economia resulta na confusão entre a economia e a economia mercantil ao fim desse longo "retraimento", atestado pela adoção da definição formal da economia, cujas etapas são descritas por Passet, dos fisiocratas aos neoclássicos (PASSET, 1996, p. 31-37).

A identificação do mercado como instância auto-regulada constitui o segundo traço característico da economia moderna. As hipóteses racionalista e atomista sobre o comportamento humano permitem o estudo da economia a partir de um método dedutivo por agregação de comportamentos individuais graças ao mercado, sem levar em conta o quadro institucional em que eles tomam forma. Considerar o mercado como auto-regulador, isto é, como mecanismo de correlação da oferta e da procura pelos preços, resulta em silenciar sobre as mudanças institucionais necessárias para que ele se produzisse e em esquecer as estruturas institucionais que o tornam possível.

A esses dois pontos desenvolvidos por Polanyi (1983), pode-se acrescentar um terceiro sobre o qual insistiram muitos autores, entre os quais Marx, Mauss e Weber: a identificação da empresa moderna com a empresa capitalista. Em uma economia capitalista baseada na propriedade privada dos meios de produção, a criação de bens supõe haver um lucro possível para os detentores de capitais. A empresa é uma "unidade econômica de lucro", e "a conta de capital está, portanto, no fundamento da forma racional da economia lucrativa", já que permite calcular se há um excedente "em relação ao valor estimável em dinheiro dos meios investidos na empresa" (Weber, 1991, p. 14-15). O reconhecimento da sociedade por ações propicia uma concentração de capitais inédita, já que os direitos de propriedade podem ser trocados sem que seus detentores precisem se conhecer, pois a mediação da bolsa de valores garante paralelamente uma liquidez a seus haveres.

Por fim, a economia abordada como a combinação entre o mercado auto-regulador e a sociedade de capitais dá lugar a um outro desenvolvimento: o projeto de uma sociedade enraizada no mecanismo de sua própria economia. Quando não conhece limites, a economia de mercado resulta na sociedade de mercado, na qual o mercado tende a englobar e a organizar a sociedade; a busca do interesse privado materializa o bem público sem passar pela deliberação política. A irrupção dessa utopia de um mercado auto-regulador diferencia a modernidade democrática das outras sociedades humanas em que existiram elementos de mercado sem que se visasse ordená-los em um sistema autônomo.

Revelou-se impossível atingir o horizonte da sociedade de mercado, visto que a sociedade reagiu a essa perspectiva, recorrendo principalmente à solidariedade. Essa noção constituiu uma referência para o estabelecimento de uma regulação democrática da economia, sobre a qual Mauss (2001) reflete nas conclusões do *Ensaio sobre a Dádiva*. Nesse trabalho, o autor insiste nas relações entre reciprocidade e redistribuição. As inscrições institucionais dessa regulação foram múltiplas.

Contra a redução da economia ao mercado, mobilizou-se o princípio da redistribuição. Outro pólo, tão constitutivo da modernidade democrática quanto a economia mercantil, é o da economia não-mercantil, correspondente à economia cuja distribuição de bens e serviços é confiada à redistribuição. Com a escalada da questão social, apresenta-se a necessidade de se promoverem instituições capazes de neutralizar os efeitos politicamente não-desejáveis. O Estado social confere, aos cidadãos, direitos individuais, graças aos quais eles se beneficiam de uma garantia que cobre os riscos sociais ou de uma assistência que constitui um último recurso para os mais pobres. O serviço público define-se, desse modo, pelo fornecimento de bens ou prestação de serviços revestidos de uma dimensão de redistribuição (dos ricos para os pobres, dos ativos para os inativos e assim por diante), cujas regras são estabelecidas por uma autoridade pública submetida ao controle democrático.

Contra a confusão entre mercado e mercado auto-regulador, operou-se um retraimento do mercado por meio de seu enquadramento institucional. Ainda que exista uma tendência de desencastramento do mercado própria à Modernidade, ela foi neutralizada por reações recorrentes da sociedade com o objetivo de "socializar" o mercado, isto é, de inscrevê-lo em um conjunto de regras elaboradas a partir de um processo político de deliberação. Essa tensão entre desencastramento e encastramento pode ser considerada como constitutiva da economia mercantil moderna.

Historicamente, a meta de estabelecimento de um mercado auto-regulador engendrou a criação de instituições reguladoras. "A maioria dos mercados de hoje conforma acima de tudo regras, instituições, redes que enquadram e controlam a formação e a união da oferta e da procura"; contudo, eles são contestados por impulsos de desregulação, que apelam para "o alinhamento desses mercados diversos à norma ideal e impessoal do mercado concorrente perfeito, para a dessocialização dos mercados" (Gadrey, 1999).

A essas investidas para a desregulação, acrescentam-se tentativas para fundar e legitimar práticas e instituições não-capitalistas. Em empresas cujos direitos de propriedade pertencem aos investidores, o objetivo resume-se à maximização do lucro, e o fator trabalho é subordinado a essa lógica de acumulação. Diante desse modelo amplamente dominante, análises mostraram haver inúmeras formas de propriedade, isto é, de pessoas que podem deter os direitos de propriedade. Contrariamente às empresas capitalistas, certas empresas não pertencem aos investidores, mas a outros tipos de *stakeholders*, e, consequentemente, seus objetivos diferenciam-se da acumulação do capital. Nelas, a operacionalização da ação econômica remete mais à reciprocidade, na qual "o vínculo sobrepuja o bem", do que à maximização do interesse individual.

As reações à utopia da sociedade de mercado foram variadas, manifestando-se como mobilização de outros princípios econômicos, criação de instituições limitando e editando regras para a esfera do mercado ou adoção de formas de propriedade distintas das capitalistas. Vê-se assim que, na modernidade democrática, a economia apresenta um duplo movimento: o primeiro exprime a tendência a seu desencastramento, e o segundo traduz a tendência ao reencastramento democrático da economia, no qual a referência à solidariedade revela-se primordial. A extensão do mercado "encontrou um contramovimento controlando essa expansão" (Polanyi, 1983, p. 179), razão da passagem a "uma grande transformação", que teria liberado a sociedade das ameaças que o liberalismo econômico fazia pesar sobre ela.

Como lembra Dumont (1983), essa reviravolta culminou, com os regimes fascistas e comunistas, na destruição da liberdade e no reinado da opressão. Para o autor, a conciliação entre liberdade e igualdade não pôde ser garantida pela grande transformação pretendida por governos totalitários, mas por "uma aliança sem fórmula precisa" própria à social-democracia. Designando dessa forma os acordos entre mercado e Estado próprios ao período de expansão subsequente à Segunda Guerra Mundial, Dumont subestima a coerência das sociedades industriais fordistas e providencialistas. Nestas, regras sociais impunham-se à economia mercantil mediante a legislação e a negociação coletiva, e organizava-se igualmente um vasto conjunto redistributivo de economia não-mercantil, cujas regras eram editadas pelo Estado social. Não obstante, o autor ressalta, com razão, o caráter reversível desses acordos, cujos fundamentos a ofensiva neoliberal minou, exonerando o mercado de certas regras sociais percebidas como rigorismos e deslegitimando uma economia não-mercantil que encontrava sua fraqueza na burocratização por meio da sujeição do usuário. Essa reversibilidade tornou-se evidente no início do século XXI.

Com o retorno da utopia da sociedade de mercado pelo viés do neoliberalismo, o teor da réplica democrática revela-se crucial. Na falta dela, o desejo de liberação corre o risco de se inverter, havendo a escalada do fundamentalismo e das tensões identitárias como resultado da globalização do mercado e de sua extensão a áreas inalcançadas anteriormente. Se esse risco é verdadeiro e confirmado por acontecimentos dramáticos, é porque a perspectiva da sociedade de mercado já se mostrou incompatível com a democracia no século XX. A visão econômica do mundo, quando se torna um fim em si, nega, aos processos democráticos, o direito a definir um sentido e um projeto humano (ROUSTANG, 2002, p. 12). A restauração dos acordos anteriores está fadada ao fracasso. Por exemplo, o progresso social não pode mais ser garantido pelas deduções operadas sobre a economia mercantil porque existem novas dificuldades. Enquanto seria conveniente limitar o mercado para que ele não se estendesse a todas as esferas da vida humana, e relações solidárias fossem preservadas, conviria igualmente que o crescimento mercantil fosse o mais elevado possível, para extrair o máximo de meios para financiar os sistemas de redistribuição que demonstram a solidariedade entre grupos sociais.

**3.** Com vistas a sair desse impasse, é necessário considerar todos os procedimentos que, concretamente, rejeitam uma mercantilização cada vez maior da vida social. É essa a grande importância das experiências de economia solidária. Por sua presença multiforme, elas integram ações que contestam evoluções apresentadas pela ideologia neoliberal como irreversíveis. Essas iniciativas poderão contribuir para a realização de um projeto de democratização da economia e da sociedade se conseguirem agrupar-se para além de suas inserções setoriais e aprofundar a avaliação do que esteja em jogo e suas implicações às regulações públicas, bem como aliar-se à economia social e aos movimentos sociais que compartilhem de suas finalidades.

A questão que se coloca diz respeito à possibilidade de haver instituições em condição de assegurar a pluralização da economia para situá-la em um quadro democrático, o que a lógica do ganho material compromete quando se torna única e sem limites. A resposta a essa questão só pode ser buscada em invenções institucionais amparadas em práticas sociais, pois são estas que podem indicar os caminhos de uma reinserção da economia em normas democráticas. A reflexão sobre a conciliação entre igualdade e liberdade, que permanece o ponto nodal da democracia em uma sociedade complexa, só pode progredir mediante a consideração das reações que emanam da sociedade. Esse é outro ponto sobre o qual concordam Mauss e Polanyi: o analista deve apoiar-se em práticas para informar sobre sua existência e examiná-las, ou seja, ele necessita partir do "movimento econômico real" e não de um projeto de reforma social colado na realidade.

Manifesta-se assim uma concepção das mudanças sociais, as quais "não comandam absolutamente essas alternativas revolucionárias e radicais, essas escolhas brutais entre duas formas de sociedade contraditórias", mas que "se fazem e se farão por meio de processos de construção de grupos e de instituições novas ao lado e acima das antigas" (MAUSS, 2001, p. 265).

Com Mauss e Polanyi, esboçam-se os fundamentos teóricos de uma abordagem plural da economia e inicia-se uma reflexão sobre a mudança social que não se satisfaz com a evocação ritual de uma reviravolta do sistema. Nessa concepção de mudança, é preciso impulsionar-se, em um quadro democrático, a evolução das relações de força, para que a pluralidade dos modos de instituição ou de inscrição social da economia possa ser plenamente legitimada. A abordagem plural da economia permite renovar os termos do debate entre reformismo e radicalismo.

### BIBLIOGRAFIA

BARTOLI, H. (1977), *Économie et création collective*, Paris: Economica.

DUMONT, L. (1983), Préface. In: POLANYI, K., *La grande transformation:* aux origines politiques et économiques de notre temps, Paris: Gallimard.

GADREY, J. (1999), La gauche et le marché: une incompréhension plurielle, *Le Monde*, 10 mar.

LAVILLE, J.-L. (1994), *L'économie solidaire:* une perspective internationale, Paris: Desclée de Brouwer.

MARÉCHAL, J. P. (2001), *Humaniser l'économie*, Paris: Desclée de Brouwer.

MAUSS, M. (2001), *L'essai sur le don, sociologie et anthropologie*, 9ème édition, Paris: PUF (1.ª ed. 1950).

MENGER, C. (1923), *Grundsätze der Volkswirtschaftslehre*, Vienne: Edition Carl Menger.

PASSET, R. (1996), *L'économique et le vivant*, Paris: Economica.

PERROUX, F. (1970), Les conceptualisations implicitement normatives et les limites de la modélisation en économie, *Économie et société, Cahiers de l'ISEA*, tome IV, n. 12, déc.

POLANYI, K. (1977), *The Livelihood of man*, editado por H. W. Pearson, New York: Academic Press.

___. (1983), *La grande transformation*, Paris: Gallimard.

ROUSTANG, G. (2002), *Démocratie:* le risque du marché, Paris: Desclée de Brouwer.

WEBER, M. (1991), *Histoire économique:* esquisse d'une histoire universelle de l'économie et de la société, Paris: Gallimard.

# ECONOMIA POPULAR
Ana Mercedes Sarria Icaza
Lia Tiriba

**1.** Entende-se por economia popular o conjunto de atividades econômicas e práticas sociais desenvolvidas pelos sujeitos pertencentes às classes trabalhadoras com o objetivo de assegurarem a reprodução da vida social mediante a utilização da própria força de trabalho e a mobilização dos recursos disponíveis. Diz respeito às estratégias populares de trabalho e sobrevivência, entendidas como a arte de criar condições favoráveis para satisfação das necessidades humanas, tanto materiais como imateriais. A economia popular refere-se a uma forma de produzir, distribuir e consumir bens e serviços que transcende a obtenção de ganhos monetários, vinculando-se estreitamente à reprodução ampliada da vida (e não do capital) e tendo como horizonte a satisfação de valores de uso e a valorização do trabalho e dos seres humanos. O conceito remete ao significado etimológico da palavra *economia*, originado do grego *oikos* (casa) e *nemo* (eu distribuo, eu administro). Assim como *Oikonomia* diz respeito ao "cuidado da casa" (entendida como morada do ser humano), a economia popular é a forma pela qual, historicamente, homens e mulheres que não vivam da exploração da força de trabalho alheio tentam garantir seu estar no mundo, tanto na unidade doméstica como nos espaços/tempos mais amplos das relações sociais.

No contexto do capitalismo, como forma de amenizar as contradições entre capital e trabalho, os atores da economia popular criam estratégias de trabalho e sobrevivência que visam não apenas à obtenção de excedentes que possam ser trocados no mercado, como também de alguns elementos fundamentais ao processo de formação humana, como a socialização do saber e da cultura, saúde, moradia, etc. Além das práticas econômico-sociais cujo objetivo imediato é a obtenção de ganhos monetários, as atividades da economia popular verificam-se nas ações de solidariedade entre familiares, amigos e vizinhos, bem como nas ações coletivas organizadas no âmbito da comunidade, objetivando a reprodução da unidade doméstica e a melhoria da qualidade de vida. Contando com o apoio de redes primárias e comunitárias de convivência, práticas de economia popular podem ser denominadas como grupo de produção comunitária, produção associada, associação, cooperativa, etc.

**2.** Os processos de reprodução da vida social comandados por sujeitos de setores populares variam em diferentes espaços e tempos históricos, atravessam formações econômicas distintas e plasmam-se (hegemônica ou subalternamente) em determinado modo de produção ou modelo de desenvolvimento econômico. Como produto das condições históricas, o conceito de economia popular há de ser redimensionado à luz do contexto maior onde esse setor da economia seja produzido.

A partir das duas últimas décadas do século XX, o termo economia popular passou a ser utilizado – de maneira geral – para fazer-se referência às atividades desenvolvidas pelos trabalhadores e trabalhadoras excluídos do mundo do trabalho assalariado ou que nele jamais tenham conseguido ingressar. A esses, somam-se aqueles sujeitos que, devido aos baixos salários e à perda dos direitos sociais assegurados pelo Estado do bem-estar social, buscam, no trabalho por conta própria (individual ou associativo), a complementação de renda e dos bens simbólicos necessários à reprodução ampliada da vida. Pode-se inferir, então, que a economia popular caracteriza-se por ser "abrigo" tanto dos desempregados, como dos (sub)empregados, pois é preciso considerar-se que, além dos rendimentos obtidos na empresa capitalista, existem outras condições necessárias à reprodução da vida. Essas condições expressam as diversas formas de solidariedade existentes entre os trabalhadores, suas famílias e a comunidade local, sem as quais se tornaria praticamente impossível a sobrevivência de grande parcela da classe trabalhadora.

Principalmente na América Latina, alguns economistas e sociólogos começam a desenvolver novas interpretações sobre os significados das iniciativas econômicas dos setores populares. Progressivamente, o conceito de economia popular passa a ser utilizado por diversos autores em diversas partes do mundo, inclusive em alguns países europeus. Desde o final do século XX, também estudos acerca da realidade africana vêm sendo desenvolvidos significativamente (Peemans, 1997).

Autores como o chileno Luis Razeto, cujas elaborações são construídas com base na realidade da classe trabalhadora daquele país, bem como o argentino José Luis Coraggio, cujos estudos partem de algumas discussões relativas à realidade nicaraguense da década de 1980, argumentam que os conceitos de formalidade ou informalidade são insuficientes para a análise da complexidade das relações econômico-sociais. Consideram que, mais que se classificarem as atividades em "economia formal" ou "economia informal", trata-se de analisar a racionalidade interna das organizações econômicas geridas pelos próprios trabalhadores.

Para Coraggio (1991), a lógica da "reprodução ampliada da vida" é o principal elemento que diferencia economia popular de outros setores econômicos. Segundo o autor (ibid., p. 334), a economia estaria dividida em três subsistemas: economia empresarial-capitalista, economia pública (empresarial estatal e burocrática estatal, não orientada para o lucro) e economia popular. Diferentemente de outros setores, cujas lógicas são a da acumulação e a da legitimação do poder, o setor da economia popular inclui todas as unidades domésticas que "não vivem da exploração do trabalho alheio, nem podem viver da riqueza acumulada (incluídos os fundos de investimentos, etc.), mas que seus membros devem *continuar trabalhando* para realizar expectativas médias de qualidade de vida [...] ainda que todos ou alguns de seus membros trabalhem em outros dos subsistemas" (ibid., p. 36). Posteriormente, Coraggio reelabora suas idéias acerca da economia popular e desenvolve o conceito de *economia do trabalho* (ver verbete).

Por sua vez, Razeto entende a economia popular como um fenômeno generalizado que se estende nos países latino-americanos, presente nas unidades econômicas dirigidas individualmente, familiarmente ou em grupos, sem que seus atores contem com nenhum, ou quase nenhum, capital: "sua única riqueza é a força de trabalho e – sobretudo – a ânsia de viver" (Razeto, 1993, p. 31). Neste sentido, o autor identifica cinco tipos de atividades e empreendimentos, que vão desde atividades ilegais (pequenos delitos, prostituição, etc.), passam por soluções assistenciais, iniciativas individuais não-estabelecidas e micro-empresas individuais ou familiares, até chegar às organizações econômicas populares (OEPs). Estas constituem pequenos grupos que buscam, associativa e solidariamente, a forma de solucionar seus problemas econômicos, sociais e culturais mais imediatos. Tais organizações são as que, segundo o autor, constituiriam a base e o potencial da "economia de solidariedade".

Existem outras vertentes da economia popular que, inspiradas nas idéias de Karl Polanyi, inscrevem-se na perspectiva de uma economia plural. Essas vertentes apontam ser as lógicas que caracterizam a economia popular distintas das lógicas estatal e mercantil, incorporando o princípio da reciprocidade como elemento fundamental. Nesse sentido, Larrachea e Nyssens (1994) situam a estruturação da organização econômica em três pólos: público, capitalista e relacional. Os autores identificam a economia popular como um conjunto de atividades heterogêneas que se apresentam "em tensão" entre o pólo relacional e o capitalista, cuja potencialidade reside justamente em seu enraizamento ("encastrement") nas dinâmicas sociais e territoriais das quais fazem parte. As idéias de reciprocidade e de heterogeneidade como elementos da economia popular também são resgatadas por Aníbal Quijano (2002), ao considerar que, no lugar do desaparecimento do setor tradicional em função do processo de homogeneização da lógica do capital, assistimos à reconstituição de relações sociais de reciprocidade, com a afirmação de padrões heterogêneos, nos quais "o mercado existe em vinculação com a reciprocidade". Nesse sentido, segundo o autor peruano, "o que verdadeiramente caracteriza a economia popular é que as relações de trabalho e de distribuição de recursos e do produto são fundamentalmente organizadas em torno da reciprocidade e da vida social, das práticas sociais quotidianas – em uma palavra, em torno da comunidade" (ibid., p. 491).

3. De uma maneira geral, pode-se afirmar que, sob novos paradigmas, as análises sobre economia popular viabilizaram ressignificarem-se as práticas mesmas dos sujeitos coletivos que buscam subsistir ou se contrapor à lógica da economia capitalista. Permitiram, também, que a economia popular transformasse-se em um meio de resistência às exclusões política, cultural e social das classes trabalhadoras, constituindo-se como parte integrante dos movimentos sociais. Há, entretanto, algumas questões importantes que o uso do conceito suscita e sobre as quais é necessário haver maior aprofundamento.

A primeira questão diz respeito à diferenciação entre *economia popular* e *economia informal*. A economia informal (ou setor informal) é identificada por uma série de fatores, tais como ilegalidade, pequeno porte, baixa produtividade do trabalho, tecnologia intensiva em trabalho vivo e baixo nível de qualificação dos trabalhadores, entre outros. Remete a um conjunto de atividades cuja característica essencial é estar pretensamente "fora" da lógica do que seria o "setor moderno" da economia capitalista, funcionando como compensadora das crises ou insuficiências das sociedades capitalistas em desenvolvimento. Essa perspectiva desdobra-se em projetos "modernizadores" para o setor da economia informal, orientados à implementação de ações que ajudariam as unidades econômicas que a integram a superarem seus limites. Ao contrário da economia informal, a economia popular alude explicitamente a uma lógica específica das atividades econômicas do mundo popular, fundada em uma racionalidade que se encontra submersa nas relações sociais. A economia popular refere-se às atividades, entre elas o trabalho doméstico, voltadas a prover-se o sustento de um grupo social, sem haver presença da mercantilização do trabalho.

Pode-se concluir que, no processo de reprodução da vida social, embora se encontrem muitas atividades desempenhadas pelos setores populares, elas não pertencem necessariamente ao mundo da economia popular, podendo inscrever-se na esfera da economia informal. Uma das argumentações nesse sentido aponta que, independente do número de trabalhadores ou da capacidade produtiva da unidade econômica, a economia popular diferencia-se de outros setores da economia, entre outros aspectos, pelo repúdio ao *emprego* da força de trabalho como uma mercadoria. A "ausência de vínculo empregatício" não decorre da ganância ou descaso do empregador, mas de uma racionalidade interna que pressupõe a negação da relação empregador-empregado como expressão das contradições entre capital e trabalho.

A segunda questão concerne aos adjetivos e projetos da economia popular e a seu significado no interior da sociedade capitalista. Este é um assunto polêmico entre os diferentes autores, pois, embora a economia popular aponte para uma revalorização das atividades econômicas do mundo popular, muitos assinalam a ambiguidade na utilização desse conceito no contexto de acumulação flexível, em que se assistem a novas formas de exploração e precarização do trabalho. Lia Tiriba (2001), por exemplo, adverte para o fato de que, perante as transformações do mundo do trabalho em curso no século XXI, a proliferação das atividades da economia popular não se apresenta, necessariamente, como algo alternativo, mas como excrescência do próprio capitalismo. Estimulada, também, pelos agentes que representam os interesses do capital, pode servir apenas para "aliviar a dor dos pobres" e diminuir assim os conflitos sociais. Em contrapartida, a autora reflete sobre o potencial da economia popular, considerando que esta representa o *locus* onde subsistem antigas relações sociais de produção, as quais poderiam ser o embrião de uma nova cultura do trabalho. Ao mesmo tempo em que constituem o resquício de formações pré-capitalistas, as atividades da economia popular anunciariam a possibilidade de haver relações econômico-sociais que, em um determinado momento histórico, poderiam contrapor-se ao modo de produção capitalista. No momento histórico em que, no Brasil, foi criada a Secretaria Nacional de Economia Solidária – SENAES –, no interior do Ministério do Trabalho e do Emprego (Governo Lula), e, na Venezuela, foi criado o Ministério da Economia Popular (Governo Hugo Chaves), por exemplo, a autora acredita ser prudente reivindicar-se o "popular" na economia e nos processos de educação de trabalhadores associados. Nas práticas econômicas dos setores populares, residiria a gênese de relações sociais calcadas na reciprocidade e na cooperação solidária. Ademais, por uma questão de classe, não deveríamos renunciar a uma economia (popular) solidária potencialmente favorável aos interesses da maioria da população.

Outros autores contribuem à análise acerca das potencialidades e limites da economia popular no interior da sociedade capitalista, apontando diversos projetos políticos, econômicos e societários os quais se refletem em diferentes nomes ou adjetivos que acompanham o termo. Muitos autores e militantes seguem a perspectiva de Luis Razeto, referindo-se a uma "economia popular de solidariedade" ou "economia popular solidária", aludindo às experiências que explicitamente se caracterizam como formas coletivas de organização e que têm a solidariedade como projeto político. Nesse sentido, de acordo com Razeto, o potencial da economia popular consistiria na viabilidade de, pouco a pouco, essas estratégias defensivas de sobrevivência transformarem-se em uma opção social, econômica e política. Sob essa perspectiva, a economia solidária é percebida como um horizonte da economia popular, permitindo assim fazer avançar um projeto de sociedade baseado na solidariedade e na cooperação (ver verbete *Economia Solidária*).

Segundo Coraggio (1991), as atividades identificadas com a economia popular apresentam-se dispersas e atomizadas. Devido a esse quadro, o desafio que se apresenta aos setores populares é conferirem organicidade a essas iniciativas por meio da materialização de projeto comum que possa se fortalecer e se confrontar com os outros setores da economia global. Já o nicaraguense Orlando Núñez diferencia a economia popular de "economia popular, associativa e autogestionária", esta entendida como movimento defensivo e, ao mesmo tempo, ofensivo. Essa dupla natureza manifesta-se na incubação de novas formas de produção que possam amadurecer sua supremacia no seio da velha sociedade, até que a tomada do poder político seja um resultado que permita completar sua tarefa. O autor argumenta que a associatividade é a única maneira pela qual os trabalhadores, sem se converterem em capitalistas, poderão empreender "uma estratégia de mercado e tentar competir com o capitalismo e sua economia de escala" (CORAGGIO, 1995, p. 121).

Contrariando as perspectivas modernizadoras, Armando Lisboa propõe que a economia popular viabiliza uma nova ótica para se analisarem os processos de transformação, na medida em que aponta para modelos de desenvolvimento com um enfoque centrado nas classes populares e nos movimentos sociais. Sob essa ótica, "o progresso deixa de emanar do Estado planificador, das elites, das vanguardas" (1998, p. 29). Para Lisboa, a economia popular, "originada tanto dos [indivíduos] nunca integrados quanto dos desempregados pelas transformações contemporâneas, aos poucos vai constituindo-se em um espaço econômico próprio composto por todos aqueles que estabelecem formas coletivas de produção material da sua vida" (ibid., p. 22).

Embora sejam controvertidas as análises sobre os limites da economia popular e sua capacidade de contribuir ao processo de transformação social, constituindo-se como "outra economia", o fato é que, acrescida ou não de adjetivos, ela tem se fortalecido. Essa afirmação ocorre não apenas enquanto espaço de inserção no mundo do trabalho, mas também como movimento social, envolvendo sindicatos, organizações comunitárias e associações diversas. A economia popular conta, ainda, com o apoio de organizações não-governamentais e de governos municipais e estaduais na construção de redes em níveis regional, nacional e global, o que evidencia seu alcance no mundo globalizado do século XXI.

**BIBLIOGRAFIA**

CORAGGIO, J. L. (1991), *Ciudades sin rumbo*, Quito: Ciudad.

___. (1995), *Desarrrollo humano, economía popular y educación*, Buenos Aires: Rei Argentina; Instituto de Estudios y Acción social; Aique Grupo Editor.

KAYCHETE, G.; LARA, F.; COSTA, B. (Org.) (2000), *Economia dos setores populares:* entre a realidade e a utopia, Petrópolis, RJ: Vozes; Rio de Janeiro: Capina; Salvador: CESE: UCSAL.

LARRACHEA, I.; NYSSENS, M. (1994) L'économie solidaire, un autre regard sur l'économie populaire au Chili. In: LAVILLE, J.-L., *L'économie solidaire. Une perspective internationale*, Paris: Desclée de Brouwer, p. 181-222.

LISBOA, A. M. (1998), *Desordem do trabalho, economia popular e exclusão social:* algumas considerações, Universidade Federal de Santa Catarina: Depto. de Ciências Econômicas. (Texto para discussão n. 6/98).

NÚÑEZ, O. (1995), *La economía popular, asociativa y autogestionária*, Managua: CIPRES.

NYSSENS, M.; VAN DER LINDEN, B. (1998), *Embeddedness, cooperation and popular-economy firms in the informal sector*, Université Catholique de Louvain, Institut de Recherches Économiques et Sociales (IRES), Oct. (Discussion Paper).

PEEMANS, J. P. (1997), *Crise de la modernisation et pratiques populaires au Zaire et en Afrique*, Zaire: Histoire et Societé.

QUIJANO, A. (2002), Sistemas alternativos de produção? In: SANTOS, B. S. (Org.), *Produzir para viver:* os caminhos da produção não capitalista, Rio de Janeiro: Civilização Brasileira, p. 475-512.

RAZETO, L. (1991), *Empresas de trabajadores y economía de mercado*, Santiago de Chile: Programa de Economía del Trabajo – PET.

___. (1993), Economia de solidariedade e organização popular. In: GADOTTI, M.; GUTIÉRREZ, F. (Ed.), *Educação comunitária e economia popular*, São Paulo: Cortez, p. 34-58.

TIRIBA, L. (2001), *Economia popular e cultura do trabalho:* pedagogia(s) da produção associada, Ijui: UNIJUI.

# ECONOMIA SOCIAL
Jacques Defourny

**1.** Uma definição sumária de economia social remete àquelas atividades econômicas concernindo à sociedade de pessoas que busquem democracia econômica associada à utilidade social. Ampliando-se o escopo de significados, pode-se agregar a essa definição o conceito de solidariedade e, concretamente, a hibridação de recursos mercantis, não-mercantis e não-monetários. Nos países industrializados, percebe-se, cada vez mais claramente, que uma parcela significativa das atividades produtivas não se encaixa na distinção habitualmente feita entre setor privado (que objetiva o lucro) e setor público (que visa ao interesse geral), a qual constitui, no entanto, a grade de leitura mais comum. Mesmo se desconsiderando toda a esfera das atividades e trocas domésticas, essa realidade continua sendo verdadeira. O que se tem redescoberto, a partir do final do século XX, é a importância significativa das empresas e organizações que combinam modos de criação e de gestão privados, coletivos (de tipo associativo), com finalidades não centradas no lucro.

**2.** Embora a economia social moderna tenha tido suas principais expressões na Europa ao longo do século XIX, sua pré-história remonta às formas mais antigas de associações humanas. No Egito dos faraós, na Antiguidade greco-latina, na Europa da Idade Média, na China Imperial ou na América Pré-Colombiana, existia grande quantidade de grupos profissionais, religiosos ou artísticos, ou sistemas muito variados de ajuda mútua. Essas inúmeras formas de vida associativa eram, na maioria das vezes, vigiadas, controladas e até reprimidas pelos poderes instituídos, que nelas viam possíveis focos de contestação à ordem estabelecida. Por essa razão, pode-se afirmar que, ao longo dos séculos, a gênese da economia social moderna confundiu-se amplamente com o moroso surgimento de uma verdadeira liberdade de associação.

Nos países ocidentais, numerosas iniciativas de tipo cooperativo e mutualista encarnaram essa liberdade crescente no campo socioeconômico já na primeira metade do século XIX. À época, os associacionismos operário e camponês inspiravam-se em várias correntes de idéias que marcaram todo o itinerário da economia social e que salientaram seu pluralismo político-cultural desde as origens até suas manifestações contemporâneas (GUESLIN, 1987).

Com as utopias de Owen, King, Fourier, Saint-Simon e Proudhon, entre outros, o socialismo associacionista desempenhou um papel fundamental. Até 1870, os pensadores do socialismo associacionista, que promoviam sobretudo as cooperativas de produtores, dominaram até mesmo o movimento operário internacional, a tal ponto que, com frequência, se identificou socialismo com economia social. O próprio Marx mostrou-se, em um primeiro momento, favorável ao desenvolvimento das cooperativas, antes de suas teses coletivistas tornarem-se centrais.

Também o cristianismo participou do desenvolvimento da economia social. Muitas iniciativas originaram-se no baixo clero e em comunidades cristãs; porém, no nível da Igreja-instituição, foi especialmente a encíclica *Rerum Novarum*, de 1891, que manifestou um estímulo à economia social. De maneira geral, os cristãos sociais da época desejavam "corpos intermediários" para lutar, de um lado, contra o isolamento do indivíduo, falha do liberalismo e, de outro, contra a absorção do indivíduo pelo Estado, armadilha do jacobinismo. Foi principalmente sob essa perspectiva filosófica que Raiffeisen fundou, na Alemanha, a primeira caixa rural de poupança e crédito.

Alguns pensadores do liberalismo demonstravam também uma abertura à economia social. Colocando a liberdade econômica acima de tudo e rejeitando as ingerências eventuais do Estado, eles insistiam sobremodo no princípio do *self-help*. Nesse sentido, encorajavam as associações de ajuda mútua entre os trabalhadores. Embora seus posicionamentos não fossem absolutamente idênticos, podem-se relacionar a essa escola liberal duas personalidades maiores da história do pensamento econômico: Walras, pela importância dada às associações populares, e Mill, pela defesa da superação do assalariado mediante a associação de trabalhadores.

Poderiam ainda ser citadas outras correntes de pensamento, como o "solidarismo" de Gide, porém, a lição maior é que, na Europa, a economia social moderna forjou-se no cruzamento das grandes ideologias do século XIX. Nenhuma delas, assim, pode reivindicar a paternidade exclusiva do conceito.

**3.** De modo amplo, há duas grandes maneiras de se descrever, no início do século XXI, a economia social, cuja definição mais adequada provém da combinação entre ambas. A primeira maneira consiste em identificar as principais formas jurídicas ou institucionais da maioria das iniciativas atuais da economia social, cujos componentes são as empresas de tipo cooperativo, as sociedades de tipo mutualista, as organizações associativas e as fundações. Essa abordagem foi engendrada na França, principalmente no círculo da *Revue des Études Coopératives, Mutualistes et Associatives*, mas sua pertinência ultrapassa muito esse país, visto que os três ou quatro componentes principais da economia social são encontrados praticamente em todo o mundo.

As *empresas de tipo cooperativo* encontram seu marco inicial no projeto dos Pioneiros de Rochdale (Manchester, 1844). Este se internacionalizou rapidamente, alcançando todas as latitudes no início do século XXI, pois a Aliança Cooperativa Internacional (ACI) reúne mais de 750 milhões de cooperados, distribuídos nos cinco continentes (Birchall, 1997). Além disso, a cooperação tornou-se uma grande árvore, cujos galhos continuam se ramificando em cooperativas agrícolas, sociais, de poupança, de crédito, de consumo, de seguros, de distribuição, de trabalhadores, de habitação e outras (Desroche, 1976). Este primeiro componente da economia social também pode associar-se a diferentes tipos de iniciativas que, sobretudo nos países do Sul, não têm um estatuto ou um rótulo explicitamente cooperativo, mas que se referem mais ou menos às mesmas regras e práticas. Esse é o caso principalmente de inúmeros sindicatos ou uniões de produtores, de certos grupos de camponeses, de artesãos ou pescadores, de numerosas caixas de poupança e "credit unions", além de organizações cujo nome remete somente a uma língua ou cultura locais (Develtere, 1998). Nos países industrializados, certas empresas que não se constituem sob forma cooperativa, mas cuja finalidade é social, também podem ser assim classificadas.

As *sociedades de tipo mutualista*, ou de ajuda mútua, existem em quase todo o lugar e há muito tempo. Institucionalizaram-se progressivamente e tornaram-se, em diversos países industrializados, atores importantes dos sistemas de seguridade social (Dreyfus e Gibaud, 1995). Em uma perspectiva Norte-Sul, o componente mutualista compreende também um grande número de organizações com nomes muito variados, que respondem à necessidade de as comunidades locais organizarem elas próprias uma previdência coletiva. Isso ocorre particularmente nos países cujos sistemas nacionais de seguridade social são incipientes e cobrem somente pequena parcela da população. Essas organizações podem mutualizar riscos tão diversos quanto aqueles ligados à saúde (pagamento do tratamento, compra de medicamentos, despesas de hospitalização), ao óbito e aos funerais, ou a pescas e colheitas insuficientes.

As *organizações associativas* respaldam-se no fato de a liberdade de associação ser formalmente reconhecida na maioria dos países do mundo, expressando-se sob formas jurídicas muito variadas e em ambientes mais ou menos favoráveis. Na prática, fazem parte deste terceiro componente da economia social todas as outras formas de livre associação de pessoas que visam à produção de bens ou serviços, sem haver objetivo principal de lucro. É evidente que, neste caso, também as denominações são extremamente diversificadas e as realidades de campo são muitas vezes maciças. Na maior parte dos países industrializados, as associações representam de 5 a 15% do emprego assalariado, e o trabalho voluntário por elas mobilizado pode atingir até um quarto dos cidadãos (Salamon et al., 1999).

Em escala européia, formou-se, nos anos 1990, uma "Conferência permanente das cooperativas, mutualidades, associações e fundações" (CEP-CMAF), que pretende representar o conjunto da economia social junto a instâncias da União Européia. Essa iniciativa sugere que as *fundações*, instituições privadas não-centradas apenas no lucro, constituem um quarto componente da economia social. Pode-se indagar se essa questão não deve ser colocada em termos diferentes para o caso das fundações implementadas por organizações dos outros três componentes da economia social e no caso das fundações ligadas a grandes grupos capitalistas, cujo fundamento de tipo associativo não é percebido, nem mesmo indiretamente.

A segunda maneira de se caracterizar a economia social consiste em destacar os traços comuns das empresas e organizações que ela agrupa. Esses traços situam-se essencialmente, de um lado, nas finalidades da atividade e, de outro, em seus modos de organização. Entre diversas formulações possíveis dessas características próprias à economia social, uma delas combina diferentes fontes, pretendendo ser concisa e elegendo quatro princípios maiores: a) finalidade de prestação de serviços aos membros ou à coletividade, sendo o lucro secundário; b) autonomia de gestão; c) controle democrático pelos membros; d) primazia das pessoas e do objeto social sobre o capital na distribuição dos excedentes.

Ao eleger-se como finalidade a prestação de serviços, insiste-se no fato de a economia social ser um serviço prestado aos membros diretamente envolvidos na atividade ou a uma coletividade mais ampla, e não um instrumento de relação financeira para o capital investido. A retirada de eventuais excedentes constitui então um meio para se realizar esse serviço, mas não a motivação principal da atividade.

A autonomia de gestão visa principalmente distinguir a economia social da produção de bens e serviços dos poderes públicos. De fato, as atividades econômicas conduzidas por estes não dispõem geralmente de total autonomia, motor essencial de qualquer dinâmica associativa.

A democracia na instância de controle remete teoricamente à regra "uma pessoa, um voto" (e não "uma ação, um voto") ou, ao menos, a uma estrita limitação do número de votos por membro nos órgãos soberanos. Para além da diversidade das práticas efetivas, ela ressalta, acima de tudo, o fato de que a qualidade de membro e a participação nas decisões não dependem primeiramente, como nas empresas clássicas, da importância do capital detido.

Enfim, o quarto princípio recobre práticas muito variadas entre as empresas de economia social. São elas remuneração limitada do capital, distribuição dos excedentes entre os trabalhadores ou entre os membros-usuários sob forma de dividendos, reserva de lucros para o desenvolvimento da atividade ou sua alocação imediata para fins sociais, entre outras.

**4.** No âmbito da economia social, é frequente haver a tendência a se oporem as grandes organizações, quase sempre antigas e fortemente institucionalizadas, a uma "nova economia social" ou a uma "economia solidária" emergente. Esta seria a única portadora de inovações sociais e efervescências democráticas ao se abordarem problemas em destaque neste início de século: desenvolvimento dos serviços de proximidade, reabilitação dos bairros pobres, auxílio às pessoas idosas ou em dificuldades, comércio justo, finanças éticas e solidárias, agricultura sustentável, gestão ambiental dos resíduos ou inserção profissional dos pouco qualificados. Note-se que, neste último campo, dado o grande número de iniciativas, é possível confundir-se o segmento "economia social de inserção" com o conjunto da economia social, infinitamente mais vasto (DEFOURNY, FAVREAU e LAVILLE, 1998).

Embora existam diferenças evidentes entre as gerações de economia social, deve-se lembrar que a economia social mais antiga não compõe um conjunto homogêneo: ela é, antes, constituída por vagas sucessivas de empresas que aceitaram os desafios de sua época (DEMOUSTIER, 2001). Ademais, foram frequentemente seus êxitos e seu crescimento que engendraram uma necessidade maior de institucionalização, questionando algumas vezes, mas nem sempre, os princípios fundadores. Enfim, é cada vez mais frequente que organizações tradicionais estabeleçam parcerias significativas com jovens iniciativas, por exemplo, em torno do que se chama, no Quebec, de desenvolvimento econômico comunitário (FAVREAU e LÉVESQUE, 1996).

Não obstante as ressalvas, esse primeiro eixo dos debates tem o mérito de destacar tensões que sempre agitaram a economia social, pois ela precisa garantir permanentemente uma dupla ancoragem. Ela deve partir da sociedade civil e de seus movimentos para manter seu impulso e sua capacidade criadora; em contrapartida, deve inserir-se resolutamente na paisagem socioeconômica, ousando, quando possível, passar da experimentação a práticas mais amplas e forçosamente mais estruturadas.

Mais fecundos, sem dúvida, são os confrontos da abordagem "economia social" com outras grades de análise, que se revelam, de fato, mais complementares do que concorrentes. Diferentes autores desenvolveram representações "tripartites" do terceiro setor, salientando, em numerosas iniciativas, as interações verificadas entre três grandes categorias de atores (as famílias, as empresas e o Estado) e a combinação entre três modos de troca e tipos de recursos (não-mercantis, mercantis e não-monetários). A maior contribuição dessas abordagens é ressaltar as dinâmicas sociopolíticas vigentes no terceiro setor, assim como suas diferentes evoluções possíveis ao longo do tempo (ver, em particular, EVERS e LAVILLE, 2004).

Em outro registro, há os trabalhos recentes sobre o conceito de empresa social, principalmente os da rede européia EMES (BORZAGA e DEFOURNY, 2001). Estes revelam lógicas empresariais, tomadas de riscos econômicos e processos de inovação cada vez mais presentes, embora pouco se assemelhem à abordagem clássica da economia social.

Conquanto a literatura sobre o "non-profit sector", rica e muito internacional, esclareça certos componentes da economia social (principalmente as associações e as fundações), ela ignora completamente as cooperativas e ao menos uma parte das mutualidades, em nome da "imposição de não-distribuição dos lucros", que supostamente se impõe a toda organização "non-profit" (NYSSENS, 2000). A noção de economia social, em contrapartida, é mais ampla, pois não exclui a busca de lucro se sua alocação e os modos de gestão da empresa forem não-capitalistas. A abordagem "economia social" melhor demonstra o assentamento dos componentes dessa economia em uma mesma matriz histórica, ela própria intimamente ligada às especificidades do modelo social europeu. Essa abordagem também parece mais fecunda sob uma perspectiva Norte-Sul, na medida em que a melhoria das condições de vida em muitos países implica, muitas vezes, a divisão dos lucros entre os membros de cooperativas e outros grupos de produtores. Além disso, ela também permite indicar condições de surgimento e desenvolvimento que, mesmo não sendo realmente idênticas, revelam convergências surpreendentes entre a abundância associativa do Norte e a escalada das sociedades civis no Sul e a multiplicação de suas iniciativas socioeconômicas (DEFOURNY e DEVELTERE, 1999).

BIBLIOGRAFIA

BIRCHALL, J. (1997), *The international co-operative movement*, Manchester: Manchester University Press.

BORZAGA, C.; DEFOURNY, J. (Dir.) (2001), *The emergence of social enterprise*, London: Routledge.

DEFOURNY, J.; DEVELTERE, P. (1999), Origines et contours de l'économie sociale au Nord et au Sud. In: DEFOURNY, J.; DEVELTERE, P.; FONTENEAU, B. (Dir.), *L'économie sociale au Nord et au Sud*. Bruxelles: De Boeck.

DEFOURNY, J.; FAVREAU, L.; LAVILLE, J.-L. (Ed.) (1998), *Insertion et nouvelle économie sociale, un bilan international*, Paris: Desclée de Brouwer.

DEFOURNY, J.; MONZÓN CAMPOS, J. L. (Ed.) (1992), *Économie sociale:* the third sector. Bruxelles: De Boeck.

DEMOUSTIER, D. (2001), *L'économie sociale et solidaire*, Paris: La Découverte et Syros.

DESROCHE, H. (1976), *Le projet cooperative*, Paris: Les Editions Ouvrières.

DEVELTERE, P. (1998), *Économie sociale et développement*, Bruxelles: De Boeck.

DREYFUS, M.; GIBAUD, B. (Ed.) (1995), *Mutualités de tous les pays*, Paris: Mutualité Française.

EVERS, A.; LAVILLE., J.-L. (Ed.) (2004), *The third sector in Europe*, Cheltenham, UK; Northampton, USA: Edward Elgar.

FAVREAU, L.; LÉVESQUE, B. (1996), *Développement économique communautaire, économie sociale et intervention*, Sainte-Foy: Presses de l'Université du Québec.

GUESLIN, A. (1987), *L'invention de l'économie sociale*, Paris: Economica.

NYSSENS, M. (2000), Les approches économiques du tiers-secteur. Apports et limites des analyses anglo-saxonnes d'inspiration néo-classique. *Sociologie du travail*, n. 42, p. 551-565.

SALAMON, L. M.; ANHEIER, H.; LIST, R. et al. (1999), *Global civil society:* dimensions of the nonprofit sector, Baltimore: Johns Hopkins University.

## ECONOMIA SOLIDÁRIA
Jean-Louis Laville
Luiz Inácio Gaiger

**1.** A economia solidária é um conceito amplamente utilizado em vários continentes, com acepções variadas que giram ao redor da idéia de solidariedade, em contraste com o individualismo utilitarista que caracteriza o comportamento econômico predominante nas sociedades de mercado. O termo foi cunhado na década de 1990, quando, por iniciativa de cidadãos, produtores e consumidores, despontaram inúmeras atividades econômicas organizadas segundo princípios de cooperação, autonomia e gestão democrática. As expressões da economia solidária multiplicaram-se rapidamente, em diversas formas: coletivos de geração de renda, cantinas populares, cooperativas de produção e comercialização, empresas de trabalhadores, redes e clubes de troca, sistemas de comércio justo e de finanças, grupos de produção ecológica, comunidades produtivas autóctones, associações de mulheres, serviços de proximidade, etc. Essas atividades apresentam em comum a primazia da solidariedade sobre o interesse individual e o ganho material, o que se expressa mediante a socialização dos recursos produtivos e a adoção de critérios igualitários.

A solidariedade é promovida entre os membros dessas iniciativas, que estabelecem entre si um vínculo social de reciprocidade como fundamento de suas relações de cooperação. Ao mesmo tempo, a solidariedade é estendida aos setores sociais expostos a maiores necessidades, principalmente via mobilização de trabalhadores desempregados e via serviços de atenção prestados a pessoas em desamparo. Graças à sua inserção social e comunitária, a economia solidária cumpre uma série de funções em domínios como saúde, educação e preservação ambiental. A solidariedade é ainda estimulada por meio do engajamento cidadão em questões de interesse comum. O fato conduz à criação de *espaços públicos de proximidade*, cuja autonomia em relação aos espaços de poder instituídos contribui para sedimentar as bases de um modelo democrático dialógico, no qual o sistema representativo expõe-se à pressão legítima de mecanismos constituídos de participação direta.

Na entrada do séc. XXI, a aceleração dos movimentos do capital, que se desprendem de sua natureza social e de seus compromissos com a coletividade, choca-se com a satisfação decrescente das necessidades humanas e com a perpetuação da pobreza em amplas regiões do planeta. Encontrar respostas diante dessas mutações da economia e da política é uma tarefa crucial. A reconstituição das condições objetivas e subjetivas de transformação social requer uma atenção redobrada às iniciativas que contenham, mesmo em germe e em pequena escala, a capacidade de instituírem outras formas de vida, por estarem imbuídas do valor da justiça, de um *ethos* redistributivo e de um ensejo de humanização. Em particular, importa valorizar as experiências que nascem da auto-organização, que defendem os direitos básicos do trabalho e que apostam na associação e em soluções coletivas, formando o lastro de experiências e de convicções morais e intelectuais indispensáveis à construção de novos rumos para a sociedade.

2. A economia solidária evoca a longa história associativa dos trabalhadores, iniciada no começo do século XIX. Desde então, essa vertente tem cumprido um papel de alargamento da experiência humana, ao manter vigentes outros princípios de produção de bens, de organização do trabalho e de circulação da riqueza, distintos da racionalidade estrita do capital. Embora tenha conhecido reveses e fases de refluxo, essa história exprime a impossibilidade de muitos trabalhadores viverem segundo as oportunidades oferecidas pelo mercado e conforme a sua sociabilidade intrínseca. Manifesta, principalmente, a persistência de sistemas de vida que não seccionam as relações econômicas das relações sociais e não se moldam segundo princípios utilitaristas.

Nos países periféricos, sempre subsistiram práticas econômicas escoradas em laços de reciprocidade, nas quais a produção material subordina-se a necessidades coletivas e guarda um sentido primordialmente social. Sobretudo a partir da economia popular, ganharam forma experiências genuínas na América Latina, como alternativas para trabalhadores rurais e urbanos, indígenas e imigrantes que valorizaram as práticas autóctones de ajuda mútua e fizeram seu sentimento comunitário prevalecer contra a desordem introduzida pelo capital. Desde então, mesmo sob formas mitigadas, a cooperação permaneceu um elemento estruturante da vida econômica de parcelas expressivas da população. Na Europa, a extensão alcançada pela Economia Social reflete a importância atribuída ao primado das pessoas e de suas coletividades em face dos objetivos de acumulação econômica, do que resultou a constituição dos direitos cidadãos e o aprofundamento da democracia. Ao Sul e ao Norte, esse legado explica a amplitude da economia solidária e sua força de convergência entre experiências, demandas e expectativas de inúmeros segmentos sociais, com suas tradições de luta e de organização.

Em seus inícios, a sociedade moderna orientada à produção de mercadorias parecia conter um fundamento adequado à nova ordem social, em razão da previsibilidade e constância de seu princípio organizador, que viria a suplantar definitivamente a ordem pregressa. Não obstante, a economia de mercado não cumpriu tais promessas, ao contrário, sua difusão engendrou problemas sociais de contornos dramáticos, tais foram as disparidades entre riqueza e miséria. Ativistas sociais, intelectuais e operários propugnaram um mecanismo de coordenação oposto à lógica do interesse, por intermédio do vínculo associativo, contraído voluntariamente e cultivado mediante atividades econômicas. Fundamentada na igualdade, a associação reforçaria o poder de ação coletiva dos trabalhadores, na defesa de mudanças institucionais.

Entre os principais antecedentes dessa época, destaca-se o cooperativismo operário formado nas lutas de resistência contra a Revolução Industrial. Um dos seus precursores, Robert Owen, foi possivelmente o mais importante iniciador do movimento socialista e sempre timbrou em testar suas proposições na prática social e econômica. Primeiramente, na indústria têxtil em New Lanark; depois, na colônia cooperativa de New Harmony, nos Estados Unidos; mais tarde, à testa de potente movimento sindical, pregando a formação de cooperativas para tomar os mercados capitalistas; por fim, na criação do *Labour Exchange*, predecessor dos sistemas e clubes de troca estabelecidos desde os anos 1980, em países do Norte e do Sul.

Outro antecedente importante da economia solidária são as cooperativas de consumo. O exemplo mais célebre é o da Sociedade dos Pioneiros Equitativos de Rochdale, de 1844. Em poucas décadas de expansão, os Pioneiros formaram um conglomerado com mais de 10.000 sócios em sua fase áurea. No fim do século XIX, o cooperativismo tornou-se um grande movimento social: ao lado das cooperativas de consumo e de produção, constituíram-se as cooperativas de crédito, idealizadas por Schulze-Delitsch e Raiffeisen, na Alemanha, com a adoção deliberada dos princípios de Rochdale. Novas modalidades de cooperativas de crédito foram criadas por Luzzatti, na Itália, e por Desjardin, no Québec.

É oportuno recordar o movimento das comunas, cuja peculiaridade consiste em praticarem a solidariedade simultaneamente na produção, no consumo, na poupança e em todas as áreas da vida social. A comuna é antes de tudo uma aldeia, que desempenha em pequena escala todas aquelas funções. Seu igualitarismo, levado às últimas consequências, exige um altíssimo grau de confiança e afeição entre os membros. As comunas fizeram história, a exemplo dos *Kibbutzim*, em Israel. Atualmente, comunidades similares apresentam-se motivadas por aspirações a uma sociedade igualitária, engajando-se em movimentos pacifistas e ambientalistas.

As ações pioneiras do séc. XIX sofreram, na Europa, forte repressão e atenuaram-se pouco a pouco, enquanto a economia de mercado experimentava um crescimento inédito e ganhava legitimidade como via de acesso a uma sociedade de abundância. Quando a miséria produzida pelo desenvolvimento industrial capitalista tornou inadiável uma reforma social, sob pressão operária o Estado veio a promulgar regras voltadas à paulatina inclusão dos trabalhadores. Com o sufrágio universal, o Estado foi reconhecido como depositário do interesse geral, à base de um regime institucional que cauciona a economia de mercado e compensa as desigualdades mediante a ação pública redistributiva. Até a segunda metade do séc. XX, a reconciliação da classe trabalhadora com o assalariamento foi estimulada pelo pleno emprego, que reinou durante os trinta anos posteriores à Segunda Guerra. O direito de cidadania, outorgado a todos os que vivem do próprio trabalho, conduziu os movimentos sociais a centrarem sua ação estratégica nas relações de classe e na luta pelo Estado. Reconciliados com o assalariamento, a maioria dos trabalhadores perdeu o entusiasmo e o interesse pela autogestão.

No séc. XX, com poucas exceções, o cooperativismo de produção e consumo integrou-se paulatinamente à economia de mercado e converteu-se em uma modalidade de empresa participativa, sem a antiga unidade entre capital e trabalho. Desprestigiado, o associativismo veio a institucionalizar-se, com a missão de preencher funções sociais complementares e subalternas, repassadas às mútuas e associações, cuja especialização progressiva redundaria na fragmentação desse setor de atividades e na perda de seu ideário original. Entrementes, ideais similares alimentaram ondas associativas em outros lugares do globo, em particular na América Latina, bem como a introdução de sistemas coletivos com graus variados de autogestão, em países do Leste e em ex-colônias africanas. O êxito de tais intentos parece ter sido condicionado por seu nível de atendimento a necessidades prementes, combinado ao grau de liberdade de seus protagonistas e às suas aspirações por modos de vida baseados na autonomia e na participação.

Esses fatos justificam o longo intervalo ocorrido entre os antecedentes históricos da economia solidária e sua revivescência ao final do séc. XX. Nos anos 1980, teve início a retomada da maioria das concessões feitas ao proletariado nas décadas anteriores. O mercado financeiro tornou-se hegemônico e passou a impor sucessivos arrochos fiscais e monetários, contendo severamente o ritmo de crescimento das economias centrais. O livre comércio e a movimentação irrestrita de capitais passaram a permitir, às empresas, transferir gradualmente suas linhas de produção para países com baixos salários e trabalhadores desprotegidos. As reformas fiscais diminuíram o montante de gastos sociais e afetaram as políticas redistributivas. As classes dirigentes converteram-se ao neoliberalismo, arrastando consigo os meios de comunicação e parte dos partidos tradicionais da classe trabalhadora.

Embora motivada por esse cenário regressivo, a gênese da economia solidária explica-se por um conjunto mais complexo de circunstâncias. Já os efeitos do desenvolvimento tecnológico pós-fordista mostra-se ambivalente para os trabalhadores: tanto desembocou no regime da acumulação flexível, produzindo situações de maior exploração dos trabalhadores, quanto eliminou parte do trabalho meramente físico, sina do operariado, e introduziu métodos participativos de gestão, que estimularam aspirações a mais autonomia no mundo do trabalho. Em paralelo, alterações operadas no modo de vida e na eficácia das instituições incentivaram novas formas de atuação desde os anos 1960. Surgiram as questões do cotidiano, da preservação do ambiente natural, da participação dos usuários na concepção e funcionamento dos serviços públicos, das relações de gênero ou, mais amplamente, do reconhecimento dos indivíduos como sujeitos de suas singularidades e direitos. No lugar do militante portador de uma ideologia de transformação total da sociedade, fortemente engajado em estruturas partidárias e de classe, deu-se uma lenta efervescência associativa, motivando envolvimentos específicos em prol de mudanças limitadas, mas concretas.

O ressurgimento atual do associativismo relaciona-se também a outras mudanças gerais sucedidas na política. A derrocada da experiência socialista colocou em xeque as pautas de intervenção das correntes e organizações. Uma vez superado um momento de perplexidade e desorientação, o fato contribuiu para desobstruir o caminho em direção a novas experiências sociais e a novos esquemas de análise e formulação estratégica, repercutindo sobre os padrões de militância já em vias de transformação. Problemas como a convivência entre a economia solidária e a economia de mercado deixaram de ser apenas teóricos, à medida que forças de esquerda chegaram ao poder, a exemplo da França e de países da América Latina, e viram-se compelidas a produzir respostas coerentes com o defendido em seus programas.

A gênese das iniciativas de economia solidária repousa ainda em fatores mais específicos, como o grau de compatibilidade entre as práticas costumeiras de economia e os formatos associativos, o passado de cooperação das categorias sociais envolvidas e a presença de lideranças genuínas. Aquelas experiências que evoluíram, dando provas de viabilidade, entusiasmaram intelectuais e ativistas. O clima de franco otimismo levou à rápida profusão de entidades, movimentos e redes, articulando as iniciativas e ampliando as possibilidades de ação política.

**3.** O avanço econômico das experiências realiza-se mediante a conjugação de três tipos de recursos: aqueles provenientes da reciprocidade entre os membros, exercida via prestações ao coletivo livres de contrapartidas; os recursos públicos, angariados do Estado com fundamento no princípio da redistribuição; e os recursos do mercado, obtidos nas relações de troca. Esses agenciamentos simultâneos levam a economia solidária a ser partícipe de uma *economia plural*, constituindo-se suas iniciativas em tipos híbridos, entre as economias pública e privada, como exemplificam as empresas sociais.

O agir coletivo da economia solidária, consubstanciado na autogestão, institui novos protagonistas no mundo de trabalho e nos embates da cidadania, em resposta a anseios de bem-estar, reconhecimento e vida significativa. Quando os experimentos coletivos convertem-se em *comunidades de trabalho*, instituem uma racionalidade na qual a atividade econômica funciona como meio para a consecução de outros fins. As novas tensões dialéticas entre os indivíduos e sua coletividade de pertença dão vigor a uma identidade propriamente social, no sentido de estar referida a aspirações de indivíduos-em-relação e a uma visão que tende a integrar as dimensões da vida humana.

A tendência da economia solidária a dinamizar redes de interação participativas empresta um conteúdo político à inserção local das suas iniciativas. Estendidas ao seu entorno, as práticas de autogestão promovem sistemas mais amplos de reciprocidade, nos quais as vivências concretas de gestão do bem comum conferem um novo valor às noções de justiça e de interesse público. A capacidade de produzir mudanças, a partir da livre associação, depende ainda das articulações construídas com o poder público, único foro em condições de legislar sobre normas redistributivas em favor da equidade. Mediante sua projeção na esfera pública, por meio da participação cidadã, a economia solidária qualifica-se como um ator da *solidariedade democrática*.

Não obstante, persistem sérios desafios. Um risco fatal das iniciativas é a perda do seu espírito associativo e sua consequente degeneração. Não faltam precedentes, a começar por Rochdale, cujos sócios resolveram abolir os últimos resquícios da participação operária em suas cooperativas de produção, convertidas desde 1864 em empresas convencionais, embora de propriedade dos cooperados. A autogestão também foi abandonada pelas cooperativas de consumo e de comercialização agrícola, administradas como firmas capitalistas por quadros contratados pela direção, em detrimento da participação e do poder decisório dos sócios. As cooperativas de produção, sendo exceção à regra, em compensação cresceram menos. O próprio êxito econômico das cooperativas teria ensejado sua absorção pelo regime capitalista, fazendo-as ceder ao *isomorfismo institucional*, resultante de fatores como o incremento dos *custos de transação*, que acomete as organizações complexas dependentes de sistemas descentralizados de decisão.

Contra-exemplos de cooperativas de grande porte, como Mondragón, demonstram que o simples crescimento não basta para operar essa mudança. A autogestão perde força em razão basicamente do desinteresse dos próprios membros que a deveriam praticar. Uma questão de preferências, que se define segundo ao menos dois tipos de circunstâncias. Os fatores de pressão *negativa* minam a eficácia das modalidades habituais de sobrevivência ou de garantia de bem-estar para uma dada população, repelindo-as e impondo a *necessidade* de buscar alternativas. Por sua vez, fatores de pressão *positiva* impelem as novas escolhas em determinada direção, refletindo uma condição de *vontade*; no caso da economia solidária, uma vontade associada à superação do trabalho alienado e da sociabilidade restrita do utilitarismo. É visível que as ondas associativas, em seus momentos de expansão, relacionam-se a momentos históricos de desamparo e insegurança acentuados, diante da erosão e da inviabilidade de certas formas de vida. Enquanto a economia solidária mantiver seu poder de atração e suas iniciativas assumirem uma racionalidade própria, na qual passa a ser lógico cooperar com os outros, as chances de degeneração serão menores. Esse desfecho não é, portanto, uma fatalidade.

As alternativas constroem-se nas dialéticas do próprio sistema que combatem. Por não se submeter à lei férrea da acumulação ampliada, a economia solidária pode expandir-se em setores de baixo interesse para o mercado, mas de importância social inquestionável, como os serviços de proximidade e os sistemas locais de produção. Nesse terreno, segundo a lição das experiências que alcançaram mais dinamismo, a economia solidária tem a possibilidade de aprofundar sua inserção e encetar redes mais amplas de cooperação econômica, garantindo adicionalmente outros fatores de qualidade de vida. No Sul, a questão primordial consiste em assegurar as condições materiais indispensáveis à sobrevivência daqueles que jamais foram efetivamente integrados à economia de mercado e ao gozo dos direitos sociais, mediante alternativas de trabalho, renda e serviços ancoradas na matriz popular associativa e nas suas lutas de resistência. Ao Norte, trata-se, em suma, de enfrentar a crise do Estado-providência, a obsolescência e a falta de dispositivos eficazes de proteção social, de reagir à exclusão a partir da capacidade de iniciativa e de engajamento solidário. Do ponto de vista sistêmico, ambas as perspectivas demandam uma *instituição social* da economia que a subordine às prioridades coletivas, sancionadas sobre fundamentos éticos por meio de uma deliberação política.

A economia solidária é mais rica do que a sua face conhecida, o que torna fundamental ampliar e aprofundar a sua apreensão, para melhor conceituá-la e avaliar suas potencialidades. Ela conflui de vários países para uma perspectiva altermundialista, notabilizada nas edições do Fórum Social Mundial. Insere-se então no debate pulsante em torno das possibilidades de construção de alternativas. Talvez mais que dantes, precisamos de uma economia na qual o desenvolvimento social não seja uma preocupação subsidiária, relegada a mecanismos compensatórios, uma economia cuja lógica intrínseca implique e estimule a cooperação e a reciprocidade, em benefício da equidade e da justiça social.

**BIBLIOGRAFIA**

Coraggio, J. (Org.) (2007), *La economía social desde la periferia*: contribuciones latinoamericanas, Buenos Aires: Altamira.

Defourny, J.; Develtere, P.; Fonteneau, B. (Dir.) (1999), *L'économie sociale au Nord et au Sud*, Bruxelles: De Boeck.

Gaiger, L. (Org.) (2004), *Sentidos e experiências da economia solidária no Brasil*, Porto Alegre: UFRGS.

Guerra, P. (2002), *Socioeconomia de la solidariedad*, Montevideo: Editorial Nordan-Comunidad.

La Revue Nouvelle (2007), *Dossier Économie sociale, d'autres lunettes sont possibles*, Bruxelles, n. 1/2.

Laville, J.-L. (Org.) (2004), *Economía social y solidaria*: una visión europea, Buenos Aires: Altamira.

Laville, J.-L.; França Filho, G. (2004) *Economia solidária* – uma abordagem internacional, Porto Alegre: Editora da UFRGS.

Laville, J.-L.; França Filho, G.; Medeiros, A.; Magnen, J.-P. (Org.) (2006), *Ação pública e economia solidária*. Uma perspectiva internacional, Porto Alegre: Editora da UFRGS.

Martins, P. H.; Nunes, B. F. (Org.) (2005), *A nova ordem social*. Brasília: Paralelo 15.

Razeto, L. (1997), *Los caminos de la economía de solidaridad*, Buenos Aires: Lumen-Hvmanitas.

Revista Ciências Sociais Unisinos (2001), *Economia solidária*, São Leopoldo, v. 37, n. 159 (número temático).

Revista Katálysis (2008), *Economia solidária e autogestão*, Florianópolis, UFSC, v. 11, n. 1.

Revue Du M.A.U.S.S. (2003), *L'alter-économie*: quelle "autre mondialisation ?", Paris: La Découverte, n. 21.

Revue Économie et Solidarités (2003), Economía social y solidaria: una perspectiva Norte-Sur, *Revue du CIRIEC-Canada*, Université du Québec en Outaouais, Sainte-Fois (número especial).

Revue Tiers Monde (2007), *Économie solidaire: des initiatives locales à l'action publique*, Paris: Armand Colin, n. 190.

Santos, B. S. (Org.) (2002), *Produzir para viver*: os caminhos da produção não capitalista, Rio de Janeiro: Civilização Brasileira.

Singer, P. (1998), *Uma utopia militante*: repensando o socialismo, Petrópolis: Vozes.

\_\_\_. (2002), *Introdução à economia solidária*, São Paulo: Fundação Perseu Abramo.

# EFICIÊNCIA
Luiz Inácio Gaiger

**1.** O conceito de *eficiência* diz respeito, genericamente, ao grau de efetividade dos meios empregados, em um dado processo, para alcançar-se um objetivo ou gerar-se o resultado visado; em suma, concerne à relação entre meios e fins. Não obstante, quando se trata de processos sociais que mobilizam indivíduos e causam efeitos de profundidade e amplitude variáveis na sociedade, a análise da eficiência não pode abster-se de considerar a natureza dos fins buscados, o que descarta uma visão meramente instrumental do problema. Ademais, é necessário contabilizar tanto o dispêndio de recursos assumidos pelos indivíduos e pela organização diretamente implicada, quanto os custos indiretos, revertidos para a sociedade ou transferidos para gerações futuras. Por conseguinte, em geral e nos processos de produção econômica em particular, a eficiência deve ser entendida sob uma visão sistêmica e integrada às dimensões não-econômicas. Ela compreende a capacidade de os processos e meios utilizados promoverem a qualidade de vida das pessoas que deles se valham, bem como propiciar mais bem-estar e segurança social. A eficiência compreende a materialização de benefícios sociais – e não meramente monetários ou econômicos –, a geração de efeitos benéficos ao entorno em que se situem as iniciativas em questão, a garantia de longevidade para estas e a concretização de externalidades positivas sobre o ambiente natural, em favor de sua sustentabilidade.

**2.** No âmbito das preocupações ditadas pela economia capitalista, a eficiência refere-se essencialmente à exigência de otimizar-se a relação custo/benefício, pela decisiva incidência desta sobre a rentabilidade ou a taxa de lucro dos negócios. Nesses termos, a eficiência é compreendida como o equacionamento de variáveis reduzidas ao plano econômico, muito embora comportem elementos que transcendem essa esfera ou possuem outra natureza, como o trabalho e os demais agenciamentos sociais da estratégia produtiva em questão. Classicamente, o custo representa perdas de capital inevitáveis no processo produtivo, relativas a consumo de matérias-primas, depreciação de máquinas, tratamento de efluentes, remuneração da força de trabalho, impostos, etc. (MILLER, 1981), o que implica a necessidade de reduzi-lo, sob o prisma dos investidores. Dada a separação entre estes e a massa dos trabalhadores, as decisões sobre eficiência são uma prerrogativa do capital, nos limites dos seus fins intrínsecos e como parte da sua lógica de reprodução ampliada.

A eficiência capitalista não considera, senão utilitariamente, benefícios sociais gerados pela ação econômica, tais como postos de trabalho, valorização do ser humano, preservação do ambiente natural e qualidade de vida. Ela despreza importantes questões, a exemplo do consumo de recursos não-renováveis e da transferência de custos para o exterior da empresa ou para as gerações futuras. Das ações econômicas guiadas pelo preceito de rentabilidade máxima, resultam, em boa medida, as principais características negativas das economias capitalistas: produção sistemática de desigualdades de recursos e de poder; reiteração de formas de sociabilidade empobrecidas, baseadas antes no benefício pessoal que no bem-estar coletivo; e exploração crescente dos recursos naturais em nível global, ameaçando as condições físicas de vida na Terra (SANTOS, 2002). Com tal sentido, a eficiência não resolve esses problemas, mas tende a agravá-los.

É indispensável contestar a racionalidade econômica estrita que orienta as decisões empresariais, bem como os modelos de desenvolvimento sob padrões capitalistas, que subordinam os temas de naturezas social, cultural e ética aos fins e à lógica da acumulação (FRIEDMANN, 1992). Há que se considerar as consequências da finalidade estritamente lucrativa da empresa capitalista, da racionalidade estratégica que a sustenta, do laivo mercantil que imprime ao trabalho e da sua limitada aptidão para mobilizar a criatividade e a comunidade. Por outra via, mais ampla, cabe admitir que o estilo ocidental de vida, assim construído, vê-se condenado pela sua incapacidade de responder às exigências de qualidade de vida, de reprodução normal dos ecossistemas naturais e de segurança humana. Problemas dessa ordem requerem um novo consenso social, firmando mudanças nos valores, nos comportamentos e no plano institucional, de modo a estabelecer uma nova ação antrópica (CARPI, 1997).

Uma visão alternativa de eficiência alia-se indissoluvelmente à discussão sobre a *eficácia* da ação empreendida, isto é, sobre os fins a serem alcançados e as possibilidades de atingi-los. Tais fins, longe de se restringirem ao faturamento e ao crescimento econômico ou, ainda, a uma profícua relação mercantil entre produtores e consumidores, vinculam-se à satisfação de necessidades e a objetivos materiais, socioculturais e ético-morais dos indivíduos e da coletividade, imediatos ou de longo prazo. A racionalidade em questão compõe-se de valores dirigidos à qualidade de vida do grupo diretamente implicado e à garantia de melhorias e de segurança humana para a sociedade. Assim concebida, a eficiência consiste, pois, na capacidade de se gerarem esses resultados por meio da oferta de bens e serviços com qualidade referida a seu valor de uso, mediante estratégias produtivas e procedimentos de controle que assegurem a perenidade de tais processos e a oferta permanente daqueles benefícios.

Sob essa ótica, a eficiência pode ser incluída no conjunto de meios que, além da reprodução simples dos indivíduos e da preservação de sua vida biológica e social em níveis moralmente aceitáveis, promovam a *reprodução ampliada da vida*. Esse desenvolvimento apresenta-se durável e sustentável no tocante à qualidade de vida que contempla, além dos aspectos materiais, o nível consciente dos desejos, o acesso igualitário a um sistema de justiça e o abrigo contra a repressão política, as violências física e psíquica e outras fontes de sofrimento. Considerar esse conceito como algo primordial significa reverterem-se hierarquias, deslocando os equilíbrios macroeconômicos de sua posição determinante e alinhando os equilíbrios psicossociais, os equilíbrios sociais que facilitam a convivência pacífica e, por fim, os equilíbrios naturais (CORAGGIO, 1999, p. 136-141).

Esta última ênfase põe em xeque a própria idéia de crescimento econômico, ou de expansão da base física da economia, pois ela virtualmente impede, ou torna mais improvável, a preservação do equilíbrio do planeta. Com certeza, é impossível generalizar o modelo ocidental de produção e consumo (CAMACHO, 1996; SACHS, 1998), daí ser necessário, em última instância, reconsiderar o que se entenda por necessidades humanas, especialmente as materiais (ESCOBAR, 1995). A economia social e solidária afirmará seu caráter contemporâneo e alternativo à medida que se mostrar capaz de prover a reprodução da vida, além de qualificar os processos de geração e socialização de bem-estar, sem necessariamente incrementá-los a ponto de comprometer os recursos humanos e naturais que os sustentam.

Sob o ponto de vista dos benefícios econômicos e extra-econômicos visados, a eficiência dos empreendimentos de outra economia, social e solidária, repousa na sua racionalidade específica, determinada pela apropriação coletiva dos meios de produção, pela autogestão e pelo trabalho associado. A cooperação na gestão e no trabalho, em lugar de contrapor-se aos imperativos de eficiência, atua como vetor de racionalização do processo produtivo, com efeitos tangíveis e vantagens reais comparativamente ao trabalho individual e à cooperação induzida entre os assalariados pela empresa capitalista (PEIXOTO e LOPES, 1999; GAIGER, 2001). O trabalho consorciado age em favor dos próprios produtores e confere uma conotação bem mais ampla à noção de eficiência. Esse espírito distingue-se da racionalidade capitalista – que não é solidária e tampouco inclusiva – e da solidariedade popular comunitária – desprovida dos instrumentos adequados a um desempenho que não seja circunscrito e marginal.

A supressão das relações assalariadas e do correspondente antagonismo entre capital e trabalho elimina a parcela do excedente antes apropriada pelo estamento patronal para fins privados. A destinação desse excedente fica sob arbítrio dos trabalhadores, como acréscimo à remuneração do trabalho ou como fundo de investimento. Esse procedimento é também vantajoso à empresa, ao reduzir custos com estruturas de controle e supervisão e com estímulos pecuniários à produtividade, em suma, com as diversas estratégias da empresa capitalista, fadadas a recompor continuamente o espírito corporativo sempre que situações críticas fazem aflorar suas contradições estruturais de classe. Ademais, a existência de um vínculo direto entre a performance do empreendimento e benefícios individuais auferidos, ao lado da partilha dos valores e objetivos da organização, tende a reforçar o zelo e a atitude de colaboração dos trabalhadores, sabidamente indispensáveis a qualquer empresa e geralmente mais eficazes do que as estratégias patronais de convencimento ou coação (COUTROT, 1999). O interesse dos trabalhadores em garantir o sucesso do empreendimento estimula o empenho, havendo aprimoramento do processo produtivo, eliminação de desperdício e de tempos ociosos, qualidade final do produto ou dos serviços e redução do absenteísmo e da negligência, entre outros efeitos sublinhados pela literatura (DEFOURNY, 1988; CARPI, 1997).

O estímulo moral incrementa a capacidade laborativa e favorece o compartilhamento e conservação da experiência e do aprendizado, tanto mais que a baixa rotatividade da força de trabalho é uma característica importante dos empreendimentos solidários. O ambiente participativo facilita a comunicação e beneficia a identificação das causas de ineficiência, além de empenhar cada um na aplicação das diretivas e na proposição de inovações. De resto, os fundamentos democráticos da autogestão vêm precisamente ao encontro dos requisitos de envolvimento e participação dos trabalhadores preconizados pelos métodos de gestão modernos. Células de produção, grupos de trabalho e postos multifuncionais, a par de outras técnicas de gerenciamento horizontal e de responsabilização do trabalhador, típicas das normas de gestão de qualidade em voga, acomodam-se com naturalidade à estrutura participativa dos empreendimentos solidários.

Tais empreendimentos, ademais, dispõem potencialmente de muitos trunfos para responderem com eficiência às condições do mercado global contemporâneo, fragmentado e volátil: flexibilidade de ajuste às alterações da demanda (SORBILLE, 2000) e possibilidade de inserção em "rede de cooperação econômica, formada por outras empresas pequenas e flexíveis e por instituições culturais, educativas e políticas de apoio" (SANTOS, 2002, p. 36), a exemplo dos complexos cooperativos. A participação ativa no processo produtivo atua igualmente como fator-chave, na medida em que redunda em aprendizado comum e na sua preservação pelo conjunto de trabalhadores.

As características da autogestão e da cooperação podem revelar-se não somente como opção ética ou ideológica, mas como vetor de impulsão dos empreendimentos. O trabalho associado converte-se em uma força produtiva peculiar e determinante (RAZETO, 1990, p. 128). A posição que os trabalhadores ocupam em uma organização cooperativa e solidária – nas relações entre si e perante os demais fatores de produção – é inerente à eficiência demonstrada e indispensável à realização de suas metas econômicas e extra-econômicas (idem, p. 182-4).

Sob a ótica da geração de bem-estar para a sociedade, em condições sustentáveis, a economia social e solidária apresenta ainda outros comportamentos e características favoráveis. Entre eles, estão o respaldo à presença dos produtores na definição dos produtos e no controle do impacto ambiental, valorização do papel dos consumidores, permeabilidade a modernas tecnologias poupadoras de recursos e de energia, repercussões positivas sobre o desenvolvimento local e sobre o equilíbrio dos territórios e atenção à segurança humana. Restrições decorrentes dos princípios de funcionamento dos empreendimentos solidários, a exemplo do compromisso com a manutenção dos postos de trabalho, obrigam-nos a buscar alternativas diante de momentos de crise, sem simplesmente repassar à sociedade os custos das decisões tomadas, como se observa nos processos de reestruturação das empresas capitalistas. Isso os impele a adotar medidas flexíveis e inovadoras. Como os benefícios são repartidos entre os associados e não se restringem a ganhos monetários imediatos, a difusão dos empreendimentos tende a gerar um efeito direto sobre a distribuição da renda e da propriedade. Ao mesmo tempo, ela incide sobre as relações da comunidade em geral, imprimindo à realidade um sentido oposto às desigualdades motivadas pelo capitalismo.

Esse conjunto de virtudes supõe que os empreendimentos sejam capazes de conduzir a organização e a gestão de seus fatores produtivos, humanos e materiais, explorando adequadamente as características da *comunidade de trabalho* que os sustenta (GAIGER, 2006). A eficiência requer o abandono de padrões de gestão típicos da condição precária e subordinada da economia informal e da maior parte da economia popular. Há que se superar o estilo de gestão baseado na capacidade de improvisação ou em adaptações sucessivas diante das circunstâncias, que se apresentam neste caso como fatos determinantes, sobre os quais não se possui qualquer poder de reação ou controle, senão defensivamente. Ademais, cabe distinguir a realidade tangível dos indivíduos e famílias que integram o empreendimento (com suas demandas muitas vezes prementes e justificadoras de uma atitude imediatista) da realidade da empresa em si – com seus tempos e rotinas próprias, suas margens de escolha nunca ilimitadas, sua complexidade e incontornável exigência de planejamento. A eficiência implica ainda compreender que, diferentemente das empresas privadas capitalistas ou da economia pública, o *fator organizador* (RAZETO, 1990) dos empreendimentos solidários é o trabalho, que neles ocupa posição central, por três razões essenciais: a) é o principal recurso produtivo, físico e intelectual ao dispor dos empreendimentos; b) está na raiz dos empreendimentos e constitui sua razão de ser ineludível; e c) esse recurso produtivo e esse marco original e motivador são encarnados por todos os trabalhadores, sendo extensivos a todo o corpo social do empreendimento, o que converte a participação equitativa e ampla na tomada de decisões em algo *natural* nessa nova realidade.

3. A economia social e solidária expressa e, ao mesmo tempo, representa meios de cultivar e tornar apreciáveis as formas de produzir e entender a produção assentes em padrões culturais diversos, que definem de outro modo as necessidades, ultrapassam a cultura materialista e instrumental e estabelecem relação vária entre os seres humanos e a natureza. As formas singulares de conhecimento que estimula são fontes alternativas de produção (SANTOS, 2002). Assim considerada, a eficiência evoca uma racionalidade distinta, orientada à satisfação das necessidades e à realização das aspirações humanas, estimulando a simbiose com o ambiente natural, por meio de um vínculo integrador e de modelos de desenvolvimento sustentável. Ela demanda outros estímulos para a ação antrópica, individual e coletiva, bem como um novo conjunto de indicadores para a avaliação e o direcionamento da atividade humana.

BIBLIOGRAFIA

BOUTILLIER, S.; UZUNIDIS, D. (1999), *La légende de l'entrepreneur*: le capital social ou comment vient l'esprit d'entreprise, Paris: Syros.

CAMACHO, I. (1996), Economía alternativa en el sistema capitalista, *Revista de Fomento Social*, n. 51, p. 319-340.

CARPI, J. (1997), La economía social en un mundo en transformación, *Revista Ciriec-España*, n. 25, p. 83-115.

CORAGGIO, J. (1999), *Política social y economía del trabajo*, Madrid: Miño y Dávila Ed.

COUTROT, T. (1999), *Critique de l'organisation du travail*, Paris: La Découverte.

DEFOURNY, J. (1988), Coopératives de production et entreprises autogérées: une synthèse du débat sur les effets économiques de la participation, *Mondes en Développement*, Paris, v. 16, n. 61, p. 139-53.

Escobar, A. (1995), *Encountering Development*, Princeton: Princeton University Press.

Etzioni, A. (1988), *The moral dimension:* toward a new economics, New York: Free Press.

Friedmann, J. (1992), *Empowerment:* the politics of alternative development, Cambridge/Oxford: Blackwell.

Gaiger, L. (2001), Virtudes do trabalho nos empreendimentos econômicos solidários, *Revista Latinoamericana de Estudios del Trabajo*, Buenos Aires, v. 7, n. 13, p. 191-211.

Gaiger, L. (2006), A racionalidade dos formatos produtivos autogestionários, *Sociedade e Estado*, Brasília: UNB, v. 21, n. 2, p. 513-545.

Hirschman, A. (1986), *A Economia como ciência moral e política*, São Paulo: Brasiliense.

Lévesque, B.; Bourque, G.; Forgues, É. (2001), *La nouvelle sociologie économique*, Paris: Desclée de Brouwer.

Miller, R. (1981), *Microeconomia:* teoria, questões e aplicações, São Paulo: McGraw-Hill.

Peixoto, J.; Lopes, V. (1999), *A reestruturação produtiva no Brasil e o caso das empresas industriais sob regime de autogestão ou co-gestão*, Rio de Janeiro: COPPE-UFRJ.

Ponte Jr., O. de S. (Org.) (2000), *Mudanças no mundo do trabalho:* cooperativismo e autogestão, Fortaleza: Expressão.

Razeto, L. (1990), *Las empresas alternativas*, Montevideo: Editorial Nordan-Comunidad.

Sachs, I. (1998), *L'Écodéveloppement*, Paris: Syros.

Santos, B. S. (Org.) (2002), *Produzir para viver:* os caminhos da produção não capitalista, Rio de Janeiro: Civilização Brasileira.

Sorbille, R. (2000), A autogestão e o desafio da viabilidade econômica. In: Ponte Jr, O. (Org.), *Mudanças no mundo do trabalho*: cooperativismo e autogestão, Fortaleza: Expressão.

# EMANCIPAÇÃO SOCIAL
Antonio David Cattani

**1.** A expressão *emancipação social* recobre uma extensa gama de princípios, conceitos e processos materiais identificados também por outros termos. Entre eles, estão auto-emancipação proletária, autogoverno, socialismo, sociedade autogerida e sociedade dos produtores livremente associados. Neste verbete, a noção de emancipação social será desenvolvida abrangendo-se o conjunto desses significados e processos.

O conceito de emancipação social designa o processo ideológico e histórico de liberação por parte de comunidades políticas ou de grupos sociais da dependência, tutela e dominação nas esferas econômicas, sociais e culturais. Emancipar-se significa livrar-se do poder exercido por outros, conquistando, ao mesmo tempo, a plena capacidade civil e cidadã no Estado democrático de direito. Emancipar-se denota ainda aceder à maioridade de consciência, entendendo-se, por isso, a capacidade de conhecer e reconhecer as normas sociais e morais independentemente de critérios externos impostos ou equivocadamente apresentados como naturais.

Emancipação social vincula-se ao conceito de autonomia. Uma comunidade política é emancipada, é livre, quando suas leis não são impostas por processos repressivos, tutelares ou paternalísticos; é autônoma quando não obedece a regramentos subjetivos, adventícios ou arbitrários; é, verdadeiramente, emancipada, quando a lei maior é o bem comum, objetivo e universalizador. Na sociedade emancipada, os indivíduos possuem o máximo de liberdade, mas esta é pautada pela igualdade, pela reciprocidade de direitos e obrigações, enfim, pelo processo civilizador que garante a livre expressão respeitosa da diferença e da liberdade do outro (v. *Utopia*).

**2.** O verbo *emancipar* é proveniente do termo latino *emancipare*, de *ex* (fora de, não mais) e de *mancipium* (escravo, indivíduo dependente). Ele corresponde a uma figura jurídica já conhecida pelo direito romano, traduzindo atos de libertação legal, alforria ou interrupção da tutela e da autoridade de um sobre outrem. Emancipar remete à liberdade concedida, adquirida ou conquistada. Durante séculos, o termo foi usado para se referir a situações individuais ou de pequenos grupos. Foi somente a partir do Século das Luzes e da Revolução Francesa que o conceito adquiriu o sentido amplo e dinâmico que vigora até o século XXI. Nas sociedades pré-modernas, dominadas pelos fatos religiosos, com seus dogmas, e pela percepção da legitimidade imanente do poder, via de regra, monárquico, as idéias de soberania popular, de livre arbítrio ou de emancipação social não tinham lugar. Por meio de múltiplas dimensões de caráter religioso, ideológico, político e cultural, as sociedades tradicionais concebiam a ordem e o sentido da vida em sociedade como decorrentes e dependentes de forças e de vontades superiores e exteriores às dos homens.

O desejo de liberdade, de autodeterminação, sempre existiu. Revoltas populares eclodiram ao longo dos séculos, porém, foram constantemente marcadas por messianismos diversos, não apresentando consequências duradouras. Sobretudo, não foram conduzidas e concebidas como processos emancipadores, universalizadores, dependentes da livre agência humana. Com a Modernidade, os indivíduos passaram a se confrontar com a verdade dos seus atos: a sociedade não mais seria definida por forças transcendentes, mas pela conjugação de processos humanos na sua relação com a natureza, com as necessidades de reprodução material e com o processo de criação histórica. Na Modernidade, formaram-se as sociedades marcadas pela agência humana e pela recusa aos determinismos e à inespecífica repetição do tempo cíclico.

As idéias de progresso, modernização ou desenvolvimento estimularam o surgimento das "sociedades mobilizadas e agenciadas por projetos" (BOUTINET, 1990), isto é, aquelas que se autoproduzem segundo a capacidade de controle das lógicas societárias e econômicas. A capacidade de antecipação vai além da simples predição; ela se constitui em elemento decisivo para romper com a inércia, para galvanizar forças em torno de projetos de ruptura ou de reordenamento intencional do presente. No início da Modernidade e do desenvolvimento capitalista, esse processo foi conduzido pelas novas elites: burgueses empreendedores e conquistadores, déspotas esclarecidos e jacobinos voluntariosos. Concomitantemente a esses processos inovadores nas esferas econômicas e políticas, forças sociais passaram a ser articuladas, agora potencializadas e legitimadas por novos quadros teóricos. Teoria e prática conjugaram-se para anunciar o advento da universalização dos direitos humanos e sociais e do acesso das massas à dignidade. Os movimentos que tinham como horizonte a verdadeira sociedade comunista – isto é, a sociedade não mais mutilada pela luta de classes ou pela ditadura que primava pela burocratização – multiplicaram-se. Esses movimentos fizeram com que termos tais como soberania popular, livre determinação, igualdade, liberdade e fraternidade para todos não permanecessem como devaneios ou figuras retóricas, convertendo-os em princípios basilares de um projeto inédito na história da humanidade.

**3.** Uma melhor e mais nítida definição de emancipação social pode ser estabelecida apresentando-se as situações e concepções a ela opostas. Nunca faltaram candidatos para dirigir o processo histórico e para tentar ordenar a sociedade. Reatando com as tradições mais antigas e conservadoras da vida política, as versões contemporâneas do pensamento elitista reafirmam, continuamente, a incapacidade congênita do povo de ter iniciativas autônomas e de manifestar e defender seus próprios interesses. Partindo da constatação de que existem desigualdades reais na constituição física, nos recursos intelectuais e na distribuição dos talentos dos indivíduos, o pensamento elitista justifica a concentração do poder e riquezas nas mãos dos mais "capazes". O homem-massa é o homem-medíocre, abúlico, com comportamento de rebanho, para o qual nada mais resta que se prostrar e submeter-se à condução dos líderes.

Na contemporaneidade, as formas mais radicais do pensamento elitista não se manifestam explicitamente. Versões amenizadas ou transvestidas proliferam sob, pelo menos, duas variantes básicas. A primeira apresenta-se como pertencente ao campo progressista e, imbuída das melhores intenções, almeja o bem comum. Esse é o caso de variantes do espírito vanguardista consubstanciado no jacobinismo e nas adaptações oportunistas do leninismo. Para as vanguardas operantes e altruístas, as massas, embrutecidas pelo processo de trabalho, são incapazes de desenvolver uma consciência da totalidade concreta, de si e de seus verdadeiros interesses. Precisam, pois, de quadros impolutos "capazes de tomar o poder e conduzir todo o povo ao socialismo, de dirigir e organizar um novo regime e de ser o instrutor, o guia e o chefe de todos os trabalhadores" (Lenine, 1983). A tradição jacobina manifesta-se nas políticas keynesianas ou social-democratas – que buscam promover, desde o alto, o bem comum, mesmo que seja à revelia dos interessados – e em versões modernas do cesarismo social. Segundo Gramsci, este seria um regime político que dispensa instituições intermediárias, cujo poder está centralizado em personagens carismáticos identificados como defensores do povo. A segunda variante do pensamento elitista é representada pelas concepções assumidamente tutelares. Neste caso, a participação autônoma das massas não é tolerada, uma vez que elas são consideradas incapazes, carecendo da proteção das elites, autoproclamadas racionalizadoras da ação política e da vida pública. Caudilhos, modernos déspotas esclarecidos, governantes populistas têm na esfera do Estado seu campo de ação e, de cima, operam para que o povo seja integrado aos projetos políticos que controlam (cf. Silva et al., 2000). Buscando o bem comum a qualquer preço, a forma tutelar desdobra-se em práticas assistencialistas e caritativas que reforçam as relações de subserviência dos indivíduos e das instituições. Se necessário, traduz-se em práticas repressivas quando os sujeitos, tidos como inconscientes dos seus verdadeiros interesses, tentam o caminho incerto da liberdade.

Todas essas formas antiemancipadoras são, de certo modo, convencionais, isto é, facilmente perceptíveis na história das relações entre soberanos e vassalos, entre dirigentes e dirigidos, definindo configurações espúrias ou legítimas do contrato social. Muito mais complexa é a forma contemporânea de controle social, que naturaliza a dominação mediante as relações capitalistas. Estas têm a figura do mercado como auto-referente, auto-institucionalizante e ordenadora suprema das relações entre os indivíduos. As imagens clássicas do poder (Estado, tirano, líder) e suas ações são identificáveis, ao passo que a figura do mercado é diluída, vaga, engendrando a ficção imprecisa da "individualidade soberana".

Segundo a teoria neoliberal, o indivíduo é livre e consciente. Ao agenciar recursos na busca dos seus interesses segundo um cálculo racional de custos e benefícios, ele constrói o "mundo possível". A mão invisível do mercado encarregar-se-ia de compatibilizar as diferenças de expectativas, regular as preferências e, sobretudo, definir o lugar de cada um na composição social. A forma produtiva regida pela racionalidade capitalista (produzir para acumular, acumular para dominar) é a célula *mater*, ou usina nuclear, da reprodução social. É no processo de trabalho que se materializa objetivamente a domesticação dos produtores diretos. Ao alienar sua força de trabalho, o trabalhador aliena-se, submete-se ao poder discricionário de outrem, perdendo a capacidade de administrar sua vida, de se realizar como criador livre das obras humanas.

Considerando-se apenas o século XX, o processo de trabalho foi orientado por princípios tayloristas e fordistas. Esses princípios conformaram estratégias temporais que, mediante a fragmentação e especialização das tarefas e a separação entre funções de concepção, planejamento e execução, asseguravam o controle estrito do trabalho humano. O trabalhador não só era explorado, mas também reduzido a situações de vulnerabilidade e de dependência, o que o levava a crer que nada haveria além do trabalho fragmentado, repetitivo, monótono e carente de sentido. Um novo paradigma, em construção a partir dos anos 1980, alterou esse quadro. A dominação constitui-se não apenas majoritariamente por meio de relações estáveis, mas também da inserção laboral esporádica, precária e incerta. Entre outras conseqüências, a especialização flexível, prática organizacional da produção e dos serviços na sociedade do século XXI, remete ao trabalhador a responsabilidade por sua "empregabilidade" e sua inserção laboral como empreendedor coletivo ou como profissional assalariado ou autônomo. Outra vez, a ideologia dominante, assente nas novas condições da produção social, assegura que "cada um tenha o que mereça e esteja no lugar que lhe convenha".

A despeito de seu potencial libertário, a educação pode ser agenciada intimamente com o processo de dominação social. Nas sociedades de classes, sem participação democrática, a escola reforça a desigualdade e legitima a fixação dos indivíduos na estrutura hierarquizada (Gentili e Frigotto, 2000). A conjugação entre educação e trabalho (incluindo-se a formação profissional) é a base da naturalização da dominação, ou seja, mediante essa confluência, os indivíduos passam a internalizar as normas de controle, de obediência, crendo serem elas naturais e necessárias.

**4.** Existem inúmeras referências teóricas aos processos emancipadores. Na Filosofia, a idéia de emancipação associa-se à ampliação do verdadeiro entendimento que permitiria uma liberação abstrata na esfera da política. Esse é o caso da percepção kantiana dos processos éticos e históricos, segundo a qual a emancipação permite a utilização livre e pública da razão, fundamentando princípios morais válidos para o indivíduo e para sua relação com a sociedade. Conforme outros pensadores sociais, a exemplo de Fourier, a emancipação está associada à criação de um novo homem e de uma nova sociedade, daí a necessidade de se detalharem, com precisão, as modalidades do processo emancipador (instituições e ordenamentos físicos, urbanísticos, etc.). Os agentes desses processos, via de regra, são sujeitos indefinidos. A mesma concepção não é encontrada na obra de Marx. Para este autor, a emancipação é centrada na figura emblemática do operário industrial, que, ao defender seus interesses, promove a ação revolucionária, assegurando a superação do capitalismo e o atendimento aos interesses do conjunto da humanidade. Pouco preocupado com as "receitas a serem desenvolvidas nos caldeirões do futuro", Marx não aprofunda as várias referências à emancipação do proletariado, mesmo ao argumentar a favor de uma "sociedade dos produtores livremente associados" e ao proclamar que "a emancipação da classe operária será obra da própria classe operária". Para muitos autores vinculados à tradição marxista, a emancipação social constituiria um resultado ulterior aos processos revolucionários. Após a tomada do poder, as vanguardas promoveriam a socialização dos meios de produção (abolição da propriedade privada), e o controle direto da produção social seria exercido pela camada esclarecida, técnico-burocrática, preparando terreno para a futura sociedade comunista. O resultado do "socialismo realmente existente" foi a hipertrofia do aparelho estatal, autoritário, burocrático e repressor das transformações verdadeiramente emancipadoras.

A emancipação social manifesta-se nos múltiplos combates às normas arbitrárias e às hierarquias opressoras e promotoras da discriminação e da desigualdade. Seu corolário, vinculado ao conceito de autonomia, "é a apropriação coletiva, a descentralização, a participação consciente no processo produtivo, na vida em sociedade e na criação cultural. Emancipação implica associativismo livre, fundamentado na igualdade dos indivíduos; subentende, também, responsabilidades e oportunidades iguais para que fins comuns sejam atingidos; a divisão de tarefas e o sentido do trabalho livremente estabelecidos, elegibilidade e revogabilidade dos cargos de direção" (CATTANI, 2000). Alguns exemplos de manifestações concretas da emancipação social são analisados no verbete *Utopia* e em outros desta obra.

**5.** Ao combater as ordens injustas, a tutela ou o paternalismo das elites e, sobretudo, a naturalização do controle social que configura a "servidão voluntária", os movimentos libertários enfrentam as costumeiras dificuldades materializadas em repressão, apatia social, isolamento e esgotamento da ação militante. Ademais, a pauta da emancipação social é cada vez mais extensa, pois abrange sempre novas exigências. Entre elas, incluem-se as questões de gênero e a discriminação contra minorias étnicas e culturais, entre outras. A essas se acrescem, a partir das últimas décadas do século XX, a sustentabilidade ambiental e o novo internacionalismo contra-hegemônico. Em face da globalização excludente e do caráter predatório do capitalismo, a defesa do meio ambiente e da biodiversidade deve estar associada a iniciativas populares verdadeiramente internacionais. Há ainda, no mínimo, dois novos desafios. O primeiro é a emancipação social no quadro dos avanços tecnológicos, os quais, sob gestão capitalista, reforçam e ampliam as desigualdades. A auto-emancipação proletária não pode, a título de igualizar as oportunidades dos indivíduos, promover ações regressivas, alvitrando uma pretensa sociedade mais simples, despojada dos atributos do conforto moderno e dos recursos tecnológicos. Ao contrário, o desafio que se coloca é o da apropriação e administração socialmente justa da produção científica de ponta. O segundo grande desafio refere-se ao estatuto do trabalho. Para muitos autores consagrados, progressistas ou conservadores, só haverá realização plena dos indivíduos com a supressão do trabalho. Para eles, o tempo verdadeiramente livre é o tempo do não-trabalho, do ócio, ou da realização de atividades não-impostas pelo reino das necessidades. Essa concepção idílica de uma Idade de Ouro, na qual os indivíduos seriam, ao mesmo tempo, produtores-filósofos-poetas-pescadores passeando no país da Cocagna esvazia a ação humana de seu potencial transformador. Trabalho é ato de criação, de superação do discurso e da representação dominante, permitindo aos indivíduos confrontarem-se com o mundo e transformá-lo. A utopia a ser buscada não é a abolição do trabalho, mas a extinção de sua dimensão opressora e alienante. A sociedade emancipada é aquela produtora do presente e de um outro futuro.

As dificuldades históricas e os novos desafios interpostos à emancipação social são imensos e complexos, entretanto, as energias utópicas são inesgotáveis. Novos "personagens entram continuamente em cena" (SADER, 1988) para impedir a domesticação da vida e para reativar o fluxo civilizador.

BIBLIOGRAFIA

BOUTINET, J. P. (1990), *Anthropologie du projet*, Paris: PUF.

CATTANI, A. D. (2000), *Trabalho & autonomia,* Petrópolis: Vozes.

___. (2002), Autonomia, In: CATTANI, A. D. (Org.), *Dicionário crítico sobre trabalho & tecnologia*, Petrópolis: Vozes; Porto Alegre: Editora da Universidade.

GENTILI, P.; FRIGOTTO G. (Org.) (2000), *A cidadania negada:* políticas de exclusão na educação e no trabalho, Buenos Aires, Clacso.

LENINE, V. (1983), *O Estado e a revolução*, São Paulo: Hucitec.

SADER, E. (1988), *Quando novos personagens entraram em cena*, Rio de Janeiro: Paz e Terra.

SANTOS, B. S. (1994), *Pela mão de Alice*, Porto: Edições Afrontamento.

SILVA, F. C. T.; MEDEIROS, S.; VIANA, A. (Org.) (2000), *Dicionário crítico do pensamento da direita*, Rio de Janeiro: Faperj; Tempo; Mauad.

# EMPREENDIMENTO ECONÔMICO SOLIDÁRIO
Luiz Inácio Gaiger

**1.** O conceito de *empreendimento econômico solidário* compreende as diversas modalidades de organização econômica, originadas da livre associação de trabalhadores, nas quais a cooperação funciona como esteio de sua eficiência e viabilidade. Sua presença tem se verificado em setores da produção, prestação de serviços, comercialização e crédito. Esses empreendimentos adotam, em proporção variável, arranjos coletivos na posse dos meios de produção, no processo de trabalho e na gestão do empreendimento, minimizando a presença de relações assalariadas. Mediante a socialização dos meios de produção e a autogestão, expressam uma inflexão da economia popular, de base doméstica e familiar, ou ainda, em alguns dos seus segmentos, uma reconversão da experiência operária do trabalho. Apresentam-se sob forma de grupos de produção, associações, cooperativas e empresas de autogestão, combinando suas atividades econômicas com ações de cunhos educativo e cultural. Valorizam, assim, o sentido da comunidade de trabalho e o compromisso com a coletividade na qual se insiram.

As práticas características de tais empreendimentos inscrevem-se em uma nova racionalidade produtiva, na qual o solidarismo converte-se em sustentáculo dos empreendimentos, ao gerar resultados materiais efetivos e ganhos extra-econômicos. O trabalho consorciado age em favor dos próprios produtores e confere, à noção de eficiência, uma conotação bem mais ampla, incluindo a qualidade de vida dos trabalhadores e a satisfação de objetivos culturais e ético-morais. Esse espírito distingue-se tanto da racionalidade capitalista, como da solidariedade comunitária, por ser esta desprovida dos instrumentos adequados a um desempenho social e econômico que não seja circunscrito e marginal. Além disso, dado o papel decisivo de um conjunto crescente de organizações e agentes mediadores, os empreendimentos solidários tendem a buscar ou criar mecanismos e instituições de articulação, representação e intercâmbio, econômico e político. Com suas vinculações e extensões, constituem a célula propulsora básica da economia solidária.

**2.** Desde o séc. XIX, registram-se tentativas de se instituírem formas comunitárias e democráticas de organizar a produção e o consumo, em resposta a aspirações de igualdade econômica e à necessidade de se garantirem meios de subsistência para a massa de trabalhadores desprezada pelas empresas capitalistas. Segundo a reflexão teórica que essa realidade emergente vem suscitando, os empreendimentos solidários expressam uma germinação de formas de *economia alternativa*, distintas da lógica mercantil capitalista, e de *alternativas econômicas*, por conformarem estabelecimentos viáveis, capazes de assegurar sua reprodução social. Esses empreendimentos incrementam o leque das formas não-capitalistas de produção (SANTOS, 2002), contudo, suas virtudes não estão determinadas, pois constituem tendências e possibilidades que se materializam com maior ou menor intensidade, de acordo com as condições objetivas e subjetivas em que se desenvolva cada experiência. O êxito dos empreendimentos depende, ademais, não apenas do cenário em que se encontrem, mas do investimento que neles se realize. Ao se apontarem os aspectos novos e promissores das experiências de economia solidária, o conceito deve ser utilizado principalmente como um instrumento para o estudo de casos empíricos, segundo as questões e ângulos de análise que propõe, ao mesmo tempo em que evoca um direcionamento histórico possível, a ser verificado.

A expansão atual desses empreendimentos remete tanto a capítulos anteriores da história de lutas dos trabalhadores, quanto a correntes de pensamento e ação política. Suas raízes mais longínquas situam-se no século XIX europeu, quando a proletarização do mundo do trabalho provocou o surgimento de um movimento operário associativo e das primeiras cooperativas autogestionárias de produção. Essa práxis esteve intimamente associada à matriz intelectual e política que, desde então, tem evoluído por caminhos diversos: socialistas utópicos (Saint-Simon, Fourier), anarquistas (Proudhon, Kropotkin), cooperativistas (Owen, Gide), cristãos (Le Play, Raiffeisen), socialistas (Jaurès, Pannekoek) e comunitaristas (Lebret, Mounier). À medida que se verificaram experiências de autogestão em outros continentes e sucederam-se episódios marcantes na história política do século XX, o caldeamento operado entre essas vertentes resultou em uma profusão de abordagens e na entrada em cena de novas referências, a exemplo do pensamento cristão (Teilhard de Chardin, Teologia da Libertação) e do socialismo (Castoriadis, Mariátegui), atualmente confluentes.

Embora a caracterização das novas iniciativas sustentadas no solidarismo econômico não tenha sido objeto de proposições sistemáticas, são flagrantes as similitudes entre as designações de diferentes autores que observam o fenômeno ao Sul e ao Norte. Em meio a outros exemplos, nas *empresas de economia popular* predominam relações de reciprocidade e cooperação, bem como certo hibridismo entre arranjos formais e informais e entre práticas não-mercantis e aquelas integradas ao mercado (NYSSENS, 1996). Já em *empresas de economia solidária*, desenvolvem-se os diversos tipos de atividade econômica baseados na associação voluntária, na propriedade comum dos meios de produção, na gestão coletiva, no exercício de poder pela comunidade de trabalhadores e no esforço mútuo, em prol de interesses comuns (VERANO, 2001). Por sua vez, as *empresas alternativas* funcionam segundo princípios de preservação dos postos de trabalho, de inserção de pessoas socialmente desfavorecidas, de maior implicação e evolução pessoal dos trabalhadores, de conservação do meio ambiente, de promoção de ações sociais e culturais e de envolvimento nos movimentos coletivos (RAZETO, 1990). Finalmente, as *organizações produtivas da economia social* diferenciam-se ao avocarem a propriedade coletiva dos meios de produção, o primado dos membros trabalhadores sobre o capital, a institucionalização da gestão democrática do processo de acumulação, a eficácia em lograr a satisfação de necessidades, a superação da estrita relação mercantil e as interações calcadas na racionalidade comunicativa (CARPI, 1997).

A economia de solidariedade corresponde a uma corrente genuína do pensamento latino-americano. Em sentido propriamente conceitual, o termo *empre-*

*endimento econômico solidário* foi introduzido pelas formulações de Luis Razeto (Chile) acerca das formas de economia popular. No início dos anos 1980, o autor distinguia, no mundo dos *pobladores* das periferias urbanas, grupos que se organizavam em torno de organizações econômicas. Para tanto, se valiam de recursos pessoais, postos em comum, e de alternativas de ajuda mútua, com vistas a satisfazerem necessidades básicas. Algumas dessas organizações logravam superar a simples garantia de subsistência e aportavam melhorias à qualidade de vida, em certos casos propiciando margens de acumulação e crescimento econômico, graças a práticas e valores como a solidariedade, a cooperação e a autonomia. Embora se deparando com dilemas de sobrevivência, essas organizações assumiram igualmente um papel de resistência, em face das exclusões política, social e cultural. As evoluções posteriores conduziram-nas à condição de sujeitos econômicos plenos, aptos a gerar trabalho e renda duradouramente (RAZETO, 1983). A relação entre solidarismo e empreendedorismo foi enfatizada a seguir, ao se indicar que a força econômica dessas organizações repousaria "no fato de que um elemento comunitário, de ação e gestão conjunta, cooperativa e solidária, apresente no interior dessas unidades econômicas efeitos tangíveis e concretos sobre o resultado da operação econômica, efeitos concretos e específicos nos quais se possa discernir uma particular produtividade, dada pela presença e crescimento do referido elemento comunitário, análoga à produtividade que distingue e pela qual se reconhecem os demais fatores econômicos" (RAZETO, 1993, p. 41).

Estudos sob essa perspectiva permitiram a identificação de casos semelhantes, em que empreendimentos populares associativos passaram a lograr algum nível de acumulação e crescimento. Mediante planificação e investimentos, alcançaram estabilidade mínima e chances de viabilidade, requerendo assim o desenvolvimento de uma nova racionalidade econômica (GAIGER, 2004). Tais características conferem-lhes um padrão distinto ao das modalidades predominantes de economia popular, em que estão em jogo necessidades imediatas de sobrevivência ou, quando muito, a preservação de meios de subsistência num quadro inalterável de pobreza e dependência. Pesquisas caucionaram a tese de haver uma simbiose entre as práticas de cooperação e autogestão e os imperativos de eficiência e desempenho econômico. O êxito dos empreendimentos aparece vinculado a circunstâncias e fatores cujo efeito positivo é proporcional ao caráter socialmente cooperativo por eles incorporado. Depreende-se então que o fator trabalho é passível de ser levado a pleno rendimento, como *trabalho associado*, na medida em que a própria comunidade de trabalho funciona como determinante da racionalidade econômica, sem entrar em conflito com sua natureza social e participativa, produzindo efeitos tangíveis e vantagens efetivas quanto a seus objetivos econômicos e sociais.

Uma qualidade importante dos empreendimentos solidários reside em seu caráter multifuncional, bem como em sua vocação a atuar simultaneamente nas esferas econômica, social e política e a agir concretamente no campo econômico ao mesmo tempo em que interpelam as estruturas dominantes. Eles rejeitam a antinomia entre interesses econômicos e questões sociais, respectivamente atribuídos ao binômio mercado privado-Estado, bem como as fronteiras estabelecidas entre tempo de trabalho produtivo e tempo de satisfação das necessidades. Sua razão de ser consiste no atendimento às necessidades materiais de seus membros, assim como às suas aspirações não-monetárias, como reconhecimento, inserção social, autonomia, etc. Ao fazê-lo, introduzem, na esfera econômica, questões de fundo ético, que passam a incidir sobre aquele universo, mediante princípios normativos irredutíveis à lógica instrumental e utilitária.

Especificamente quanto às organizações produtivas, estas representam tanto um instrumento de influência direta e sistemática sobre o processo de produção e gestão, como um espaço de aprendizagem e experimentação democrática. Esse aspecto constitui um fator de autonomia diante da alienação do mercado e do poder burocrático estatal e uma garantia contra a materialização da vida (CARPI, 1997). Esses fatos decorrem, em última instância, do corte que se estabelece entre os empreendimentos solidários e a lógica capitalista de produção de mercadorias e de reprodução social. O cerne dessa ruptura reside na supressão do fosso estrutural dessa lógica, a qual opõe trabalhadores e meios de produção, trabalho e capital, produção e apropriação. As relações de produção dos empreendimentos solidários, portanto, não são apenas atípicas ao modo de produção capitalista, mas também contrárias e virtualmente antagônicas à forma de produção assalariada.

O Mapeamento Nacional da Economia Solidária no Brasil (2005-2007) ilustra bem as utilidades do conceito. Em primeiro lugar, este foi adotado pelo Fórum Brasileiro de Economia Solidária para designar e caracterizar seus integrantes natos, isto é, as organizações econômicas de trabalhadores que comungam da identidade do Fórum, participam de suas estruturas de gestão e constituem a referência de sua plataforma de lutas. Em segundo lugar, mediante um processo metodológico participativo de delimitação conceitual, chegou-se a uma definição operacional quanto aos empreendimentos que seriam incluídos no Mapeamento, sem haver prejulgamento acerca de seu conteúdo efetivamente solidário e empreendedor. Por fim, além de ensejar um exame acurado e positivo da racionalidade singular implícita na lógica de atuação dos empreendimentos (GAIGER, 2007b), a base de dados resultante do Mapeamento tem viabilizado diversas análises acerca dos tipos de empreendimentos e de seu papel como alternativas para os trabalhadores.

É particularmente urgente conceber alternativas econômicas e sociais, assim como pleitear seu estabelecimento, tanto pelo grau de aceitação, sem precedentes, da inevitabilidade do capitalismo como opção única, quanto pelo descrédito irreversível da alternativa sistêmica oferecida, no século XX, pelas economias socialistas centralizadas. No horizonte que se descortina no século XXI, ainda não se apresentam teorias e modelos alternativos portadores de uma nova totalidade, rompendo plenamente com as determinações vigentes. No tocante aos empreendimentos solidários, seu desenvolvimento ainda incipiente e a diversificada relação de seus membros com a esfera econômica impedem conceituá-los como um modo de produção em sentido estrito. A despeito dessas limitações, há possibilidades de formas de existências individuais e coletivas que escapam ao sistema social capitalista e com ele se defrontam. A viabilidade e a força emancipadora dessas alternativas poderão resultar em cenários futuros de importante inflexão histórica (GAIGER, 2007a). No presente, essas experiências dificultam a reprodução do capitalismo, impondo-lhe concessões.

**3.** Sejam quais forem os desdobramentos futuros dessas alternativas econômicas e sociais, no contexto que se verifica no século XXI, importa ter-se em vista que apenas uma nova práxis de inserção nos mundos do trabalho e da economia pode gerar uma nova consciência e ocasionar, sucessivamente, novas mudanças. Esse é o requisito básico, verificado nas experiências de economia solidária em curso, que motiva ir-se em busca dos meios de cumprimento daquelas possibilidades. Tal fato não significa que se esteja em vias de suplantar as empresas capitalistas, com chances de se ameaçar o próprio capitalismo. Os empreendimentos econômicos solidários têm como papel fornecer provas convincentes de que são estruturalmente superiores à gestão capitalista quanto ao desenvolvimento econômico e à geração de bem-estar social, por serem comparativamente vantajosos devido à sua forma social de produção específica. Ademais, cabe ressaltar que os critérios de avaliação do êxito ou fracasso das alternativas econômicas devem ser gradativos e inclusivos. Não obstante os limites dos empreendimentos solidários, aguarda-se deles um passo decisivo para se conferir credibilidade e gerar-se intensa adesão social aos propósitos de uma nova arquitetura mundial. Para se alcançarem tais propósitos, necessita-se de participação cidadã e de propostas experimentadas e incorporadas na vida cotidiana, nas práticas de trabalho e na produção econômica.

Em seu uso corrente, o conceito de empreendimento econômico solidário expõe-se aos mesmos riscos das formulações sobredeterminadas pelas categorias da práxis. Nesses casos, o fato de se lidar com práticas e tomadas de posição atinentes a propósitos de intervenção na realidade acarreta problemas de descontrolada interpenetração entre o discurso analítico e o discurso político e pragmático. A reflexão teórica sofre a pressão da práxis militante e, nessa medida, vê-se desprovida do seu papel de instância crítica, de tornar relativo o dado imediato da realidade e suas leituras singulares. Uma vez que o caráter militante das abordagens opera uma seleção na realidade com fins prescritivos, a exclusão de outras questões facilmente alimenta um raciocínio circular, reiterativo. Instaura-se uma disputa simbólica pela representação do campo e pela designação das coisas (cf. BOURDIEU, 1989), o que confere a elas determinada visibilidade e relevância e, assim, chances desiguais de converterem-se em problemas de conhecimento, com vistas a um melhor discernimento para a ação.

No plano concreto, esses problemas manifestam-se na reificação do conceito e na sua assimilação normativa. Ao despertar entusiasmo e otimismo, sua limpidez cristalina induz a vê-lo como reflexo depurado da realidade, a despeito das ambiguidades e impasses desta ou do fato de recobrir motivações e iniciativas com origens e naturezas distintas, próprias a diferentes lugares e circunstâncias, as quais não comportam uma tendência espontânea de confluência para uma nova totalidade social. O conceito pode ainda contribuir involuntariamente para delinear a impressão de que o prisma de leitura que oferece esteja indubitavelmente em curso, por conta de um devir histórico já posto teleologicamente. Nesse rumo, diagnósticos menos promissores da realidade passam a ser entendidos como desaprovações ou discordâncias políticas, não obstante seus fundamentos objetivos.

O uso crítico do conceito é um mister, tendo-se consciência dos campos político, cultural e científico em que o analista esteja inserido, para se reconhecer aquilo que a visão dos problemas deva ao senso comum erudito e à posição nele ocupada pelo sujeito do conhecimento. O interesse legítimo em evidenciar as qualidades emancipadoras e promissoras das alternativas de produção econômica não dispensa sua análise rigorosa.

Cabe, assim, adotar um sistema de construção conceptual. Nesse caso, está implícito o método weberiano dos *tipos ideais*, cujo objetivo é formular um conceito que seja uma síntese inequívoca de certo conjunto de aspectos. Estes são cuidadosamente selecionados e referidos a determinada classe de fenômenos, cuja presença é necessária e suficiente para que ditos fenômenos existam (WEBER, 1989). Como tipo ideal, o conceito de empreendimento econômico solidário é um instrumento heurístico, útil à busca de conexões causais, não-acidentais, que operam no interior das experiências de economia solidária e constituem-nas como uma *classe específica* de empreendimentos. O conceito objetiva viabilizar comparações posteriores entre seus enunciados e os casos singulares, sem pretensão de estabelecer correspondência perfeita. "As teorias sociais e econômicas identificam 'modelos puros', que, na realidade empírica, não encontram materialização cabal, mas que existem e operam efetivamente enquanto potencialidades parcialmente realizadas, como racionalidades que presidem e orientam os comportamentos, como tendências que apontam para identidades em formação." (RAZETO, 1993, p. 45).

A avaliação de experiências concretas, manejando esse dispositivo conceptual com tais cuidados, deve considerar a determinação exercida pelos valores, por conta da racionalidade comunicativa e expressiva que rege os empreendimentos solidários. Por sua vez, a hipótese de uma nova racionalidade em ação implica que as características apontadas não apenas sejam frequentes e compartilhadas pelos empreendimentos, mas também que se articulem e se reforcem. Estabelece-se, destarte, uma dinâmica objetiva para a ação dos indivíduos, uma pressão estrutural para que procedam de certa maneira, precisamente porque, no contexto assim criado, ela se assevera como a *mais lógica*. Esses procedimentos de análise requerem uma nova significação dos termos habitualmente utilizados na teoria econômica, tais como eficiência e interesse, bem como o reconhecimento da natureza híbrida dos vínculos sociais, evitando uma apreensão meramente altruísta do solidarismo. O desafio epistemológico e teórico fundamental consiste em realizar uma nova operação de conhecimento, uma vez superado o positivismo científico e refutada a noção da ciência como caudatária da ideologia. Cumpre formularem-se proposições válidas sobre o que está *por vir a ser* ou, na expressão de Weber, sobre "as constelações possíveis no futuro". Esse parece ser o caminho indispensável para os estudos inseridos nesse campo.

## BIBLIOGRAFIA

Borzaga, C.; Defourny, J. (Eds.) (2000), *The Emergence of Social Enterprise*, London: Routledge.

Bourdieu, P. (1989), *O poder simbólico*, Lisboa: DIFEL.

Carpi, J. (1997), La economía social en un mundo en transformación, *Revista Ciriec-España*, n. 25, p. 83-115.

Coraggio, J. (Org.) (2007), *La economía social desde la periferia: contribuciones latinoamericanas*, Buenos Aires: Altamira.

Gaiger, L. (Org.) (2004), *Sentidos e experiências da economia solidária no Brasil*, Porto Alegre: UFRGS.

___. (2007a), La economía solidaria y el capitalismo en la perspectiva de las transiciones históricas. In: Coraggio, J. (Org.), *La economía social desde la periferia*: contribuciones latinoamericanas, Buenos Aires: Altamira, p. 79-109.

___. (2007b), A outra racionalidade da economia solidária. Conclusões do primeiro Mapeamento Nacional no Brasil, *Revista Crítica de Ciências Sociais*, n. 79, p. 57-77.

Guerra, P. (2002), *Socioeconomia de la solidariedad*, Montevideo: Nordan-Comunidad.

Hirschman, A. (1986), *El avance de la colectividad*: experimentos populares en América Latina, México: FCE.

Kraychete, G.; Lara, F.; Costa, B. (Org.) (2000), *Economia dos setores populares:* entre a realidade e a utopia, Petrópolis: Vozes.

Nyssens, M. (1996), Économie populaire au Sud, économie sociale au Nord: des germes d'économie solidaire? In: Sauvage, P., *Réconcilier l'économique et le social*, Paris: OCDE, p. 95-120.

Razeto, L. (1983), *Las organizaciones económicas populares*, Santiago de Chile: Programa de Economía del Trabajo.

___. (1990), *Las empresas alternativas*, Montevideo: Editorial Nordan-Comunidad.

___. (1993), Economia de solidariedade e organização popular. In: Gadotti, M.; Gutiérrez, F. (Org.), *Educação comunitária e economia popular*, São Paulo: Cortez, p. 34-58. (Col. Questões da Nossa Época, 25).

Santos, B. S. (Org.) (2002), *Produzir para viver:* os caminhos da produção não capitalista, Rio de Janeiro: Civilização Brasileira.

Singer, P. (1999), *Uma utopia militante*, 2. ed., Petrópolis: Vozes.

Verano, L. (2001), *Economia solidária*: uma alternativa ao neoliberalismo, Santa Maria: CESMA.

Weber, M. (1989), A "objetividade" do conhecimento nas Ciências Sociais. In: Cohn, G. (Org.), *Weber: Sociologia*, 4. ed., São Paulo: Ática, p. 79-127.

# EMPRESA SOCIAL
Jacques Defourny

**1.** A noção de empresa social remete a um conjunto de características e indicadores que definem sua natureza particular. Empresas assim qualificadas distinguem-se por encerrarem atividades contínuas de produção de bens ou de serviços, por apresentarem alto grau de autonomia, assumindo riscos econômicos, por comportarem um nível mínimo de empregos remunerados, por adotarem objetivos explícitos de prestarem serviço à comunidade e por seus integrantes terem poder decisório independente da posse do capital. Sua dinâmica de gestão é participativa, envolvendo diferentes etapas da atividade e distribuição limitada dos lucros (BORZAGA e DEFOURNY, 2001; DEFOURNY, 2001).

**2.** Ainda que praticamente ninguém se referisse à noção de empresa social até a década de 1980, ela se introduziu de modo surpreendente na Europa e na América do Norte. Nos Estados Unidos, encontrou um primeiro eco significativo no início dos anos 1990, podendo-se citar, entre outros marcos, a *social enterprise initiative*, lançada em 1993 pela Harvard Business School. Não obstante, a idéia de empresa social permaneceu, com frequência, bastante vaga no contexto norte-americano, designando principalmente atividades econômicas mercantis, de iniciativa privada e mesmo individual, muitas vezes, a serviço de um objetivo social (DEES, 1998).

Na Europa, o conceito foi delimitado ao final dos anos 1980, sob o impulso inicial da Itália. Em 1991, o Parlamento italiano aprovou uma lei que atribuía um estatuto específico às "cooperativas sociais", as quais se desenvolveram então de modo impressionante. Em 1996, constatando haver iniciativas semelhantes em diversos países europeus, embora menos abrangentes, uma rede européia de pesquisadores constituiu-se para estudar o estabelecimento das empresas sociais na Europa. A partir do século XXI, iniciativas dessa ordem foram impulsionadas no Reino Unido. Em 2002, o governo de Tony Blair lançou uma *coalition for social enterprise* e criou a *Social Enterprise Unit* para conhecer melhor e sobretudo promover as empresas sociais em todos os países integrantes daquela entidade política.

**3.** A noção de um novo empreendedorismo social – e não simplesmente de desenvolvimento de organizações não-lucrativas, de economia social ou de economia solidária – remete diretamente às diversas teorias do empreendedorismo. Segundo Schumpeter, os empresários são justamente aqueles cuja função é "executar novas combinações no processo de produção". Eles não são necessariamente proprietários de uma empresa, mas os promotores da mudança em ao menos um dos seguintes planos: o desenvolvimento de um produto ou de uma qualidade de produto; a introdução de um método de produção; a abertura de um mercado; a conquista de uma nova fonte de matérias-primas; ou a organização renovada de um ramo de atividades. É possível adaptar-se essa tipologia ao terceiro setor e, em cada um desses planos, identificar-se um novo empreendedorismo (DEFOURNY, 2001).

Confirmando a manifestação de um empreendedorismo inédito, diversas legislações nacionais construíram novos ordenamentos jurídicos, supostamente mais bem adaptados a esse tipo de iniciativas que os moldes associativos ou cooperativos tradicionais. Após a lei italiana de 1991, a Bélgica instituiu, em 1995, a sociedade com finalidade social (SFS), e Portugal elaborou, em maio de 1999, um estatuto de cooperativa social de responsabilidade limitada. Na mesma direção, a lei geral espanhola de 1999 sobre as cooperativas reservou um lugar às cooperativas de serviços sociais. Outras regiões definiram ordenamentos jurídicos específicos. No início do século XXI, a França criou o estatuto de sociedade cooperativa de interesse coletivo (SCIC), e o Reino Unido está em vias de adotar uma nova legislação instituindo a *community interest company*.

**4.** Duas definições de empresa social constituem uma referência conceitual para um conjunto de outros trabalhos. A mais recente provém do governo britânico, registrada no documento tornado público em julho de 2002, intitulado *Social Enterprise: a Strategy for Success* (DTI, 2002). Outra definição fora desenvolvida na segunda metade dos anos 1990, pela rede européia EMES (BORZAGA e DEFOURNY, 2001).

Conforme o *Department of Trade and Industry*, "uma empresa social é uma atividade comercial [*business*] com objetivos essencialmente sociais e cujos excedentes, em função dessas finalidades, são reinvestidos mais nessa atividade ou na comunidade do que guiados pela necessidade de maximizar os lucros para acionistas ou proprietários" (DTI, 2002, p. 13). A partir dessa definição, uma série de trabalhos empíricos foi realizada. Até então, grande variedade de abordagens coexistia em torno dessa noção, cada vez mais em evidência. Em 2003, a *Social Entreprise Unit* solicitou um trabalho de síntese a uma empresa de consultoria, que efetuou um primeiro levantamento aproximado de 5.300 empresas sociais no Reino Unido. Conforme seu relatório, a definição do governo trouxera mais clareza à noção de empresa social, porém, haveria ainda uma série de dificuldades em termos de coerência e de comparabilidade a ser superada para se tornarem esses empreendimentos operacionais. Com vistas a indicarem caminhos pelos quais essas insuficiências pudessem ser atenuadas, os consultores recorreram a estudos que informavam haver certo número de empresas sociais operando efetivamente (ECOTEC, 2003). Os autores do relatório concluíram ser necessário decompor-se a definição em uma série de características ou indicadores os quais poderiam, melhor que um *overall statement*, subsidiar o inventário das empresas sociais no Reino Unido. Esses indicadores tangeriam a três registros principais: a orientação empresarial, os objetivos sociais e a propriedade social das atividades observadas. Embora a abordagem britânica mereça atenção, por fundamentar uma política que promove explicitamente a empresa social, ela ainda está em plena construção. No início do século XXI, os trabalhos suscitados por essa vertente situam-se em um âmbito nacional muito circunscrito.

A abordagem proposta pela EMES é fruto de um diálogo estabelecido entre várias disciplinas (Economia, Sociologia, Ciência Política e Administração), assim como entre as diversas tradições e sensibilidades nacionais dentro da União Européia. Além disso, orientada por um projeto simultaneamente teórico e empírico, essa abordagem privilegiou a identificação e a explicitação de indicadores sobre uma definição conceitual bem concisa. Esses indicadores ou critérios dividem-se em duas séries, sendo uns mais econômicos, outros mais sociais (DEFOURNY, 2001, p. 16-18).

O caráter econômico e empreendedor das iniciativas consideradas é atestado mediante a presença de quatro indicadores. a) A atividade de produção de bens ou serviços deve ser contínua. Ao contrário de certas organizações não-lucrativas tradicionais, as empresas sociais não têm normalmente como atividade principal a defesa de interesses nem a redistribuição de capital (como acontece, por exemplo, com muitas fundações), mas envolvem-se, direta e continuamente, na produção de bens ou na oferta de serviços. A atividade produtiva representa sua principal – ou uma de suas principais – razão de ser. b) As empresas sociais devem ter um alto grau de autonomia. Elas são criadas e controladas por um grupo de pessoas a partir de um projeto próprio. Ainda que venham a depender de subsídios públicos, elas não são dirigidas, direta ou indiretamente, por autoridades públicas ou por outras organizações (federações, empresas privadas, etc.). As empresas sociais têm direito tanto a fazerem ser ouvida sua voz (*voice*), quanto a darem por findas suas atividades (*exit*). c) Há um nível significativo de risco econômico. Os criadores de uma empresa social assumem total ou parcialmente o risco inerente a essa atividade. Ao contrário da maioria das instituições públicas, sua viabilidade financeira depende dos esforços despendidos por seus membros e por seus trabalhadores. d) Há um nível mínimo de emprego remunerado. Assim como as organizações não-lucrativas tradicionais, as empresas sociais podem apelar a recursos tanto monetários quanto não-monetários e a trabalhadores tanto remunerados como voluntários. O essencial é que seja mínimo o nível de emprego remunerado.

A dimensão social dessas iniciativas é identificada privilegiando-se cinco indicadores: a) Deve haver um objetivo explícito de serviço à comunidade. Um dos principais objetivos das empresas sociais é prestar serviço à comunidade ou a um grupo específico de pessoas. Esses empreendimentos caracterizam-se por promover o sentido da responsabilidade social em âmbito local. b) A empresa social origina-se de uma iniciativa emanada de um grupo de cidadãos. Essa dinâmica coletiva envolve pessoas pertencentes a uma comunidade ou a um grupo que compartilhe uma necessidade ou um objetivo bem definido. Essa dimensão é sempre mantida de uma maneira ou outra, embora não se deva negligenciar a importância de uma liderança exercida por uma pessoa ou um núcleo restrito de dirigentes. c) O poder decisório dos membros independe de seu capital. Esse critério remete geralmente ao princípio "um membro, um voto", ou, ao menos, a um processo decisório em que os direitos de voto na assembléia – cujo poder de decisão é supremo – não sejam distribuídos em função de eventuais participações no capital. Além disso, mesmo havendo muitos proprietários do capital, esse poder é geralmente compartilhado com outros atores. d) A dinâmica da empresa social é participativa, envolvendo diferentes atores na atividade. A representação e a participação dos usuários ou dos clientes, o exercício de um poder de decisão por parte dos diversos integrantes do projeto e uma gestão participativa constituem, com frequência, características importantes das empresas sociais. Em muitos casos, um de seus objetivos é promover localmente a democracia por meio da atividade econômica. e) A distribuição dos lucros é limitada. Embora possam caracterizar-se por uma obrigação absoluta de não-distribuição dos lucros, as empresas sociais também podem, a exemplo das cooperativas em muitos países, distribuir dividendos. Essa partilha deve ocorrer de maneira limitada, o que evita um comportamento que vise à maximização do lucro.

Conquanto esses indicadores econômicos e sociais permitam identificarem-se as empresas sociais, eles podem também induzir a assim se classificarem organizações mais antigas reconfiguradas por novas dinâmicas internas. Sobretudo, esses indicadores não são concebidos como um conjunto de condições ao qual uma organização deva formalmente atender para ser qualificada como empresa social. Mais que constituir critérios normativos, eles descrevem um *tipo ideal* que possibilita situar-se no universo das empresas sociais. A exemplo de uma bússola, esse instrumento pode auxiliar o pesquisador a posicionar as entidades observadas umas em relação às outras e, eventualmente, a traçar os limites do conjunto das empresas sociais. Foi nesse sentido que Draperi (2003), na França, e um grupo de pesquisadores de outras partes da Europa trabalharam para identificar, sob parâmetros econômicos, trinta e nove "modelos" de empresas sociais (Davister, Defourny e Grégoire, 2004; Spear e Bidet, 2003).

5. Alguns avanços já foram verificados quanto à elaboração progressiva de uma teoria específica da empresa social. Bacchiega e Borzaga (2001), por exemplo, valeram-se de ferramentas da teoria institucional das organizações para evidenciar a natureza inovadora das empresas sociais. Os traços definidores da empresa social são interpretados assim como um sistema original de incentivos que leva em conta os objetivos, potencialmente conflituosos, perseguidos pelas diferentes categorias de envolvidos (*stakeholders*). Evers (2001), por sua vez, desenvolveu uma análise mais sociopolítica para argumentar que se pode compreender melhor essa estrutura *multistakeholder-multiple goal* quando se recorre à noção de "capital social". Para o autor, a produção de capital social também pode tornar-se um objetivo explícito de organizações como as empresas sociais. Já Laville e Nyssens (2001) propuseram elementos para uma teoria integrada de um *tipo ideal* da empresa social, combinando suas dimensões econômicas, sociais e políticas. Esses pesquisadores também insistem na importância do capital social, mobilizado e reproduzido sob formas específicas. Destacam ainda a natureza particularmente híbrida dos recursos da empresa social, avaliando-a como um trunfo essencial desse tipo de empresa para resistir às tendências ao "isomorfismo institucional", que ameaçam todas as organizações da economia social. Enfim, Borzaga e Solari (2001) analisaram modelos de governança eventualmente específicos a essas empresas, indicando os principais desafios de gestão com os quais se confrontam seus dirigentes e membros.

Em vez de substituir concepções do terceiro setor ou de fazer concorrência a elas, a noção de empresa social enriquece-as. Além disso, ela salienta o quanto a inovação social implica frequentemente assumirem-se riscos económicos e evidencia que o empreendedorismo pode expressar-se sob formas plurais.

**BIBLIOGRAFIA**

BACCHIEGA A.; BORZAGA, C. (2001), Social enterprises as incentive structures: an economic analysis. In: BORZAGA C.; DEFOURNY J. (Ed.), *The emergence of social enterprise*, London: Routledge, p. 273-294.

BORZAGA, C.; DEFOURNY, J. (Ed.), (2001), *The emergence of social enterprise*, London: Routledge.

BORZAGA, C.; SOLARI, L. (2001), Management challenges for social enterprises. In: BORZAGA, C.; DEFOURNY, J. (Ed.), *The emergence of social enterprise*, London: Routledge, p. 333-349.

DAVISTER, C.; DEFOURNY, J.; GRÉGOIRE, O. (2004), Les entreprises sociales d'insertion dans l'Union Européenne: un aperçu général. *Revue des Études Coopératives, Mutualistes et Associatives (RECMA)*, n. 293, p. 24-50. (Également *EMES Working Papers*, n. 03/11). Disponível em: <www.emes.net>.

DEES, J. G. (1998), Enterprising nonprofits. *Harvard Business Review*, v. 76, n. 1, p. 55-67.

DEFOURNY, J. (2001), From third sector to social enterprise. In: BORZAGA, C.; DEFOURNY, J. (Ed.), *The emergence of social enterprise*. London: Routledge, p. 1-28.

DRAPERI, J. F. (2003), L'entreprise sociale en France, entre économie sociale et action sociale. *Revue des Études Coopératives, Mutualistes et Associatives (RECMA)*, n. 288, p. 48-66.

DTI (2002), *Social enterprise:* strategy for success. London: Department of Trade and Industry. Disponível em: <www.dti.gov.uk/socialenterprise/strategy.htm>.

ECOTEC (2003), *Guidance on mapping social enterprise*. London. Final report to the DTI Social Enterprise Unit. Disponível em: <www.dti.gov.uk/socialenterprise/news-mapping.htm>.

EVERS, A. (2001), The Significance of social capital in the multiple goal and resource structure of social enterprise. In: BORZAGA, C.; DEFOURNY, J. (Ed.), *The emergence of social enterprise*. London: Routledge, p. 1-28.

LAVILLE, J.-L.; NYSSENS, M. (2001), The social enterprise: towards a theoretical socio-economic approach. In: BORZAGA, C.; DEFOURNY, J. (Ed.), *The emergence of social enterprise*. London: Routledge, p. 312-332.

SPEAR, R.; BIDET, E. (2003), The role of social enterprise in European labour markets. *EMES Working Papers*, n. 03/10. Disponível em: <www.emes.net>.

## EMPRESAS RECUPERADAS
Gabriel Fajn

**1.** As empresas recuperadas integram um grupo heterogêneo de unidades produtivas ou de serviços que tenham passado por graves processos de falência ou fechamento. Suas atividades reiniciam conduzidas por seus trabalhadores com base no trabalho cooperativo de gestão autônoma e democrática.

Entre o final dos anos 1990 e o começo de 2000, grande quantidade de empresas foi recuperada por seus funcionários com o principal objetivo de defender os postos de trabalho, mantendo-as em funcionamento. Com base nessa circunstância, que abrangeu cerca de 200 unidades produtivas em toda a Argentina, iniciou-se um conjunto de processos sociais, dinâmicas políticas, estratégias jurídicas e desenvolvimento econômico que ressaltou a grande complexidade e riqueza dessas experiências. As empresas recuperadas representam um dos exemplos mais dramáticos da destruição sistematizada do aparelho produtivo e da luta dos trabalhadores para preservarem seus empregos. Essas instituições retratam, além disso, um novo fenômeno social ocorrido na realidade argentina mediante práticas coletivas que podem ser entendidas como expressões de reação à crise e como propostas alternativas de modalidades de gestão.

Os processos de luta foram intimamente relacionados às formas autogestionárias que cada organização foi construindo. Podem-se percebê-las por intermédio das práticas que se desenvolveram no interior das empresas: redistribuição igualitária da receita; implantação de processos coletivos para a tomada de decisão; formas de delegação, representação e controle; dinâmicas por assembléias, entre outras.

**2.** Desde meados dos anos 1990, com o aprofundamento da crise econômica, o conflito social na Argentina intensificou-se com o surgimento de novos atores: desempregados, membros de assembléias de bairro, poupadores prejudicados, entre outros, aliados a variadas formas de expressão de protesto. Nesse contexto, iniciaram-se os processos de recuperação de empresas com força inusitada entre os anos 2000 e 2002, que se propagam até hoje.

As mais de 200 empresas recuperadas ou em processo de recuperação desenvolvem variadas atividades – metalúrgicas, têxteis, químicas, frigoríficos, gráficas, escolas, clínicas, hotéis, etc. –, dos mais diferentes portes. Essa diversidade tem seu correlato nos distintos ritmos de recomposição e orientações políticas e ideológicas. Longe de encontrar uma unidade empírica homogênea, o mundo das fábricas e empresas recuperadas apresenta heterogeneidade, complexidade e diversidade interna.

Diversos aspectos uniram-se para formação do movimento. Entre os *fatores socioeconômicos*, encontram-se a destruição do aparelho produtivo, a profunda recessão iniciada em 1998 e, fundamentalmente, o nível alcançado pelo desemprego estrutural. Como *fatores políticos*, pode-se apontar a intensificação do ciclo de protestos, o surgimento de novos atores sociais e a crise estatal, entre outros.

A grande quantidade de fábricas em processo de recuperação (principalmente no período de 2000 a 2002) caracterizou-se por empresas das mais diversas atividades, integradas por empregados com trajetórias de trabalho dissimilares. Enquanto alguns poucos tinham antecedentes sindicais e políticos, a grande maioria possuía escassa ou nula experiência nesses âmbitos.

A iniciativa de recuperar as fábricas adquiriu mais visibilidade pública e apoio social a partir de sua difusão nos meios de comunicação de massa e na mídia alternativa. Alguns dos novos atores organizados, como as assembléias, estabeleceram um vínculo estreito com as empresas recuperadas, em muitos casos participando ativamente nesse processo. O ápice da recuperação ocorreu no ano de 2001, quando se verificaram 37% dessas experiências, havendo um alto nível de conflito, geralmente acompanhado por ações diretas. Houve também mais articulação entre as empresas, que começaram a agrupar-se em diferentes movimentos. Na ocasião, as primeiras experiências funcionaram como núcleo dos variados movimentos, transmitindo experiência e ajuda econômica às novas fábricas.

3. As políticas neoliberais impuseram um retrocesso aos avanços trabalhistas, menosprezando as conquistas históricas, reduzindo constantemente o número de empregados e fomentando um sindicalismo em grande parte burocratizado e distante dos seus representados. A ocupação e a recuperação das fábricas configuraram uma *estratégia defensiva* – quase desesperada – cujo objetivo fundamental foi a sobrevivência da empresa e a preservação do trabalho. Esse elemento deflagrador foi talvez a maior coincidência encontrada no conjunto de empresas que conformaram esses processos de recuperação, embora as dinâmicas políticas e as estratégias adotadas posteriormente tenham contemplado diferentes opções político-ideológicas.

Sem alternativas, os trabalhadores optaram pela tomada e ocupação de fábricas, acampando às suas portas. Bloquearam estradas e tomaram outras medidas de ação direta que objetivaram resguardar o trabalho e manter a empresa em funcionamento. Outrossim, as máquinas, ferramentas e mercadorias foram custodiadas para evitar as ações de esvaziamento das fábricas.

Muitos empresários circunscreveram a resolução do conflito ao âmbito judicial, não por respeitarem os aspectos legais, mas para encontrarem brechas que lhes facilitassem ludibriar a lei. Por meio desse artifício, exonerar-se-iam da empresa com os menores custos econômicos pessoais, mesmo que isso significasse a destruição ou o fechamento da fábrica. Os empregadores não privilegiaram a racionalidade econômica com o intuito de preservar as empresas e mantê-las em funcionamento, destarte optaram por uma lógica predatória que visou ao benefício pessoal.

4. A idéia de recuperar empresas surgiu devido a situações de crises terminais, como recuperação judicial, falências, dívidas milionárias, abandono pelos donos, ruptura dos contratos de trabalho e dívidas salariais prolongadas, entre outras ameaças à continuidade dessas organizações. Diante desse panorama, os trabalhadores reagiram para manterem as fontes de trabalho. Cabe ressaltar que a dinâmica social coletiva gerou, nesses processos, um salto qualitativo imprevisto, impensado, muitas vezes sequer desejado, que representou uma ruptura na história da fábrica.

Tendo a certeza do desemprego, os assalariados conduziram, de forma imediata e intempestiva, os destinos de suas organizações, praticamente sem aprendizagens formais nem assessorias prévias, tendo como mediadores apenas o conflito e a luta.

A recuperação das empresas configura um momento de refundação, no qual os trabalhadores encarregaram-se das fábricas em situações extremamente desfavoráveis e traumáticas. Assim se iniciou um novo ciclo organizacional, cuja primeira fase caracterizou-se pela complexidade e pelo número reduzido de alternativas. Diante de uma situação de alta incerteza jurídico-legal, sem acesso a capital de trabalho ou a subsídios estatais, clientes e fornecedores ainda estavam envolvidos com dívidas dos donos anteriores, portanto desconfiados do novo projeto. A recomposição da capacidade produtiva foi um processo lento e dificultoso na maioria das fábricas, mas também prioritário para a consolidação econômica da empresa.

A reconstrução do espaço organizacional, balizada por uma perspectiva autogestionária, abalou as relações capital-trabalho, que são hierarquizadas ao extremo, nas quais prevalecem a obediência e a submissão. Essa desestruturação favoreceu uma apropriação coletiva dos saberes gerenciais, bem como o estabelecimento de processos democráticos de tomada de decisões na empresa, tendo em vista haver, nessa forma diferenciada de gerir, a prática de assembléias.

De qualquer forma, não se deve entender e/ou analisar separadamente a intensidade do embate travado em cada fábrica e a reorganização das empresas a partir das novas práticas utilizadas para a gestão.

O conflito adquiriu tamanha proporção, que impregnou e instituiu novas "formas de fazer" na reabertura das fábricas. Nesse momento de refundação, foram importantes os laços construídos entre os trabalhadores, em suas práticas coletivas e nas aprendizagens que incorporaram durante o processo, para dar continuidade ao movimento e a um novo modelo organizacional. Destarte, é fatível estabelecer uma relação importante entre a intensidade que o conflito adquiriu nas empresas e as iniciativas de gestão coletiva adotadas pelos trabalhadores nos primeiros momentos da recuperação da empresa.

Nesse cenário, o impacto da desvalorização econômica teve importância central sobre as diferentes atividades industriais e de serviços, pois minimizou as possibilidades reais que cada empresa possuía para inserir-se produtivamente. Em janeiro de 2002, por exemplo, com o ápice de uma crise que se alastrava há vários anos, a economia argentina passou por um processo de desvalorização da moeda. A lei da convertibilidade, que atrelava o peso ao dólar, na razão de um para um, foi derrocada, dando lugar ao câmbio flutuante e acentuando o caos político, econômico e financeiro.

Múltiplos fatores destacaram-se na sequência, conforme as particularidades de cada setor, como a reestruturação do mercado interno, o acesso ao crédito e o valor das matérias-primas, entre outros. Em geral, não se observaram, nas empresas recuperadas, modificações de grande envergadura no que concerne à organização do processo de trabalho. As modalidades herdadas e prevalecentes antes da recuperação foram, em parte, mantidas, embora com o implemento de alternativas práticas e inovadoras em algumas regulamentações trabalhistas.

A ausência de modificações nos processos de trabalho relaciona-se à conservação dos modos de relação dos trabalhadores com as máquinas e equipamentos tecnológicos e as matérias a serem transformadas. Também é certo que a rigidez tecnológica condiciona bastante as possibilidades de reorganização do processo de trabalho, e as adequações necessárias são proteladas em função dos seus custos elevados. Na organização do processo de trabalho, percebem-se grandes semelhanças entre as empresas recuperadas e as demais empresas no que se refere às funções fixas, à fragmentação das tarefas e às repetições da mesma operação parcial, entre outras. Já no tocante à gestão do ritmo e à intensidade das tarefas, observa-se mais prudência, diante da ausência da pressão do capital e da eliminação dos dispositivos de vigilância anteriores. Várias empresas que já passaram pelos primeiros anos de ocupação recompuseram grande parte dessas condições, conseguiram reinserir-se comercialmente e aumentaram sua produção. Em contrapartida, não se verificaram, em suas agendas de curto ou médio prazo, quaisquer propostas estratégicas que modificassem sensivelmente a organização do processo de trabalho.

A rigidez da organização do processo de trabalho pode constituir-se em um dos entraves mais importantes ao desenvolvimento da gestão coletiva e às práticas democráticas autogestionárias. As mudanças (ou não) nesse sentido aludem diretamente às modificações nas estratégias de controle, no desenvolvimento das qualificações, na reestruturação dos trabalhos manual e intelectual e nos processos de tomada de decisão e autonomia dos trabalhadores.

**5.** Tanto a superação da crise de governabilidade, ocorrida entre 2004 e 2008, quanto a recuperação lenta, porém constante, da produção e do emprego amorteceram a intensidade dos protestos. Nesse panorama, a quantidade de novas empresas em processos de recuperação diminuiu a partir de 2004 e, embora se mantivessem latentes, verificou-se uma tendência à sua extinção.

O fenômeno em geral perdeu visibilidade pública, e suas reaparições vincularam-se a protestos específicos. Algumas empresas consolidaram-se economicamente e saíram do primeiro plano das lutas, enquanto outras ainda não definiram sua situação legal. É por isso que a intensidade, nesse período, pode ser entendida como uma ondulação do ciclo, marcado por conflitos pontuais, como o tratamento de uma expropriação e a resistência a uma ordem de despejo, a exemplo do hotel Bauen ou da metalúrgica IMPA, entre outros.

A indefinição quanto a sancionar uma nova lei de falências que resolva, em termos gerais, o quadro legal dessas empresas suscita uma situação fragmentária na qual cada organização deve resolver autonomamente sua continuidade. Negociações particulares confirmam essa incerteza e reforçam as circunstâncias de isolamento.

Como fenômeno em transição, as empresas recuperadas significam um espaço organizacional contraditório, visto serem produtoras de mercadorias e necessariamente permutarem seus bens e serviços no mercado. Estão sujeitas às irracionalidades e às oscilações, sendo a desvalorização cambial um bom exemplo. Participam da livre concorrência, cujas regras estão definidas pelas empresas privadas dominantes, logo, seu funcionamento encontra-se determinado pelas leis de valorização do capital (Vieitez e Dal Ri, 2001). Nesse sentido, as restrições impostas pelo sistema ocasionam sensíveis limitações de autonomia. Essas experiências fomentaram ainda potenciais críticos de um modelo de organização emergente, balizado em práticas cotidianas de construção participativa e democrática dos trabalhadores nos processos de tomada de decisões e na continuidade dessa alternativa de gestão. De forma embrionária e assistemática, suas contribuições às regulamentações trabalhistas, aos critérios de distribuição de renda, às rotações internas e à requalificação dos trabalhadores, entre outras, foram de grande importância.

A especificidade dessas empresas vincula-se a seu surgimento, no seio de uma crise econômica, política e social sem precedentes, no ciclo dos protestos mais importantes do final do século XX e início do século XXI. A intensidade das lutas constituiu uma característica de base, na qual os trabalhadores tiveram de se encarregar da gestão coletiva das empresas de forma intempestiva e sem terem experiência prévia. Ademais, essas empresas compartilham problemáticas similares às de outras empresas autogestionadas, tais como as tensões vinculadas ao remodelamento do poder interno. Salientam-se, igualmente, as ameaças presentes, no seu interior, dos grupos "tecnocráticos", que se apropriam do *know-how* da gestão, degradando a dinâmica democrática e dificultando a participação coletiva e a gestão econômica.

A incidência do fenômeno de empresas recuperadas na Argentina é bastante restrita em termos econômicos e seu impacto é mínimo na economia como um todo, mas seus exemplos, em termos políticos e simbólicos, foram fundamentais. A recuperação de empresas integra, no século XXI, a memória política dos trabalhadores e a "caixa de ferramentas" de estratégias disponíveis de luta contra o sistema.

BIBLIOGRAFIA

Fajn, G. (Coord.) (2003), *Fábricas y empresas recuperadas*: protesta social, autogestión y rupturas en la subjetividad, Buenos Aires: Ediciones IMFC.

Fajn, G.; Rebón, J. (2005), El taller ¿sin cronómetro? Apuntes acerca de las empresas recuperadas. *Revista Herramienta*, Buenos Aires, n. 28, mar.

Ghioldi, C. (2004), *Supermercado Tigre*: crónica de un conflicto en curso, Rosario: AEC & Prohistoria.

Gorz, A. (1973), Táctica y estrategia del control obrero. *Pasado y Presente*, n. 2/3, jul./dic.

Lavaca (2004), *Sin patrón*: fábricas y empresas recuperadas por sus trabajadores, Buenos Aires: Lavaca.

Lucita, E. (2002), Fábricas ocupadas y gestión obrera en Argentina. Ocupar, resistir, producir. *Cuadernos del Sur*, Buenos Aires, Oct.

Magnani, E. (2003), *El cambio silencioso*: empresas y fábricas recuperadas por los trabajadores en la Argentina, Buenos Aires: Prometeo Libros.

Rebón, J. (2007), *La empresa de la autonomía*: trabajadores recuperando la producción, Buenos Aires: Colectivo Ediciones Picaso.

Vieitez, C.; Dal Ri, N. M. (2001), *Trabalho associado: cooperativas e empresas de autogestão*, Rio de Janeiro: DP&A.

## ESTADO SOCIAL
François-Xavier Merrien

**1.** No sentido estrito, Estado social significa a monopolização das funções de solidariedade social pelo Estado. O Estado social concretiza-se sempre gradualmente, uma vez que nenhum Estado monopoliza na íntegra essas funções. Mesmo no campo das solidariedades organizadas e regulamentadas, o Estado desempenha, frequentemente, um papel direto bastante pequeno, limitando-se a uma função regulamentária. Nesses casos, por exemplo, estabelece as condições de acesso aos direitos ou impõe a obrigação de seguridade social. Por vezes, administra diretamente os serviços sociais, mas não raro estes são delegados a organizações públicas ou privadas, a associações ou a sindicatos.

O Estado social não é sinônimo de Estado-providência, noção de origem francesa que imputa ao Estado a responsabilidade pelo social e que sugere haver oposição estrita entre um Estado onisciente e cidadãos atomizados e desfavorecidos. A esta, é preferível a noção anglo-saxã de *Welfare State*, de origem posterior, já que evoca claramente uma das novas funções do Estado moderno: garantir o bem-estar social dos cidadãos sob parâmetros de equidade e de solidariedade. A despeito dessas considerações, a noção anglo-saxã é de difícil tradução, e, cada vez mais, a idéia de Estado social tende a tornar-se seu sinônimo. Admitida nesse sentido, a noção apresenta duplo mérito: ela ressalta ainda a racionalização e a objetivação do direito à ajuda, constituído pela passagem de uma solidariedade subjetiva ou arbitrária a uma solidariedade objetiva, baseada em direitos.

A filosofia clássica do Estado social pode ser definida, simplificadamente, como uma filosofia dos direitos da cidadania. Nos Estados sociais plenos, é necessário e suficiente, para adquirir a qualidade de beneficiário, enquadrar-se em uma categoria juridicamente definida. O acesso aos direitos sociais independe do mérito individual ou de um determinado comportamento.

**2.** O Estado social configurou-se ao final do século XIX, mas assumiu sua forma moderna após a Segunda Guerra Mundial (SWAAN, 1995). Os Estados sociais reais diferem entre si quanto ao modo de assumirem os riscos sociais, ao tipo e quantidade de instituições e aos serviços que disponibilizam à população. Não obstante, podem ser destacadas categorias tipo ideais, modelos ou regimes de Estado social. É válido classificarem-se os Estados sociais em fortes, médios ou fracos, em função de seu grau de desmercantilização (ESPING-ANDERSEN, 1999; POLANYI, 1980), isto é, da possibilidade legal que eles oferecem aos indivíduos de se distanciarem mais ou menos do mercado, enquanto levam em conta suas necessidades. Estabelecendo-se uma tipologia baseada em características "institucionais", podem ser distinguidos três grupos ou famílias de Estados-providência.

O primeiro modelo corresponde bem ao regime clássico de serviço público. Nele, as instituições públicas desempenham o papel principal, senão monopolista, o financiamento é essencialmente fiscal, e os benefícios são iguais para todos e a todos favorecem. Em 1938, o governo da Nova Zelândia criou o primeiro serviço nacional de saúde "gratuito", ou seja, financiado pelo imposto. Embora a invenção do modelo deva-se aos neozelandeses, os países nórdicos são os que bem o ilustram: Dinamarca, Suécia, Noruega e Finlândia identificam-se claramente com o Estado social universalista, de "redistribuição institucionalizada" ou "social-democrata". Isso significa, essencialmente, que o princípio fundamental do Estado social não é a seguridade social, mas a oferta de prestações alocadas, isto é, somas fixas de um montante considerável pago automática e universalmente. Essa oferta "financeira" é complementada pela disponibilidade de serviços públicos universais (isto é, oferecidos a todo cidadão), gratuitos (ou seja, financiados por impostos) e fundados nas necessidades (e não nos direitos adquiridos pelas cotizações sociais). Em nome do princípio de igualdade e de universalidade, todo cidadão tem a garantia, em caso de necessidade, de poder beneficiar-se de uma renda ou prestação de serviço. Esse direito alcança todas as categorias da população – assalariados, homens ou mulheres do lar, trabalhadores autônomos ou pessoas portadoras de deficiências. A noção de igualdade dos direitos é muito importante, traduzindo-se, por exemplo, em direitos iguais e individualizados do homem, da mulher e das crianças. Nesse regime, a parcela assumida pelo setor público é muito grande, e o setor privado e associativo é frágil, embora os sindicatos ocupem um lugar privilegiado nas políticas do emprego. O modelo universalista é, às vezes, chamado *beveridgiano*, classificação que, em seu princípio, é justa. Na prática, deve-se distinguir um modelo universalista frágil, ao qual pertencem tanto a Grã-Bretanha quanto a Irlanda, de um modelo universalista forte, cujos melhores exemplos são os países escandinavos (FERRERA, 1993).

A segunda família de Estados sociais corresponde ao Estado de seguridade social generalizado. A noção de seguridade social designa, em primeiro lugar, a utilização das técnicas da previdência e, de modo particular, a cotização, o compartilhamento dos recursos (*pooling*) e a consideração dos níveis de riscos. Nesse modelo de Estado, a previdência social distingue-se da previdência privada por uma série de traços: é obrigatória para toda a população ou para amplos segmentos dela; é financiada por cotizações baseadas nos salários (e não no grau de risco) e por uma contribuição do empregador (quase sempre equivalente à dos assalariados); os riscos segurados respeitam sobretudo àqueles afeitos à vida profissional e a possibilidades de se trabalhar e, portanto, receber remuneração por um trabalho (velhice, invalidez, doença, acidente de trabalho, desemprego, etc.); o princípio fundamental dessa previdência é aprovisionar um salário de substituição que represente porção significativa do salário real; a mutualidade é ampla, permitindo reduzirem-se os custos que competem a cada um dos agentes envolvidos.

O Estado detém o monopólio sobre a regulamentação da previdência, exercendo controle mesmo sobre as instituições autônomas que gerem grande parte do Estado social. O Estado social fundado na seguridade é o mais difundido no mundo, sendo majoritário na Europa e fundamentando muitos regimes de seguridade social na América Latina. O regime de seguro-velhice dos Estados Unidos baseia-se nesse modelo.

Embora criticados pelos autores escandinavos, por seu aspecto insuficientemente redistributivo, os sistemas de proteção social, bismarckiano ou de contribuição, ou os "conservadores-corporativistas" constituem mais um grande passo rumo a uma solidariedade social mais plena. A seguridade social fundamenta o direito a receberem-se benefícios que não resultam da caridade pública, mas constituem a contraparte de cotizações. Os ativos pagam pelos aposentados e pelos desempregados; os saudáveis, válidos e jovens pagam respectivamente pelos doentes, inválidos e velhos, em um sistema global de distribuição. O montante dos recursos disponíveis cobre a totalidade das necessidades existentes.

Do ponto de vista institucional, os Estados sociais bismarckianos compreendem, em geral, um vasto setor de previdência social, gerido pelos parceiros sociais sob o controle do Estado, e um setor público local que garante as tarefas de ajuda social. O setor público é complementado pela ação de uma miríade de associações privadas ou semipúblicas, geralmente subsidiadas, que exercem papel vital no campo das políticas sociais categoriais (política de luta contra a toxicomania, políticas da infância, da adolescência em perigo, dos deficientes, etc.) e, atualmente, das políticas sociais transversais, como as políticas de inclusão e as políticas de luta contra a pobreza e a exclusão, entre outras.

O terceiro modelo de Estado social é denominado, por vezes, de mercado, ou residual. Sua lógica é simples: entende-se ser o mercado o mecanismo mais eficaz para proporcionar, a cada indivíduo, uma alocação de recursos em função de seus méritos individuais. Se, por razões independentes de sua vontade, o indivíduo não lograr obter seus meios de subsistência no mercado, as solidariedades familiares deverão provê-los; na falta delas, as redes privadas de solidariedade assumirão tal encargo. O Estado deve intervir apenas em última instância, somente para assistir aos mais pobres, se comprovada sua indigência. A maioria das medidas sociais repousa sobre um controle humilhante da necessidade, e a assistência está longe de garantir um vital mínimo verdadeiro. A ação social é assegurada por grande número de instituições públicas, semipúblicas, privadas, frequentemente religiosas, com fins lucrativos ou não.

Desejando-se estabelecer, mais rigorosamente, modelos institucionais de Estado-providência, a análise pode repousar sobre quatro indicadores: o tipo de instituição, o modo de financiamento, as formas de prestação, as populações-alvo. A combinação entre esses critérios permite diferenciarem-se as três categorias típicas de Estado social. Esses três modelos históricos vêm sendo objeto de questionamentos e de remodelagens. À crença nas virtudes do Estado protetor, como coluna vertebral do laço social, sucedeu a crença nas virtudes do mercado auto-regulador. Desde o final do século XX, assiste-se a um processo de profundo questionamento acerca do Estado social *Welfare Backlash*. As noções clássicas de direitos sociais, de redistribuição institucionalizada e de universalidade dos direitos vêm sendo substituídas, pouco a pouco, por aquelas de responsabilidade individual, de proteção social direcionada e de privatização dos serviços sociais.

**3.** A partir da década de 1980, as elites políticas de todos os países passaram a ser interpeladas, em diferentes graus, pela simplicidade e pelo caráter aparentemente incontestável das idéias neoliberais. Como postulado inicial, pode-se afirmar que, no início do século XXI, a disputa dá-se em torno, para além de arranjos técnicos, da manutenção ou extinção de uma filosofia social que constrói uma relação social de direito entre o indivíduo e seu Estado. A "remercantilização" da sociedade implica uma mudança total de perspectivas ou, em outros termos, um novo paradigma: a substituição de um sistema de direitos objetivos por uma série de disposições que visam tornar o cidadão responsável por seu destino.

Essa evolução aplica-se a todos os campos tradicionais da proteção social: saúde, aposentadoria, desemprego. Em matéria de saúde, o direito ao tratamento é condicionado pelo comportamento individual (modo de vida, dependências químicas, a exemplo do tabagismo, etc.); em matéria de aposentadoria, cada indivíduo fica "livre" para buscar um fundo de pensão privado. Evidentemente, é no campo do desemprego e da assistência que essa revolução liberal é mais aguda. O benefício dos direitos é reduzido, ficando condicionado à submissão a imperativos comportamentais. Em todas essas situações e, de modo exemplar, no último caso, passa-se de uma teoria "solidarista" da sociedade a uma teoria individualista, conforme o credo liberal do século XX. Quando o indivíduo encontra-se em uma situação de risco social, tudo se passa como se ele fosse obrigado, doravante, a avaliar seus próprios méritos e deficiências.

Com base nesses fatos, alguns pesquisadores deduzem estar chegando a termo o Estado-providência tradicional, caracterizado pelo alto coeficiente de intervenção, regulamentação e redistribuição públicas. A essa avaliação, pode-se contrapor o fato de que as políticas "neoliberais" preconizadas por grande número de especialistas não são sistematicamente retomadas pelos governos nacionais. Conforme os países, o ideário neoliberal varia quanto ao grau de sistematização, modalidades, intensidade e efeitos. A implantação das novas políticas dá-se em gradações variáveis, além de haver sérias divergências quanto à própria concepção dessas políticas (Scharpf e Schmidt, 2000).

Nos países desenvolvidos, os anglo-saxões orientam-se nitidamente para o modelo liberal. Os países continentais e escandinavos encetaram reorientações, que preservam essencialmente a herança política e social. Nos países em transição e nos intermediários, a situação é bem diferente. Os países da Europa Central e Oriental tornaram-se um laboratório das reformas da proteção social (Revue..., 2001). As organizações financeiras internacionais (OFIs) defendem ser necessária uma mudança radical de orientação (Deacon, 1997).

A seguridade social não é mais considerada um objetivo legítimo, mas um obstáculo ao desenvolvimento da economia de mercado. O modelo proposto é o de um sistema puramente liberal em cujo seio o social não constitui mais do que uma rede de proteção mínima, recaindo seus riscos (ou ganhos eventuais) sobre o cidadão. Na prática, o grau e a temporalidade das reformas dependem das preferências das elites no poder, da relação de forças entre as elites sociais e as elites financeiras e da situação social, demográfica, financeira e orçamentária dos diferentes países. Na

América Latina, a grave crise dos anos 1980 ocasionou um reexame completo das políticas social-desenvolvimentistas seguidas desde a década de 1950 e um direcionamento para políticas societárias mais individualizadas e residuais (Mesa-Lago e Cruz-Saco, 1998).

## BIBLIOGRAFIA

Behrendt, S.; Sigg, R. (Ed.) (2003), *La sécurité sociale dans le village global*, Berne: Peter Lang.

Deacon, B. (1997), *Global social policy*, London: Sage.

Esping-Andersen, G. (1999), *Les trois mondes de l'État-providence*, Paris: PUF.

Ewald, F. (1986), *L'État-providence*, Paris: Grasset.

Ferrera, M. (1993), *Modelli di solidarieta*, Milano: Il Mulino.

Merrien, F. X. (1997), *L'État-providence*, Paris: PUF.

Mesa-Lago, C.; Cruz-Saco, M. A. (Ed.) (1998), *The reform of pension and health care systems in Latin America*. Pittsburgh: Univeristy of Pittsburgh Press.

Pierson, P. (Ed.) (2001), *The new politics of the Welfare State*, Oxford: Oxford University Press.

Polanyi, K. (1980), *A grande transformação*: as origens da nossa época. 3. ed., São Paulo: Campus.

Revue Internationale De Sécurité Sociale. (2001), Europe Centrale et Orientale. Transition et perspectives, Genève: Peter Lang, avr./sep. Numéro spécial.

Scharpf, F.; Schmidt, V. (Ed.) (2000), *Welfare and work in the open economy*, Oxford: Oxford University Press.

Swaan, A. (1995), *Sous l'aile protectrice de l'État*, Paris: PUF.

## ÉTICA ECONÔMICA
Anne Salmon
Antonio David Cattani

**1.** Em sua acepção mais ampla, ética define-se como o conjunto de princípios, valores e obrigações que rege dimensões específicas da ação humana e da vida social. Os preceitos e julgamentos éticos motivam, disciplinam e orientam os comportamentos individuais e sociais tendo como horizonte a consecução da máxima harmonia, excelência ou perfectibilidade em termos crescentemente universais e impessoais. De acordo com as doutrinas racionalistas, essa acepção corresponde a uma visão progressista, voltada ao futuro e não atrelada às autoridades religiosas, à tradição e, sobretudo, a interesses imediatos e parciais. A justificação, legitimidade e alcance das normas éticas são associados aos processos civilizadores e não à pretensão de determinados grupos, classes ou segmentos sociais cujos interesses e objetivos políticos e econômicos não tenham caráter universalizador.

Concepções circunscritas de ética traduzem-se quase sempre como reduções particularistas, representando, em alguns casos, meros códigos de conduta autoproclamados ou deontologias, que buscam, entretanto, legitimidade em referências a princípios éticos gerais. Exatamente por isso, essas concepções precisam ser analisadas com extremo cuidado, de maneira a identificarem-se seus princípios e sua coerência interna, suas valorações pragmáticas e prescritivas, bem como seu alcance ideológico. A referência à ética econômica como emanação da corrente de pensamento dominante envolve vários questionamentos acerca, por exemplo, da consistência e congruência internas na sua construção lógica, de seu significado como reforço do poder no seio das organizações, de sua extensão a esferas não-econômicas e de sua influência antiutópica.

**2.** As designações *economia natural*, *economia positiva* e *economia pura* remetem ao pensamento utilitarista formulado no século XIX e reproduzido contemporaneamente nos preceitos neoliberais, tendo como idéia basilar uma avaliação peremptória do ser humano considerado livre e consciente do conjunto de normas e leis morais que adota em sua existência social. Essa concepção antropocêntrica, pilar essencial que sustenta todo o arcabouço teórico subsequente, compreende os indivíduos como idênticos e sempre em pé de igualdade, como seres dotados de racionalidade pura e uniforme, exercendo continuamente o livre arbítrio e buscando maximizar as utilidades, ou seja, agenciando, de maneira pragmática e eficiente, os meios com vistas aos fins almejados. De acordo com os principais teóricos dessa corrente interpretativa, a razão concerne ao conhecimento natural, diferente do conhecimento revelado, cujas origens situam-se na fé ou no dogma. Supondo-se a inexistência de condicionamentos prévios, de origem política ou econômica, o exercício da razão seria, portanto, universal e objetivo, correspondendo à verdade dos fenômenos. As formulações subsequentes, que constituem a denominada ciência econômica, nada mais são que o resultado de um encadeamento axiológico a partir da ficção do *homo œconomicus*. As teorias do livre mercado auto-regulador, da firma, do consumidor soberano com suas ordens de valores, sustentam-se nessa concepção particular da ação humana, hedonista, auto-suficiente e egoísta, sendo nada mais do que crenças, discursos que traduzem interesses específicos. Para legitimar as razões do poder, a economia "pura" precisa abstrair o mundo real, apagando os paradoxos, negando a violência e a dominação e escondendo as contradições e as desigualdades já constituídas. A construção ideológica vale-se do poder dos substantivos e dos adjetivos positivos: racional, pragmático, equilibrado, eficaz (que produz o efeito desejado), eficiente (que produz os melhores resultados) e, ainda, dinâmico e competente, para idealizar situações materiais e sociais marcadas pela irracionalidade produtivista, pelo consumo alienado e pela mercantilização de todas as dimensões da vida humana.

A mais grave incoerência dessa construção teórica situa-se entre o princípio da igualdade dos sujeitos e a propriedade dos meios de produção, que assegura a apropriação privada da produção social. Garantindo direitos de sucessão, a sacralização da propriedade privada inviabiliza a igualdade de chances, estendendo seus reflexos ao mercado de trabalho e à esfera produtiva. O princípio da acumulação ilimitada reforça e intensifica os desequilíbrios. Longe de materializar um processo unitário, com resultados homogêneos meritamente conquistados, o capitalismo cria e recria continuamente as desigualdades, penalizando e marginalizando os mais vulneráveis. Ora, uma ordem social justa associa-se obrigatoriamente à idéia de igualdade e equidade. A racionalidade capitalista opera em sentido oposto, construindo e redefinindo hierarquias, particularismos, privilégios e exclusões.

No capitalismo, a ética econômica deve ser entendida como um conjunto de princípios, práticas e valores definido em um quadro que parte da injustiça e nela resulta. Somente é possível considerar-se legítimo o caráter amoral do capitalismo, como o faz um influente filósofo contemporâneo, Compte-Sponville (2004), aceitando-se a exploração do trabalho tido como fungível, a irracionalidade do produtivismo forçado e a relação deletéria com a natureza e ignorando-se, sobretudo, as dimensões predatórias das corporações (BAKAN, 2008). A alegação de o capitalismo ser regido por uma ordem autônoma, desvinculada das outras dimensões da vida, permite designarem-se como eficientes e eficazes condutas que, de fato, são anti-humanas e anti-sociais.

Considerando somente o poder originário das diferenças incomensuráveis entre o tamanho das empresas, é possível apontar outra inconsistência lógica presente nas teorias utilitarista e do livre mercado. A partir de certo tamanho ou de uma posição privilegiada no mercado, as empresas podem fraudar todos os princípios da livre concorrência, da igualdade de chances e das racionalidades administrativa e produtiva (GALBRAITH, 2004; MATHERS, 2004; NORDSTROM, 2007). O mais importante é que esses expedientes não se reduzem a práticas excepcionais, sendo corriqueiros no "supercapitalismo" (REICH, 2008). Outra incoerência lógica revela-se pela adoção, por grandes empresas multinacionais, de "cartas éticas" válidas em seus países de origem, mas não no Terceiro Mundo. Assim, declarações de respeito aos códigos de trabalho ou à legislação ambiental servem à Europa ou aos Estados Unidos e Canadá, mas não são adotadas nos demais países. Em um tardio respeito aos consumidores do Primeiro Mundo, multinacionais farmacêuticas retiram do mercado medicamentos condenados pelos serviços de saúde e continuam vendendo-os na África ou na América Latina. Ao mesmo tempo em que proclamam sua missão redentora internacionalista, dividem os seres humanos entre cidadãos de primeira classe (brancos norte-ocidentais, merecedores de respeito ético) e de segunda (o restante do mundo, indigno de consideração). Uma ética econômica sob as condições do capitalismo realmente existente nada mais é do que uma peça publicitária, estratégia indireta para assegurar-se o objetivo precípuo do capitalismo, a maximização do lucro (BAKAN, 2008).

3. A partir da década de 1990, a expansão capitalista foi marcada pela redução do Estado de bem-estar, pela precarização do trabalho e pela multiplicação dos escândalos corporativos. As desigualdades sociais que acompanham esse crescimento foram ampliadas devido ao significativo aumento da concentração de renda. Somado aos graves impactos ambientais, esse fenômeno reacendeu uma infinidade de movimentos da sociedade civil, que reforçaram antigas resistências, abrindo novos campos de embate contra a dominação do sistema capitalista. É nesse campo de enfrentamento que é possível entender o desenvolvimento das práticas ditas de "boa governança corporativa", de "responsabilidade social empresarial" e de "ética econômica". Esta última, expressa sob tonitruantes declarações de princípio amplamente divulgadas pela mídia, aparece nos balanços sociais, nas ações ditas de responsabilidades empresarial e social e, muito particularmente, no desenvolvimento da neofilantropia.

Embora a "ética econômica" inscreva-se mais no campo discursivo e traduza-se menos em comportamentos, seus impactos fazem-se sentir nos ambientes de trabalho. A questão do disciplinamento da força de trabalho e das formas de cooperação, isto é, da regulação das interações na esfera econômica, coloca-se com gravidade no momento, quando a desarticulação entre o econômico e o social interroga o sentido da participação de cada um no projeto econômico, que se torna cada vez menos justificável humana e socialmente. Ao mesmo tempo, as mutações verificadas na esfera da produção e a terceirização da economia reforçam o imperativo de os atores envolverem-se no sistema, já que as capacidades relacionais e comunicacionais estão sendo progressivamente solicitadas nas organizações. Em um período em que a racionalidade capitalista busca mobilizar não mais tanto o gesto, mas a pessoa global como recurso a serviço do aumento das riquezas, espera-se haver uma motivação extra por parte dos assalariados. Torna-se preciso inventarem-se novas formas de cooperação que não podem se reduzir às formas de integração funcionais da organização taylorista. É necessário acrescentar-se, à hipótese da erosão da crença no progresso, a suposição de que as transformações operadas na sociedade requerem menos a restauração dessa fé e mais uma ideologia de substituição que acompanhe essas mutações.

A nova organização do trabalho redefine "a unidade do trabalhador" na base de uma "gestão" das trocas, opondo-se a uma economia dos movimentos obtida por uma divisão cada vez mais acurada dos gestos e, portanto, pela especialização e fragmentação das tarefas. Nesse sentido, se a ética progressista contribuiu para forjar o *homo faber*, é possível levantar-se a hipótese de que a ética econômica das empresas vise essencialmente (re)formar o indivíduo por e para o desejo de troca de conhecimentos, de *savoir-faire* e de uma comunicação crescente nas organizações. Já que se espera a evolução das relações da empresa com seu meio e das relações internas entre os diferentes serviços e entre os assalariados, o controle não deve mais incidir unicamente sobre o processo de produção, mas também sobre a personalidade dos produtores.

A tentativa de se estabelecerem formas de controle e regulação pelo mercado dentro da própria empresa não gerou os frutos esperados. Pondo fim às solidariedades e às referências tradicionais, a individualização crescente da nova gestão, que reduz a troca à sua dimensão mercantil, resulta em fragilização das bases sobre as quais repousava a coordenação da ação coletiva. Consequentemente, a empresa defronta-se com o problema de uma conciliação, de um lado, das lógicas de concorrência e de competitividade (introduzidas em nome dos valores liberais individualistas), das quais ela espera mais eficácia, e, de outro, da manutenção das formas de cooperação de que se beneficiou quando a produção das riquezas sociais referia-se a objetivos identificados.

A "oferta ética" voltada aos assalariados surge dessa necessidade. A ética econômica das empresas seria a resposta "técnica" concebida pela gestão para suprir o déficit de regulação o qual elas próprias contribuem para instalar. Essa ética retrabalhada pelas lógicas econômicas encontra uma expressão paroxística nas cartas e nos códigos das empresas. Neles, a ética estabelecer-se-ia como meio de regulação pelos valores e fins, todavia, as motivações da adesão repousam, essencialmente, na afirmação de um "desejo irracional de acreditar-se em alguma coisa" e de sentir-se estruturado por normas que as instituições tradicionais, atingidas pela "perda de autoridade", não fornecem mais realmente.

O mesmo significado pode ser estendido ao restante da sociedade. Valores positivos são mobilizados (respeito ao outro, desenvolvimento pessoal, solidariedade, etc.) e oferecidos pela empresa aos indivíduos em "busca de sentido". Percebe-se assim uma forma de privatização dos valores ligada às próprias motivações da adesão mais comerciais e publicitárias e menos estritamente ideológicas e de propaganda. A eficácia desses procedimentos, para além das lógicas de sedução, repousa sobre lógicas de autopersuasão. A publicidade dos bens e dos valores manteria, por meio de um simulacro, o laço entre o real e a meta ética, o sistema e o mundo vivenciado, entre os meios e os fins. A ética imanente à ordem econômica fica reduzida a pura mística social, cuja vocação seria sustentar uma ação humana desprovida de sentido e de valores, mas que é gestada, organizada e controlada pela economia, mesmo quando não passa de uma agitação sem fim para o homem. A solidariedade é deturpada e manifesta-se apenas como efeito de poder (Demo, 2002).

**4.** A fim de preservar ou recuperar a legitimidade das práticas capitalistas, além dos procedimentos analisados anteriormente, empresários e ideólogos instrumentalizam princípios éticos para provar a capacidade de auto-regulação e de aperfeiçoamento do sistema. Não sendo suficientes os argumentos baseados na racionalidade e eficiência técnica, glorificam-se as dimensões humanas, éticas e responsáveis. A ofensiva visa desclassificar as tentativas libertárias em construção, concorrendo no mesmo espaço disputado pelas economias solidária, autogestionária ou cooperativa.

Inicialmente, a economia dominante ignorou os esforços alternativos e altermundialistas, depois, tratou-os com ironia e desdém para, finalmente, contra-atacar no campo ético, porém, a tentação ética do capitalismo (SALMON, 2007) é antiutópica. Ela reforça a participação regrada pelos valores e interesses dominantes, promovendo o envolvimento no sistema que se quer sem alternância. Em sua visão empobrecida do destino humano, aponta a economia capitalista como fato ineluctável e intransponível. Antiutópica, a manifestação empresarial da ética econômica busca atender pragmaticamente aos interesses restritos do capital, corrompendo o imperativo categórico do dever moral e deturpando o princípio do respeito à dignidade humana universal.

BIBLIOGRAFIA

BAKAN, J. (2008), *A corporação*, São Paulo: Novo Conceito.

COMTE-SPONVILLE, A. (2004), *El capitalismo es moral?* Madrid: Paidós.

DEMO, P. (2002), *Solidariedade como efeito de poder*, São Paulo: Cortez.

GALBRAITH, J. K. (2004), *A economia das fraudes inocentes*, São Paulo: Cia. das Letras.

MATHERS, C. (2004), *Crime school:* money laundering, Buffalo: Firefly Books.

NORDSTROM, C. (2007), *Global outlaws:* crime, money and power in the contemporary world, Berkeley: University of California Press.

REICH, R. (2008), *Supercapitalismo*, São Paulo: Campus.

SALMON, A. (2007), *La tentation éthique du capitalisme*, Paris: La Découverte.

## FINANÇAS SOLIDÁRIAS
Ruth Muñoz

**1.** As finanças referem-se à utilização do dinheiro, seu preço, rendimento, proteção, transferência e controle, empréstimo e, em geral, a todas as atividades que conformam o fluxo monetário de entrada e saída ao longo do tempo. Tal conceituação não faz qualquer referência a quem sejam os atores envolvidos, os objetivos almejados, etc., preocupações estas que se fazem necessárias ao apontar-se que, em seu desenvolvimento "normal", as finanças hegemônicas captam recursos de muitos para gerar crescente concentração e centralização entre poucos.

Em resposta a essa lógica, estruturam-se diversas modalidades financeiras, muitas vezes denominadas "finanças solidárias" (FS), visando democratizar os recursos financeiros, para que as finanças operem a serviço das necessidades de todos. No que concerne à intervenção, algumas consequências desse enfoque são: o tratamento conjunto de instrumentos financeiros com instrumentos não-financeiros (estrategicamente utilizados conforme a estrutura socioeconômica); avaliação complexa dos projetos nos níveis *ex ante* e *ex post*; e o respeito pela racionalidade socioeconômica das atividades com as quais se trabalhe, entre outras.

**2.** As FSs encontram-se em um estado incipiente, nutridas por diversas modalidades financeiras com origens e enfoques sumamente heterogêneos (ainda que tenham tecnologias financeiras similares), conformando uma interessante hibridação. Entre essas modalidades financeiras verifica-se, em primeiro lugar, o histórico cooperativismo de economia e crédito, cuja referência são os princípios da Aliança Cooperativa Internacional (Cartillas, 2007). Sua formulação mais elementar baseia-se nas cooperativas de sócios/proprietários, os quais são mútua e alternativamente credores e devedores entre si. Essas cooperativas funcionam, ao menos formalmente, de maneira democrática, já que cada sócio tem um voto.

Essa modalidade dá lugar a diferentes formas cooperativas cujo *status* legal e regulamentação variam muito de país para país, sendo as mais comuns a banca cooperativa, as cooperativas de economia ou crédito, as caixas cooperativas de economia ou crédito e as seções de crédito de cooperativas não-especializadas, que utilizam essa modalidade para financiar atividades ou aquisições conforme o objetivo da cooperativa. Algumas são "fechadas", operando só com as contribuições de seus próprios sócios, enquanto outras são "abertas" e captam fundos do público em geral; algumas funcionam individualmente e outras se integram a redes com distintos tipos de organização, havendo um modelo "atomizado-competitivo" e outro "federado" (Fischer, 2005). Este se aproxima mais do espírito das FSs, pois proíbe a concorrência entre desiguais (como as caixas de crédito da primeira faixa e os bancos cooperativos da segunda) e funciona sob esquemas de divisões técnica e territorial estritas que conformam o funcionamento do conjunto cooperativo.

Essa modalidade financeira foi idealizada durante a Revolução Industrial, na Alemanha, por parte dos artesãos, pequenas empresas e camponeses, que tinham por única fonte de financiamento os usurários. Raiffeisen (Internationale Raiffeisen Union) e Schulze Delitzsch foram os propulsores dessas primeiras cooperativas de economia e crédito, das quais derivariam as "caixas populares", criadas por Desjardins, no Canadá, em 1900, para fomentar a economia sistemática e atender às necessidades dos seus associados.

A segunda modalidade financeira enquadrada nas FSs são as microfinanças, entendidas como "serviços financeiros dirigidos às unidades econômicas de pequena escala, levados a cabo por meio de uma multiplicidade de arranjos institucionais, baseados em relações de proximidade e utilizando mecanismos inovadores para atingir altas taxas de devolução e dar suporte ao manejo da liquidez e dos riscos das unidades socioeconômicas atendidas, estabelecendo relações duradouras baseadas, porém, em atividades de curto prazo" (Muñoz, 2007, p. 277). Esses serviços começaram a ser oferecidos maciçamente na década de 1970 na Bolívia, Bangladesh e Indonésia, apresentando-se como uma proposta para se superarem as políticas de crédito subsidiado implantadas a partir dos anos 1950 pelos Estados nacionais dos "países em desenvolvimento". As microfinanças propõem-se como um "alívio da pobreza", e sua população-alvo é aquela excluída do sistema financeiro formal, havendo uma predominância de mulheres entre os usuários. Embora o "microcrédito" seja o instrumento microfinanceiro mais conhecido, há ampla gama de serviços, entre os quais se encontram os microdepósitos, microsseguros, remessas, microleasing, micropensões, etc.

Esses serviços funcionam mediante principalmente três tipos de tecnologias creditícias. Duas delas são de caráter grupal, compreendendo os chamados *grupos solidários* e o *banco comunal*. A terceira constitui a *tecnologia individual não-convencional*, baseada na adaptação dos serviços à situação socioeconômica do potencial prestatário, diferenciando-se assim da bancária, que se funda em documentação e garantias tradicionais. Neste verbete, descrevem-se, brevemente, as duas primeiras tecnologias.

Os *grupos solidários* outorgam empréstimos a postulantes individuais integrantes de um grupo, de modo que cada um é responsável mutuamente pelo pagamento dos créditos de todos os membros. Há dois enfoques predominantes quanto ao funcionamento dos grupos solidários. A ACCION International promove a adaptação dessa metodologia ao contexto da América Latina, bem como a vinculação entre organizações de base e o capital financeiro global. Alguns casos reconhecidos são o Banco Compartamos, do México (www.compartamos.com), o Banco Solidário, do Equador, e o BancoSol da Bolívia. Já o enfoque do Grameen, fundado por Muhammad Yunus, prevalece na Ásia. A partir da mesma tecnologia financeira da ACCION, difunde-se mediante "reproduções" da experiência original, tendo mulheres entre a maioria de seus usuários.

O *banco comunal* consiste na formação de grupos de 30 a 50 membros proprietários, que o administram por meio de um comitê que recebe capacitação de uma agência de fomento. Essa tecnologia creditícia mobiliza poupança e outorga créditos, havendo reuniões periódicas dos membros. Os bancos são financiados por uma conta externa e por outra interna. A conta externa baseia-se em empréstimos concedidos pela agência promotora, no montante de uma quantia igual à soma das solicitações de empréstimos individuais. A exemplo do que ocorre nos grupos solidários, os membros de um banco comunal assinam uma garantia coletiva e, então, outorgam-se os empréstimos individuais. Por sua vez, a conta interna é formada por recursos dos membros, incluindo poupança, juros, multas cobradas dos integrantes, lucros de outras atividades, pagamentos parciais à conta externa, etc. O banco comunal foi idealizado na América Latina, nos anos 1980, por membros da Fundação para a Assistência Comunitária Internacional (FINCA). Um modelo similar a esse é o do Grupo Associativo Centro Internacional de Desenvolvimento e Pesquisa, localizado na França e operando principalmente na África. Este se difere do FINCA por seus bancos formarem-se a partir da comunidade como um todo e não de diversos grupos.

A terceira modalidade encontrada entre as finanças solidárias diz respeito às *finanças éticas*. Estas começaram a difundir-se ao final dos anos 1980, nos países do hemisfério norte, a partir das idéias de "poupança ética" e "investimento socialmente responsável". Baseiam-se na aplicação de uma série de "critérios positivos" para promover determinadas atividades (como o financiamento de atividades de comércio justo e solidário) e de "critérios negativos" para punir outras (como a produção de armamento). Seus esquemas consideram todos os atores envolvidos, sendo os poupadores que estipulam as prioridades para o destino de suas economias.

Essa modalidade tende a operar em instituições financeiras tradicionais que, no seu interior, aplicam voluntariamente essa série de critérios e regras. Grande parte de seus atores integra a Associação Internacional de Investidores em Economia Social, sendo alguns dos mais reconhecidos a Banca Ética Italiana e a Associação de Financiamento Ético e Solidário.

Em quarto lugar, há uma série de instrumentos monetários e financeiros inscritos nas finanças solidárias, como a emissão de moedas sociais, sistemas locais de intercâmbio mediante troca com ou sem dinheiro, bancos de horas, oferta de créditos sem juros a partir de sofisticados sistemas de poupança prévia, círculos de poupança entre vizinhos, associações de capital de risco de proximidade, garantias de abrangência vicinal e financiamento via hibridação com recursos do Estado, do mercado, de doações e de sócios, entre outros. Estes, por sua vez, se nutrem das modalidades anteriores e com elas se misturam, dando lugar a práticas complexas e inovadoras. Como exemplos, há o Banco Palmas, do Brasil, a Red de Útiles Financieros Alternativos y Solidarios, da Espanha, e a FIDUCIE du Chantier de l'Économie Social, do Canadá.

Por último, destacam-se as políticas públicas baseadas nas FSs, sendo o Brasil um país inspirador nesse sentido e Paul Singer um de seus promotores. O autor considera que uma política deste tipo deveria redistribuir a renda, combater a pobreza e ampliar o mercado interno das massas, para o qual se necessita de uma nova arquitetura financeira. Em seus próprios termos, "[...] uma rede comunitária de FS, com forte presença nas comunidades mais pobres, capacitada para captar a poupança dos sócios e oferecer-lhes crédito para planos de desenvolvimento [...] e bancos públicos dos governos federal, estadual e municipal, especializados em crédito popular, para suprir os fundos de financiamento de investimentos de maiores quantias" (SINGER, 2005, p. 7).

**3.** Com respeito à situação atual das FSs, em primeiro lugar, há um crescente desenvolvimento de debates específicos, os quais geralmente se constituem e adquirem sentido dentro da própria modalidade financeira, em vez de abranger o conjunto de modalidades e instrumentos das FSs. Essa realidade pode ser ilustrada com o caso do cooperativismo de economia e crédito, no qual há as questões da *governance* interna e da relação entre as cooperativas e o seu entorno, acompanhadas do risco de abandono do consórcio e da revitalização das regras cooperativas. No âmbito das microfinanças, um exemplo são as discussões acerca da ênfase nos componentes do denominado "triângulo das microfinanças", composto pela auto-sustentabilidade financeira das instituições microfinanceiras (IMF), seu impacto e alcance, cada um comportando, implicitamente, sua gama específica de serviços oferecidos, a população atendida, o uso de subsídios, a necessidade de avaliações de "desempenho social", etc.

Em decorrência dessa falta de uma visão mais abrangente, pouco avançam as abordagens que tratam as FSs em seu conjunto. Seria necessário aprofundarem-se, por exemplo, as análises sobre o papel mais adequado a cada modalidade e os distintos desenhos possíveis, a forma como se relacionam com as finanças hegemônicas, etc. Destaca-se haver alguns estudos nesse sentido, como os relatórios *Exclusion et liens financiers*, do Centre Walras, os trabalhos do Instituto Brasileiro de Administração Municipal (FONTES e DIAS COELHO, 2003) e pesquisas a exemplo da realizada por Mendell, Lévesque e Rouzier (2005).

Embora haja iniciativas de alcance global (como o Sistema Global de FS, proposto no Fórum Social Mundial), predominam as de tipo micro ou meso, muitas vezes desarticuladas de uma perspectiva sistêmica. Devem ser aprofundados o conhecimento e as abordagens proposicionais politicamente viáveis acerca de questões como o aumento da abrangência das iniciativas de FSs atualmente existentes em níveis regional e mundial. É necessário ainda frear-se o avanço das "novas" formas de acirramento da liberalização financeira, mediante, por exemplo, a eliminação dos tetos para as taxas de juros, de modo que as instituições de microfinanças possam cobrar taxas que lhes permitam "se autosustentar". Outras medidas demandadas são uma maior e mais eficaz regulamentação dos movimentos de capitais em nível mundial, o controle das remessas dos imigrantes por parte das famílias e comunidades receptoras, a resolução da situação das dívidas externas dos países do hemisfério sul e o estabelecimento de acordos sobre reformas tributárias progressivas em diversos países, entre outras.

Sobretudo na América Latina, a institucionalização das microfinanças está produzindo uma concentração de demandas no microcrédito em relação a outros instrumentos e modalidades financeiras. Essa procura implica uma adequada diversificação visando construir sistemas que efetivamente mobilizem poupanças, outorguem recursos, administrem o risco e facilitem o intercâmbio de bens e serviços em função das necessidades sociais.

É questionável o conceito de "solidariedade" sobre o qual se fundam algumas iniciativas em finanças solidárias. Nesses casos, sua base é individual e direcionada aos excluídos do sistema financeiro que utilizam microcréditos (atividades de baixa escala, ciclos produtivos curtos, etc.), discriminando, por exemplo, os atores coletivos, de maior escala e nível organizacional, os quais igualmente carecem de acesso ao sistema financeiro formal – tal como as empresas recuperadas. Ademais, esse conceito de solidariedade, muitas vezes, não problematiza os atores responsáveis pelas decisões, ou a forma de dividirem os lucros e custos – em última instância, a técnica do "grupo solidário" constitui uma transferência, pelos prestamistas de grande parte, dos riscos de recuperação às mãos dos prestatários. Essa imprecisão traduz-se por um risco latente nos novos serviços microfinanceiros (como os "microsseguros de saúde" ou as "microprevidências"), os quais, afastados da disputa por uma segurança social solidária, solidificam um conteúdo político que cerceia a construção de uma economia ancorada na reprodução da vida de todos.

Definitivamente, as FSs devem estar necessariamente inseridas na disputa pela outra economia e por outra sociedade. Sem esse alinhamento, é impensável um verdadeiro progresso em direção à sua politização nos termos de tais utopias.

BIBLIOGRAFIA

BLANC, J. (Ed.) (2006), *Exclusion et liens financiers*: monnaies sociales, Paris: Economica. Rapport du Centre Walras 2005-2006.

CARTILLAS DE ECONOMÍA SOCIAL (2007), Finanzas para la economía social. Los Polvorines: Universidad Nacional de General Sarmiento, n. 1. Disponível em: <http://www.tau.org.ar/html/upload/89f0c2b656ca02ff45ef61a4f2e5bf24/finanzaspara_economiasocial.pdf>.

FISCHER, K. (2005), Governance, regulación y desempeño de intermediarios financieros mutuales. In: FEDERICO SABATÉ, A.; MUÑOZ, R.; OZOMEK, S. (Coord.), *Finanzas y economía social*: modalidades en el manejo de los recursos solidarios. OSDE-UNGS, Buenos Aires: Altamira.

FONTES, A.; DIAS COELHO, F. (2003), *A expansão das microfinanças no Brasil*. Instituto Brasileiro de Administração Municipal; Fundación Ford. Disponível em: <www.ibam.org.br>.

MENDELL, M.; LÉVESQUE, B.; ROUZIER, R. (2005), Nuevas formas de financiamiento de las empresas y organizaciones de la economía social en Quebec. In: FEDERICO SABATÉ, A.; MUÑOZ, R.; OZOMEK, S. (Coord.), *Finanzas y economía social*: modalidades en el manejo de los recursos solidarios. OSDE-UNGS, Buenos Aires: Altamira.

MUÑOZ, R. (2007), Alcance de las microfinanzas para el desarrollo local. Microcrédito en el Conurbano Bonaerense: el Banco Social Moreno y Horizonte, In: VERBEKE, G.; CARBONETTI, C.; OZOMEK, S.; MUÑOZ, R. (Coord.), *Las finanzas y la economía social*: experiencias argentinas. UNGS, Buenos Aires: Altamira.

SINGER, P. (2005), Contribución para una política nacional de crédito popular. In: FEDERICO SABATÉ, A.; MUÑOZ, R.; OZOMEK, S. (Coord.), *Finanzas y economía social*: modalidades en el manejo de los recursos solidarios. OSDE-UNGS, Buenos Aires: Altamira.

# G

**GOVERNAÇÃO LOCAL**
Sílvia Ferreira

**1.** A origem do conceito de governação é encontrada na ideia de orientação (*steering*), no sentido de pilotar um navio. Para muitos autores, a "orientação" é feita pelo Estado, pelo estadista ou por outros actores relevantes, daí significando também um certo tipo de acção estatal. Mas também é usada para descrever a governação das empresas, a governação das universidades, a governação das profissões, etc. Numa perspectiva mais restrita, no que se refere a muita literatura, a governação representa um modo específico de coordenação de actividades complexas e interdependentes, envolvendo redes de actores estatais e não estatais. Chama a atenção para a participação de um número alargado de actores e interessados nos processos de governação e pretende assinalar uma mudança nos modos de coordenação da centralidade das formas hierárquicas ou do mercado para a noção de redes, comunidade ou associação. Isto explica porque a governação também é estudada em outras áreas da actividade social, incluindo a gestão e a economia, bem como outras ordens institucionais e esferas na sociedade civil. Em todos os casos a atenção é dirigida para a coordenação de um leque vasto de interessados e/ou redes. Vários modos de governação foram identificados em diferentes taxonomias. Kooiman distingue autogovernação (desregulação), cogovernação (redes, parcerias, cogestão, cooperação) e hierarquia (burocracia, controle); Hollingsworth e Boyer identificam concorrência (mercado), hierarquia (empresa), coerção (Estado), solidariedade (comunidade) e negociação (associação); e Jessop identifica troca (mercado), hierarquia (Estado, empresas) e heterarquia (redes).

Governação local reporta-se às políticas, interacções ou instituições que coordenam as relações sociais num território limitado, cuja característica principal é a proximidade física.

**2.** Não é por acaso que se aponta a primeira utilização do conceito de governação durante a Idade Média no contexto do poder feudal na Europa, seguido do seu desaparecimento durante o estabelecimento do Estado moderno e o seu retorno em finais do século XX. Muita da discussão em torno do conceito de governação pretende apontar para transformações na natureza do Estado e, desta, muita pretende enfatizar a diminuição do papel do Estado, equacionado com a forma específica do Estado-Nação moderno ou com o Estado-providência. Estas discussões assumem frequentemente a dicotomia governo/governação. Pierre afirma que a governação refere-se à "sustentação de coerência entre uma ampla variedade de actores com diferentes interesses e objectivos, como actores e instituições políticas, interesses empresariais, sociedade civil e organizações transnacionais. O que eram anteriormente os papéis indisputados do governo são agora vistos como problemas societais mais comuns e genéricos que podem ser resolvidos por instituições políticas mas também por outros actores" (Pierre, 2000, p. 4). As narrativas que têm lugar nesta dicotomia sublinham aspectos que estimularam o interesse na governação nos anos 1980 e 1990: crises financeiras dos Estados, novas estratégias de produção e fornecimento de serviços públicos, problemas de coordenação, quer no Estado quer na articulação entre projectos públicos e privados, globalização da economia e importância crescente de instituições políticas transnacionais, fracasso do Estado em relação às expectativas criadas ou questionamento da eficiência do modelo burocrático (Pierre, 2000, p. 4-5).

Por outro lado, interpretações focadas nas redes enfatizam a perda de centralidade de formas de governação hierárquicas, não só as representadas pela burocracia estatal ou pela forma de organização da empresa fordista, mas também as resultantes do fracasso do mercado e da sua forma de coordenação predominante, a troca. Sørensen e Torfing descrevem "governação em rede" como "(1) articulações horizontais relativamente estáveis de actores interdependentes mas operacionalmente autónomos que (2) interagem através de negociações, as quais (3) têm lugar num quadro regulativo, normativo, cognitivo e imaginário que é (4) auto-regulado no contexto de limites fixados por forças exteriores e que (5) contribui para a produção de objectivos públicos" (2007, p. 9). A emergência deste modo de governação resulta da crescente fragmentação das sociedades em consequência da sua diferenciação funcional em subsistemas autónomos e organizações independentes, da multiplicação e interconexão de horizontes espaciais e temporais de acção, e do esbatimento e questionamento das fronteiras entre instituições, sectores e escalas (Jessop, 1998), e, ainda, da crescente complexidade dos problemas e suas interpretações, dos impactos das suas soluções e dos diferentes interesses dos envolvidos, da necessidade de decisões baseadas em conhecimento e das novas formas de risco e incerteza (Sørensen e Torfing, 2007).

A governação é frequentemente discutida em termos de subtipos ou qualidades específicas. No que se refere à governação global ou europeia, aponta-se para espaços onde não existe um equivalente à coordenação efectuada pelo Estado-Nação, nem a forma de coordenação hierárquica parece ser eficaz. O subnacional, olhado como nível de governação, também tem tido os seus qualificadores de governação: urbana, territorial, comunitária, local. O que é novo não é a existência de redes formais e informais na coordenação do espaço político local, mas a ideia de governação local como estratégia do Estado e de organizações internacionais visando envolver um maior número de actores na tomada de decisão local. Esta é uma tendência internacional, caracterizada pela adopção da nova gestão pública nos serviços públicos, parcerias público-privadas de produção e fornecimento de bens públicos, envolvimento de organizações locais, grupos de interesse e empresas em parcerias políticas, e novas formas de envolvimento dos cidadãos, desde sondagens de opinião a formas de democracia participativa. Nos países europeus é identificada, em diversos graus, com a devolução de decisões às localidades e às comunidades e com a sua responsabilização na identificação e resolução de problemas no sentido de dar aos cidadãos maior capacidade de ter influência sobre as suas vidas e o lugar onde vivem. Em países da América Latina, de África e da Ásia trata-se não tanto da multiplicação de espaços de decisão ao lado do governo local, mas do fortalecimento deste com a ajuda da sociedade civil local e internacional (Geddes, 2005).

Em contextos específicos, a governação ocorre através de lógicas e modelos políticos diferentes com variação de país para país e de escala para escala. Se no Reino Unido, onde a Terceira Via articula políticas neoliberais e neocomunitaristas, a governação local foi qualificada de "localização neoliberal", em outros sítios encontramos tendências mais estatizantes ou corporativas. Analisando parcerias público-privadas de luta contra a exclusão social, Geddes (2005) assinala que as separações público/privado são mais nítidas nos países anglo-saxónicos e que em muitos outros países europeus é possível identificar uma tradição de cogovernação. Assim, como refere este autor, o conceito de governação na dicotomia governo/governação está marcado pelos pressupostos anglo-saxónicos, ainda que sendo actualmente promovido a nível internacional por efeito da transferência de políticas e modelos difundidos por organizacionais internacionais.

Novidade é também a constituição do local através destas e de outras iniciativas, ainda que variando no seu conteúdo. Estudando o Reino Unido, Amin (2005) analisa o modo como diferentes territórios são construídos. Enquanto a ideia de comunidade faz parte da semântica de uma comunidade territorializada e isolada, aplicando-se a áreas economicamente mais deprimidas e com maior exclusão social, outros espaços como as cidades e as regiões mais prósperas e o Estado-Nação são vistos de forma pluralista e geograficamente promíscua. O mesmo se poderia dizer de muitas intervenções internacionais nos países do Sul onde encontramos, lado a lado, uma semântica de reforço de comunidades locais através do capital social, democracia participativa e economia social, e uma semântica de promoção de cidades competitivas ligadas em rede num espaço global. Na proposta política da Terceira Via, a comunidade – que é, na versão dos comunitaristas, uma articulação entre interesses e valores comuns num determinado território – é a esfera privilegiada para resolver problemas contemporâneos – nomeadamente os causados pela globalização. Amin defende que, nas localidades pobres, o governo local, as comunidades locais, as organizações locais e os ramos locais da administração central – concebidos como não tendo relações e interesses para além do local – devem interagir na esfera pública local – através de deliberação e parceria – como uma comunidade política local – com interesses comuns – para resolver os problemas localmente delimitados nas suas soluções. A comunidade é o princípio e o fim dos seus próprios problemas. Espera-se a sua auto-regeneração através da coesão comunitária, confiança local e cidadania activa, e fala-se menos de emprego, direitos, obrigações do Estado, mobilidade social e espacial, investimento na infra-estrutura local e ligações com o exterior. Neste contexto, "os responsáveis pela acção comunitária tornam-se agentes da 'domesticação' da política local, responsáveis por fornecer uma cidadania consensual e responsável que desempenha as expectativas de regeneração das elites governantes" (AMIN, 2005, p. 620).

Por outro lado, a governação local vem também acompanhada da ideia de redes e de híbridos, em especial das articulações horizontais e verticais criadas por redes de actores, de localidades, cidades, governos locais. A ideia de governação multinível indica as interdependências e articulações nestas redes. Enfatiza-se que os governos locais estão cada vez mais envolvidos em redes intermunicipais nacionais e supranacionais, e que as políticas de promoção destas redes estão associadas a um discurso de desenvolvimento económico e de concorrência entre localidades, cidades e regiões.

O local remete para uma escala territorial de relações próximas mas que não podem ser vistas isoladamente. Por isso, há propostas que chamam a atenção para as articulações entre o local e o global e para a preferência pela ideia de glocal. O local (tal como outros espaços) contém relações sociais com espacialidades e temporalidades diferentes, do próximo ao distante, da curta à longa duração. O mundo da vida é atravessado por esta multiplicação de escalas e tempos, pois se, por um lado, muitas esferas da vida são territorialmente determinadas – o bairro de residência, a escola, o local de trabalho – e temporalizadas na longa duração – os tempos da reprodução biológica, da reprodução da natureza, etc. –, por outro lado, elas também sofrem o impacto de fenómenos como a deslocalização das empresas ou a compressão do tempo e do espaço permitida pelas novas tecnologias da comunicação e de transporte, entre outros. De igual forma, na sociedade civil identificam-se, lado a lado, organizações locais e activistas inseridos em redes supralocais, envolvidos em lutas localizadas mas com agendas globais e formas de política global, e imaginários não cosmopolitas enraizados em temas e lutas localizadas e articulados em redes horizontais de lutas locais com espaços distantes (SWYNGEDOUW, 2005).

Ademais, diferentes actores têm diferentes capacidades de mobilizar diferentes espacialidades e temporalidades (JESSOP, 2007). Como refere Hajer (2003), saltar escalas é uma estratégia de poder e influência em redes de governação multiescalar. Por exemplo, onde a política nacional urbana é crescentemente substituída por parcerias locais público-privadas, os tipos de actor social e as suas posições nas geometrias de poder também mudam: novos actores emergem, outros consolidam a sua posição e outros são marginalizados ou excluídos. Para Harmes (2006), há um projecto específico neoliberal de governação que implica "trazer a economia para cima", para a escala supranacional, através da mobilidade do capital e da centralização de competências políticas facilitadoras do mercado, e "empurrar a política para baixo", através da descentralização de competências políticas capazes de inibirem o mercado (por exemplo, a territorialização das políticas de bem-estar). Mas, como o autor assinala, há outros projectos de governação multiescalar, que passam, nomeadamente, pela reticulação do político e do económico, por "trazer a economia para baixo" ou por "levar a política para cima". A ideia de governação contra-hegemónica implica tais estratégias (Santos, 2005).

**3.** As narrativas da governação e algumas das suas críticas são frequentemente feitas do lado dos planificadores, como se outros actores sociais não tivessem os seus próprios projectos políticos. Algumas definições dominantes de governação tendem a imaginar um espaço onde os vários protagonistas estão nas mesmas condições de participar e é possível atingir um consenso através de negociação ou de deliberação, havendo quem proponha que a forma de governação em rede se caracteriza por relações de reciprocidade e confiança. Idealmente, todos os actores locais, apesar dos seus interesses diferentes, partilham um interesse comum mais geral e mobilizam-se em torno deste, empenhando as suas capacidades e os seus recursos. Isto ignora as diferenças sociais e de poder, as tendências antagonistas e os conflitos latentes e as dissensões relativamente ao que os diferentes actores consideram como interesse comum local.

Há outro aspecto que muita da literatura centrada na dicotomia governo/governação tende a negligenciar, que é a ideia de metagovernação, ou seja, da governação da governação. Esta dicotomia tende a ignorar o papel do governo, muitas vezes nacional, na organização das condições de governação, nomeadamente da governação local. Isto foi descrito por Jessop (1998) com a ideia de metagovernação. Ou seja, mesmo que a organização dos actores locais seja melhor descrita pela ideia de rede, a metagovernação pode assumir uma forma hierárquica. Tal é visível quando o governo nacional, local ou outras organizações impõem a constituição de parcerias público-privadas como condição para acesso a recursos. O seu papel inclui frequentemente a definição do objecto de governação, a identificação dos interessados, o desenvolvimento da infra-estrutura e das ligações adequadas, e o próprio discurso sobre governação. Mas, como Jessop (1998) propõe, esta não é a única forma de metagovernação, pois ela também pode ocorrer a partir de uma lógica de mercado ou de redes. É assim que também é possível encontrar iniciativas englobadas na ideia de governação a partir de baixo, efectuadas reflexivamente a partir das redes locais. A forma mais geral de metagovernação, envolvendo o reequilíbrio de diferentes modos de governação, foi explorada através do conceito de "*collibration*" (Dunsire, 1996).

A ideia de governação em rede permite dar conta da complexidade envolvida na governação, da multiplicação de interesses, escalas e discursos, e do modo como interagem. É interessante que em muitos aspectos a semântica da governação em rede está próxima de lógicas assinaladas na sociedade civil, presentes por exemplo nas redes de organizações e movimentos sociais e expressas na ideia de associação como espaço democrático de debate onde problemas privados são tornados públicos (ou políticos) e se constrói um projecto comum. Todavia, se o mercado e a hierarquia fracassam, também a governação em rede tem riscos de fracasso específicos (Jessop, 1998). Por isso, em termos concretos, é frequente encontrar misturas de diferentes modos de governação como a forma estratégica mais vantajosa (DUNSIRE, 1996).

Finalmente, a própria noção de fracasso da governação merece mais centralidade na investigação porque as coisas nem sempre acontecem como planeado – mesmo que aconteçam por terem sido planeadas. Apesar da utilidade do conceito foucaultiano de governamentalidade para indicar um aumento da penetração do Estado em novas esferas em vez da sua retirada, ele é menos útil para estudar a capacidade dos actores de resistirem ou de usarem os novos modos de governação estrategicamente a favor dos seus próprios projectos políticos. Por isso, alguns estudiosos da governação concluem que em cetas situações as políticas de governação permitiram a abertura de oportunidades políticas para algumas organizações da sociedade civil. Outros referem situações em que estes actores optaram estrategicamente por permanecer afastados dos novos espaços de governação local, privilegiando as suas estratégias tradicionais de afastamento ou de confrontação com o poder local.

## BIBLIOGRAFIA

AMIN, A. (2005), Local community on trial. *Economy and Society*, v. 34, n. 4, p. 612-633

DUNSIRE, A. (1996), Tipping the balance: autopoiesis and governance. *Administration & Society*, v. 28, n. 3, p. 299-334.

GEDDES, M. (2005), Neoliberalism and local governance cross-national/perspectives and speculations. *Policy Studies*, v. 26 n. 3/4, p. 359-377.

HAJER, M. A. (Ed.) (2003), *Deliberative policy analysis*: understanding governance in the network society, Cambridge: Cambridge University Press.

HARMES, A. (2006), Neoliberalism and multilevel governance. *Review of International Political Economy*, v. 13, n. 5, p. 725-749.

HOLLINGSWORTH, J. R.; BOYER, R. (1997) Coordination of economic actors and social systems of production. In: ____. (Ed.), Contemporary Capitalism: the embeddedness of institutions, Cambridge: Cambridge University Press, p. 1-48.

JESSOP, B. (1998), The rise of governance and the risks of failure: the case of economic development. *International Social Science Journal* v. 50, n. 155, p. 29-45.

JESSOP, B. (2007), *State Power*, Cambridge: Polity Press.

KOOIMAN, J. (2003), *Governing as Governance*, London: Sage.

PIERRE, J. (2000), Understanding Governance. In: ____. (Ed.), *Debating Governance:* authority, steering and democracy, Oxford: Oxford University Press.

SANTOS, B. S. (2005), A crítica da governação neoliberal: o Fórum Social Mundial como política e legalidade cosmopolita subalterna. *Revista Crítica de Ciências Sociais*, n. 72, p. 7-44.

SØRENSEN, E.; TORFING, J. (2007), Governance Network Research: towards a new generation. In: ____ (Ed.), *Theories of Democratic Network Governance*, New York: Palgrave, p. 1-21.

SWYNGEDOUW, E. (2005), Governance innovation and the citizen: the Janus face of governance-beyond-the-state. *Urban Studies*, n. 42, p. 11.

# I

**IDENTIDADE**
Marília Veríssimo Veronese
Egeu Gómez Esteves

**1.** Em uma perspectiva psicossocial, o conceito de identidade é tomado como a relação psicológica do indivíduo com sistemas específicos de categorias sociais. Considera-se a identidade como uma articulação do indivíduo com o social a um só tempo estável e provisória, individual e coletiva, biográfica e estrutural. Ela se configura no processo das transações do eu (identidade biográfica/subjetiva) com o outro (identidade relacional/objetiva) e com o mundo (identidades disponíveis culturalmente). As múltiplas identidades de uma pessoa (gênero, raça/etnia, sexo, classe, grupos minoritários ou outras) são construídas mediante um processo de negociação intra e interpessoal dentro dos sistemas sociais específicos em que estejam inseridas (DUBAR, 2005; FRABLE, 1997). Por tratar-se de um conceito complexo e multifacetado, é preciso ressaltar que, no campo das ciências humanas e sociais, as discussões sobre identidade dividem-se em duas vertentes: a *psicodinâmica* e a *sociológica*.

A primeira vertente enfatiza a constituição de uma estrutura psíquica que tende a estabelecer-se de forma mais ou menos estável, entendendo por identidade a aptidão do sujeito permanecer o mesmo em meio à mudança constante relacionada às fases de sua vida, mantendo o cerne de sua personalidade como um todo coerente. Essa formulação traz consigo a idéia de individuação por autodescoberta, havendo alguma mediação da alteridade, mas sem que esta tenha maior relevância.

A segunda vertente trata a identidade como uma instância constituída em relação dialética com a sociedade, sendo formada por processos e relações sociais, que a mantêm, remodelam ou transformam. A identidade seria a face socializada da individualidade, sendo sempre assimilada por meio de um processo de interação com os outros, tornando-se assim real para o indivíduo que a vivencia. A tradição da Sociologia descreve um caminho para a construção da identidade calcado na idéia de socialização e de interação, atribuindo à alteridade papel preponderante na construção da identidade de alguém. Segundo essa idéia, a individuação dá-se por socialização, ou seja, são os outros que tornam possível a singularidade.

As formulações sobre identidade que valorizam a tensão entre a dimensão individual e a coletiva podem ser relacionadas às situações de trabalho. Em sua articulação com a construção das identidades, o trabalho é entendido como *locus* do estabelecimento de relações em que as dimensões cognitivas e afetivas do sujeito são postas à prova, desenvolvidas e intensamente vivenciadas nas múltiplas experiências que o contexto laboral proporciona. Na esfera da intersubjetividade produzida pelo trabalho, vivências e aprendizagens incorporam-se à dimensão identitária dos sujeitos em interação, de tal modo que formas de trabalhar pautadas na cooperação e solidariedade possam ter um impacto significativo sobre a identidade dos trabalhadores associados.

**2.** O conceito de identidade tem uma longa história filosófica, ligando-se, modernamente, ao desenvolvimento do individualismo, sendo popularizado no Ocidente a partir da segunda metade do século XX (PLUMMER, 1996). Exemplo desse processo foi a popularização do termo "crise de identidade", cunhado por Erikson (1968) para descrever fenômenos de desajustamento social da adolescência. Juntamente com ele, popularizaram-se termos psicológicos correlatos, como "auto-imagem" e "auto-estima".

A noção de identidade como individualidade, para Gergen (1997), emerge no pensamento social do final do século XVIII; antes, as pessoas tendiam a conceberem-se como pertencentes a categorias mais gerais, como membros de uma religião, classe social ou profissão. Mesmo suas almas individuais eram posse de Deus (não de si próprias) e estavam na Terra transitoriamente, por obra divina. Com o Renascimento, houve uma substancial mudança na auto-representação dos sujeitos sociais, a partir de então calcada progressivamente na ideologia do "homem feito por si mesmo" (*self-made man*). Para tanto, foram definitivos o processo de laicização dos Estados nacionais e a ascensão do *ethos* capitalista, este favorável ao individualismo, ao trabalho como algo dignificante e à legitimação religiosa do acúmulo de lucro.

A concepção psicodinâmica tem origem, a princípio, na teoria freudiana da identificação, processo pelo qual a criança internaliza aspectos do mundo externo. Produz-se assim o cerne de sua estrutura psíquica, expressa numa identidade contínua, embora possivelmente conflituosa (PLUMMER, 1996).

Na tradição sociológica, encontramos a concepção de identidade ligada ao conceito de *self* (ou si-mesmo), categoria constituída a partir da linguagem e da comunicação. O *self*, como uma estrutura social, só é concebido mediante as interações, sendo o ato comunicativo a unidade básica de análise das ciências sociais. Essas idéias estão presentes em George Herbert Mead (1963). A partir desse autor, Herbert Blumer cunhou o termo "interacionismo simbólico", pelo qual a identidade não seria fixa, mas sujeita às transformações ocorridas ao longo dos processos de interação do indivíduo com os grupos sociais. Representam muito bem a corrente sociológica as formulações de Berger & Luckmann (2007), segundo as quais a identidade é um elemento-chave da realidade subjetiva e, tal como toda realidade subjetiva, acha-se em relação dialética com a sociedade.

**3.** Segundo Bauman (2005), a emergência da identidade enquanto questão relevante ocorreu em função da "crise do pertencimento", uma ruptura moderna com as identidades, comunidades e formas de pertença tradicionais, fruto da exposição do indivíduo à possibilidade de filiar-se a novas comunidades e construir novas identidades, o que é próprio do mundo contemporâneo, policultural, pleno de diversidade. O autor complementa que a aceleração da globalização acarretou, em meio a seu rol de consequências, a ruptura da classe trabalhadora como elemento de identificação que "oferecia um seguro para reivindicações discrepantes e difusas". "O 'efeito imprevisto' disso foi uma fragmentação acelerada da dissensão social, uma progressiva desintegração do conflito social numa multiplicidade de confrontos intergrupais e numa proliferação de campos de batalha" (ibid., p. 42). Tais "campos de batalha" referem-se aos embates contra os efeitos excludentes da globalização, cujo instrumento é a afirmação das identidades locais, étnicas, raciais e sexuais, entre outras.

Para Silva (2004), identidade e diferença são produzidas ativamente na linguagem, na cultura e no social. O autor refere-se a elas como "criaturas da linguagem", baseando-se no referencial dos Estudos Culturais. Identidades híbridas, múltiplas, plurais (no campo da preferência sexual, por exemplo) evidenciam não haver mais espaço para oposições binárias, simplistas, que demarcaram identidades fixas no passado, além de terem servido para definir qual seria a identidade "válida", "normal", a partir da qual as outras seriam "diferentes". Concepções normalizadoras da identidade estiveram fortemente vinculadas a relações de poder assimétricas, reproduzindo desigualdades e colocando no campo da "anomalia" preferências sexuais, culturais ou ideológicas constitutivas das identidades dos sujeitos.

As transformações sociais, econômicas, tecnológicas e geopolíticas em escala mundial trouxeram implicações sobre modos de ser e viver dos sujeitos e suas formas de agir em sociedade. Conforme Hall (2001), pode-se falar no sujeito do Iluminismo, no sujeito sociológico e no sujeito pós-moderno. O primeiro representa o indivíduo unificado, dotado de razão, de consciência e de ação e possuidor de uma identidade essencializada, mais ou menos estável ao longo de sua existência. No segundo, a identidade resulta da interação entre o indivíduo e seu mundo cultural pleno de significações. O terceiro é um sujeito sem identidade fixa, essencial ou permanente, possuindo identidades múltiplas, eventualmente contraditórias, transformadas em relação às formas históricas dos sistemas culturais em que se insira. À medida que os sistemas sociais de significação e representação cultural se transformam, o sujeito defronta-se com uma multiplicidade de identidades possíveis, com as quais pode identificar-se temporariamente.

**4.** Sobre a participação central do trabalho na conformação da identidade, há muito se sabe que as vivências compartilhadas entre os trabalhadores abrangem dimensões cognitivas, afetivas e políticas. Estas possibilitam que eles construam representações de si diretamente ligadas às situações e relações de trabalho, que são também atributos definidores de um "eu" (Jacques, 2002). Como a divisão do trabalho é complexa – há muitas formas contratuais de trabalhar e inúmeras possibilidades de organizar o contexto laboral –, são enormes as possibilidades identitárias vinculadas a essa atividade humana tão essencial. Para além das ocupações, ofícios e profissões próprios da divisão social do trabalho, e que por si só já demonstram a importância deste na formação das identidades coletivas e individuais, encontram-se muitas identidades relativas à modalidade de "contrato de trabalho": escravo ou cativo; servo ou criado; empregado ou assalariado; autônomo ou liberal; e sócio ou associado, entre outras.

Nos anos 1990, simultaneamente à crise da Pós-Modernidade, assistimos à crise do trabalho (ou do emprego). O desemprego estrutural – fruto da globalização e da nova divisão internacional do trabalho (POCHMANN, 2001) – ocasionou o ressurgimento dos formatos autogestionários (SINGER e SOUZA, 2000) como mais uma entre as lutas defensivas dos trabalhadores no rol dos "campos de batalha" sobre o qual escreve Bauman (2005). Se a economia solidária estrutura-se como um novo "sistema social específico", nos termos de Frable (1997), então parece emergir daí uma nova identidade no seio desse movimento econômico-social cuja afirmação é também uma forma de resistência aos efeitos perversos da globalização sobre os interesses dos trabalhadores. Se essa nova forma, solidária, de organizar o trabalho e a produção traz consigo um novo sujeito social (sócio-trabalhador, cooperador, trabalhador associado, etc.), então qual seria o rol singular de características identitárias que o distinguiriam dos sujeitos sociais do capitalismo (capitalista, investidor, empresário, administrador, patrão, etc., de um lado, e empregado, funcionário, serviçal, etc., de outro)?

A resposta não é fácil e demanda novas investigações. Embora as pesquisas realizadas no âmbito da economia solidária ainda não tenham abordado diretamente essa questão, elas a tangenciaram por diversas vezes, descrevendo modos pelos quais geralmente agem os cooperadores, pensam ou se sentem dentro e fora das cooperativas. Ademais, conjecturar livremente acerca do "modo de agir" ou do "jeito de ser" dos cooperadores tornou-se corriqueiro entre os próprios sócio-trabalhadores e aqueles que com eles realizam algum tipo de trabalho ou pesquisa.

Mesmo que de maneira inconclusa e pouco sistemática, já é possível listarem-se algumas características identitárias que fazem desse novo sujeito social um personagem distinto e singular, portador de uma identidade psicossocial própria. Os sócios-trabalhadores de cooperativas autogeridas tendem a aceitar certas características psicossociais como próprias de um sócio-trabalhador e, ao mesmo tempo, refutar outras como opostas a essa condição. Assim, algumas entre muitas características esperadas dos sócio-trabalhadores pelos seus pares são: compromisso e solidariedade com o grupo de cooperadores (dentro e fora da cooperativa); envolvimento e responsabilidade com o trabalho; prontidão para considerar opiniões e interesses aparentemente opostos (presentes dentro da cooperativa); e preocupação com as condições de vida (sociais, sanitárias, econômicas ambientais, etc.) na comunidade (vila ou cidade) onde esteja localizada a cooperativa. Simetricamente, são características refutadas pelos pares: pensar em si sem considerar o grupo; escamotear-se do trabalho; não querer ouvir a opinião do outro; e desconsiderar o local onde a cooperativa esteja instalada.

Essas são apenas algumas das características que compõem a identidade psicossocial e é possível que mesmo elas não sejam encontradas em todas as cooperativas e empreendimentos autogestionários. Assim mesmo, essa lista tem o mérito de revelar que, em condições autogeridas de trabalho, traços psicossociais importantes como compromisso e solidariedade, envolvimento e responsabilidade, prontidão para operar com a alteridade e preocupação com o lugar onde se viva e trabalhe, estão se desenvolvendo e se cristalizando em um novo elemento das identidades psicossociais, o de sócio-trabalhador.

## BIBLIOGRAFIA

Bauman, Z. (2005), *Identidade*, Rio de Janeiro: Jorge Zahar.

Berger, P. L.; Luckman, T. (2007), *A construção social da realidade:* tratado de sociologia do conhecimento, Petrópolis: Vozes.

Dubar, C. (2005), *A socialização:* construção das identidades sociais e profissionais, São Paulo: Martins Fontes.

Erikson, E. H. (1968), Identity, psychosocial. In: Sills, D. L. (Ed.), *International Encyclopedia of Social Sciences*, New York: The Macmillan Company; The Free Press. v. 7, p. 61-65.

Esteves, E. (2007), La construcción simultánea de la autogestión y de la identidad psicosocial. In: Veronese, M. V. (Org.), *Economía solidaria e subjetividad*, Buenos Aires: Altamira.

Frable, D. E. S. (1997), Gender, racial, ethnic, sexual, and class identities. *Annual Review of Psychology*, v. 48, p. 139-162.

Gergen, K. (1997), *El yo saturado:* dilemas de indentidad en el mundo contemporáneo, Buenos Aires: Paidós.

Hall, S. (2001), *A identidade cultural na pós-modernidade*, Rio de Janeiro: DP&A.

Jacques, M. da G. C. (2002), Identidade e trabalho, In: Cattani, A. D. (Org.), *Trabalho e tecnologia:* dicionário crítico, Petrópolis: Vozes; Porto Alegre: Editora da UFGRS.

Mead, G. H. (1963), *Mind, self and society*, Paris: PUF.

Plummer, K. (1996), Identidade. In: Outhwaite, W.; Bottomore, T. (Org.), *Dicionário do pensamento social do século XX*, Rio de Janeiro: J. Zahar.

Pochmann, M. (2001), *O emprego na globalização:* a nova divisão internacional do trabalho e os caminhos que o Brasil escolheu, São Paulo: Boitempo.

Silva, T. T. (2004), A produção social da identidade e da diferença. In: Silva, T. T.; Hall, S.; Woodward, K. (Org.), *Identidade e diferença:* a perspectiva dos estudos culturais, Petrópolis: Vozes.

Singer, P.; Souza, A. R. (Org.) (2000), *A economia solidária no Brasil:* autogestão como resposta ao desemprego, São Paulo: Contexto.

# INCUBAÇÃO DE REDES DE ECONOMIA SOLIDÁRIA

Genauto Carvalho de França Filho
Eduardo Vivian da Cunha

**1.** A incubação no âmbito da economia solidária apresenta diferenças significativas em relação à incubação empresarial. Em primeiro lugar, ela se volta geralmente a um público de baixa renda, que se organiza, na maior parte dos casos, em pequenas cooperativas. Em segundo lugar, nesse processo, normalmente não incidem taxas sobre os empreendimentos incubados, deixando elas de ser um componente importante dos subsídios. Em terceiro lugar, as instalações das incubadoras não abrigam as iniciativas incubadas, à exceção de alguns casos de incubadoras públicas. Uma quarta diferença, muito próxima à primeira e de fundamental importância, reside justamente no foco devido ao qual a incubação em economia solidária diz respeito sobretudo a empreendimentos solidários, preferencialmente no formato de cooperativas, incitando a constituição de processos de autogestão nos empreendimentos criados.

As cooperativas individuais e, mais especificamente, as incubadoras tecnológicas de cooperativas populares (ITCPs), cumprem papéis de extrema importância no campo da economia solidária. Primeiramente, elas capacitam os empreendimentos, tirando muitos deles da informalidade e da precariedade e propiciando uma renda digna a seus participantes. Um segundo papel é o de articular novas políticas públicas no campo da geração de trabalho e renda. Já um terceiro relaciona-se ao processo de organização das próprias ITCPs, que vêm se congregando em torno de redes nacionais, dando consistência à proposta e suporte à própria dinâmica de organização política das práticas de economia solidária.

A incubação de empreendimentos individuais pode apresentar algumas limitações as quais a incubação de redes pretende, em parte, dirimir. A principal delas é precisamente seu caráter pontual, ou seja, ao incubar um único empreendimento, todo o esforço deposita-se nas capacidades de esse empreendimento sobreviver, na maioria dos casos em um ambiente de competição de mercado. As dificuldades dos grupos incubados são de inúmeras ordens, apresentando-se como déficits de formação das pessoas, condições de infra-estrutura e tecnologias inadequadas ou insuficientes nos locais de implantação de muitos empreendimentos ou, ainda, marco regulador de funcionamento dos empreendimentos insatisfatório para sua realidade, entre outras. Ao agirem isoladamente, esses empreendimentos enfrentam, além dessas, as mesmas dificuldades das micro e pequenas empresas, o que torna menores suas possibilidades de sobrevivência nas condições do mercado. Dois efeitos negativos podem advir dessa situação: a ocorrência de certo prolongamento do tempo de incubação, em razão dos subsídios aportados; e a existência de casos em que o êxito do empreendimento passa pela incorporação de lógicas de funcionamento privado, que comprometem o propósito e a finalidade original da iniciativa. Além disso, como a lógica da incubação é apenas a de cooperativa, os benefícios do empreendimento podem limitar-se ao grupo que componha a organização, não necessariamente estendendo-se ao público mais amplo do território no qual a iniciativa tenha sido gestada.

**2.** Uma rede de economia solidária implica uma associação ou articulação de vários empreendimentos e/ou iniciativas de economia solidária com vistas à constituição de um circuito próprio de relações econômicas e de intercâmbio de experiências e saberes formativos. São dois os principais objetivos de uma rede de tal natureza: permitir a sustentabilidade dos empreendimentos e/ou iniciativas de economia solidária em particular; e fortalecer o potencial endógeno de um território quanto à sua capacidade de promover seu processo de desenvolvimento. Em termos tipológicos, as formas de manifestação de uma rede de economia solidária podem ser classificadas de três maneiras: transterritorial, territorial ou mista.

No nível transterritorial, uma rede desse tipo pode envolver uma articulação de vários empreendimentos operando na cadeia produtiva de determinado produto. Ela pode encerrar também acordos e contratos bilaterais (ou multilaterais) entre iniciativas ou organizações, em diferentes áreas ou níveis de atuação, a exemplo do comércio justo. Esse tipo de rede pode envolver ainda empreendimentos de um mesmo tipo que compartilhem princípios, saberes e um modo de funcionamento próprio, embora preservem sua autonomia como organização individual derivada de um contexto particular.

No nível territorial, uma rede de economia solidária abarca, em uma mesma base territorial, empreendimentos ou iniciativas de economia solidária em diferentes âmbitos de atuação, a exemplo de consumo ético, finanças solidárias, tecnologias livres, comércio justo, produção autogestionária e serviços locais, entre outros. Nesse sentido, esse tipo de rede supõe haver articulação entre iniciativas de distintas naturezas – socioeconômicas, sociopolíticas, socioculturais e socioambientais. Além disso, ela admite diferentes níveis de articulação com a economia local preexistente.

Finalmente, o terceiro tipo, aqui denominado misto, supõe haver uma dimensão territorial que envolva parcerias e articulações transterritoriais. Na prática, as redes locais de economia solidária propendem para o caráter misto, pelo fato de raramente se encontrar alguma experiência limitada a um âmbito geográfico específico, por razões inclusive de sustentabilidade da própria rede, que tende a conectar-se com outras mediante a expansão de suas atividades. Embora seja próprio a essas redes extrapolarem sua dimensão territorial, em se tratando de economia solidária, tal extrapolação só deve acontecer a partir de raízes muito sólidas firmadas localmente, por meio de um fortalecimento da economia local.

As redes de economia solidária podem ser vistas como uma estratégia complexa de cooperação para o desenvolvimento local. Ao induzir a constituição de circuitos próprios de comercialização e produção, tais redes criam essa nova modalidade de regulação econômica, o que supõe outro modo de funcionamento da economia real. Nesta outra economia, a competição como princípio regulador da relação entre os agentes perde sentido, pois a construção da oferta é articulada às demandas previamente colocadas em determinado contexto territorial. Os contratos e acordos são estabelecidos com base em princípios, valores e regras que vão muito além dos imperativos de rentabilidade econômica da atividade. Para tanto, consideram-se critérios de cidadania em termos de acesso a direitos, redistribuição equitativa dos benefícios, remuneração digna, efeitos ambientais e compromisso com o contexto local de desenvolvimento das atividades, entre outros. Importa salientar o potencial contido nessa nova forma de fazer economia na direção da institucionalização de novos padrões de relação com os poderes públicos em termos de compras governamentais e contratos negociados. Com essa idéia de uma outra economia a partir de redes de economia solidária, está-se pensando em novas formas de articulação institucional envolvendo empreendimentos de economia solidária e instituições públicas, governamentais ou não-governamentais.

Sob o ponto de vista de uma lógica de desenvolvimento, a opção por redes de economia solidária rompe de maneira contundente com as soluções mais conhecidas e predominantes em termos de combate à falta de trabalho. Estas giram em torno da aqui denominada *concepção insercional-competitiva*, em oposição à *concepção sustentável-solidária*.

A *concepção insercional-competitiva* diz respeito às soluções relacionadas à idéia de inserção pela via econômica. Nessa concepção, busca-se incluir a população desempregada nos chamados circuitos formais da economia, constituídos, sobretudo, pelos postos de trabalho gerados na economia de mercado por empresas privadas. Baseada numa ética da competição como condição para o êxito, a via *insercional-competitiva* aponta as iniciativas individuais como solução ao problema da falta de trabalho. Historicamente, a ênfase tem recaído sobre a qualificação profissional para o emprego, na chamada economia de mercado. Contudo, ao reconhecer os limites do próprio mercado em gerar oferta de emprego suficiente para atender a uma demanda cada vez mais crescente, o discurso insercional-competitivo desloca o foco do emprego para o auto-emprego, exaltando a idéia de empreendedorismo privado como solução definitiva. Ao converter ex-assalariados desempregados em novos proprietários de micro e pequenos negócios, a visão insercional-competitiva negligencia o fato de que, assim como o mercado de trabalho está cada vez mais competitivo para os indivíduos que disputam vagas, também não há espaço para todas as micro e pequenas empresas estabelecerem-se em um regime de competição econômica. A fragilidade do empreendedorismo privado é constatável pela curta existência dos micro e pequenos negócios no Brasil: 90% deles não chegam aos cinco anos de funcionamento, segundo dados do Serviço Brasileiro de Apoio às Micro e Pequenas Empresas (SEBRAE).

A *concepção sustentável-solidária* considera que as saídas ou soluções para a falta de trabalho não podem se dar individualmente, baseadas em uma suposta capacidade empreendedora privada. Considera-se que, se as razões para o desemprego são sobretudo estruturais, relativas à própria natureza intrinsecamente excludente do sistema econômico predominante, então é preciso substituir inserção ou inclusão nesse sistema por construção de uma outra economia. As soluções de enfrentamento à falta de trabalho devem ser coletivas, baseadas em novas formas de regulação das relações econômico-sociais. Tal concepção enfatiza a importância dos territórios, apostando na capacidade de serem sustentáveis, inclusive aqueles aparentemente mais pobres. A premissa fundamental dessa vertente é a valorização de soluções endógenas, pois todo local, bairro ou comunidade, por mais pobres que sejam, podem apresentar soluções a seus problemas. Essa possibilidade permite questionarem-se as formas de desenvolvimento baseadas exclusivamente na atração de investimentos externos. A concretização dessa concepção sustentável-solidária coaduna-se com a idéia de reorganização das chamadas economias locais, com base na afirmação do conceito de rede de economia solidária como estratégia complexa e inovadora de cooperação para promoção do desenvolvimento local. A incubação tem exatamente o propósito de contribuir à construção dessa outra economia. A compreensão dos fundamentos de tal concepção, bem como desse tipo de estratégia, figura-se viável apenas mediante a adoção de uma outra visão ou paradigma de entendimento do fato econômico e de seu funcionamento real, ensejando uma redefinição ou ressignificação do sentido do agir econômico.

**3.** As considerações que seguem concernem aos aspectos metodológicos de incubação de redes baseados na experiência recente da Incubadora Tecnológica de Economia Solidária e Gestão do Desenvolvimento Territorial, da Universidade Federal da Bahia (ITES/UFBA). Essa metodologia compreende território, como uma comunidade, um bairro ou um pequeno município, e define a incubação a partir de uma relação de dialogismo e de interação profunda entre atores da Universidade (professores, técnicos e estudantes) e sujeitos sociais nos territórios (moradores, profissionais, lideranças comunitárias, representantes dos poderes públicos e outras instituições). A rede local de economia solidária compõe um processo envolvendo iniciativas de diferentes tipos de economia solidária, entre formas socioprodutivas e socioorganizativas. Sendo o enfoque territorial, é necessário abordarem-se não apenas os empreendimentos socioeconômicos, mas também as iniciativas de naturezas sociocultural, sociopolítica e socioambiental. A construção ou fortalecimento de uma dinâmica associativa no local revela-se de fundamental importância no sentido de consolidar espaços públicos necessários ao encaminhamento do processo de incubação. A grande relevância desses espaços públicos reside no fato de as redes serem articuladas no interior de um tecido de relações sociais, econômicas, políticas e culturais preexistentes. Em termos socioeconômicos, por exemplo, a rede encontra formas e caminhos de relacionamento com o comércio local, visando a seu fortalecimento. Nesse sentido, a metodologia valoriza o papel das práticas de finanças solidárias, com destaque para as experiências de bancos comunitários de desenvolvimento, por seu caráter ao mesmo tempo pedagógico e impulsionador da dinâmica socioeconômica da rede, ao financiar muitas iniciativas.

Quatro eixos de intervenção estruturam o processo de incubação de redes locais de economia solidária: a formação, a pesquisa, o planejamento e a experimentação. A formação constitui uma necessidade permanente e ocorre em diferentes níveis ao longo do processo de incubação. A importância da formação é diretamente proporcional às características do público incubado, que, em geral, apresenta muitos déficits educacionais. A formação é concebida em diferentes níveis: capacitação técnica para a gestão de iniciativas de economia solidária; capacitação profissional relativa à área de atuação do empreendimento na rede; e formação geral em cidadania, associativismo e economia solidária. A formação abrange simultaneamente a dimensão de sociabilidade e a de gestão do conhecimento, na construção de uma cultura do trabalho democrático e autogestionário.

A pesquisa diz respeito ao conhecimento acerca da realidade local necessário à construção da rede, por isso, ela tem propósito de diagnóstico sobre o contexto socioeconômico e aspectos histórico-culturais do território. Baseada em um mapeamento da produção, serviços e consumo local, essa pesquisa permite conhecer, em profundidade, a socioeconomia do lugar. É exatamente a partir desse conhecimento que se pode projetar a rede a ser constituída, indicando-se as iniciativas ou empreendimentos a serem criados ou fortalecidos. Nesta etapa, já é possível vislumbrar-se a dimensão de planejamento, o qual envolve a definição dos contornos da rede, isto é, a indicação de iniciativas ou empreendimentos a serem criados e fortalecidos com base em critérios de viabilidade técnico-econômica e associativa sinalizados pela pesquisa. O planejamento concretiza a idéia de reorganização das economias locais como fundamento de uma outra economia e de uma concepção sustentável-solidária de desenvolvimento. O intuito de um processo desse tipo é permitir que todo território, seja uma comunidade, um bairro, seja mesmo um pequeno município, tenha seu planejamento estratégico de desenvolvimento local, que pode ser um plano estratégico de desenvolvimento comunitário (PEDECO) ou territorial (PEDETE). Um plano desse tipo redefine e reorienta oferta e demanda em um contexto territorial, na direção da sua construção conjunta como sentido de uma outra economia.

Se o planejamento aponta a rede a ser criada, em contrapartida, é a implantação que permite sua execução, embora esta já possa ser iniciada durante o próprio planejamento, intercalada com a pesquisa e articulada ao próprio processo de formação mediante a experimentação. Esta se constitui na vivência da economia solidária por meio de empreendimentos que podem ser estabelecidos antes mesmo da conclusão da pesquisa e do planejamento, pois há iniciativas indispensáveis a qualquer rede. Como exemplos, podem-se citar as práticas de finanças solidárias (como os bancos comunitários), as iniciativas no campo da tecnologia da informação de base comunitária ou mesmo certas iniciativas socioprodutivas ou socioculturais, conforme o apelo de cada território. A experimentação tem um caráter de fortalecimento do processo de formação e permite uma apropriação efetiva com a idéia de rede no âmbito comunitário, por seu caráter pedagógico de se estarem aprendendo, na prática, princípios, valores e procedimentos da economia solidária.

Metodologicamente, pode-se iniciar a construção de uma rede desse tipo por meio da montagem de um centro associativo de economia solidária (CAES). Esse centro configura uma estrutura organizativa de base comunitária assentada sobre quatro pilares principais: uma instância associativa, uma iniciativa de base tecnológica, como um infocentro comunitário, uma prática de finanças de proximidade, a exemplo de um banco comunitário, e um núcleo cooperativo.

Uma associação ou entidade local representativa corporificam uma instância sociopolítica de organização comunitária juridicamente constituída, o que é particularmente importante, pois ela confere o abrigo legal necessário às iniciativas informais. Além disso, essa instância representa um espaço de auto-organização política ou um espaço público de proximidade (LAVILLE, 1994; FRANÇA FILHO e LAVILLE, 2004) fundamental ao aprendizado e ao exercício da democracia local. Tal instância associativa pode constituir-se ainda como lugar de formação em diferentes níveis: técnico-profissional e de formação geral em economia solidária, cidadania, educação ambiental e consumo consciente, entre outros.

A presença do banco comunitário em um CAES cumpre o papel de disseminar um sistema de finanças solidárias no território por meio do microcrédito popular solidário. Este pode direcionar-se ao financiamento da produção, serviços e consumo local, além do fomento a ações de finanças de proximidade, tais como moeda social e poupança comunitária.

O infocentro comunitário cumpre alguns papéis importantes na formação da rede. Ele representa um espaço de inclusão digital e de suporte tecnológico à realização da pesquisa para diagnóstico da realidade socioeconômica local. Ele também pode constituir-se como dispositivo de conexão da rede local com outras redes, no intuito de fortalecer a comercialização e de facilitar intercâmbios de aprendizagem e articulações institucionais. Finalmente, o infocentro comunitário pode ainda ser um dispositivo de gestão da informação na rede local de economia solidária, seja no âmbito de atividades de assessoria de comunicação, seja na constituição de um banco de dados de cadastro do perfil socioprofissional dos moradores.

O núcleo cooperativo, quarto pilar de um CAES, representa a instância de desenvolvimento dos grupos produtivos, nas diversas áreas que constituirão muitos dos principais elos componentes da rede local.

O CAES pode ser definido como o embrião de uma rede cujo desenvolvimento supõe a construção de um arranjo institucional mais ampliado, o qual pode se iniciar pelo funcionamento do núcleo cooperativo por meio dos vários empreendimentos produtivos. Evidentemente, uma metodologia de incubação desse porte envolve ainda um processo permanente de monitoramento e avaliação das atividades realizadas até o processo de implantação da rede e sua consolidação para, em seguida, passar-se à desincubação.

A incubação de redes de economia solidária envolve alguns passos vitais no processo de reorganização das economias locais como base para construção de uma outra economia. Em primeiro lugar, há a mobilização e capacitação dos atores locais, seguidas de um processo de discussão pública de seus problemas comuns, juntamente com a realização de diagnósticos sobre a situação socioeconômica do território. Na sequência, busca-se orientar, mediante planejamento e experimentação, a criação de atividades (as ofertas) em função de demandas genuínas expressas localmente nesses fóruns associativos. Instaura-se, assim, um processo de construção de arranjos institucionais de tipo novo e com forte potencial de referência para políticas públicas renovadas no campo do desenvolvimento local.

Muitos desafios apresentam-se nesse processo. Um deles envolve a própria metodologia de incubação, no que diz respeito ao aperfeiçoamento dos instrumentos didático-pedagógicos e de gestão na perspectiva de consolidação de tecnologia social de referência. Ademais, o cenário político local é importante em termos das parcerias necessárias ao encaminhamento das atividades. A ausência de marco legal, nesse caso, representa um obstáculo considerável. Importa mencionar ainda as características do contexto em termos da história de organização local, perfil das lideranças e condições mais gerais de infra-estrutura e recursos disponíveis. O conjunto desses aspectos deve ser considerado ao avaliar-se o grau de sustentabilidade em processos de incubação dessa natureza.

BIBLIOGRAFIA

França Filho, G.; Laville, J.-L. (2004), *Economia solidária:* uma abordagem internacional, Porto Alegre: Editora da UFGRS.

Laville, J.-L. (Org.) (1994), *L'économie solidaire*: une perspective internationale, Paris: Desclée de Brouwer.

# J

**JUSTIÇA COGNITIVA**
Maria Paula Meneses

**1.** A constituição mútua do Norte e do Sul globais e a natureza hierárquica das relações Norte-Sul permanecem cativas da racionalidade moderna, geradora não apenas da ciência e da técnica, mas também da lógica capitalista, impessoal e devastadora e causadora de uma ordem política e económica desigual e assumidamente monocultural. Enquanto desafio ético, a justiça cognitiva é uma condição para a mudança radical da monocultura da ciência, no sentido em que esta, em lugar de ser fundamentalista, é absorvida, negociada e dialogada com outros saberes, de forma a criar um mundo plural e dinâmico de infinitas possibilidades cognitivas, e em que a ênfase está centrada na interacção/tradução de práticas e saberes (SANTOS, 2006).

A relação do projecto imperial do Norte global *vis-à-vis* o Sul global – metáfora da exploração e exclusão social – é parte da relação global capitalista. No campo do conhecimento, a divisão radical entre saberes atribuiu à ciência moderna o monopólio universal de distinção entre o verdadeiro e o falso, gerando as profundas contradições que hoje persistem no centro dos debates epistemológicos (SANTOS, 2000, 2007).

No Norte global, os outros saberes, as outras experiências, para além da ciência e da técnica, têm sido produzidos como não existentes e, por isso, radicalmente excluídos da racionalidade moderna. Esta hierarquização de saberes e sistemas económicos e políticos, assim como a predominância de culturas de raiz eurocêntrica, tem vindo a ser desafiada a partir de perspectivas subalternas. Estas perspectivas não só vão mostrando a incapacidade das velhas dicotomias, como também exigem a descolonização do conhecimento, o que passa, necessariamente, pela descolonização do pensamento económico. Estas questões epistemológicas, suscitadas pelo período de transição em que vivemos, levam à emergência de um outro pensamento alternativo, que Boaventura de Sousa Santos caracteriza como sendo um pensamento alternativo de alternativas (2006, 2007).

**2.** Pensar uma outra economia, como parte de uma ideia mais ampla de conceber o mundo como pluriversal, é um assunto problemático (HOUNTONDJI, 2007). Uma "outra" economia, solidária, participativa, alternativa, informal, pressupõe a existência de um modelo dominante. Paralelamente, esta "outra" economia procura suplantar ou substituir os modelos económicos dominantes. Na essência, esta perspectiva assume a hegemonia da racionalidade moderna, que implicitamente é vista como a forma dominante de saber económico, na qual o positivismo matemático é o garante de uma aura de verdade universal, inquestionável.

O pensamento económico dominante assenta no pressuposto de que a modernidade e o capitalismo surgiram na Europa num determinado período da história, tendo-se expandido pelo globo ao longo do tempo (Dussel, 1994). Nesse movimento, esta expansão conheceu encontros, negociações e apropriações violentas. Esta narrativa teleológica assenta no pressuposto da existência de um tempo linear, ou seja, que a história se move em direcção a um fim definido e concreto, em direcção ao progresso, e que algumas sociedades chegaram a esta etapa final com algum atraso (especialmente os povos colonizados). Por exemplo, nos textos fundadores da Economia Política, a "humanidade" percorre várias etapas económicas (caça, pastoreio, agricultura e, finalmente, comércio), sendo cada uma destas etapas caracterizada por um determinado tipo de propriedade e por formas culturais específicas. Esta concepção do desenvolvimento da economia apresenta uma narrativa clara da função histórica organizativa da propriedade como princípio estruturador da cultura e da sociedade, justificando, em paralelo, a lógica histórica da alteridade que a sustém. Como vários autores têm vindo a afirmar, o facto de um crítico capitalista tão poderoso como Marx ter insistido na réplica das imagens do "outro" enquanto um espaço de atraso (justificando assim a colonização britânica) revela que as operações de alteridade enquanto subalternidade estão profundamente impregnadas na moderna estrutura do pensamento económico.

O desenvolvimento moderno integrou o processo de construção do Estado-Nação. A sua gramática estava imersa no modelo de transferência de tecnologia, das metrópoles para as periferias coloniais, transformando-se a invenção e inovação em desenvolvimento (Visvanathan, 2006). Se o projecto do desenvolvimento resume o paradigma monocultural do conhecimento, as críticas ao desenvolvimento e às políticas económicas que o estruturam terão igualmente de ser alvo de uma mudança paradigmática, que permita a descolonização.

A economia moderna, celebrada como uma "ciência" da acumulação material, sancionou e celebrou historicamente a exploração e a colonização de recursos e saberes do mundo. A economia, num sentido dominante, pode pois ser caracterizada como uma gramática colonial, cujo discurso produz a exclusão e o apagamento do que é não familiar – embora explorável: as "outras" práticas sociais e subjectividades. Isto não significa que o pensamento económico se tenha mantido estagnado. Pelo contrário, muitas inovações têm ocorrido, do novo institucionalismo até à economia solidária. Contudo, importa questionar, na procura de uma ruptura com um pensamento único e teleológico, o sentido do "novo", se estamos perante uma renovação do discurso económico ou se, de facto, se buscam mudanças no sentido de amplificar – na diversidade de alternativas – um desafio ao paradigma dominante.

Por exemplo, a moderna história económica de África poderá ser ampliada explorando a tensão entre as tentativas de "formalização" económica (especialmente no que concerne às tentativas de "fixação" de medidas económicas e sociais por meio de documentos e outras medidas quantitativas convencionais), e as lógicas vernaculares em prática, as quais suspeitam e desafiam estes reducionismos e fixações. Enquanto os planificadores, quer coloniais quer contemporâneos, frequentemente assumem que um sistema "moderno" assente na lógica formal do documento e das previsões científicas iria naturalmente substituir a tradicional África indómita e desorganizada, a história tem mostrado uma imagem bem mais complexa: ilhas de "formalização" num meio onde dominam lógicas extraordinariamente vitais de negociação informal, de conversão e manipulação do valor (Guyer, 2004).

Importa, pois, ir mais longe e ultrapassar a situação paradoxal a que se assiste no campo da teorização económica sobre as alternativas à economia neoliberal: ao mesmo tempo que se amplia – através de múltiplas iniciativas como a economia solidária, a informal, etc. – uma gramática quantitativa importante, a condescendência da economia face ao positivismo é marcante. É disto exemplo a relutância em questionar categorias económicas centrais como "capital" ou "trabalho" (Chakrabarty, 2000). Termos como subdesenvolvimento e neocolonialismo continuam a ser usados embora as suas origens teóricas os impliquem numa teleologia e determinismo incongruentes com as críticas póscoloniais à modernidade (Zein-Elabdin, 2004). Questões centrais como a globalização neoliberal, as rápidas mudanças tecnológicas, a desregulação financeira e a crescente subordinação das sociedades do Sul global às instituições de Bretton Woods não podem ser adequadamente compreendidas sem a atenção sistemática de uma perspectiva crítica económica. Indo mais fundo, uma abertura à pluralidade de experiências económicas, longe de apenas revelar uma resistência ao modelo hegemónico neoliberal sustentado pelo monopólio sobre os recursos económicos, exige alargar o pensamento alternativo às alternativas, sobre o que significam as economias alternativas.

Neste sentido, o pós-colonial deve ser visto como o encontro de várias perspectivas e concepções sobre a hegemonia do conhecimento moderno, um idioma crítico que procura reflectir sobre os processos de descolonização, nas zonas geradas pela violência do encontro colonial. Questionar esta hegemonia deverá ser visto como uma possibilidade contingente de mudança em direcções que não reproduzem a subordinação cultural, política e económica. Este questionamento crítico não é um fim em si mesmo, mas um estímulo a uma compreensão mais ampla das várias tentativas e dos múltiplos processos económicos. Ocultar ou aniquilar a diversidade implica sempre o retorno da exclusão.

O contraste entre um discurso hegemónico liberal e práticas económicas cada vez mais heterodoxas permite identificar, de forma cada vez mais precisa, a presença do questionamento pós-colonial à economia. Esta perspectiva apela explicitamente a uma história subalterna da economia moderna, à análise dos problemas resultantes do cruzamento cultural e da natureza das economias solidárias (e das socializações que esta possibilita e promove), assumindo, numa perspectiva de justiça cognitiva, o reforço de outras experiências e reflexões, subalternizadas e marginalizadas porque impuras ou atrasadas.

**3.** O conhecimento, longe de ser uma entidade ou sistema abstracto, é uma forma de estar no mundo, ligando saberes, experiências e formas de vida. A ideia de uma economia alternativa, no plural, é uma tentativa de abrir a ciência moderna para além dos seus limites, com o objectivo de (re)construir a cartografia dos saberes da Humanidade.

A entrada no século XXI exige uma análise mais sofisticada, que torne visíveis alternativas epistémicas. Um dos elementos críticos deste desafio é a própria estrutura disciplinar do conhecimento moderno. As disciplinas académicas simbolizam uma divisão de saberes, uma estrutura organizativa que procura gerir e tornar compreensível e ordenado o campo do saber, ao mesmo tempo que o controla, endossando e justificando desigualdades entre saberes e gerando outras formas de opressão, que perpetuam a divisão abissal da realidade social (Santos, 2007). O desaparecimento ou subalternização de outros saberes e interpretações do mundo significa, de facto, que estes saberes e experiências não são considerados formas compreensíveis ou relevantes de ser e estar no mundo; declarados como reminiscências do passado, são condenados ao inevitável olvido ou a serem processados pelo saber científico dominante.

O conhecimento, em lugar de uma entidade abstracta, é uma forma de explicar formas de vida, ocupações e redistribuições. Nas relações entre o Norte e o Sul globais, entre o centro e as periferias do sistema mundial, a colonialidade do poder é hoje, mais do que nunca, um efeito da colonialidade do saber científico. Com a globalização neoliberal – e as estritas receitas da globalização económica e o tipo de desenvolvimento tecnológico que esta promove –, está a atingir-se o paroxismo da destruição de outros saberes e das práticas, mundividências, universos simbólicos e os modos de vida que eles credibilizam e legitimam. O ataque maciço à diversidade epistemológica do mundo tem produzido um empobrecimento, e mesmo a destruição dramática da experiência social e cultural. Neste sentido, ampliar o cânone dos saberes (Santos et al., 2005) é uma tentativa de alargar a ciência moderna a possibilidades que esta tem suprimido internamente, como também para além da própria ciência. Todavia, os cenários pós-coloniais em presença são extraordinariamente distintos. A diversidade da América Latina é distinta do que ocorre em África ou dos contextos europeus e, dentro de cada um destes macrocosmos, existe uma infinidade de microcosmos todos infinitamente distintos entre si. Contudo, se esta diferença espácio-temporal apela para a diferença dentro do Sul, a experiência colonial comum permite a constituição de um Sul global, onde a condição pós-colonial se impõe cada vez mais na análise e caracterização das condições políticas específicas. Comum a este Sul global é uma crítica que procura identificar e radicalmente ultrapassar a persistência da colonialidade do poder e do saber (dominação, exploração, marginalização e opressão) para além do processo das independências políticas.

A problemática da pós-colonialidade exige uma revisão crítica de conceitos hegemonicamente definidos pela racionalidade moderna, como sejam *história*, *cultura* ou *conhecimento*. Rever estes conceitos integra várias exigências: a histórica, ou seja, a necessidade de repensar todos os passados e perspectivas futuras à luz de outras perspectivas, que não as do Norte global; a ontológica, que passa pela renegociação das definições do ser e dos seus sentidos; e, finalmente, a epistémica, que contesta a compreensão exclusiva e imperial do conhecimento, desafiando o privilégio epistémico do Norte global.

No seio desta multiplicidade ontológica, e da consequente possibilidade permanente de configurações alternativas, importa avaliar modos de coexistência entre os saberes e as formas da sua legitimação. A ênfase na pluralidade resulta do reconhecimento da extrema diversidade de experiências, cuja riqueza, em termos de possibilidades de mudança, não pode ser sumariada num único horizonte disciplinar, numa única forma de pensar a alternativa.

**4.** Pensar a descolonização da economia requer necessariamente o reconhecimento de que não há justiça social global sem justiça cognitiva global. O conceito de justiça cognitiva assenta exactamente na busca de um tratamento igualitário de todas as formas de saberes e daqueles que o possuem e trabalham, abrindo o campo académico à diversidade epistémica no mundo. Este apelo à descolonização requer, em simultâneo, a identificação de processos mediante os quais a epistemologia e a racionalidade hegemónicas produzem a "ausência" de saberes, ao mesmo tempo que se procura conceptualizar a criação de um novo tipo de relacionamento entre os saberes do mundo.

Para garantir que qualquer novo engajamento político não arrasta, de novo, a destruição epistémica que se procura ultrapassar, importa reconhecer a diferença que faz a diferença, desmascarando as estruturas de poder que ainda caracterizam o relacionamento científico com outros saberes, ao mesmo tempo que se procura transformar essas estruturas e, consequentemente, os termos do diálogo. A geração de traduções entre situações contemporâneas pressupõe o reconhecimento mútuo, o qual terá de ser criado, a partir do descentrar das narrativas dominantes produzidas no Norte global, apostando numa tecedura da análise assente numa ecologia de saberes enquanto rede composta de múltiplas narrativas interligadas. Outro dos dogmas a desafiar é o do tempo linear, que legitima os estádios de progresso cultural no espaço-tempo da modernidade. No caso africano, a tradição, na medida em que atribui um lugar de especificidade à realidade africana, transforma-se no artifício ideológico que tem justificado não só a invenção do mundo local, como também a naturalização da não contemporaneidade de África com os tempos do Norte global. Assumir a presença de diferentes lógicas e diferentes formas de pensar exige a possibilidade de diálogo e de comunicação entre culturas, incluindo, depois de reconfiguradas, as experiências de conhecimento do Norte.

Promover uma justiça cognitiva global só será possível mediante a substituição da monocultura do saber científico pelo alargar dos saberes e das experiências. Este alargar epistémico à diversidade – as epistemologias do Sul – inclui, na proposta de Boaventura de Sousa Santos, a revelação dos outros saberes, e a construção de um diálogo entre estes que garanta "igualdade de oportunidades" aos diferentes conhecimentos em disputas epistemológicas cada vez mais amplas com o objectivo de maximizar o contributo de cada um deles na construção de uma sociedade mais democrática e justa e também mais equilibrada na sua relação com a natureza. Não se trata de atribuir igual validade a todos os conhecimentos, mas antes de permitir uma discussão pragmática entre critérios alternativos de validade que não desqualifique à partida tudo o que não cabe no cânone epistemológico da ciência moderna (Santos et al., 2005).

A justiça cognitiva, enquanto nova gramática global, contra-hegemónica, reclama, acima de tudo, a urgência da visibilidade de outras formas de conhecer e experimentar o mundo, especialmente dos saberes marginalizados e subalternizados.

**BIBLIOGRAFIA**

Chakrabarty, D. (2000), *Provincializing Europe:* postcolonial thought and historical difference, Princeton: Princeton University Press.

Dussel, E. (1994), *1492 – El encubrimiento del Otro:* hacia el origen del 'mito de la modernidad', La Paz: Plural Editores.

Guyer, J. I. (2004), *Marginal Gains:* monetary transactions in Atlantic Africa, Chicago: University of Chicago Press.

Hountondji, P. J. (2007), *La Rationalité, une ou plurielle?* Dakar: CODESRIA.

Santos, B. S. (2000), *A Crítica da Razão Indolente:* contra o desperdício da experiência, São Paulo: Cortez Editora.

___. (2006), *A gramática do Tempo:* para uma nova cultura política, São Paulo: Cortez Editora.

___. (2007), Para além do pensamento abissal: das linhas globais a uma ecologia de saberes. *Revista Crítica de Ciências Sociais*, n. 78, p. 3-46.

Santos, B. S.; Meneses, M. P.; Nunes, J. A. (2005), Introdução. Para ampliar o cânone da ciência: a diversidade epistémica do mundo. In: Santos, B. S. (Org.), *Semear outras soluções:* os caminhos da biodiversidade e dos conhecimentos rivais, Rio de Janeiro: Civilização Brasileira, p. 25-68.

Visvanathan, S. (2006), Alternative science. *Theory, Culture & Society*, v. 23, n. 2-3, p. 164-169.

Zein-Elabdin, E. O. (2004), Articulating the postcolonial (with economics in mind). In: Zein-Elabdin; E. O.; Charusheela, S. (Ed.), *Postcolonialism meets economics*, Cambridge: Routledge, p. 21-39.

## MACROECONOMIA E ECONOMIA POPULAR
Ricardo Diéguez

**1.** A compreensão do funcionamento macroeconômico do capitalismo é essencial para se analisarem as possibilidades de outra economia. Como parte integrante do sistema social, o subsistema econômico remete à produção, distribuição, circulação e consumo de bens e serviços. Sob a hegemonia do capital, o capitalismo aparece como um "sistema total que articula a reprodução material e social" (Cattani, 2004). Nesse "sistema total", distinguem-se: a) o subsistema capitalista, que responde à lógica de reprodução do capital; b) o subsistema estatal, que responde à lógica de reprodução do poder político; e c) o subsistema da economia popular, que responde à lógica de reprodução da vida.

A articulação entre esses três subsistemas, com suas lógicas entrelaçando as unidades microssociais nas quais se constituem (Coraggio, 2004), caracterizou o capitalismo desde sua formação, sendo essa separação meramente analítica. Nesse sentido, fala-se de economia mista toda vez em que as estruturas de interação entre unidades de uma ou várias lógicas manifestam-se na base econômica das sociedades contemporâneas e, por sua vez, na produção/reprodução de seu tecido social. Essa economia é mista por nela haver confluência de três coletivos, com três lógicas diferentes, e não pela interferência simultânea do capital e do Estado no mercado, conforme aponta o sentido convencional do termo.

Em uma economia predominantemente de mercado, este atua como o principal organizador dessas articulações, que se configuram por meio dos preços. A confluência/confrontação no mercado dos processos sociais de produção e circulação constrói o sistema de preços das mercadorias que compõem o produto social. Aceitando-se analiticamente essa redução da organização da vida social, sem se ignorarem os outros aspectos da vida humana, pode-se examinar a forma como se enlaçam as relações sociais mediadas por coisas, na qual os preços funcionam como articuladores, tal como sucede na moderna sociedade capitalista. Sob esse ponto de vista, é possível identificarem-se transações e transferências entre os três subsistemas. Aqui, são analisados cada um deles, observando-se sua participação na produção de bens e serviços voltados à satisfação de necessidades.

Ao observarem-se as indústrias organizadas pelo capital privado, é necessário atentar-se a uma distinção que determina o funcionamento do subsistema do capital. De um modo geral, essas empresas dividem-se entre *indústrias organizadas pelo capital de concorrência* e *indústrias organizadas pelo capital concentrado* (O'CONNOR, 1981). Enquanto as primeiras chegam ao mercado como "tomadoras de preços", as segundas fazem-no como "formadoras de preços" mediante "preços administrados" e formam seus preços "fora do mercado", conforme a renda que pretendam obter após deduzidos os impostos. Essa estratégia operacional não significa que a "demanda com poder aquisitivo" não tenha qualquer função; simplesmente, essas agências capitalistas estão em condições de estimar a quantidade de bens que, dada sua capacidade instalada, possam colocar efetivamente no mercado a preço que lhes garanta a rentabilidade esperada.

Enquanto tomadoras de preços, as indústrias organizadas pelo capital de concorrência obtêm a determinação de sua taxa de lucro no mercado. Nesse subsistema, o capital concentrado apropria-se de uma porção maior do produto social, devido a sua condição de formador de preços. Tal apropriação determina que o capital concentrado seja o único que possa incorporar a seus lucros os aumentos da produtividade gerados pelas inovações tecnológicas, enquanto aqueles incorporados pelo capital de concorrência tendem a expandir-se por todo o setor, refletindo-se na baixa dos seus preços.

No subsistema estatal, encontram-se as indústrias organizadas pelo capital estatal. Elas se distinguem entre aquelas organizadas diretamente pelas agências estatais, produzindo bens e oferecendo serviços (petróleo, eletricidade, serviços postais, educação, saúde, etc.), e aquelas que produzem mediante contratos firmados com o Estado (abastecimento militar, construção de moradias e rodovias, etc.). Em ambas, o setor privado também opera com preços administrados; porém, nessa administração, confluem o capital privado – organizado em busca de benefício – e o Estado – que não investe em busca de lucro. É necessário, portanto, distinguir estas indústrias daquelas caracterizadas no sistema anterior.

Supondo que as funções básicas do Estado capitalista (O'CONNOR, 1981) sejam garantir a rentabilidade do capital privado e estabelecer as condições que preservem a harmonia social, os gastos estatais têm um duplo sentido. De um lado, o *capital estatal* visa assegurar a rentabilidade geral do capital e, de outro, o *gasto social* visa salvaguardar a harmonia social e a própria legitimidade do Estado via, por exemplo, a assistência social. Por sua vez, o *capital estatal* pode diferenciar-se em: a) investimento estatal, compreendendo atividades realizadas pelo Estado que aumentem a produtividade de uma determinada quantia de força de trabalho, elevando o lucro do setor privado, por exemplo, via criação de parques industriais financiados pelo Estado; e b) o *consumo estatal*, abrangendo atividades que diminuam o custo de reprodução da força de trabalho, contribuindo também para aumentar a taxa de lucro do setor privado, como por meio da previdência social, sistemas de saúde ou educação.

Na economia popular e sua unidade microssocial, a unidade doméstica (UD) (CORAGGIO, 2004), incluem-se o trabalho assalariado, o trabalho doméstico, outros trabalhos que gerem valores de uso, mas não valores de troca, os empreendimentos produtivos não-orientados pelo lucro, mediante diferentes formas associativas, e as atividades envolvidas na "pequena produção de mercadorias" (produtores por conta própria que colocam sua produção no mercado). Sob a ótica da "produção de mercadorias", neste subsistema "produz-se" a mercadoria "força de trabalho". Na realidade, o que a UD produz/reproduz é a capacidade que homens e mulheres têm de trabalhar, independente de essa capacidade ser vendida como mercadoria ou utilizada em outras atividades. Essencialmente, a produção/reprodução da força de trabalho é uma atividade coletiva na qual confluem o trabalho (gasto de cérebro e músculo humanos) de todos os integrantes da UD. Essa convergência ocorre tanto na concepção restringida da UD – a família nuclear –, como em sua concepção ampliada, relacionada aos vínculos e entrelaçamentos da unidade familiar com o seu entorno ou com a família "ampliada", isso é, a confluência de várias "unidades de famílias nucleares" vinculadas por laços de parentesco, vizinhança ou outros.

Ao se definir o funcionamento da economia popular a partir de sua unidade socioeconômica – a unidade doméstica e sua articulação com distintas instituições sociais (escola, sistema de saúde, sindicatos, etc.) –, pode-se constatar que sua lógica opera para além dos níveis de renda e das pautas de consumo que possam caracterizá-la. Não se trata, nesses termos, de haver uma "economia de pobres para pobres", mas do fato de essa lógica atuar em qualquer unidade doméstica (cf. CORAGGIO, 2004), cuja reprodução depende do emprego continuado da capacidade laborativa de cada um de seus integrantes, seja qual for sua condição social.

**2.** Os três subsistemas do capitalismo – capitalista, estatal e da economia popular – interagem permanentemente na confluência/confrontação entre o processo social de produção e o processo social de circulação, dentro de um quadro institucional historicamente determinado. Nessa interação, estipulam-se os preços das mercadorias e as quantidades de remessas de transferências (subsídios, impostos, etc.), definindo assim, em última instância, a forma como se distribui o produto social excedente.

Os preços de mercado expressam não só os custos de produção e o lucro do capital, entendido como um *markup* sobre aqueles, mas também os impostos, tanto os que afetam o consumo quanto os que o capital privado concentrado transfere. Esse capital procede a tal transmissão mediante os "preços administrados" aos consumidores, fazendo recair sobre eles a carga tributária e o aumento do lucro das agências capitalistas.

Essa transferência da carga impositiva aos consumidores resulta em mais gasto na busca de bens e serviços que satisfaçam necessidades e em uma degradação permanente da equidade social. Para se ter uma idéia das transferências realizadas pelo subsistema da economia popular para o subsistema do capital, mediante o sistema de preços, basta observar-se, por exemplo, que empresas organizadas pelo capital concentrado produzem, em grande medida, os alimentos. Preços e mercado constituem, assim, a ferramenta do capital concentrado para trasladar parte de sua carga tributária ao subsistema da economia popular, enquanto, pela via do investimento estatal, socializa custos e aumenta seus lucros.

A combinação de uma estrutura tributária regressiva com uma distribuição da renda cuja iniquidade vai de média a alta, juntamente com o predomínio de mercados oligopolistas, faz com que a pressão tributária recaia, em maior proporção, sobre os decis inferiores da distribuição de renda (Santiere, Gómez Sabaini e Rossignolo, 2002). Por meio dos preços, o mercado aprofunda as desigualdades sociais, situação essa bem característica dos países da América Latina. Embora essa situação possa ser mitigada por adequadas políticas sociais, isso não significa que ela venha a ser eliminada. No melhor dos casos, ela se manteria sem que se aprofundasse a desigualdade social. Essa realidade mostra que em tais situações, via preços de mercado, a função de redistribuição do Estado opera marcadamente em prol do capital concentrado, a partir dos setores que detêm menos recursos.

Por sua vez, as inovações tecnológicas tendem a aumentar a produção e, ao mesmo tempo, diminuir a demanda por força de trabalho. Em face desse desemprego tecnológico, cresce permanentemente uma "população excedente", formada por pessoas demandadas pelo subsistema estatal ou pelo subsistema capitalista de concorrência (a salários mais baixos), ou ainda excluídas do processo social de produção capitalista. Essa exclusão não se aplica necessariamente a seu *status* de consumidores (De Jesus e Mance, 2004), pois, mediante os preços, esses atores contribuem para o financiamento do investimento estatal em inovações tecnológicas.

Os preços são uma "unidade de medida" expressa em dinheiro, o que demanda analisar-se a forma como a restrição monetária opera no interior do agregado macroeconômico até aqui examinado. Na condição de homogeneizadora de heterogeneidades, a moeda atua endogenamente, articulando as transações e transferências no mercado. A criação de moeda, tanto pelo Estado quanto pelas instituições financeiras, determina o limite superior do volume do processo social de circulação, já que este remete à demanda efetiva, ou seja, à demanda que detém poder aquisitivo. Ao contrário, o limite inferior é estipulado pela propensão ao consumo, dando-se preferência à liquidez e às alternativas que permitam desviar-se dinheiro aos mercados financeiros especulativos, não para o consumo.

Ao gerarem moeda por meio dos empréstimos, os bancos aumentam o poder aquisitivo da demanda efetiva. Enquanto geradores de créditos, isto é, de capacidades de "demandar", os bancos ampliam a capacidade existente de produção das mercadorias colocadas no mercado pelo capital. Por sua vez, os créditos vinculam-se à "capacidade de devolução" que o sistema bancário considera o próprio solicitante possuir. Assim, os empreendimentos produtivos da economia popular e, em menor medida, os do capital de concorrência são "menos atrativos" para o sistema financeiro do que os organizados pelo capital concentrado; por isso, o rumo da maior parte do dinheiro criado pelos bancos destina-se aos investimentos produtivos.

Sob a perspectiva do consumo final, os setores de maior renda pertencentes ao subsistema da economia popular apresentam possibilidades superiores de aumentar sua "capacidade de devolução". Já para os setores de menor renda, essa possibilidade é praticamente nula, o que reduz sua capacidade de alcançar os bens e serviços que garantam um nível mínimo de qualidade de vida e aumenta permanentemente a brecha entre os dois setores.

A restrição monetária não funciona da mesma forma, de um lado, nas agências capitalistas mais concentradas e nos setores da economia popular de maior renda e, de outro, nos setores do capital de concorrência, nos empreendimentos da economia popular e nos setores da economia popular de menor renda. Esses diferenciais operam de forma tal que as dissimilitudes tendem sistematicamente a se aprofundar em mercados onde o domínio do capital concentrado seja hegemônico e o diferencial de renda entre os atores da economia popular mantenha um ritmo crescente, como mostram os processos históricos que comprovam a existência real da economia.

**3.** No subsistema da economia popular, inclui-se toda a produção de bens e serviços (força de trabalho como mercadoria e como valor de uso, produção para o autoconsumo, produção de serviços, etc.) que permitem a reprodução da vida de seus membros. Nessa tarefa, recorre-se, entre outras, às "mercadorias coisa" que possibilitem satisfação. Boa parte das mercadorias produzidas pelas agências capitalistas somente pode satisfazer necessidades mediante a intervenção do trabalho doméstico. Os alimentos são exemplares nesse sentido. O capital não remunera esse trabalho ou imputa-lhe os "custos de produção", transferindo-os diretamente às unidades domésticas. Pode-se ver que as agências capitalistas e as organizadas pelo Estado não se encarregam, mediante o pagamento de salários, do custo de reprodução da força de trabalho, mas apenas de parte dele, melhorando o lucro e o excedente, do qual se apropriam. Caso se acrescentarem a esses ganhos o trabalho de produção para o consumo próprio e o trabalho de cuidado, entre outros, essa porção será ainda maior, sendo todo esse trabalho "transferido" à valorização do capital. Esses são os resultados da articulação do âmbito econômico via preços por meio do mercado.

O fato de os mercados auto-regulados responderem ao "governo dos preços" (Polanyi, 1989) e de eles não estarem completamente "auto-regulados" não invalida a função central ocupada pelos preços. É devido a estes que as relações sociais mediadas pelas coisas tornam-se opacas, e os valores gerados por uns são apropriados por outros.

Essas reflexões visam apontar caminhos para a construção de outra economia e outra sociedade. O associativismo e a organização democrática dos processos de produção são ferramentas fortes nesse sentido, porém, à medida que o conjunto da produção atravessar o mercado hegemonizado pela empresa capitalista, em prol dela continuará operando a subsunção formal. Tal dinâmica permite a essa empresa apropriar-se da maior parte do produto social excedente, em detrimento da produção organizada segundo critérios não-utilitaristas.

A ação política sobre o Estado, por parte dos atores sociais que participam da criação de uma outra economia, torna-se um elemento indispensável para que o capital monopólico não socialize seus custos (inclusive das "externalidades", tal como o deterioro do meio ambiente). Essas ações podem fazer com que o Estado transfira os mesmos recursos ao sustento e ampliação das atividades dirigidas a essa construção.

## BIBLIOGRAFIA

Cattani, A. D. (2004), La otra economía: conceptos esenciales. In: Cattani, A. D. (Org.), *La otra economía*, Los Polvorines: Editorial Altamira; Universidad Nacional de General Sarmiento; Fundación OSDE.

Coraggio, J. L. (2004), Economía del trabajo. In: Cattani, A. D. (Org.), *La otra economía*, Los Polvorines: Editorial Altamira; Universidad Nacional de General Sarmiento; Fundación OSDE.

de Jesus, P.; Mance, E. A. (2004), *Exclusión/Inclusión*. In: Cattani, A. D. (Org.), *La otra economía*, Los Polvorines: Editorial Altamira; Universidad Nacional de General Sarmiento; Fundación OSDE.

O'Connor, J. (1981), *La crisis fiscal del Estado*, Barcelona: Editorial Península.

Polanyi, K. (1989), *La gran transformación*, Madrid: Ediciones de la Piqueta.

Santiere, J. J.; Gómez Sabaini, J. C., Rossignolo, D. (Coord.) (2002), *Impacto de los impuestos sobre la distribución del ingreso en la Argentina 1997*. Disponível em: <http://www.mecon.gov.ar/peconomica/basehome/documento.pdf>.

## MICROCRÉDITO
Jean-Michel Servet

**1.** O termo microcrédito designa empréstimos de pequeno valor concedidos a grupos de pessoas solidárias, ou a tomadores de empréstimos individuais, por instituições que podem ser organizações não-governamentais, bancos ou programas públicos. O público-alvo manifesto dos programas de microcrédito é constituído de pessoas ou grupos que detenham baixa renda ou sofram discriminações sociais e culturais. Em países onde vastos segmentos da população tenham sofrido um empobrecimento acentuado (por exemplo, Argentina ou Estados da Europa Central e Oriental), o microcrédito destina-se amplamente aos "novos pobres" das camadas instruídas. Nos países "em desenvolvimento", a maior parte da população encontra-se em situação de exclusão financeira e constitui clientela potencial do microcrédito. Nos países "desenvolvidos", onde o número de assalariados é dominante, o microcrédito destina-se a uma proporção limitada dos trabalhadores, e o auto-emprego não passa de uma solução limitada à questão do desemprego e dos trabalhadores pobres.

**2.** O Grameen Bank, de Bangladesh, é frequentemente considerado a primeira organização a ter praticado o microcrédito contemporâneo. Na verdade, suas atividades iniciaram em 1976, ao passo que a Opportunity International, organização sem fins lucrativos, de origem cristã, começou a dar pequenos empréstimos na Colômbia já em 1971, e a organização não-governamental Accion International ofereceu seus primeiros créditos em 1973, no Brasil. O Grameen Bank tampouco é a organização de microfinanças com o maior número de tomadores de empréstimos (4 milhões) quando comparado com o National Family Planning Coordinating Board, da Indonésia (5,2 milhões), ou com o programa da Nabard, na Índia, com 24 milhões de membros organizados em grupos de ajuda mútua. Se for concebida também a poupança como atividade de uma instituição que pratica o microcrédito, o Grameen parecerá menor ainda diante dos 28 milhões de poupadores do BRI, o banco "popular" indonésio.

Quase desconhecido no início dos anos 1990 fora de um círculo estreito de especialistas, o microcrédito foi objeto de uma popularização crescente. Passou então, com frequência, a ser apresentado como um instrumento, entre os mais eficazes, para se erradicar a pobreza ou garantir um desenvolvimento local. Ele é sobretudo operacionalizado pelos poderes públicos no âmbito das estratégias estabelecidas para se atingirem, em 2015, os Objetivos do Milênio de luta contra a pobreza.

Sua difusão foi bastante beneficiada pelas cúpulas do microcrédito e por sua reduplicação nos níveis continentais e nacionais com o apoio do Banco Mundial. A primeira cúpula reuniu em Washington, em fevereiro de 1997, mais de 2.900 participantes, de 137 países. Um ponto culminante das manifestações públicas de apoio ao microcrédito foi o conjunto de conferências ocorridas em 2005, declarado Ano Mundial do Microcrédito pela Organização das Nações Unidas. O último encontro ocorreu em novembro de 2006, no Canadá, em Halifax (Nova-Escócia), para consagrar o sucesso dessas campanhas com vistas a atingir 100 milhões de pobres e definir novos objetivos para as campanhas de mobilização em torno do microcrédito. É surpreendente o contraste que há entre o luxo geralmente evidenciado nesses encontros e sua finalidade expressa de contribuir para a luta contra a pobreza.

**3.** Sob o termo microcrédito oculta-se, de fato, uma diversidade de modelos. As organizações tendem a associar-lhe cada vez mais serviços além do crédito, particularmente a poupança, os seguros e as transferências, o que resulta falar-se de microfinanças. As metodologias privilegiadas pelas instituições de microfinanças (microcrédito solidário, empréstimo individual, aval bancário, etc.) são fortemente determinadas por incentivos públicos. Em cada país, a prevalência desta ou daquela metodologia depende dos apoios financeiros oferecidos pelos poderes públicos e da imposição de normas regulamentares.

O microcrédito é pensado pelos neoliberais como um estímulo ao trabalho via auto-emprego e como um meio particularmente insidioso de se desmantelarem as políticas de auxílio aos desempregados e às pessoas desfavorecidas, nas zonas mais marginalizadas. Esses auxílios constituiriam despesas sociais passivas, enquanto o apoio dado sob forma de microempréstimos tangeria às despesas sociais ativas, sendo mais eficaz ao desenvolvimento econômico local. O crescimento das microempresas, cujas atividades poderiam competir com o sistema salarial, também apresenta o risco de contribuir para o desmantelamento dos sistemas tradicionais de solidariedade e de proteção, pressionando as remunerações mais baixas, desdenhando as normas ambientais e as condições de produção, além de estimular o trabalho infantil.

A crença na possibilidade de se implantarem rapidamente instituições rentáveis de microcrédito é sedutora. Para se alcançar esse objetivo, são definidas normas de boa gestão das instituições de microfinanças, que devem privilegiar largamente critérios financeiros. São feitas campanhas, às vezes bem-sucedidas, a fim de suprimir-se, em prol das organizações de microcrédito, o limite das taxas de usura. Esses créditos são caros, admite-se, mas esse custo é o preço do serviço prestado. Para o tomador, a capacidade de contrair empréstimo para realizar um projeto importaria mais do que a taxa de juros. Ao lado de fundos de caráter não-lucrativo e dos investimentos éticos, instituições de microcrédito tornam-se objeto de concorrência e de aposta – elas podem converter-se em objeto de investimento (sob a forma de participação ou de empréstimo) que pode render, promete-se, até 15% ao ano. Além disso, organizações de formação que divulgam os padrões de avaliação das instituições de microfinanças lucram com essa ideologia, captando uma parte da ajuda endereçada às microfinanças.

Paralelamente a esse discurso, uma extraordinária máquina midiática é acionada para atraírem-se os fundos de cooperação multilateral, cooperações bilaterais, doadores privados, bancos e investidores privados. Em 2005, de acordo com os dados disponíveis, a ajuda pública ao desenvolvimento consagrada às microfinanças não passaria de 1,2 bilhão de dólares, o Banco Mundial não consagraria senão 1% de seus recursos às microfinanças e o PNUD, 3%. Em uma fase de suposto crescimento do volume da ajuda, o risco acha-se em contribuir-se para o desvio de meios que possam ser mais eficazes que o microcrédito na luta contra a pobreza. Além do mais, é bem possível que o microcrédito não cumpra suas promessas.

**4.** O microcrédito não seduziu apenas os adversários do neoliberalismo. A crença em seus sucessos baseia-se na divulgação de histórias de tomadores de empréstimos (em geral, mulheres) que alcançam, graças a pequenas somas, uma mudança significativa de vida. Eles – sobretudo elas – aumentam sua renda de modo surpreendente e realizam pequenos investimentos não somente produtivos, mas também pessoais: escolarizam melhor seus filhos, tratam-se, têm êxito no combate ao alcoolismo masculino, ganham autonomia de ação. Apoiados na idéia de que as mulheres são melhores clientes do que os homens quanto às taxas de devolução, os sucessos financeiros de certas organizações são oferecidos como prova de haver um efeito positivo do crédito sobre os beneficiários dos empréstimos.

A imagem do microcrédito veiculada pela mídia e as esperanças nele depositadas pelos poderes públicos fundamentam-se em dogmas e em um conhecimento equivocado acerca de seus serviços prestados às populações e de seus efeitos reais. Conforme uma dessas crenças, a necessidade essencial das populações mais pobres seria a de crédito. Elas teriam preferência manifesta por uma atividade que envolvesse criação pessoal, em detrimento do trabalho assalariado. O microcrédito seria necessário porque as instituições financeiras careceriam de recursos suficientes a emprestar ao atendimento das demandas de crédito quase ilimitadas dessa clientela. Seria possível criarem-se instituições de microcrédito logo rentáveis cuja clientela fosse constituída de pessoas pobres, até mesmo muito pobres. Isso só é verdade em circunstâncias bastante excepcionais e dificilmente reproduzíveis.

Em 2005, mais de 92 milhões de tomadores de empréstimos (dos quais 66 milhões de pessoas ditas "pobres") teriam sido clientes de uma das 10 mil organizações de microfinanças ativas no mundo, das quais somente 1% seria financeiramente rentável. Os resultados dos estudos socioeconômicos sobre o impacto do microcrédito mostram-se contraditórios e não permitem afirmar que ele desempenha um papel positivo às camadas mais pobres da Terra. É duvidoso ainda situar-se a emancipação das mulheres em termos de acesso ao crédito, assim como afirmar-se ser o microcrédito, em si mesmo, promotor de emancipação e de poder social. Cabe questionar, igualmente, se a evolução do *status* das mulheres explicaria o aumento de suas capacidades de produção, troca e financiamento (entre as quais, o empréstimo).

A crença em que essas organizações tenham capacidade para serem financeiramente autônomas acarreta pressão considerável sobre elas no sentido de serem rentáveis. A busca de um equilíbrio financeiro por parte das instituições creditórias explica, com frequência, os dados que apontam haver diminuição da fração de pobres, embora a própria definição de pobreza mantenha-se vaga. Pelas mesmas razões, observa-se também, em numerosas organizações, a substituição do empréstimo solidário de grupo por empréstimos individuais. Nessa direção, o Grameen Bank foi obrigado, em 2002, a abandonar o que era uma de suas opções fundadoras.

Cabe destacar uma última idéia falsa: a de que as principais instâncias financiadoras do microcrédito caracterizar-se-iam por seu pequeno porte. Ora, observa-se haver uma concentração muito grande de clientela, reforçada pela pressão dos financiadores, que encorajam a normalização do microcrédito. Segundo a Campanha das Reuniões de Cúpula do Microcrédito, cerca de quinze organizações agrupam aproximadamente a metade dos tomadores de empréstimos. Essa concentração é notável no que tange à clientela "pobre".

**5.** As microfinanças são frequentemente apresentadas como uma iniciativa econômica, pois reduzem-se ao microcrédito com vistas à criação de auto-emprego ou microempresa. Seu objetivo principal seria o aumento da renda via incentivo ao microempreendedorismo. Na verdade, a eficácia de microempréstimos destinados ao desenvolvimento das atividades econômicas dos mais pobres revela-se limitada, principalmente porque esses créditos são outorgados a curto prazo e porque a rentabilidade do capital dessas unidades de produção é restrita. A concessão de crédito não é suficiente para que se desenvolva o microempreendedorismo; é preciso destinarem-se grandes recursos ao acompanhamento profissional, técnico e comercial, dos criadores de atividade, desencastrar-se do seu meio de vida, dar-lhes capacidade para se informarem melhor sobre a clientela potencial e desenvolver-se a proteção social institucionalizada para que diminua a pressão social exercida sobre as microempresas.

Basta comparar-se o número de empresas que poderia ser criado pelo microcrédito, nos países ditos "desenvolvidos", com a massa de desempregados e de trabalhadores pobres aí existentes para perceberem-se os limites desse tipo de política e sobretudo seus perigos. O apoio às microfinanças pode contribuir para uma precarização generalizada dos direitos ao trabalho se elas forem apresentadas como a principal alternativa ou até mesmo a única. Apoiar as capacidades daqueles que desejarem criar merece todo apoio, por se tratar de uma questão de direito. Estabelecer incentivos para os economicamente excluídos que queiram criar representa uma política inovadora; fazer disso uma solução quase única é uma estratégia distorcida de desmantelamento dos sistemas de autodefesa dos assalariados e de interdição da usura, os quais levaram quase dois séculos para se consolidar.

**6.** Os resultados das avaliações realizadas acerca do impacto das microfinanças, em geral, e do microcrédito, em particular, sobre a pobreza ainda não são conclusivos. Mais que instrumentos de desenvolvimento de recursos produtivos (o que é uma ilusão largamente difundida), as microfinanças, entre as quais o microcrédito, constituem alternativas aos mais desfavorecidos para melhor administrarem seus recursos em longo prazo. É perigoso fazer-se dos pequenos empréstimos a curto prazo uma ferramenta central ao desenvolvimento, sendo primordial agir-se diretamente em matéria de saúde, educação, formação e defesa dos direitos.

Para inscrever-se em uma lógica de solidariedade, o microcrédito deve contribuir ao embate contra a exclusão financeira. Nesse campo, a eficácia das práticas de poupança e seguro, de transferências dos migrantes e de garantia de reembolso é frequentemente maior, em particular às populações que praticamente não têm acesso a serviços financeiros formalizados. As necessidades devem ser definidas pelas próprias populações. Além do microcrédito, outros serviços financeiros mostram-se indispensáveis ao próprio desenvolvimento do microempreendedorismo. Deve-se enfatizar a formação, mas também a microsseguridade, a proteção social dos bens e das pessoas.

O microcrédito pode agir como uma alavanca em matéria de desenvolvimento local, criando uma sinergia entre diferentes atores públicos e privados. Assim, o microcrédito revelou-se de grande eficácia para reatar vínculos sociais por meio dos laços financeiros e para angariar recursos indispensáveis em situações pós-conflitos ou pós-crises, como em Bangladesh, Uganda, Camboja, Bósnia ou em Kosovo. Nas relações Norte-Sul, o microcrédito também pode efetivar novas solidariedades, sobretudo quando os fundos emprestados não provêm de investimentos externos expressos em divisas fortes, prometendo altos rendimentos, mas apóiam-se em fundos de garantia que permitem uma mobilização responsabilizada de recursos locais. Em situações muito diversas, o microcrédito pode constituir um instrumento eficaz de luta contra diferentes formas de exclusão desde que suas potencialidades e seus limites sejam bem compreendidos.

## BIBLIOGRAFIA

ARMENDARIZ DE AGHION, B.; MORDUCH, J. (2005), *The economics of microfinance*, Cambridge; London: MIT Press.

CENTRE WALRAS (2005), *Rapport exclusion et liens financier*, Paris: Economica.

DALEY-HARRIS, S. (2005), *State of the microcredit summit campaign*, Report 2005. Washington, dec.

DJEFAL, S. (2004), *Les ressorts de la microfinance*: entre marché et solidarité, impact et pérennité des systèmes financiers décentralisés. Étude de cas en Afrique de l'Ouest (1980-2000). Thèse (Doctorat Sciences Économiques), Université Lumière Lyon 2.

DOLIGEZ, F. (2002), *Innovations financières, financement du développement et dynamiques rurales*. Études comparées au Bénin, en Guinée et au Nicaragua. Thèse (Sciences Économiques), Université Paris X, Nanterre IX, Paris.

GUÉRIN, I.; MARIUS-GNANOU, K.; PAIRAULT, T. (Ed.). (2006), *Microfinance en Asie*: entre traditions et innovations, Paris; Pondichéry; Khartala: FIP; IRD.

REVUE TIERS MONDE (2002), Microfinance: petites sommes, grands effets, Paris: n. 172, oct./déc.

SERVET, J-M. (2006), *Banquières et banquiers aux pieds nus*, Paris: Odile Jacob.

TECHNIQUES FINANCIÈRES ET DÉVELOPPEMENT (2005), La microfinance: un essai à transformer? Paris: Epargne sans Frontières, n. 78, mar.

VALLAT, D. (1999), *Exclusion et liens financiers de proximité (financement de micro-activités)*. Thèse (Doctorat Sciences Economiques), Université Lumière Lyon 2.

# MICROEMPREENDEDORISMO
Pedro Hespanha

**1.** Em geral, o conceito de microempreendedorismo é considerado como sendo uma especificação do conceito de empreendedorismo reportado a situações de pequeníssima escala. Em muitos países convencionou-se mesmo, para efeito de apoios públicos, um limiar máximo de dimensão definido através do número de pessoas envolvidas ou do volume de negócios. É esse o caso dos Estados Unidos, onde uma microempresa é geralmente definida como um negócio com 10 ou menos empregados e um volume de negócios anual até 100 000 dólares. A Comissão Europeia usa o mesmo critério dos 10 trabalhadores, mas estende o volume de negócios até aos 2 milhões de Euros.

Contudo, definir a microempresa através da sua escala oculta uma diversidade de situações que desafia qualquer tentativa de encontrar traços comuns de natureza mais substantiva. Vendedores ambulantes, pequenos camponeses, artesãos tradicionais ou modernos, costureiras, operadores de máquinas, colectores de lixo, jovens criativos são apenas algumas das inúmeras situações que associamos à pequeníssima empresa. As suas motivações são as mais diversas, embora a grande maioria dessas pessoas seja pobre e tenha dificuldade de aceder a recursos. Em termos de emprego, os pequenos negócios ocupam uma parte substancial da população activa e representam uma proporção elevadíssima das empresas: por exemplo, mais de 80% na América Latina e 79% na UE (OESMEs, 2007). E, constituindo para muitas pessoas um meio de escapar ao desemprego e à pobreza, esses negócios também contribuem para o crescimento da economia e para a estabilidade social.

A questão que se coloca é a de saber em que medida esses pequenos empreendimentos ou negócios integram o conceito que se foi generalizando de empreendedorismo. Embora o percurso da construção do conceito tenha sido longo e enviesado, e a sua semântica duvidosa, generalizou-se, sobretudo desde a década de 1990, uma noção de empreendedorismo que identifica este com uma competência apurada de detectar e aproveitar oportunidades de negócio independentemente de dispor ou não de recursos próprios. Popularizada por Peter Drucker (1985), fortemente difundida pelas *business schools* de todo o mundo e acolhida nos relatórios das organizações internacionais e declarações solenes dos governos, essa acepção restrita do conceito deixaria à margem indubitavelmente a maior parte daqueles pequenos negócios.

Outras acepções de empreendedorismo que se consolidaram ao longo do tempo, como a de Joseph Schumpeter, limitam igualmente o universo da sua aplicação. Considerado o fundador dos estudos sobre o empreendedorismo, a partir da sua obra *The Theory of Economic Development*, publicada em 1911 (mas apenas em 1934 traduzida para língua inglesa), Schumpeter valorizou sobremaneira a inovação como atributo fundamental do empreendedorismo. Ao permitir ultrapassar as conhecidas resistências à mudança, a inovação reveste-se da maior importância para o sucesso do empreendimento. Ela manifesta-se numa diferente combinação de meios de produção e pode assumir diferentes formas: 1) introdução de um novo produto com que os consumidores não estão familiarizados ou de uma nova variedade do produto; 2) introdução de um novo método de produção; 3) abertura de um novo mercado; 4) uso de uma nova fonte de matéria-prima ou de produtos semi-industrializados; e 5) mudanças na forma de organização da actividade, como a constituição ou o desmantelamento de um monopólio. Apesar de considerar a inovação uma predisposição que distingue o empreendedor do gestor, Schumpeter nunca produziu nenhum corpo de regras ou orientações pelas quais o empreendedor tivesse de se orientar, antes considerou a conduta reflexiva como a mais adequada a lidar com o que é novo (SWEDBERG, 2000, p. 12).

A conduta dos empreendedores apenas o interessou como um aspecto de uma nova teoria económica centrada na mudança e no desenvolvimento económico. O empreendedor estaria na origem das mais importantes mudanças da economia, alterando o sistema económico a partir de dentro, através da criação de novas funções de produção que marcariam os ciclos de negócios. Mais tarde, viria a realçar o papel da função empresarial no processo de destruição criativa que, segundo ele, caracteriza o próprio capitalismo: o novo substitui o velho. Enquanto isso, o empreendedorismo é definido pelos seus atributos de criatividade e intuição. Schumpeter analisa ainda as motivações do empreendedor, num registo mais próprio da Psicologia do que da teoria económica, para concluir que existem três motivações principais: a aspiração de poder e de autonomia, o desejo de sucesso e a satisfação de criar algo. Uma leitura apressada deste quadro motivacional descambou para a difusão de uma imagem heróica do empreendedor que hoje é celebrada por muita literatura. O mesmo economista haveria mais tarde de corrigir a sua desfocagem admitindo, entre outras coisas, que o papel do empreendedor poderia ser desempenhado por uma organização, que ninguém seria empreendedor para toda a vida (apenas enquanto desenvolvesse actividades inovadoras) e que o que importaria seria o comportamento e não o actor.

Tal como o requisito da detecção das oportunidades, também o requisito da inovação não está presente numa grande parte dos pequenos negócios ou da pequena actividade. Se se juntarem ainda os requisitos da capacidade de assumir riscos e de gerar valor suscitados por Jean Baptiste Say (o empreendedor desloca os recursos económicos para as áreas de maior produtividade e maior retorno), e o da desenvoltura na gestão e na assunção da incerteza introduzido por Frank Knight (e mais tarde reassumido por Howard Stevenson), nem por isso este tipo ideal de empreendedor ganha maior consistência empírica.

A realidade mostra que muitos dos negócios criados por indivíduos isolados ou por pequenos colectivos não obedecem a todos estes requisitos: ou não manifestam uma disposição para assumir riscos, nem envolvem uma operação de elevado retorno; ou não representam nenhuma inovação em termos da gestão e do produto; ou não resultam de uma capacidade de detectar oportunidades, antes de uma opção induzida ou tomada como alternativa a uma outra menos viável, como ter um emprego por conta de outrem; ou, finalmente, não evidenciam qualquer desenvoltura por parte do empreendedor que se mostra muito apegado a uma forma de gestão rotineira e cautelosa. O mesmo poderá acontecer com empreendimentos de maior dimensão, embora a evidência empírica permita defender que a probabilidade de faltarem os atributos de uma noção estrita de empreendedorismo varia no sentido inverso da escala do emprendimento.

A questão é particularmente pertinente em sociedades onde proliferem formas de pequena produção pouco ligadas ao mercado, movidas por uma racionalidade económica não-lucrativa e desenvolvidas por pessoas com recursos limitados, como é o caso das sociedades da periferia e da semiperiferia do sistema mundial. De uma forma sintética, existem aí, pelo menos, quatro *padrões analiticamente marginais* aos do empreendedorismo típico: 1. o das actividades com reduzida criação de valor em sectores económicos tradicionais; 2. o das actividades com reduzida inovação na gestão ou no produto; 3. o das iniciativas movidas pela necessidade e não pelo aproveitamento das oportunidades; e 4. o das actividades que minimizam a assunção do risco.

A existência de padrões de microempreendedorismo analiticamente marginais não significa que se tenha de analisar separadamente essas realidades das tipicamente empresariais. Mais importante do que a pureza classificatória das situações parece ser, por um lado, o tratamento delas como estágios num processo de transformação que conduz ou não às formas típicas de empresarialidade e, por outro, a capacidade de medir e compreender o afastamento entre umas e outras.

As situações reais podem combinar – e na realidade frequentemente combinam – mais de um destes padrões. Referem-se alguns exemplos: a) jovens recém-graduados ou com níveis elevados de escolaridade que, não encontrando facilmente um emprego por conta de outrem, decidem eles próprios criar o seu próprio emprego, sobretudo no sector dos serviços (económicos, culturais, de turismo, ambientais ou relacionados com as TIC) e muitas vezes estimulados pelas próprias escolas onde se formaram; b) pessoas com experiência profissional em domínios especializados que decidem montar um negócio por conta própria usando a sua experiência e rede de clientela (situação mais frequente entre pessoas que perdem o emprego em idades mais avançadas); c) pessoas que procuram um emprego sem êxito, ou seja, pessoas dificilmente empregáveis, que são levadas a montar um negócio, frequentemente estimuladas pelos conselhos e pelas ajudas dos serviços de emprego; d) pessoas pobres ou sem recursos suficientes que recorrem ao microcrédito para montar um pequeno negócio; e e) pessoas que desejam ter uma actividade independente e investem nisso todo o seu capital material e relacional, muitas das vezes sem ajudas institucionais.

**2.** É possível distinguir diferentes situações quanto à inovação, ao sentido de oportunidade e à assunção do risco. A decisão de criar uma empresa – escolha do auto-emprego em detrimento do emprego por conta de outrem – por parte de um indivíduo resulta de dois tipos de impulsos de carácter económico: a oportunidade e a necessidade.

O empreendedorismo de oportunidade, no sentido proposto por Schumpeter (1934), engloba os indivíduos com capacidades empreendedoras que detectam uma oportunidade de negócio potencialmente lucrativo, traduzido por um maior conhecimento das tecnologias ou mercados, maiores capacidades de gestão, menor aversão ao risco ou outra característica pessoal que o torne mais atreito ao auto-emprego. Este tipo de iniciativa em que o indivíduo é atraído para o auto-emprego designa-se *empreendedorismo de oportunidade*.

O *empreendedorismo de necessidade* refere-se aos indivíduos que, na ausência de oportunidades de emprego por conta de outrem ou, pelo menos, de postos de trabalho com características adequadas às suas competências específicas, optam pelo auto-emprego não por via da detecção de uma oportunidade de negócio, mas antes pela ausência de alternativas mais favoráveis para a sua sobrevivência. O indivíduo é empurrado na direcção do auto-emprego vendo este como um refúgio das condições desfavoráveis do mercado de trabalho.

Estas situações de criação do próprio emprego por pessoas com difícil inserção no mercado regular de trabalho estão a ser promovidas e apoiadas, nos países desenvolvidos, por políticas activas de emprego, aparentemente sem atender à presença dos requisitos do empreendedorismo e apenas porque contribuem para uma redução do desemprego e, consequentemente, para um alívio financeiro dos sistemas de protecção social pública. Paralelamente, os governos promovem e apoiam a criação de PME pelas mudanças que estas podem introduzir na reestruturação dos mercados por via da inovação e da concorrência. Sendo complementares, estas duas perspectivas das novas políticas públicas – "activação" (*from welfare to work*) e "crescer e inovar" – nem sempre são coerentes entre si e, por isso, têm conduzido frequentemente ora a uma orientação *workfare* da activação, ora à promoção do aparecimento de pequenas empresas reduzidamente inovadoras, como se verá adiante.

**3.** Pode questionar-se em que medida o microempreendedorismo é um conceito mais adequado a definir estas práticas negociais (em sentido etimológico) movidas pela necessidade do que outros conceitos tradicionalmente usados, tais como economia popular, economia de sobrevivência, economia moral. Ou, então, em que medida é que, usando o conceito de microempreendedorismo, estamos a desconsiderar dimensões dessas práticas que são verdadeiramente explicativas da sua existência, como o *ethos* de subsistência, a racionalidade de segurança ou a condição de modo de vida.

As perspectivas sociológica e antropológica sobre o empreendedorismo têm gerado alguns tópicos que podem ajudar a dar uma resposta a essas questões.

Um primeiro tópico critica o pretenso universalismo do espírito empreendedor. O espírito empreendedor não é uma característica inata dos indivíduos, antes resulta de uma socialização em ambientes de forte cultura empresarial e implica uma predisposição para correr risco. Por isso é mais fácil a alguns do que a outros tornarem-se empresários ou montarem um negócio por conta própria. De um modo muito esquemático, existem, em todas as sociedades, grupos sociais ou meios sociais mais distantes deste ambiente, de que são exemplos as comunidades pobres, em que o risco de empreender é muito elevado e a prioridade vai para a segurança básica das famílias, as comunidades com uma cultura operária fortemente enraizada, os grupos étnicos que dispõem de um mercado natural para certos produtos entre os seus membros mas que não pode crescer para além de uma certa dimensão (WALDINGER et al., 1980) e os agentes do sector da burocracia pública ou privada com uma enraizada cultura de serviço.

Um segundo tópico critica o pretenso individualismo dos empreendedores traduzido em qualidades pessoais e numa elevada capacidade de decisão autónoma. Na realidade, o empreendedorismo de sucesso envolve, em geral, a contribuição de mais actores sociais para além do empreendedor, e o activismo deste último resulta muito do apoio que eles lhe dão. Nos microempreendimentos, quase nunca o empreendedor está sozinho a iniciar uma actividade, ainda que frequentemente as pessoas que o apoiam fiquem na sombra da formalização burocrática do negócio (SWEDBERG, 2000; PORTELA et al., 2008).

Um terceiro tópico diz respeito ao empreendedorismo informal. A economia informal constitui um contexto muito favorável ao desenvolvimento de pequenos negócios e, mais do que isso, ocorre frequentemente num período de consolidação desses negócios, constituindo um estágio para a aquisição de experiência e angariação de clientela, desembocando mais tarde no aparecimento de novas actividades no sector formal da economia.

A OIT define estas pequenas actividades no sector informal como "unidades de produção de bens e serviços com o intuito primordial de gerar emprego e rendimento para as pessoas nelas envolvidas. Caracterizam-se pelo baixo nível de organização e a pequena escala, pela pouca ou nenhuma divisão entre trabalho e capital como factores de produção, e pelo facto de as relações de trabalho, quando existentes, serem baseadas na maior parte das vezes em empregos ocasionais, relações de parentesco ou em relações pessoais ou sociais, em lugar de arranjos contratuais com garantias formais" (OIT, 2006).

Os aspectos negativos desses empreendimentos informais são bem conhecidos, por constituírem quase sempre o lado mais divulgado do fenómeno: o seu carácter ilegal (não conformidade com leis e regulamentos); o seu carácter fraudulento (não contribuírem para as receitas governamentais devido à evasão de impostos); o seu carácter de concorrência desleal (competem em desigualdade com empresas formais ao evitarem custos a que estas estão sujeitas); e o seu carácter eventualmente delituoso (algumas actividades informais são ilegais ou, mesmo, criminosas).

No entanto, as actividades informais e, sobretudo, as de pequena escala são, na maior parte dos casos, a alternativa possível para muita gente, uma oportunidade de obtenção de rendimento para aqueles que, de outra forma, estariam sem meios de subsistência. Em vez de existir nessas pessoas uma espécie de preferência pelo informal, o que se verifica é ser o informal é a sua escolha mais racional. Para quem tem falta de recursos (não só monetários, mas também educacionais ou sociais) a solução formal pode ser inviável. A incerteza acerca do êxito do negócio torna proibitivo e muito arriscado o investimento na formalização (autorizações, licenças, impostos) desse negócio. O sistema fiscal e o de segurança social, e as leis laborais são excessivamente restritivos ou complexos para um empreendimento de pequena dimensão. Além disso, não estando assegurada a clientela e sendo o ambiente comercial muitas vezes hostil para o início, crescimento e desenvolvimento de negócios, a passagem transitória por um período de informalidade é vista como a melhor forma de reduzir o risco de não ter clientela e de não dominar o mercado. Finalmente, a falta de recursos materiais e de bens de propriedade limitam a responsabilidade e impede o acesso ao crédito institucional, abrindo a porta ao crédito fiduciário das redes sociais primárias (mas também ao crédito usurário, como observou Muhammad Yunus no Bangladesh). Apenas razões deste tipo explicam a insegurança e o risco suportados pelos empreendedores informais: multas fiscais, confisco, punição por delito económico, condenação por ilicitude, etc.

Um argumento bastaria para incluir as iniciativas no sector informal da economia neste conjunto de modalidades atípicas de negócio que mantêm uma relação processual com o empreendedorismo: o seu potencial para desenvolver a capacidade de empreendimento, inovação e criatividade. De facto, as actividades informais habilitam os seus promotores a operar com alto grau de flexibilidade, familiarizam-nos com o negócio nas suas vertentes de organização e de mercados (gestão de recursos e comercialização dos produtos), e ajudam a consolidar uma relação estável com o mercado.

A reestruturação das economias e dos mercados de trabalho tem favorecido o recrudescimento das actividades informais mesmo nos países mais desenvolvidos. Existe hoje, por parte dos governos, a consciência de que essas actividades desempenham um importante papel de adaptação às situações de crise e, por essa razão, é feita acerca delas uma avaliação menos negativa. Em alguns países, procura-se mesmo conferir alguma protecção ao sector informal sem o promover e, designadamente, proporcionar mais incentivos às empresas informais, através da redução de custos e do aumento dos benefícios para se tornarem e permanecerem legais. Quem quer montar um pequeno negócio em geral não tem acesso a serviços de *marketing*, de formação em competências básicas ou de transferência de tecnologias. Uma orientação recente vai no sentido de tornar mais fácil o acesso a esses serviços e de ajudar à formalização das empresas.

Um quarto tópico refere-se ao empreendedorismo económico solidário. Nesta categoria, integram-se todas as formas de associação produtiva entre trabalhadores como alternativa ao desemprego, falta de rendimento e marginalização pelo mercado de trabalho. Situadas no domínio do que convencionalmente tem sido designado de autogestão e cooperação, estas formas caracterizam-se por um conjunto de princípios que as permite distinguir de outras modalidades de empreendedorismo. De entre esses princípios, destacam-se: a autogestão e cooperação no trabalho, a participação, o igualitarismo, a auto-sustentação, o desenvolvimento humano e a responsabilidade social. A sua filosofia é a da solidariedade e não a do dinheiro ou a do poder administrativo.

A relação entre o lado solidário e o lado empreendedor destas iniciativas explica-se pela necessidade de novas modalidades de associativismo num período marcado pela globalização económica, o sistema das cadeias produtivas e a crise do sistema de trabalho assalariado, e pela preocupação de escapar ao desemprego maciço e à exclusão social dos trabalhadores a que estes factores têm conduzido, sobretudo na periferia do sistema mundial. A saída empreendedorista representa uma valorização simultânea das vantagens da cooperação em torno de objectivos de melhoria das condições de vida e da eficiência económica para um uso mais adequado e flexível dos recursos, incluindo o trabalho.

A economia solidária tem vindo a desenvolver-se muito à escala mundial, mesmo em países desenvolvidos da União Europeia, como a França, a Itália, a Bélgica e a Espanha. A característica mais marcante é a pluralidade e novidade de formas: antigas e novas formas cooperativas e mutualistas, organizações sociocaritativas, empresas sociais e solidárias, empresas autogeridas e alternativas, iniciativas colectivas de alojamento, sistemas de trocas locais, comércio justo, instituições financeiras solidárias, produção-consumo e outras iniciativas rurais, empresas de inserção e outras formas de iniciativas de economia solidária dirigidas ou conduzidas por desempregados, mulheres, minorias étnicas e outras pessoas desfavorecidas social ou economicamente.

Em regra, essas iniciativas mobilizam uma grande diversidade de recursos e, não raro, beneficiam de apoios importantes da parte das entidades públicas e, designadamente, das autarquias locais, precisamente pela capacidade que têm de encontrar uma saída para problemas que as políticas públicas convencionais não resolvem. A sua relação com a sociedade civil e com o Estado é, portanto, muito próxima, mas pautada por princípios de solidariedade e de reconhecimento mútuo.

BIBLIOGRAFIA

DRUCKER, P. (1985), *Innovation and entrepreneurship*, New York: Harper Collins.

GRANOVETTER, M.; SWEDBERG, R. (2001), *The Sociology of Economic Life*, Boulder, Colorado: Westview Press.

HÉBERT, R.; LINK, A. (1982), *The Entrepreneur:* mainstream views and radical critiques, New York: Praeger.

OESMES (2007), *Analysis of Competitiveness*, Brussels: European Commission, Enterprise and Industry DG, Communication and Information Unit.

OIT (2006), *A OIT e a Economia Informal*, Lisboa: OIT.

PORTELA, J.; HESPANHA, P.; NOGUEIRA, C.; TEIXEIRA, M.; BAPTISTA, A. (2008), *Microempreendedorismo em Portugal*, Lisboa: INSCOOP.

SAY, J. B. (1963), *A Treatise on Political Economy*, New Jersey: Augustus M. Kelly Pubs. (1.ª ed. 1821).

SCHUMPETER, J. (1934), *Theory of Economic Development*, New York: Oxford University Press.

SWEDBERG, R. (Ed.) (2000), *Entrepreneurship:* the social science view, Oxford: Oxford University Press.

WALDINGER, R.; ALDRICH, H.; WARD, R. (1980), *Ethnic Entrepreneurs*, London: Sage.

# MOEDA SOCIAL
Claudia Lúcia Bisaggio Soares

**1.** Moeda social é uma forma de moeda paralela instituída e administrada por seus próprios usuários, logo, sua emissão é originada na esfera privada da economia. Entre ela e a moeda nacional não há qualquer vínculo obrigatório, e sua circulação baseia-se na confiança mútua dos usuários, participantes de um grupo circunscrito por adesão voluntária.

É importante notar que os idealizadores dessa experiência e a maioria de seus participantes assumem-na como um exercício de vontade, reflexo de uma busca pela recolocação da economia a serviço das finalidades sociais e pela reintegração de seus valores à esfera sociocultural. Nesses termos, a moeda social deve ser percebida como uma instituição de caráter assumidamente normativo, à qual se associa quem compartilha os mesmos valores. Em cada experiência, a combinação de elementos do conjunto total de valores a ser perseguido pode mudar, porém, por via de regra, dois significados são atribuídos recorrentemente à moeda social: 1) "meio de troca" alternativo ou complementar, capaz de gerar melhores condições de vida aos aderentes; e/ou 2) prática de reinvenção da economia, almejando reconstruí-la em moldes responsáveis e participativos, de forma integrada com as outras esferas da vida. Em qualquer caso, essa moeda merece ser interpretada como uma relação monetária que procura desmascarar e colocar em evidência as relações de poder que comumente subjazem às atitudes mercantis e ainda, mais especificamente, ao instrumento monetário tradicional.

Discutir o caráter social da moeda não é, como se costuma supor, apenas uma questão de se criar um sistema que propicie a inclusão social por meio de uma "produção maior e mais descentralizada" de massa monetária, nem mesmo da gestão coletiva e transparente desse novo dinheiro dos "despossuídos", até porque empresas de todo porte utilizam moedas sociais. A idéia abriga também um aspecto mais radical: procura-se resgatar o dinheiro, a instituição monetária, enquanto instituição social completa, cuja forma e procedimentos transpõem determinada face para a arena de disputa de poder, estimulam certos valores sociais e reprimem outros (respectivamente, a responsabilidade e o individualismo, por exemplo). Além disso, tais formas e procedimentos imprimem ou destroem hábitos, interagindo simultaneamente em todas as esferas da vida, imbricada no *modus operandi* do sistema social. Com efeito, tecnicamente, a moeda social não tem (nem faz sentido ter) lastro em moeda nacional, mas pode vir a ter relação de valor, paridade, com ela.

As regras de cada experiência são expressas, compartilhadas e passíveis de discussão, embora alguns princípios sejam considerados imutáveis: a) a *democracia participativa*, que implica gestão da moeda pelo usuário, transparência administrativa e responsabilidades partilhadas; b) a *continuidade das operações de intercâmbio*, que possibilita a aceitação da moeda, assegurando uma próxima oportunidade para se equacionarem as demandas e ofertas pendentes (portanto, retidas na forma de "dinheiro"); c) a *confiança no grupo* enquanto tal, que respalda o "valor" da moeda (que é exatamente o de servir de meio de troca entre o grupo); d) o caráter de *serviço "público"* da moeda, que favorece a circulação e a produção de mercadorias, não a especulação ou qualquer outro tipo de lucro estéril – não há cobrança de juros ou concessão de prêmio pela retenção de moeda, mas, em alguns casos, punição (juros invertidos) por entesouramento; e) a *atividade econômica como provedora de bem-estar*, que pressupõe não existir a intenção de "lucrar", no sentido de tirar-se proveito de um trabalho não-remunerado de outrem ou de qualquer tipo de especulação.

Assim como qualquer outro "equivalente universal de troca", a moeda social deve cumprir (e tem condições para tanto) as funções de: a) medida de valor/unidade de conta – facilita o acordo sobre os valores relativos das diversas mercadorias; b) meio de pagamento – permite que os intercâmbios ocorram diferidos no tempo, no espaço e entre agentes distintos; c) reserva de valor – permite, se a moeda social estiver sendo bem administrada, que seu valor varie muito pouco, ou moderadamente, de tal forma que ela poderá ser utilizada para fins de poupança.

Poupar ou não, reter ou não moeda constitui uma decisão grupal e individual, pois a possibilidade de servir como reserva de valor é parte integrante da tecnologia social "moeda", função consequente de uma boa administração do meio circulante e da cultura do grupo. Apenas uma decisão consensual entre os usuários pode alterar esse quadro. A utilização do expediente de cobrança de juros invertidos serve para se explicitar essa "vontade coletiva" e incentivá-la, mas tal recurso só será deveras eficiente se houver acordo entre os participantes acerca da questão.

A aceitação da moeda social limita-se à confiança existente entre seus usuários. Quando os grupos são pequenos e homogêneos, é mais fácil equacionarem-se as questões administrativas, embora, por vezes, falte variedade nos itens negociados. Em contrapartida, quando as experiências ganham escala, superam-se mais facilmente as necessidades materiais dos participantes. Em que pese a essas considerações, grupos maiores tendem a recorrer a outros expedientes para além da confiança mútua originária, a fim de manterem a aceitação e o valor estável de sua moeda social. Normalmente, esse reforço é alcançado mediante acordos ou regulamentos passíveis de cobrança judicial.

2. A experiência contemporânea com moeda social tem se dado mais comumente nos chamados clubes de troca (nomeadamente na América Latina), que funcionam por meio da emissão física do bônus. Alguns chegam a extrapolar a escala de "clube", envolvendo toda uma região, como as "Horas", de Ithaca. Outra modalidade envolvendo a moeda social são as redes de compensação mútua, ocorrendo quando um grupo de pessoas ou empresas reúne-se a fim de realizar intercâmbio de bens e serviços mediante uma unidade de conta instituída pelo grupo. Para tanto, utiliza-se uma contabilidade própria, que transforma as transações realizadas em débitos e créditos para os agentes respectivos, criando, automaticamente, o "meio circulante" do grupo (comuns na Europa e na América do Norte). O sistema LETS ou SELs, como é conhecido na França, é um exemplo dessa forma de atuação, assim como o sistema WIR, que nasceu em Zurique, na Suíça, em 1934, ainda em funcionamento, basicamente entre empresas de porte médio. Os bancos de tempo, criados na Itália, no iní-

cio da década de 1990, e concentrados em maior número na Europa, nomeadamente na Itália, Espanha e Portugal, também podem aí ser incluídos. Faz-se evidente que todas essas experiências respeitam a mecânica básica de uma moeda social: trabalham com um equivalente geral de circulação restrito, sem qualquer outro lastro que não a confiança e continuidade esperada no trabalho e nas mercadorias transacionadas, havendo gestão participativa na escala do grupo.

3. Apesar de originar-se de uma cooperação voluntária, a moeda social sofre da fragilidade inerente às instituições que rompem uma antiga tradição ou rotina (como a relação heterônoma e reificada que o dinheiro nacional engendra), pois instituições já incorporadas ao imaginário são capazes de apresentar forte resistência a novos modelos. Ao se propor como uma escola de autonomia (CASTORIADIS, 1982, 2002), a moeda social eleva a demanda por maturidade e por atitude ética dos participantes a um grau capaz de dispensar a interferência do Estado ou de qualquer outra instituição externa com vistas a promover o cumprimento das regras e contratos estabelecidos. Isso ocorre em uma situação em que o rompimento dessas regras e contratos (como a promoção de fraudes e falsificações, ou mesmo da especulação) pode gerar benefícios pessoais não-desprezíveis (em detrimento dos coletivos, evidentemente).

Resumidamente, os limites de sobrevivência e longevidade de uma instituição de qualquer natureza vinculam-se a quatro critérios: autopunição, hábito, comodidade (NORTH, 2001) e conectividade (SOARES, 2006). Concernente à moeda social, quando as regras formais e os códigos informais que pautam as relações da instituição são quebrados, o castigo para tanto não se origina no interior da instituição, no âmbito de seu próprio funcionamento; ao contrário, os desvios tendem a ser internamente recompensados. A falsificação de moeda, por exemplo, resulta em mais poder de compra para o falsificador, logo, a não ser que outras instituições sejam mobilizadas para puni-lo, ele será beneficiado ao não cumprir as regras. Nessas circunstâncias, a instituição não é autopunitiva. Quando a situação envolve a moeda nacional, o déficit é suprimido mediante recurso ao Estado. No caso da moeda social, tal suporte não existe, pois ela se define justamente pela negação da existência desse apoio extra-institucional, o que a faz permanecer não-autopunitiva, à semelhança das moedas antigas. Estas, por sua vez, eram suportadas por outras instituições, oriundas de esferas sociais que não a econômica, como a religiosa e a cultural. Deduz-se que a moeda social (como, de resto, qualquer moeda) encontra um primeiro limite na necessidade de estar acoplada a outras instituições que lhe confiram capacidade de punição (o que vai de encontro a seus valores instituintes) ou então de estar associada a grupos de usuários homogêneos, entre os quais a ideologia partilhada funcione como instrumento de desestímulo à fraude.

Em relação ao *hábito*, é de se recordar que a metamorfose sofrida pelo dinheiro quando de sua interpretação moderna – como equivalente geral – foi associada à efetivação da sociedade de mercado. Essa associação implica que, se formas diferenciadas do dinheiro ocorriam no passado, na moderna sociedade de mercado o padrão caracteriza-se pela unificação, logo, nesta realidade social, qualquer outra forma de dinheiro será inusitada. Ela irá de encontro a costumes fortemente arraigados, porém, também é evidente que, quanto mais híbrida for a economia em questão, contemplando a presença de outros arranjos econômicos, como a reciprocidade e mesmo a redistribuição (Polanyi, 1980, 1994), maior será a brecha existente no imaginário social (Castoriadis, 1982) para que experiências no campo monetário possam ser dinamizadas.

Já o critério de *comodidade* indica-nos haver outras situações que balizam as possibilidades de utilização da moeda social, como a punição legal ou o isolamento, dependendo da interpretação, pelas instituições do sistema dominante, de existir maior ou menor perigo. No cenário contemporâneo, adotar uma moeda diferente da estatal é estar sujeito a pagar um alto preço pela insubordinação, pelo exercício de uma vontade que não a dominante, porque, para que os valores partilhados pelos usuários da moeda social sejam válidos, estes terão de conviver com a rejeição de sua moeda pelos demais membros da sociedade. Enquanto os usuários da moeda social têm suas opções de intercâmbio reduzidas, os da moeda nacional (o equivalente geral), ao contrário, têm todas as institucionalidades tradicionais a seu favor, podendo fazer valer os contratos.

Não obstante essas limitações, o grau de conectividade da moeda social, como o de todas as outras, é elevado, critério esse que promove sua durabilidade, desde que as ligações ulteriores, de fato, sejam construídas. Uma vez amadurecidas as conectividades *a posteriori*, como o sistema de fixação de preços e o de relações de provimento e expedição de mercadorias e serviços orientados pela respectiva moeda, torna-se mais penoso ao integrante desligar-se do sistema.

As potencialidades da moeda social não estão desconectadas dos objetivos e padrões reguladores da experiência em questão, embora muitas das potencialidades gerais nasçam justamente nos seus pontos de limite. O primeiro ponto reside no fato de, por não ser autopunitiva, a moeda social estimular a criatividade e o exercício da política e da responsabilidade nas esferas privada e social, além do exercício da autonomia. O segundo consiste em, por não ser cômoda, essa moeda promover o amadurecimento individual. Finalmente, por ser conectiva em essência, mas ainda não ter essa característica plenamente amadurecida, incentivar a criatividade trabalhada coletivamente e inter-relacionada.

Geralmente, todos os tipos de experiência realizados com moeda social instigam discussões sobre ética e padrões de desenvolvimento e transformam-se em espaços para caminhar-se rumo à reintegração dos objetivos econômicos aos imperativos ético-sociais, desenvolvendo e discutindo desde a solidariedade social até novas racionalidades econômicas. Os próprios valores comungados pelas experiências determinarão boa parcela dos limites e potencialidades delas. A outra parte, vinculada às relações externas da experiência, encontra-se ligada à capacidade de articulação em torno dessas finalidades. Apenas a alteração do instrumento monetário em si não é capaz de determinar o mundo social ou mesmo o econômico de que se desfruta, o que, ao contrário, pode ocorrer na interação estabelecida com o dinheiro ou por meio dele.

A utilização da moeda social compara-se a um grande laboratório, do qual resultam, à semelhança dos ensaios laboratoriais, algumas novas tecnologias sociais e experimentações de alternativas. Desses processos decorrem vivências, aprendizados e exemplos de outras formas de existir, de organizar a divisão social de poder, de ordenar o trabalho e implementar as responsabilidades, que podem resultar em mais aproximação entre as autonomias pessoal e coletiva (CASTORIADIS, 1982, 2002). Ao integrar-se um projeto de tal natureza, desmistifica-se a moeda nacional e percebem-se as relações econômicas tradicionais como um exercício de poder.

Experiências realizadas com a moeda social permitem desvelar ideologias, pois explicitam a disputa de poder que se dá em torno de sua forma e processo e o poder que a instituição monetária concentra. Trabalhar com moeda social implica a tomada de posição por parte do utilizador, o qual, no mínimo, passa a refletir sobre a "naturalidade" que lhe é imposta acerca do dinheiro – já que terá de administrá-lo –, o que já é, em si, deveras subversor e, portanto, criativo. Finalmente, em razão de ser um projeto conjunto, a moeda social acaba por estimular novos contextos de sociabilidade (LISBOA, 2004), novos agrupamentos e novas ações coletivas.

## BIBLIOGRAFIA

BLANC, J. (1998), Les monnaies parallèles: évaluation et enjeux théoriques du phénomène. *Revue d'Économie Financière*, n. 49, p. 81-102, sep.

CASTORIADIS, C. (1982), *A instituição imaginária da sociedade*, Rio de Janeiro: Paz e Terra.

___. (2002), A democracia como procedimento e como regime, In:_____, *As encruzilhadas do labirinto IV*, Rio de Janeiro: Paz e Terra.

LISBOA, A. M. (2004), *Economia solidária, economia barroca*: a emergência da socioeconomia solidária na América ibérica. Tese (Doutorado), Instituto Superior de Economia e Gestão, Universidade Técnica de Lisboa.

NORTH, D. C. (2001), *Instituciones, cambio institucional y desempeño económico*, México: Fondo de Cultura Económica.

POLANYI, K. (1980), *A grande transformação*: as origens da nossa época, Rio de Janeiro: Campus.

___. (1994), *El sustento del hombre*, Barcelona: Biblioteca Mondadori.

SOARES, C. (2006), *Moeda social*: uma análise interdisciplinar de suas potencialidades no Brasil contemporâneo. Tese (Doutorado), Centro de Filosofia e Ciências Humanas, Universidade Federal de Santa Catarina.

## MOVIMENTO SOCIAL
Ana Mercedes Sarria Icaza

**1.** O termo *movimento social* remete, em um sentido amplo, a lutas sociais travadas coletivamente, propondo mudanças em diferentes esferas (política, cultural, econômica, social) e níveis (local, setorial, macrossocial). Esse conceito aporta a idéia de uma ação coletiva que apresenta questionamentos ao sistema ou a normas específicas, designando assim eventos de composições e alcances distintos.

Em um sentido mais restrito, movimento social é uma categoria analítica construída para se entenderem essas ações coletivas, tanto internamente, em seu processo de configuração, quanto externamente, em seu papel na sociedade. Pode-se definir movimento social como a ação de um conjunto de pessoas que se identificam com códigos, valores, necessidades ou idéias comuns, apresentam um projeto de mudança e mobilizam-se para conferir visibilidade e legitimidade social àquilo pelo que lutam.

**2.** O termo *movimento social* começou a ser usado no século XIX para referir-se a revoltas, manifestações e diferentes formas de ações coletivas que representassem a expressão das profundas mudanças econômicas e políticas desse período, relacionadas à expansão do capitalismo e à organização da classe trabalhadora. A partir dos anos 1970, desenvolveu-se uma importante produção teórica sobre os movimentos sociais, ganhando espaço e atraindo interesse a pesquisa sobre eles, estimulada pela intensificação de diversas formas de disputas sociais em todo o mundo.

Na produção sociológica sobre o tema, é possível identificar duas grandes perspectivas para a compreensão dos movimentos sociais. A primeira, predominantemente estadunidense, denominada *mobilização de recursos*, explica a ação coletiva como um processo de escolhas racionais e cálculo de custos e benefícios por atores sociais privados de algum recurso. Essa escola propõe uma análise estratégica desses movimentos, insistindo acerca do seu caráter racional e de suas orientações institucionais. Os trabalhos associados a essa corrente são diversos, abrangendo alguns de cunho mais economicista, até outros mais preocupados em evidenciar variáveis históricas e sociológicas.

A segunda perspectiva, predominantemente européia, enfatiza os processos de identidade e sua preeminência em toda ação coletiva. Considerando as novas formas coletivizadas de mobilização, tais como os movimentos ecológicos, feministas e estudantis do final dos anos 1960 e início da década de 1970, faz uma crítica ao paradigma tradicional marxista e aos esquemas utilitaristas e funcionalistas. Autores como Touraine (França), Offe (Alemanha) e Melucci (Itália) desenvolveram esquemas interpretativos que consideram a cultura, a solidariedade e os valores como elementos indispensáveis à ação dos movimentos sociais. Igualmente, apontam para o declínio da sociedade industrial e a emergência de uma sociedade pós-industrial, marcada por *novos movimentos sociais*, outro conceito para demarcar a emergência de novos atores coletivos que, diferente do "velho movimento social", não são oriundos das relações produtivas e reivindicam autonomia, reconhecimento das diferenças e novos valores culturais, centrados na justiça e na solidariedade.

Alain Touraine, um dos autores europeus com uma vasta produção sobre essa temática, construiu uma definição de movimento social situando-o como uma ação conflitante de agentes de classes sociais, pleiteando o controle do sistema das grandes orientações históricas da sociedade. A ação constrói-se pela presença de um ator que se define por sua identidade, reconhecendo, ao mesmo tempo, uma relação de oposição e um campo que dão significado àquilo pelo que se luta ou às privações do ator. São princípios de interpretação dos movimentos sociais a identidade, a oposição e a totalidade, que, por sua vez, se referem aos três elementos constitutivos de todo movimento social: o ator, o adversário e o que esteja em jogo no conflito.

Outros autores, como Melucci, questionam a visão historicista e de unicidade de Touraine sobre os movimentos sociais. Superando o que chama de "uma visão global e metafísica dos atores coletivos", Melucci (2001, p. 23) afirma que "os movimentos não são personagens que se movem com a unidade de fins que lhes é atribuída pelos ideólogos. São sistemas de ações, redes complexas de relações entre níveis e significados diversos da ação social".

Na América Latina, a categoria *movimento social* passou a ser referência central em análises e reflexões, bastante influenciada pelas construções teóricas européias. Nos anos 1980, cunhou-se o termo *movimento popular*, uma categoria latino-americana para referir-se a uma vasta gama de movimentos reivindicativos, extremamente diversos e fragmentados, que remetem principalmente a demandas de acesso a direitos sociais e à democracia (cf. DOIMO, 1995, p. 68).

No contexto do capitalismo globalizado dos anos 1990, as perspectivas analíticas, tanto dos *novos movimentos sociais* como do *movimento popular*, apresentaram sinais de esgotamento, dando lugar a outro viés interpretativo, que passou a privilegiar o conceito de sociedade civil e a integrar as teorias da democracia. Nesse sentido, conforme Arato e Cohen (1994, p. 180), "o sucesso dos movimentos sociais não é mais concebido como inclusão no poder estatal (reforma) ou como destruição do Estado (revolução)". Os segmentos mais reflexivos dos movimentos sociais vêem-nos "enquanto reconstrução da sociedade civil e o controle da economia de mercado e do Estado burocrático". Essa perspectiva influenciou boa parte dos autores que estudam os movimentos sociais no Brasil, os quais desenvolveram uma série de trabalhos sobre a democracia participativa e a questão da cidadania, desafiados pelo novo contexto de democratização e pela globalização econômica. Conforme Santos e Avritzer (2002, p. 54), a grande participação dos movimentos sociais nos processos de democratização latino-americanos evidenciou o problema da necessidade do que chamam de uma "nova gramática social", isto é, uma nova forma de relação entre Estado e sociedade.

A ativação de uma inédita onda de mobilizações e protestos nos primeiros anos do século XXI, orientada contra a globalização neoliberal e pela busca de alternativas, reacende a discussão sobre os movimentos sociais e as perspectivas de transformação social no mundo contemporâneo. Um dos símbolos dessa nova mentalidade passou a ser o Fórum Social Mundial e seu *slogan* "um outro mundo é possível". Foi nesse momento que tomou força a economia solidária, trazendo ao debate a própria lógica econômica dominante e a necessidade de se reinserir a economia na sociedade.

Nesse processo, diversas perspectivas ganham espaço entre os movimentos sociais na América Latina. A primeira situa-se na ênfase autonomista em relação ao Estado, inspirada nas idéias de autores como John Holloway (2003). A outra corresponde à retomada de uma linha de interpretação que mantém os pressupostos centrais do marxismo, entre os quais se encontram a luta de classes derivada da relação capital-trabalho, a premência de unificação das lutas sociais em torno dessa contradição central e a necessidade dos aparelhos de Estado como instrumento privilegiado das classes subalternas para induzir as transformações sociais e superarem o capitalismo.

**3.** A falta de acordo interpretativo em relação ao termo *movimento social* é indicativa das dificuldades conceituais a que seu uso remete. As oscilações no interesse de estudos e pesquisas sobre o assunto, desde os anos 1970, mostram que um dos grandes problemas reside no fato de o conceito permanecer atrelado ao contexto em que seja elaborado, passando de momentos de grande otimismo a períodos de questionamento acerca de seu uso e de seu papel explicativo da realidade. Independente dessas oscilações, o certo é que os movimentos sociais têm sido um dos elementos constitutivos da sociedade moderna, na qual cumprem papel importante, seja o de garantir a comunicação de problemas (EDER, 2002) ou anunciar o novo que está nascendo (MELUCCI, 2001), seja o de atuar como ativadores de processos de radicalização democrática (COHEN e ARATO, 2000).

Um debate importante refere-se ao questionamento das elaborações relativas aos novos movimentos sociais, em oposição ao "velho movimento social", associado à classe operária e aos sindicatos. Nesse sentido, cabe reconhecer que as interpretações dos movimentos sociais implicam, como afirma Santos (2001, p. 178), uma crítica tanto "da regulação social capitalista como da emancipação social socialista tal como foi definida pelo marxismo". Segundo o autor, esses movimentos mostram sua radicalização ao "advogar por um novo paradigma social, menos baseado na riqueza e no bem-estar material e mais na cultura e na qualidade de vida". Em contrapartida, é necessário destacar a necessidade de aprofundamento dessa crítica, superando algumas visões simplistas entre o "velho" e o "novo" e transcendendo um romantismo que, muitas vezes, impede de se analisarem em profundidade os desafios para se construírem novos processos emancipadores.

Historicamente, os movimentos sociais foram concebidos sob uma perspectiva de ação política, visualizados principalmente em seu confronto com o aparelho estatal e na busca por apropriar-se deles com vistas a impulsionar-se a mudança social. Entretanto, as transformações ocorridas desde o final do século XX, tanto na configuração econômica e sociopolítica mundial como nas próprias formas da ação coletiva, materializaram novas dinâmicas e geraram perspectivas analíticas diferenciadas. A maioria dessas análises passou a resgatar o conceito de sociedade civil e a enfatizar o desafio democrático verificado em sociedades caracterizadas por um alto grau de fragmentação e diferenciação, pela ampliação das desigualdades e pelo descrédito nas utopias totalizadoras.

A economia solidária pressupõe formas de ação coletiva que expressam claramente as novas configurações e impulsos dos novos movimentos sociais ocorridos nas últimas décadas do século XX. Desde suas primeiras manifestações, ela congrega ideais mais amplos de contestação e transformação social. Ligada às lutas da classe operária na Europa do século XIX, integra, nos últimos anos do século XX, redes de movimentos sociais, nacionais e internacionais, mobilizando atores sociais e idéias. Na busca por reincorporar debates acerca da economia na sociedade, cria recursos de poder capazes de questionar os padrões culturais e os arranjos institucionais existentes.

**BIBLIOGRAFIA**

ARATO, A.; COHEN, J. (1994), Sociedade civil e teoria social. In: AVRITZER, L. (Org.), *Sociedade civil e democratização*, Belo Horizonte: Del Rey.

COHEN, J.; ARATO, A. (2000), *Sociedad civil y teoría política*, México: Fondo de Cultura Econômica.

DOIMO, A. M. (1995), *A vez e a voz do popular:* movimentos sociais e participação política no Brasil pós-70, Rio de Janeiro: Relume-Dumará/ANPOCS.

EDER, K. (2002), *A nova política de classes*, Bauru, São Paulo: EDUSC.

GENDRON, C. (2005), Movimento social. In: LAVILLE, J.-L.; CATTANI, A. D. (Org.), *Dictionnaire de l'autre économie*, Paris: Desclée de Brouwer.

GOHN, M. G. (1997), *Teorias dos movimentos sociais:* paradigmas clássicos e contemporâneos, São Paulo: Loyola.

HOLLOWAY, JOHN (2003), *Mudar o mundo sem tomar o poder* (2003), São Paulo: Boitempo Editorial.

MELUCCI, A, (2001), *A invenção do presente:* movimentos sociais nas sociedades complexas, Petrópolis, Rio de Janeiro: Vozes.

OFFE, C. (1985), New social movements: challenging the boundaries of institutional politics, *Social Research*, n. 52, p. 817-868.

SANTOS, B. S. (2001), Los nuevos movimientos sociales, *Osal, Observatorio Social de América Latina*, Buenos Aires: CLACSO, Sept.

SANTOS, B. S.; AVRITZER, L. (2002), Introdução: para ampliar o cânone democrático. In: _____, *Democratizar a democracia:* os caminhos da democracia participativa, Rio de Janeiro: Civilização Brasileira.

SCHERER-WARREN, I. (1993), *Redes de movimentos sociais*, São Paulo: Loyola.

TILLY, C. (1978), *From mobilization to revolution*, London: Addison-Wesley Publishing Company.

TOURAINE, A. (1978), *La voix et le regard*, Paris: Seuil.

# P

**PATRIMÓNIO COMUM
DA HUMANIDADE**
José Manuel Pureza

**1.** O regime de património comum da humanidade constitui um elemento profundamente inovador no Direito Internacional no que diz respeito à gestão de bens e recursos. Consagrado em tratados internacionais de primeira importância, como a Convenção das Nações Unidas sobre o Direito do Mar (1982) ou o Acordo de 1979 sobre a utilização do espaço extra-atmosférico, o regime de património comum da humanidade é uma fórmula que se afasta radicalmente do modelo dominante de regulação internacional desta matéria. Esse modelo dominante tem assentado numa suposta alternativa entre a apropriação soberana pelos Estados dos recursos intrafronteiriços e a liberdade de uso sem apropriação dos espaços internacionais. Ora, a verdade é que, para lá do formalismo jurídico, uma regra e a outra têm facilitado, na prática, a apropriação dos principais recursos por um conjunto restrito de actores económicos mais poderosos: por um lado, a soberania dos Estados periféricos é facilmente contornada por esses actores e pelos seus Estados; por outro lado, a liberdade de uso dos espaços internacionais (alto-mar, por exemplo) acaba por funcionar segundo uma lógica de *"first come, first served"* e permitir, assim, uma efectiva apropriação individual dos respectivos recursos.

A alternativa do património comum da humanidade a este modelo e aos seus resultados selectivos é essencialmente normativa. Ela traduz-se em três dimensões essenciais. Em primeiro lugar, um princípio de apropriação e gestão directamente pela humanidade no seu todo (e não por meio de um clube fechado, como na Antárctida), segundo uma lógica de discriminação positiva dos países mais pobres no acesso aos resultados da exploração desses bens e espaços comuns. Em segundo lugar, o princípio da reserva do património comum da humanidade para fins pacíficos, o que inclui não apenas um conteúdo minimalista (desarmamento e desnuclearização) mas, mais do que isso, uma proibição da exploração dos recursos do património comum da humanidade para quaisquer utilizações relacionadas directamente com fins militares. Em terceiro lugar, o princípio da salvaguarda dos direitos das gerações futuras, o que determina que a gestão do património comum da humanidade adopte como critério essencial o da justiça intergeracional, com as inerentes restrições ecológicas ao desgaste desse património.

A novidade radical do regime de património comum da humanidade reside, portanto, na adopção de um modelo de gestão destes espaços e recursos em benefício de toda a humanidade presente e futura. Ora, este critério implica uma transformação profunda na própria concepção de soberania: de poder unilateral e autocentrado para um agregado de competências vinculadas por obrigações positivas determinadas pelo interesse geral e pelo bem comum da humanidade inteira.

**2.** A Convenção das Nações Unidas sobre o Direito do Mar – tratado fundamental na consagração deste regime – concretizou os princípios referidos associando-os a uma orientação planificadora centralizada numa organização internacional (a Autoridade Internacional dos Fundos Marinhos), a quem conferiu poderes de monopólio na gestão dos fundos marinhos qualificados como património comum e competências extraordinárias de exploração directa desses recursos, configurando-a como uma verdadeira empresa pública internacional. Neste sentido, a tradicional liberdade de iniciativa dos Estados na exploração dos recursos dos espaços internacionais ficou severamente restringida. Isso mesmo esteve na base de uma intensa contestação da Convenção pelos países mais industrializados (e, dentro deles, pelos grupos económicos com interesse na exploração dos recursos minerais dos fundos oceânicos) que culminou, em 1994, na adopção de um acordo adicional que descaracteriza e esvazia totalmente o modelo de 1982, reconduzindo-o, no essencial, à prevalência do livre comércio e dos direitos de apropriação pelos agentes económicos privados dos países mais desenvolvidos.

**3.** Se é indiscutível que o regime de património comum da humanidade contrasta radicalmente com a regulação do acesso aos bens e recursos onde prevalece uma matriz territorialista, podem detectar-se na trajectória deste regime, traduzida nas manifestações da sua positivação jurídica, duas fases distintas aqui denominadas as duas idades do regime de património comum.

A primeira idade assentou em consagrações daquele regime para a regulação de espaços comuns em que não se havia anteriormente feito sentir, de modo significativo, a afirmação de pretensões soberanas por parte dos Estados nacionais. Assim sucedeu, precisamente, com os fundos oceânicos mais longínquos (para lá das plataformas continentais) e com o espaço extra-atmosférico. A exterioridade desses espaços relativamente às dinâmicas de territorialização nacional competitiva determinou que, nestes casos, mais do que contestação da lógica territorialista, se tenha verificado uma complementaridade entre ela e o regime de património comum. Na verdade, os espaços qualificados, nesta fase, como património comum mais não eram que o remanescente de apropriações nacionais de dimensão sempre crescente (veja-se, por exemplo, a amplitude extraordinária da ampliação que, em menos de meio século, foi dada aos espaços marítimos sob jurisdição dos Estados costeiros – de 3 para 200, ou mesmo para 350, milhas marítimas!). Neste contexto, a consagração do regime de património comum da humanidade em espaços situados *para lá* das fronteiras dessas apropriações nacionais, embora tenha trazido um elemento de contraste com a regulação dominante, não veio disputar a sua hegemonia onde ela se havia consolidado, ou seja, dentro das fronteiras territoriais dos Estados.

O modelo da primeira idade do regime de património comum reproduz, portanto, a mesma filosofia em que se baseia a dinâmica de segmentação da gestão dos bens pelas soberanias nacionais: apropriação pelo respectivo Estado dos prolongamentos naturais do território terrestre (no mar ou no espaço aéreo) e apropriação por uma organização representativa da humanidade do remanescente desse movimento. A lógica é a mesma: em ambos os casos, está claro que a única alternativa considerada viável à desregulação seria o Estado – na dinâmica de territorialização, cada Estado individualmente; no património comum da humanidade, uma organização supranacional que surgiria como antecipação de um verdadeiro governo mundial.

A segunda idade do regime de património comum da humanidade inclui as suas aplicações a bens e recursos situados precisamente dentro das fronteiras dos Estados. Trata-se, por isso, evidentemente de um jogo de forças completamente diferente do anterior. Está em causa, em concreto, um conjunto de regimes internacionais sobre a gestão de bens culturais ou de bens ambientais que, embora mantendo-os como objecto de jurisdição dos Estados, os submete, por força da sua qualificação como interesse da humanidade no seu conjunto, a regras concretas de administração e gestão completamente diferentes das que os mesmos Estados aplicam à generalidade dos espaços e recursos intrafronteiras. Vejam-se os exemplos da Convenção da UNESCO de 1972 sobre protecção do património mundial natural e cultural ou da Convenção de Ramsar de 1971 sobre protecção de zonas húmidas de importância internacional. Em ambos os casos, os princípios inspiradores do regime de património comum da humanidade passam a actuar dentro do domínio da soberania territorial dos Estados. Ainda que, neste tipo de situações, não surja explicitamente a designação "património comum da humanidade", o que emerge é uma influência dos três grandes princípios, acima referidos, identificadores daquele regime, sob formas matizadas, na regulação da administração de recursos ou espaços considerados de interesse para a humanidade no seu todo. Nesse sentido, o significado mais importante da consagração deste princípio é a profunda transformação da lógica de exercício da soberania do Estado sobre esses bens ou recursos. O territorialismo competitivo entre os vários Estados – que, em bom rigor, pode ser considerado como uma adequação de escala da tradicional construção do direito de propriedade individual sobre a articulação entre *jus fruendi*, *utendi et abutendi* – dá lugar, neste novo contexto, a uma administração parcimoniosa dos bens, guiada pela noção de função social – a função social da soberania, ampliação planetária da função social da propriedade. A referência inspiradora e vinculativa dessa função social da soberania é a humanidade no seu todo, lida segundo eixos de transtemporalidade e de transespacialidade. "O papel dos Estados corre o risco de se transformar no de agentes de execução, guardiães ou, na hipótese mais favorável à comunidade internacional, em *trustees*" (Kiss, 1982). Isso significa que, nesta vertente, o regime de património comum da humanidade se materializa na transformação da soberania-domínio na soberania-serviço.

Aquilo a que se chama segunda idade do regime de património comum é pois uma reformulação da filosofia de fundo do regime, despindo-a de um enquadramento ideológico de perfil planificador e centralizador, mantendo todavia o seu fundo normativo assumidamente comunitarista e ecológico. Neste quadro, compreende-se que a dimensão institucional ensaiada na Convenção sobre o Direito do Mar tenha perdido lugar central nesta fase mais recente. De algum modo, a recusa do centralismo e do intervencionismo assinalados à Autoridade Internacional dos Fundos Marinhos espelha a rejeição actual de um modelo de regulação que dê protagonismo a um mecanismo institucional forte e dele faça depender a garantia de cumprimento da substância normativa do regime de património comum. Nesta versão mais modesta do regime de património comum da humanidade, o núcleo essencial passa então a ser o balizar do exercício da soberania territorial dos Estados por um conjunto de obrigações positivas que estabelecem vínculos reforçados para com a comunidade internacional no seu conjunto e que, de acordo com os termos da Declaração do Rio de Janeiro sobre Ambiente e Desenvolvimento de 1992, são "obrigações comuns mas diferenciadas".

BIBLIOGRAFIA

Blanc Altemir, A. (1992), *El patrimonio común de la humanidad*. Hacia un régimen jurídico internacional para su gestión, Barcelona: Bosch.

Brown Weiss, E. (1989), *In fairness to future generations: international law, common patrimony and intergenerational equity*, Tokyo/New York: United Nations University/Transnational Publishers Inc.

Dupuy, R.-J. (1986), *La communauté internationale entre le mythe et l'histoire*, Paris: Julliard.

Kiss, A.-C. (1982), La notion de patrimoine commun de l'humanité. *Recueil des Cours de l'Académie de Droit International de La Haye*, vol. II.

Pureza, J. M. (1998), *O património comum da humanidade. Rumo a um Direito Internacional da solidariedade?* Porto: Afrontamento.

## POLÍTICAS PÚBLICAS
Walmor Schiochet

**1.** Políticas públicas podem ser entendidas tanto como uma área de conhecimento, como o próprio objeto dessas políticas. Enquanto área do conhecimento, correspondem a um conjunto de estudos e análises sobre questões e temas relativos ao Estado, seu papel e suas instituições (pensamento europeu), ou enfatizam, mais especificamente, a própria "ação ou produção dos governos" (reflexão teórica estadunidense) (SOUZA, 2006). Tais reflexões oferecem modelos, tipologias e conceitos para se compreender a incorporação dessas ações do governo (ou Estado) e seus impactos sobre a sociedade.

A política pública é a própria iniciativa do governo (ou do Estado) que se organiza em planos, programas e ações. É importante reconhecer que a "não-ação", a negligência do Estado ou governo também integra esse conceito. No Estado moderno e seus governos democráticos, o âmbito da política pública é a cidadania, entendida como a relação entre Estado e sociedade civil mediada pelos direitos.

Uma das características do movimento em defesa da economia solidária tem sido sua capacidade de colocar a problemática da autogestão coletiva na agenda pública, transformando-a em luta por direitos (direito ao trabalho associado e à promoção de formas solidárias de organização econômica e de processos de desenvolvimento, por exemplo). Dessa forma, a economia solidária recoloca a defesa da autogestão como princípio de organização social, econômica e política.

**2.** A transformação das carências e necessidades próprias da economia solidária em direitos fez com que a atuação dos governos (gestores) e as mudanças nas estruturas do Estado assumissem centralidade para as perspectivas dos empreendimentos autogestionários. Ao mesmo tempo em que vai se constituindo como identidade, movimento social e como questão pública, a economia solidária reivindica e propõe políticas públicas específicas, à luz de experiências semelhantes.

Enquanto política pública, a economia solidária é definida pelos contextos históricos de sua emergência. No caso europeu, pode ser entendida como uma busca de reconfiguração do papel do Estado (poder público) para garantir coesão e proteção social baseadas em novas formas de solidariedade, em frente à crise da sociedade salarial e às metamorfoses atuais da questão social. No caso latino-americano, a economia solidária resulta da crise do modelo neoliberal que orientou a ação governamental na década de 1990, constituindo-se, ao mesmo tempo, em alternativa crítica a esse mesmo modelo.

**3.** Um dos principais debates estabelecidos em torno da economia solidária como política pública relaciona-se justamente às potencialidades para a institucionalização de uma nova sociabilidade, da solidariedade e da ação pública frente aos limites dos compromissos próprios da social-democracia, bem como à superação das políticas neoliberais. O consenso é que somente como política pública a economia solidária poderá sair do seu confinamento (FRANÇA FILHO et al., 2006) e "experimentalismo social" para se constituir em uma força contra-hegemônica capaz de construir uma "outra economia", plural para uns, socialista e autogestionária para outros. Existe uma clara dimensão normativa na análise da economia solidária como política pública, que corresponde a uma identificação entre as políticas públicas de economia solidária e determinados partidos e grupos políticos que ascendem ao governo (por exemplo, radicais, socialistas, verdes).

A incorporação da economia solidária à agenda governamental é ainda inócua, dispersa e fragmentada territorial, institucional e temporalmente. Essas características justificam muitas dúvidas sobre a própria condição da economia solidária enquanto política pública. Empiricamente, é necessário reconhecer que, de fato, existem políticas de economia solidária, pelo menos, enquanto ação de governos, pois se verifica haver opções feitas programática e concretamente por governos locais, regionais e nacionais na adoção de ações de apoio à economia solidária e a seus sujeitos. Tais "ações de governo" ainda não se institucionalizam como direitos (da sociedade) e deveres (do Estado), sendo políticas de governo e não políticas de Estado. Dessa forma, a inclusão da economia solidária na agenda governamental depende da progressiva vontade política de seus adeptos; no entanto, sendo implementadas por governos constituídos a partir de processos eleitorais, seus simpatizantes ficam à mercê das alternâncias de governo que ocorrem periodicamente nos regimes democráticos representativos.

Essa situação não pode justificar a falta de debates mais específicos sobre a pertinência da própria institucionalização da economia solidária como política pública. Existem receios manifestos sobre a possibilidade de que o crescente controle estatal e a subordinação burocrática estariam em contradição com as potencialidades emancipadoras próprias da economia solidária. Ao mesmo tempo, autores como Laville e França Filho identificam a existência de espaços públicos, isto é, "espaços intermediários, no sentido que eles se reforçam, tendo em vista contribuir para a regulação de um campo de práticas de estímulo às interações entre as iniciativas e os poderes públicos" (França Filho et al., 2006, p. 301) como possibilidade de manutenção da autonomia da economia solidária em frente ao Estado.

Pode-se questionar o alcance da economia solidária enquanto uma nova política pública. Coraggio, por exemplo, constata que programas governamentais de apoio a formas cooperativas e autogestionadas e a redes de empreendimentos familiares podem ser caracterizados meramente como integradores dos pobres ao mercado excludente. "Estes programas não são efetivamente uma nova política econômica senão uma política social focalizada nos pobres com uma nova matriz de sentido: integrá-los como trabalhadores autônomos ao mesmo mercado que os excluiu" (Coraggio, 2007, p. 57).

Essa constatação também foi feita por pesquisadores brasileiros, ao analisarem programas governamentais locais de fomento à economia solidária, na medida em que verificam poderem essas iniciativas ser fundamentadas em concepções meramente inclusivas dos pobres na economia informal por meio da promoção do empreendedorismo liberal (França Filho et al., 2006). A crítica mais incisiva foi feita recentemente por Barbosa (2007), ao analisar a incipiente atuação do governo brasileiro na economia solidária. Para a autora, a economia solidária é uma política pública que foi idealizada com base na precarização do mundo do trabalho e que a reforça, na medida em que se circunscreve em um contexto de atuação estatal pífia quanto a políticas de desenvolvimento e investimento público na proteção social. Embora essas sejam avaliações sustentadas em evidências históricas, elas traduzem apenas uma realidade que faz parte de um movimento mais vasto, com vistas à construção de uma nova política pública voltada à inclusão e emancipação dos pobres e trabalhadores.

Pelo menos no plano normativo, os atores envolvidos com as políticas públicas têm evidenciado que, diante da possibilidade dos riscos compensatórios e meramente "reprodutivos" da lógica excludente, se faz necessário fundamentar a economia solidária em uma concepção adequada de política pública. Por exemplo, a I Conferência Nacional de Economia Solidária realizada no Brasil, em 2006, definiu que, como política pública, a economia solidária: a) não pode ser vista como residual, subordinada, ou, quando muito, como compensatória aos impactos das crises do capitalismo, pois, dessa forma, impossibilita a necessária ruptura com a reprodução da pobreza ou de precária sobrevivência; b) faz parte da construção de um Estado republicano e democrático, pois reconhece a existência desses novos sujeitos sociais, novos direitos de cidadania e novas formas de produção, reprodução e distribuição social, além de propiciar o acesso aos bens e recursos públicos para seu desenvolvimento; c) deve ser uma política de desenvolvimento voltada a um público historicamente excluído que objetiva criar um contexto de emancipação e sustentabilidade; e, d) para tanto, deve reconhecer e fortalecer a organização social dos trabalhadores e a constituição do sujeito político como elementos fundamentais para a institucionalização dos direitos e para o fortalecimento das esferas públicas democráticas no país. Nessa direção, o controle social das políticas públicas é questão de princípio e deve ser processual e permanente.

O caráter emancipador da economia solidária em termos de política pública somente pode ser compreendido a partir da dimensão normativa e ideológica tanto de seus defensores, quanto de seus críticos. Não há consenso em torno disso, e os conflitos refletem contradições próprias da sociedade, da qual a economia solidária faz parte, construindo novas realidades e, ao mesmo tempo, reproduzindo realidades existentes.

As políticas de economia solidária são definidas como as que geram trabalho e renda. No contexto de crise da sociedade salarial (CASTEL, 1998), as tradicionais políticas de emprego passaram a ser insuficientes ou inadequadas. Teorias relativas ao mundo do trabalho e às "classes que vivem do trabalho" (ANTUNES, 1999) ganharam novo fôlego. Sem se desconsiderarem as proposições que sustentam a possibilidade de haver um novo modelo social não mais centrado no trabalho, uma das preocupações políticas mais evidentes nas últimas décadas foi a busca por alternativas às políticas de emprego próprias do modelo keynesiano. As políticas hegemônicas foram as de corte liberal cuja ênfase dá-se na precarização e desregulamentação do mercado de trabalho e no empreendedorismo individualista como formas de ampliar a demanda por força de trabalho no mercado. As consequências dessas políticas foram evidentes no sentido do aumento da pobreza e desigualdade.

A economia solidária foi criada como alternativa tanto às políticas de emprego (típicas do modelo keynesiano), quanto às políticas de trabalho e renda neoliberais. Enquanto política de trabalho, a economia solidária volta-se à ampliação dos postos de trabalho organizados de forma coletiva e autogestionária. Assim definida, como política ativa de trabalho e renda, a economia solidária enfrenta um duplo desafio. Ela deve apoiar e fomentar essas formas organizativas, para que se viabilizem e se fortaleçam no interior de uma economia capitalista cada vez mais circunscrita e centralizada. Ao mesmo tempo, o fortalecimento das organizações não pode ocorrer em detrimento das condições de vida e dignidade dos participantes a ela associados. Essa dupla atuação implica a busca de regulações para se garantir que os direitos dos trabalhadores sejam assegurados também aos que "vivem do mundo do trabalho coletivo e autogestionário". Para tanto, se faz necessário reconfigurar as políticas de trabalho para garantir que os trabalhadores que participam dessas novas formas de organização do trabalho sejam socialmente protegidos.

Como política ativa de trabalho, a economia solidária, exige a incorporação de estratégias mais amplas de atuação governamental ou estatal. Parte da função desempenhada pelo capital na organização do trabalho passa a ser exercida pelo Estado. Considerando que a economia solidária envolve pessoas destituídas dos meios de produção de sua existência, faz-se necessário alocar ativos para viabilizar os processos de trabalho. As políticas distributivas de renda são insuficientes, caso não sejam acompanhadas por políticas que incidam sobre a propriedade dos meios de produção, ou sobre a distribuição patrimonial. A alocação de terras e de meios de produção (fábricas, oficinas, etc.), assim como a infra-estrutura requerida para distribuição e comércio dos produtos, além da aquisição governamental da produção, são parte integrante dessa política. Outrossim, é mister considerar as exigências de democratização do acesso ao crédito, a adoção de políticas de educação e formações social e profissional e os desenvolvimentos científico e tecnológico adequados, entre outros.

Do ponto de vista setorial, a economia solidária pode se configurar como uma política complementar ou estruturante. Exemplos dessa realidade são constatados nas políticas de distribuição de renda, de segurança alimentar, de saneamento básico, de agricultura familiar, de reforma agrária, de saúde e habitacional, entre outras. Nesse sentido, pode-se afirmar que a economia solidária não é uma política setorial, ou seja, que ela não corresponde a apenas um setor da sociedade ou da economia. A economia solidária é uma política de desenvolvimento social e econômico fundamentada na organização coletiva, associativa e autogestionária de pessoas. Dessa forma, ela incorporaria "a ação do governo" em muitas questões e setores que fazem parte da agenda pública. Essa nova configuração estratégica propiciaria, aos beneficiários das políticas de transferência de renda, o ingresso no mundo do trabalho, como alternativa de organização econômica a ex-detentos, coletores de material reciclável, agricultores familiares e assentados, entre outros.

Ainda existem controvérsias sobre esse aspecto da economia solidária, principalmente em função da possibilidade de transferência de responsabilidades públicas para a sociedade e dos riscos de desregulamentação da atuação pública e universal do Estado. A economia solidária pode ser adotada como uma nova forma de organização e de gestão da própria política pública. São exemplares, nesse sentido, os efeitos positivos da política de crédito aos agricultores familiares, cuja implementação substitui o sistema bancário tradicional pelas cooperativas de crédito dos próprios agricultores familiares. As compras governamentais são outro exemplo, pois, ao adquirir insumos e alimentos de associações ou cooperativas de produtores, o Estado está exercendo a política de outra forma. Nesse caso, o que há de novo não é a mitigação da responsabilidade estatal, mas um novo arranjo na articulação entre o Estado e a sociedade, mediada por organizações coletivas e autogestionárias e não apenas por empresas privadas ou diretamente pela burocracia estatal.

Em um plano mais operacional, todas essas questões tornam complexa a discussão sobre a própria institucionalidade da economia solidária como política pública. Outras indagações referem-se ao lugar institucional mais adequado, ao conjunto de programas, projetos e ações que caracterizam a política de economia solidária e a quais os mecanismos mais adequados de participação e controle social. O que a experiência tem demonstrado é que esses arranjos configuram-se a partir de peculiaridades do processo histórico de desenvolvimento e recognição da economia solidária como política pública.

Nesse contexto de dúvidas e controvérsias, é preciso reconhecer que a economia solidária como política pública caracteriza-se ainda por sua dependência da vontade dos governos de incorporarem, à sua agenda, os atores que praticam essa forma de economia. Tal circunstância não impede a constatação de sua potencialidade em "fazer política vinculada estreitamente com a economia" (CORAGGIO, 2007) e, assim, criar novas institucionalidades, valores e bases para o processo de desenvolvimento.

BIBLIOGRAFIA

ANTUNES, R. (1999), *Os sentidos do trabalho*: ensaio sobre a afirmação e negação do trabalho, São Paulo: Boitempo.

BARBOSA, R. N. C. (2007), *Economia solidária como política pública*: tendência de geração de renda e ressignificação do trabalho, São Paulo: Cortez.

BRASIL. Ministério do Trabalho e Emprego (2006), CONFERÊNCIA NACIONAL DE ECONOMIA SOLIDÁRIA, I, *economia solidária como estratégia e política de desenvolvimento*: documento final, Brasília.

CASTEL, R. (1998), *As metamorfoses da questão social*: uma crônica do salário, Petrópolis: Vozes.

CORAGGIO, J. L. (2007), *Economia social, acción pública y política*: hay vida después del neoliberalismo, Buenos Aires: Fund. Centro Integral Comunicación, Cultura y Sociedad.

FRANÇA FILHO, G. C.; LAVILLE, J.-L.; MEDEIROS, A.; MAGNEN, J.-Ph. (Org.) (2006), *Ação pública e economia solidária*: uma perspectiva internacional, Salvador: Edufba; Porto Alegre: Ed. da UFRGS.

SOUZA, C. (2006), Políticas públicas. Uma revisão da literatura, *Sociologias*, Porto Alegre, ano 8, n. 16, p. 20-45, jul./dez.

# PREVIDÊNCIA SOCIAL
Claudia Danani

**1.** O termo previdência social designa simultaneamente as garantias ou incertezas que conformam as condições da vida social e pessoal nas sociedades modernas (capitalistas), cuja origem reconhecida está nas formas de organização e funcionamento destas e no conjunto de intervenções e instituições, principalmente estatais, desenhadas para enfrentá-las. As condições de vida incluídas no campo e a problemática da previdência social caracterizam-se por seus conteúdos sociotrabalhista e econômico e por sua vinculação direta ao âmbito das necessidades sociais. Por esse motivo, a previdência social implica aspectos como trabalho, igualdade e desigualdade sociais e a solidariedade, campos como o das políticas e instituições estatais (principalmente a política trabalhista e a política social) e os direitos sociais, bem como atores sociopolíticos, a exemplo do sindicalismo.

**2.** Uma vez que a industrialização capitalista envolveu simultaneamente a mobilização da força de trabalho enquanto mão-de-obra livre e a destruição das formas tradicionais de trabalho e subsistência, a incerteza com respeito à reprodução da vida é um traço característico das sociedades modernas. Entre os séculos XVI e XIX, a construção das sociedades de mercado e a consolidação dos mercados de trabalho arrasaram camadas institucionais total ou parcialmente, paulatina ou subitamente, conforme o caso. Nesses processos, inscrevem-se a desorganização e eliminação das formas de trabalho agrícola, a caducidade da regulamentação dos grêmios, irmandades e confrarias e a limitação dos alcances da proteção familiar, da ajuda paroquial ou do paternalismo do senhor. Sobre a base dessa dinâmica histórica geral, os antecedentes mais precisos da previdência social (como processo histórico e como expressão) tendem a localizar-se entre o final do século XIX e o começo do século XX, remontando-se, no primeiro caso, à criação do seguro social na Alemanha de Bismarck e, no segundo, à adoção do termo por parte de organizações internacionais, especialmente ao termo da Primeira Guerra Mundial.

O asseguramento foi consagrado como seguro nacional pela primeira vez na Alemanha, em 1883, sob a denominação de seguro social. A história atribui sua criação ao Primeiro Ministro Otto Von Bismarck, nos momentos iniciais da fundação do Estado alemão. Desde então, sua característica tem sido constituir uma forma coletiva e obrigatória de poupança para a qual confluem os trabalhadores, empregadores e, eventualmente, o Estado, para prover proteção aos primeiros contra os riscos decorrentes da vida laborativa. Tido como "técnica", o asseguramento envolveu duas tarefas simultâneas. Em primeiro lugar, substituiu o consórcio obreiro, amplamente difundido até então, mas que estava debilitado em função de desigualdades existentes entre grupos ocupacionais ou de idade, que não haviam podido poupar ou prover sua própria proteção, e em virtude de defeitos de cálculo, entre outros fatores. No lugar do consórcio obreiro, o asseguramento instalou um sistema que introduziu como novidades a permanência, a cobertura nacional e a obrigatoriedade (DE SWAAN, 1992). Em segundo lugar, sob os pontos de vista político e ideológico, substituiu a idéia de "solidariedade de classe", própria das organizações obreiras, pela noção de "solidariedade entre classes" (pela contribuição obrigatória dos empregadores). Devido a esses conteúdos político-ideológicos, a iniciativa foi parte das tentativas de despolitização da questão social e das condições de vida, transformando os riscos da vida operária em questão de contrato entre particulares e de cálculo contábil (Donzelot, 2007). Essa mudança foi especialmente significativa em um país como a Alemanha, intensamente convulsionado por uma mobilização das classes trabalhadoras que ia além do reivindicativo, já que estava ali o Partido Socialista mais organizado e numeroso do Ocidente. Nos cinquenta anos seguintes, a previdência social alemã inspiraria inúmeras experiências na Europa e na América Latina.

Ao término da Primeira Guerra Mundial, em 1919, foi criada a Organização Internacional do Trabalho. Sua Carta Constitutiva reuniu algumas lições aprendidas pelas potências mundiais acerca do perigo que as más condições de trabalho e de vida acarretavam para a paz mundial e para a sobrevivência dos próprios governos nacionais, considerando também que, no final da guerra, havia triunfado a Revolução Bolchevique. Esse reconhecimento e aprendizagem ficaram claros na declaração segundo a qual eram propósitos da Organização a promoção de proteções contra o desemprego, as doenças, os acidentes de trabalho e a velhice, além da defesa da liberdade sindical e do salário. Quando já quase terminava a Segunda Guerra Mundial, foram aprovadas entre outras, na Conferência Internacional do Trabalho, realizada na Filadélfia, as recomendações nº 67 e nº 69 da Organização Internacional do Trabalho – OIT (as recomendações são acordos que, depois de aprovados, se transformam em referência para os países membros, embora não tenham a obrigatoriedade dos convênios). Essas recomendações estipularam o reconhecimento do direito à previdência social e ao atendimento médico, respectivamente, tornando-se referência indispensável na história do desenvolvimento da previdência social mundial.

Finalmente, o Relatório Beveridge é geralmente mencionado como um marco no desenvolvimento da previdência social moderna. O documento foi elaborado por William Beveridge, que o apresentou ao governo britânico em dezembro de 1942. O texto continha um plano de proteção social para toda a população, tendo sido implantado depois da Segunda Guerra. Embora, nos últimos anos, tenha ocorrido um debate acerca do caráter realmente protetor e universalista da proposta, reconhece-se seu valor por destacar a importância de mínimo nacional indiferenciado, com serviços financiados por meio de contribuições e outros benefícios (como a saúde) custeados pela receita em geral. Atualmente, o conceito de previdência social é utilizado sob várias perspectivas – sociopolítica, das políticas públicas e da Sociologia e Filosofia políticas.

Sob uma perspectiva sociopolítica, o oposto da previdência social – a imprevidência social – sublinha o fato de as incertezas e garantias para a reprodução da vida distribuírem-se desigualmente na sociedade, sendo as classes trabalhadoras (ou não-proprietárias) as que estruturalmente enfrentam mais incertezas e detêm menos garantias. Nessa acepção, a noção de *risco social* adquire maior relevo e pode ser entendida como toda circunstância gerada socialmente que comprometa a capacidade de os indivíduos darem prosseguimento a suas vidas. Beck (1998, p. 25) afirma que "As riquezas se acumulam em cima, os riscos embaixo", assinalando o fato de a previdência e a imprevidência social integrarem as lutas há séculos travadas entre condições de igualdade e de exploração. Essa perspectiva coloca o assunto no âmbito das discussões contemporâneas sobre a *questão social*.

Sob a perspectiva das políticas públicas, a previdência social designa o âmbito estatal cujas políticas e instituições especializam-se em intervenções que organizam a resolução das contingências mencionadas anteriormente, mediante formas diversas de distribuição dos riscos. Esse atendimento diz respeito ao direito à proteção (direitos de diversos tipos e abrangência) e assume distintas formas de organização (seguro, assistência ou ambas), de financiamento (contributivo, por receitas em geral) e de cobertura (consórcio completo, caixas separadas), todas elas mais ou menos predominantes ou combinadas. Nessa perspectiva, a Previdência Social (geralmente grafada com iniciais maiúsculas) constitui um setor das *políticas públicas* e, especialmente, das políticas sociais, que tenderam a se desenvolver paralelamente ao reconhecimento do caráter público (estatal) das condições de vida. Esse processo significou, por sua vez, a estatização das intervenções até então assumidas pela *filantropia*. Vale mencionar que, nessa mesma perspectiva, geralmente se utiliza o termo *previdência social* como sinônimo de *política social*, confundindo-se a parte com o todo.

Sob a perspectiva da Sociologia e Filosofia políticas, faz-se referência à relação entre princípios doutrinários e formas de organização, estabelecendo-se uma analogia com as tradições dos pensamentos político e social. Quando se utiliza o conceito nessa perspectiva, alude-se a uma corrente de pensamento que propõe garantias de meios de vida de maneira universal, como parte dos direitos da *cidadania*. Neste caso, considera-se que a previdência social corresponde à tradição socialista ou social-democrata e que, inspirada em ideais democrático-igualitários, contrapõe-se ao *seguro social* e à *assistência social*. A contraposição ao seguro social baseia-se em suas características organizativas, entre as quais está a presença muito forte do sindicalismo. Esses atributos podem identificar o seguro social como uma forma de proteção social associada a correntes conservadoras, pois replica o modo de organização em torno das corporações da Idade Média. A contraposição à assistência social, por sua vez, relaciona-se ao fato de se considerá-la como uma modalidade de intervenção social própria da tradição liberal, na qual a proteção social não é um direito, mas uma "resposta" às necessidades comprováveis (habitualmente conhecida como *residual*).

**3.** As discussões sobre a previdência social inscrevem-se nos debates acerca do sentido histórico e da "função" imputada às políticas estatais em seu conjunto. Algumas correntes destacam-se nesse campo de análise.

As correntes liberais postulam o caráter redistributivo e protetor das políticas e instituições de previdência social, valorizando-o positivamente sempre que se mantiver a moderação dessa distribuição de riscos e vincularem-se os lucros ao esforço pessoal. Em contraposição, as correntes radicais, principalmente as de inspiração marxista, atribuem à previdência social a função de aumentar a produtividade, "[...] elevar a moral e reforçar a disciplina [...]" (O'Connor, 1981, p. 190). Sob esse entendimento, situa-se a previdência social no âmbito das duas principais funções do Estado capitalista: acumulação e legitimação.

Outro aspecto ao redor do qual se aglutinam pontos de controvérsia é o dos processos históricos que deram lugar à conformação desses sistemas, registrando-se posicionamentos semelhantes àqueles identificados para o caso anterior. As correntes liberais definem esses sistemas como exemplos da evolução e racionalidade crescentes das sociedades modernas, no âmbito das quais as instâncias governamentais e as classes dirigentes vão ampliando e melhorando as condições de vida das classes populares. Por sua vez, a tradição radical os entende como resultado das lutas empreendidas pelas classes trabalhadoras, que obtêm proteções específicas sob a forma de direitos conquistados. Tal como aponta Topalov (2004), para a política social, uma correta conceituação da previdência social deve contemplar o caráter complexo e contraditório desses processos, identificando, em cada caso, os elementos – sempre presentes – de iniciativas "de cima" e demandas "de baixo".

**4.** No início do século XXI, a previdência social enfrenta um desafio-chave que permeia todas as suas perspectivas: o de prover garantias e certezas aos mais amplos setores da população, em condições de acessibilidade e qualidade compatíveis com a capacidade de satisfação de necessidades das sociedades modernas. Nesse aspecto, a previdência social constitui um problema central para a economia social e solidária, como um conjunto de práticas que pleiteiam uma economia institucionalizada de maneira mais solidária, na qual predominem os princípios de reciprocidade e redistribuição progressiva sobre os princípios de mercado.

Nas últimas décadas, a urgência por vencer satisfatoriamente esse desafio aumentou ainda mais, dada a profunda transformação que o neoliberalismo impôs sobre as condições de trabalho e de vida e sobre os sistemas de proteção. O deterioro geral da condição de trabalho chegou a níveis de gravidade inusitados, tanto pelas condições imediatas de trabalho quanto pela destruição de instituições que, mesmo contraditoriamente, haviam sido minimamente protetoras durante o ciclo do Estado social. Especificamente para a previdência social, essa "transformação destrutiva" das instituições expressou-se nas propostas do *social risk management* (gestão do risco social) apresentadas pelo Banco Mundial, mediante as quais se incentivou o mercado de seguros privados, havendo altos custos sociais, pela seleção adversa e pulverização de mecanismos solidários sobre a qual se assentou (Sojo, 2001). Além disso, uma parte muito importante desse deterioro, cujo impacto dá-se principalmente sobre os sistemas de previdência social, refere-se aos níveis de desemprego e precarização do trabalho, pois ambas as vias privam contingentes numerosos de trabalhadores e suas famílias dos sistemas institucionalizados, públicos e coletivos de proteção.

Desde o começo da década de 1990, intensificou-se o debate acerca de qual deveria ser o desenho de um sistema de previdência social capaz de oferecer proteção. Esse modelo deve liberar-se da condição salarial e, ao mesmo tempo, evitar que essa independência implique a legitimação das condições de ilegalidade, falta de registro e precarização que afetam grandes segmentos de trabalhadores em todo o mundo.

**BIBLIOGRAFIA**

Beck, U. (1998), *La sociedad del riesgo:* hacia una nueva modernidad, Barcelona: Paidós.

De Swaan, A. (1992), *A cargo del Estado*, Madrid: Ediciones Pomares-Corregidor.

Donzelot, J. (2007), *La invención de lo social:* ensayos sobre la declinación de las pasiones políticas, Buenos Aires: Nueva Visión.

Mesa-Lago, C. (1978), *La seguridad social en América Latina*, Pittsburgh: University of Pittsburgh.

O'Connor, J. (1981), *La crisis fiscal del Estado*, Buenos Aires: Península.

Sojo, A. (2001), El combate a la pobreza y la diversificación de riesgos: equidad y lógicas del aseguramiento en América Latina. *Revista Socialis*, Rosario, n. 5.

Topalov, C. (2004), De la cuestión social a los problemas urbanos: los reformadores y la población de las metrópolis a principios del siglo XX. In: Danani, C. (Org.), *Política social y economía social:* debates fundamentales, Los Polvorines. Universidad Nacional de General Sarmiento; Fundación OSDE; Editorial Altamira. p. 41-71.

# R

**REDES DE COLABORAÇÃO SOLIDÁRIA**
Euclides André Mance

**1.** A noção de rede é peculiar à teoria da complexidade, conservando traços advenientes da Cibernética, da Ecologia e de outras elaborações sistêmicas em diferentes áreas. Ela enfatiza relações entre diversidades que se integram, os fluxos de elementos circulantes nessas relações, os laços que potencializam a sinergia coletiva, o movimento de autopoiese, em que cada elemento concorre para a reprodução dos outros, a potencialidade de transformação de cada parte pela sua relação com as demais e a transformação do conjunto pelos fluxos que circulam através de toda a rede. A consistência de um membro em particular depende do modo como ele se integra na rede, dos fluxos de que participa, de como acolhe os demais e com eles colabora.

Os elementos básicos de uma rede são os seus atores, células ou nodos constituintes, as conexões entre eles e os fluxos que os perpassam. Suas propriedades básicas são autopoiese, intensividade, extensividade, diversidade, integralidade, realimentação, fluxo de valor, fluxo de informação, fluxo de matérias e agregação.

A noção de rede de colaboração solidária resulta da reflexão sobre práticas de atores sociais contemporâneos, compreendidas sob a ótica da teoria da complexidade e da filosofia da libertação. Enquanto categoria analítica, denota a existência de conexões entre os empreendimentos e ini-

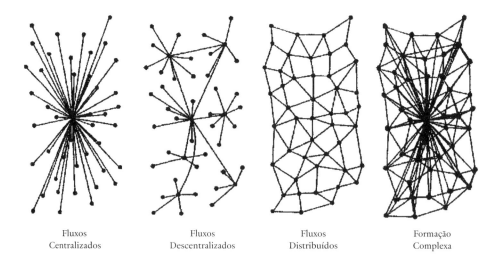

Fluxos Centralizados · Fluxos Descentralizados · Fluxos Distribuídos · Formação Complexa

ciativas de economia solidária e a circulação colaborativa entre eles de informações, valores e materiais. Seus fluxos podem ser realimentados de maneira centralizada, descentralizada ou distribuída, embora sua formação seja sempre complexa, realimentando simultaneamente fluxos de diversos tipos.

Enquanto categoria estratégica, a rede de colaboração solidária é elemento central da chamada revolução das redes, na qual ações de caráter econômico, político e cultural realimentam-se, subvertendo padrões e processos hegemônicos mantenedores do capitalismo e avançando rumo à construção de uma globalização solidária. Nesta segunda acepção, considerando-se seu aspecto econômico, trata-se de uma estratégia para potencializar as conexões já existentes e conectar empreendimentos solidários de produção, comercialização, financiamento, consumidores e outras organizações populares (associações, sindicatos, ONGs, etc.), em um movimento de realimentação e crescimento conjunto, auto-sustentável, antagônico ao capitalismo. Quatro são os critérios básicos de participação nessas redes: a) inexistência, nos empreendimentos, de qualquer tipo de exploração do trabalho, opressão política ou dominação cultural; b) busca da preservação do equilíbrio ecológico nos ecossistemas (respeitando-se a transição de empreendimentos que ainda não sejam ecologicamente sustentáveis); c) compartilhamento de significativas parcelas do excedente para a expansão da própria rede; d) autodeterminação dos fins e autogestão dos meios, em espírito de cooperação e colaboração.

O objetivo básico dessas redes é remontar, de maneira solidária e ecológica, as cadeias produtivas, para assegurar o bem-viver de todos. Esse objetivo é alcançado: a) produzindo-se, nas redes, tudo o que elas ainda consumam do mercado capitalista (produtos finais, insumos, serviços, etc.), adequando produtos e serviços aos horizontes ético e ecológico da economia solidária; b) corrigindo-se fluxos de valores, evitando-se realimentar a produção capitalista, a qual ocorre quando empreendimentos solidários compram bens e serviços de empreendimentos capitalistas; c) gerando-se novos postos de trabalho e distribuindo-se renda, com a organização de novos empreendimentos econômicos para satisfazerem-se as demandas das próprias redes; d) garantindo-se as condições econômicas para o exercício das liberdades públicas e privadas eticamente exercidas. O reinvestimento coletivo dos excedentes possibilita reduzir-se progressivamente a jornada de trabalho de todos, elevar-se o tempo livre para o bem-viver e aprimorar-se o padrão de consumo de cada pessoa.

A gestão de uma rede colaborativa solidária resulta necessariamente ser democrática, pois a participação dos membros é inteiramente livre, respeitando-se os acordos firmados entre eles. Entre suas características estão descentralização, gestão participativa, coordenação e regionalização, que visam assegurar a autodeterminação e autogestão de cada organização e da rede como um todo.

**2.** Nas últimas décadas, formaram-se em todo o mundo, nos campos da economia, política e cultura, inúmeras redes e organizações na esfera da sociedade civil, buscando a promoção das liberdades públicas e privadas eticamente exercidas, constituindo-se embrionariamente em um setor público não-estatal. Redes e organizações feministas e ecológicas, movimentos na área da educação, saúde, moradia e muitos outros em prol da economia solidária e da ética na política – para citar apenas alguns – vão se multiplicando, fazendo surgir uma nova esfera de contrato social. Uma nova consciência e novas práticas sobre as relações de gênero, proteção do equilíbrio dos ecossistemas e economia solidária, por exemplo, não emergem das esferas do mercado ou do Estado. O consenso sobre essas novas práticas tem sido construído no interior de redes sociais, em que pessoas e organizações de diversas partes do mundo colaboram ativamente entre si, propondo transformações do mercado, do Estado e das diversas relações sociais e culturais a partir de uma defesa intransigente da necessidade de garantir-se universalmente as condições requeridas ao ético exercício das liberdades públicas e privadas.

A progressiva e complexa integração dessas diversas redes, colaborando solidariamente entre si, ensejou a possibilidade de haver uma nova revolução planetária ao longo das próximas décadas, no sentido histórico da palavra – um progressivo e contínuo processo de transformações estruturais do modo de produção econômico e de organização social, política e cultural das sociedades. Essa revolução seria capaz de subverter a lógica capitalista de concentração de riquezas e de exclusão social, bem como de superar diversas formas específicas de dominação, em razão de seu avanço orgânico e tendencialmente hegemônico nos campos da política, da economia e da cultura.

Iniciando nos campos da cultura e da política, essas redes estenderam-se progressivamente ao campo da economia, afirmando a necessidade de haver uma democracia total, que somente se concretiza introduzindo-se e implementando-se mecanismos de autogestão das sociedades em todas as esferas que a compõem. Para além do controle político da sociedade sobre o Estado, busca-se o controle democrático da sociedade sobre a economia, sobre a geração e fluxos de informação, sobre tudo aquilo que afete a vida de todos e de cada um e que possa ser objeto de decisões humanas, visando promoverem-se as liberdades públicas e privadas eticamente exercidas.

Desde as últimas décadas do século XX, tem-se verificado o surgimento e/ou propagação de numerosas práticas de colaboração solidária no campo da economia, entre as quais se destacam renovação da autogestão de empresas pelos trabalhadores, cooperativismo popular, *fair trade* ou comércio équo e solidário, organizações solidárias de certificação e etiquetagem, agricultura ecológica, consumo crítico, consumo solidário, sistemas locais de emprego e comércio (LETS), sistemas locais de troca (SEL), sistemas comunitários de intercâmbio (SEC), bancos de tempo, sistemas de intercâmbio com moedas sociais impressas em papel ou operadas em formato digital com SmartCards ou via *websites*, economia de comunhão, sistemas de microcrédito, bancos do povo, bancos éticos, bancos comunitários, grupos de compras solidárias, movimentos de boicote, difusão de *softwares* livres, feiras solidárias, portais de economia solidária e comércio eletrônico solidário, entre outras. Significativas parcelas de organizações que se inscrevem nessas práticas e que, em seu conjunto, cobrem os diversos segmentos das cadeias produtivas (consumo, comércio, serviço, produção, finanças e desenvolvimento tecnológico) começaram a despertar recentemente para ações conjuntas em rede, enquanto outras já vêm atuando dessa forma há mais de três décadas. Diversas redes nacionais e internacionais em torno da economia solidária têm sido criadas neste início do século XXI, nos vários continentes. O crescimento mundial dessas redes indica a ampliação de novos campos de possibilidade para ações solidárias estrategicamente articuladas, com o objetivo de promover as liberdades públicas e privadas e o bem-viver de todos.

**3.** Para haver crescimento dessas redes colaborativas no horizonte do desenvolvimento sustentável, destaca-se a importância da difusão do consumo solidário, de reinvestimentos coletivos de excedentes e da colaboração solidária entre todos. Em uma rede, as organizações de consumo, comércio, produção e serviço mantêm-se em permanente conexão em fluxos de materiais (produtos, insumos, etc.), de informação e de valor, que circulam por meio da rede.

Com efeito, quando redes locais desse tipo são estrategicamente organizadas, elas operam no sentido de atender a demandas imediatas da população por trabalho, melhoria no consumo, educação, reafirmação da dignidade humana e do seu direito ao bem-viver, ao mesmo tempo em que combatem as estruturas de exploração e dominação responsáveis pela pobreza e exclusão. Começam assim a implantar um novo modo de produzir, consumir e conviver em que a solidariedade está no cerne da vida, promovendo um desenvolvimento ecologicamente sustentável, socialmente justo e economicamente viável. Nessa dinâmica, as redes de colaboração solidária: a) permitem aglutinar diversos atores sociais em um movimento orgânico, com forte potencial transformador; b) atendem a demandas imediatas desses atores por emprego de sua força de trabalho, por satisfação de suas necessidades de consumo e pela afirmação de suas singularidades de etnia ou de gênero, entre outras; c) negam estruturas capitalistas de exploração do trabalho, de expropriação no consumo e de dominações política e cultural; e d) passam a implementar uma nova forma pós-capitalista de produzir, consumir e organizar a vida coletiva, afirmando o direito à diferença e à singularidade de cada pessoa e promovendo solidariamente as liberdades públicas e privadas eticamente exercidas, visando assegurar o bem-viver de todos.

Atuando sobre as condições necessárias ao exercício das liberdades, nas esferas da economia, política, educação e cultura, essas redes de colaboração solidária podem estrategicamente avançar rumo à construção de uma nova formação social capaz de desconcentrar a riqueza entre todas as nações e entre o conjunto das sociedades, abolindo a "exclusão" econômica. Historicamente, esta tem acompanhado os processos de "concentração" econômica peculiares ao capitalismo.

Economicamente, as redes promovem a difusão do consumo e labor solidários. Sendo uma modalidade do consumo para o bem-viver, o consumo solidário traduz-se na seleção dos bens de consumo ou serviços que atendam às necessidades e desejos do consumidor. Esse consumo visa atingir o livre bem-viver pessoal, promover o bem-viver dos trabalhadores que elaboram ou comercializam o produto ou serviço e proteger o equilíbrio dos ecossistemas. Por seu turno, o labor solidário implica, além da autogestão e co-responsabilidade social dos trabalhadores, o reinvestimento solidário dos excedentes do processo produtivo no financiamento de outros empreendimentos, ampliando-se as oportunidades de trabalho e a diversidade de oferta de bens e serviços solidários, expandindo-se as redes de produtores e consumidores e melhorando-se as condições de vida de todos que pratiquem a economia solidária.

Com os excedentes gerados nos empreendimentos solidários, organizam-se novos empreendimentos de produção, comércio e serviço. Criam-se oportunidades de trabalho para desempregados, propiciando-lhes um rendimento estável que se converte, graças ao consumo solidário praticado por esses mesmos trabalhadores, em aumento de consumo final de produtos da própria rede, gerando-se mais excedentes a serem investidos. Os novos empreendimentos visam produzir aquilo que ainda seja adquirido no mercado capitalista pelos membros da rede, sejam bens e serviços para consumo final, ou insumos, materiais de manutenção e outros itens demandados no processo produtivo, adaptando-os aos horizontes de sustentabilidades ecológica e social peculiares à economia solidária. Esse expediente – acompanhado de uma crítica aos padrões capitalistas de produção e consumo, ecologicamente insustentáveis – visa corrigir os fluxos de valor, a fim de que o consumo final e o consumo produtivo não desaguem na acumulação privada fora das redes, mas possam nelas realimentar a produção e o consumo solidários, completando os segmentos das cadeias produtivas sobre os quais as redes ainda não tenham autonomia.

Politicamente, as redes de colaboração solidária defendem a gestão democrática do poder, buscando garantir, a todas as pessoas, iguais condições de participar e decidir, não apenas sobre as atividades de produção e consumo praticadas nessas redes, mas também nas demais esferas políticas da sociedade. Seu objetivo é combater toda forma de exploração de trabalhadores, expropriação de consumidores e dominação política ou cultural, enfatizando o valor da cidadania ativa na busca do bem comum e da cooperação entre os povos.

Nos campos da informação e educação, as redes de colaboração solidária buscam promover, da melhor maneira possível, a circulação da informação e a geração de interpretantes. Além de ampliar os conhecimentos de cada pessoa, suas habilidades técnicas, domínios tecnológicos ou sua competência em produzir e interpretar novos conhecimentos necessários às tomadas de decisão em todas as esferas de sua vida, esses interpretantes permitem recuperar a sensibilidade, a auto-estima e outros elementos de ordens ética e estética, imprescindíveis ao bem-viver do indivíduo e da coletividade.

Eticamente, as redes de colaboração solidária promovem a solidariedade, isto é, o compromisso pelo bem-viver de todos e o desejo do outro, preservando-se sua valiosa diferença, para que cada pessoa possa usufruir e exercer, nas melhores condições possíveis, as liberdades públicas e privadas. Desejar a diferença do outro significa acolher a diversidade de etnias, religiões, credos, esperanças, artes e linguagens, em suma, acolher as mais variadas formas de realização singular da liberdade humana, pessoal e coletiva, que não neguem as liberdades públicas e privadas eticamente exercidas. Favorecer as liberdades significa garantir, às pessoas, as condições materiais, políticas, informativas e educativas para uma existência ética e solidária.

## BIBLIOGRAFIA

Espínola Soriano de Mello, R. (2001), A nova economia das redes solidárias. *Jornal de Economistas do Estado do Rio de Janeiro*, Brasil, set.

Mance, E. A. (2000), *A revolução das redes*, Petrópolis: Vozes.

___. (2002), *Redes de colaboração solidária*, Petrópolis: Vozes.

Pauli, J. (2006), *O poder nas redes de economia solidária*. Dissertação (Mestrado em Sociologia), Instituto de Filosofia e Ciências Humanas, Programa de Pós-Graduação em Sociologia, Universidade Federal do Rio Grande do Sul, Porto Alegre.

## REDES SOCIAIS
Breno Fontes
Sílvia Portugal

**1.** Uma rede social pode ser definida como "um conjunto de unidades sociais e de relações, directas ou indirectas, entre essas unidades sociais, através de cadeias de dimensão variável" (MERCKLÉ, 2004, p. 4). As unidades sociais podem ser indivíduos ou grupos de indivíduos, informais ou formais, tais como associações, empresas, países. As relações entre os elementos da rede podem ser transacções monetárias, troca de bens e serviços, transmissão de informações, podem envolver interacção face a face ou não, podem ser permanentes ou episódicas.

A abordagem a partir das redes sociais posiciona os actores em contextos sociais, permitindo perceber que as trajectórias dos indivíduos não são determinadas integralmente pela sua posição na estrutura social, nem tão-somente pelos resultados das suas decisões. A inserção numa estrutura de redes, embora de certa forma condicionada pela posição estrutural, garante um certo grau de liberdade na escolha de estratégias de acção, possibilitando deslocamentos na estrutura social. Ao mesmo tempo, o desenho da rede social oferece diferentes possibilidades no acesso a recursos.

Wasserman e Faust identificam quatro princípios fundamentais na teoria das redes sociais: 1) os actores e as suas acções são vistos como interdependentes e não como unidades independentes e autónomas; 2) os laços relacionais entre actores são canais onde circulam fluxos de recursos (materiais e imateriais); 3) os modelos de redes centrados nos indivíduos concebem as estruturas de relações como meios que configuram oportunidades ou constrangem a acção individual; 4) os modelos de redes conceptualizam a estrutura (social, económica, política, etc.) como padrões constantes de relações entre actores (WASSERMAN e FAUST, 1999, p. 4).

Como afirmam Degenne e Forsé (1994), a análise das redes permite passar das "categorias" às "relações". A maior parte dos sociólogos admite que o comportamento e as opiniões dos indivíduos dependem das estruturas em que estes se inserem. Contudo, a realidade não é concebida em termos de relações, sendo os dados empíricos trabalhados a partir de categorias construídas *a priori* através da agregação de indivíduos com atributos semelhantes – os homens, os jovens, os operários, os licenciados, os países desenvolvidos, etc. Nas abordagens sociológicas que incorporam a noção de rede, os indivíduos pertencem não somente a categorias, mas também a redes relacionais, e as categorias não são mais do que o reflexo das relações estruturais que os ligam entre si (DEGENNE e FORSÉ, 1994, p. 7). Elas não podem ser dadas *a priori* e definitivamente, mas antes emergir da análise das relações entre os elementos que compõem a estrutura. O ponto de partida da investigação não deve ser, portanto, um conjunto de unidades independentes, mas, pelo contrário, o conjunto de relações que as interliga. Não se pode querer compreender a estrutura e ignorar as relações que se estabelecem entre os seus elementos. É esta armadilha que a análise das redes pretende evitar, procurando encontrar regularidades, grupos, categorizações, de modo indutivo, através da análise do conjunto de relações.

**2.** O termo "rede" é hoje abundantemente usado na linguagem corrente, académica ou política e designa uma grande variedade de objectos e fenómenos. No entanto, está longe de ser um neologismo: a palavra é antiga e a história dos seus usos descreve um longo percurso desde o século XVII (MERCKLÉ, 2004; RUIVO, 2000).

Na literatura das ciências sociais, encontramos registos de importantes estudos sobre redes a partir de Simmel. A partir da ideia de uma sociologia formal, que tem como objectivo estudar os fenómenos sociais a partir das interacções entre os indivíduos, Simmel apresenta uma ampla série de estudos sobre os tempos modernos, onde investiga as mudanças dos processos de sociabilidades decorrentes das transformações verificadas com os processos de industrialização e urbanização. Estudos como a "Filosofia do Dinheiro", "A Metrópole e a Vida Mental" ou "Grupos Sociais" avançam importantes pistas para a construção da teoria das redes sociais. Nesta agenda de pesquisa, as temáticas das sociabilidades, de um lado, e dos processos de mobilização de recursos (políticos e organizacionais), por outro, são as dominantes.

Inegável é, também, o contributo da Antropologia Social britânica do Pós-Guerra. De entre os diversos estudos, destacamos dois dos pioneiros: o de John A. Barnes e o de Elisabeth Bott. Ao estudar a importância das interacções individuais na definição da estrutura social comunitária, Barnes isola dois campos (territorial e industrial) com base nos quais se estabelecem as relações entre os indivíduos. No entanto, o autor chega à conclusão de que a maioria das acções individuais não pode ser compreendida com base na pertença territorial ou industrial. Isola, então, um terceiro campo, formado pelos laços de parentesco, amizade e conhecimento, que concebe como uma rede: rede de relações, flexível e discreta, em que os diferentes membros se podem ou não conhecer uns aos outros e interagir entre si (BARNES, 1977). O conceito revelou-se importante não só para a descrição da estrutura da comunidade, como, também, para a compreensão de processos sociais fundamentais como o acesso ao emprego ou a cargos políticos. Pouco tempo após o trabalho de Barnes, os estudos de Elizabeth Bott, publicados pela primeira vez em 1957, chamaram definitivamente a atenção da comunidade científica para o conceito de rede social. A pesquisa de Bott sobre a família e as redes de relações sociais teve especial importância por ser a primeira a reconhecer a relação entre o carácter interno duma relação e a estrutura duma rede: Bott defendia a ideia de que a dinâmica da estrutura familiar depende não apenas do comportamento dos seus membros, mas também das relações que estes estabelecem com outros, ou seja, de que a estrutura da rede de parentes, amigos, vizinhos e colegas tem uma influência directa na definição das relações familiares (BOTT, 1976).

Apesar de ter surgido cedo nas ciências sociais, o conceito de rede social foi inicialmente usado sobretudo em sentido metafórico. A agenda de pesquisa sobre redes sociais toma um impulso bastante importante com a incorporação de modelos matemáticos e da informática e consequente capacidade de processamento de dados em larga escala. A utilização de algoritmos, que permitem processar grandes volumes de informação, possibilita construir elegantes modelos matemáticos (ancorados na teoria dos grafos e na álgebra matricial), formalizando conceitos já anunciados antes por Simmel, Barnes, Bott e outros autores.

Durante a segunda metade do século XX, o conceito de rede social tornou-se central na teoria sociológica e deu azo a inúmeras discussões sobre a existência de um novo paradigma nas ciências sociais. No decorrer das últimas décadas, a sociologia das redes sociais constituiu-se como um domínio específico do conhecimento, institucionalizou-se progressivamente e ganhou uma visibilidade crescente. A criação de associações de pesquisadores, a edição de revistas especializadas, a realização de seminários e congressos, o aumento crescente do número de publicações sobre esta matéria revelam uma ampliação significativa do interesse académico neste domínio.

**3.** Actualmente a agenda de pesquisa sobre redes sociais constrói-se a partir de dois grandes campos de interesse: (a) a organização das sociabilidades; (b) os processos de mobilização de recursos.

No primeiro campo, destacamos os chamados estudos de comunidade, que procuram responder a uma questão já relativamente antiga: o impacto das actuais transformações socioeconómicas nos padrões de sociabilidade. No segundo campo, partindo da constatação de que as redes são importantes instrumentos de mobilização de recursos (ou de formação de capital social), diversos estudos analisam a relação entre as características estruturais das redes e o acesso a recursos. Destacamos aqueles que se debruçam sobre a organização do mercado de trabalho, a mobilização política, a formação de redes de apoio social, e os processos organizacionais.

Os estudos sobre sociabilidades retomam a discussão sobre o destino da comunidade nas sociedades modernas, remetendo para a discussão iniciada por Tönnies, com a sua tipologia *Gemeinschaft/Gesellschaft* (comunidade/sociedade). Esta dicotomia é problematizada em Max Weber, em *Economia e Sociedade*, onde especifica estes conceitos a partir da sua tipologia de acções sociais. Estruturações de sociabilidade comunitárias remetendo a práticas onde os sentimentos afectivos e tradicionais seriam os predominantes, e sociabilidades do tipo societárias caracterizadas pela formação de interesses a partir de acções sociais racionais. Acções racionais substantivas ou instrumentais seriam, portanto, o conteúdo predominante das práticas de sociabilidade societárias.

Esta dicotomia fez escola e foi problematizada por inúmeros estudos. No entanto, de Simmel à Escola de Chicago prevalece a ideia de que a modernidade seria dominada por sociabilidades secundárias, instrumentalizadas por interesses, e substitutas das sociabilidades primárias, típicas das sociedades tradicionais.

Os trabalhos realizados no âmbito da teoria das redes vêm trazer novos contributos para esta discussão, sublinhando a persistência nas sociedades modernas da importância dos laços primários na estruturação das sociabilidades. Neste domínio, os estudos do sociólogo Barry Wellman são referência (1985; WELLMAN et al., 1991). Wellman resgata a discussão sobre "a perda da comunidade" nas sociedades contemporâneas para concluir que os habitantes das cidades continuam a activar um vasto conjunto de laços sociais no quotidiano. Estes não têm, contudo, uma base geográfica de proximidade, extravasando largamente os limites da vizinhança e, mesmo, da interacção face a face.

A utilização da teoria das redes nos estudos neste domínio permite identificar campos de sociabilidade ancorados quer em laços fortes, quer em laços fracos – para seguir a definição seminal de Granovetter (1973) – questionando as análises tradicionais sobre os laços comunitários. Os questionamentos desenvolvidos por Wellman podem, hoje, ser recolocados relativamente aos ambientes virtuais. As interacções, mesmo as ancoradas em laços fortes, podem ter lugar sem que haja uma âncora territorial e comunicação face a face. A base territorial é substituída pelo "virtual settlement", o ciber-lugar, espaço virtual onde as sociabilidades se desenrolam. Temos ambientes onde se desenvolvem possibilidades de comunicação, sejam elas ancoradas em sociabilidades primárias (troca de *e-mails* entre amigos, parentes e amantes), sejam aquelas outras onde se reúnem pessoas que têm interesses (profissionais, económicos) em comum. Nuns casos predominam campos de sociabilidade ancorados em laços fortes, nos outros, prevalecem os laços fracos. Analogamente ao que acontece com as interacções face a face, são diversos os recursos que circulam.

O segundo campo que domina a agenda de pesquisa sobre redes sociais diz respeito à acção das redes enquanto instrumentos de mobilização de recursos. Neste domínio existe uma gama importante de estudos, com temáticas bastante diferenciadas: mercados de trabalho, apoio social, estudos organizacionais, estudos na área da saúde, entre outros. A ideia central é que as estruturas de redes têm uma influência decisiva na alocação de recursos. Ou seja, desenhos particulares de redes seriam mais ou menos funcionais para conseguir empregos, ter apoios, conseguir serviços ou favores.

Relativamente ao mercado de trabalho, o estudo clássico de Granovetter (1974) mostra como o uso de diferentes tipos de laços sociais responde à pergunta de como as pessoas encontram empregos. O autor mostrou como, quando alguém procura um emprego, os laços fracos são mais eficazes do que os laços fortes porque permitem sair do meio social em que o indivíduo se insere e aceder a informações e contactos que se situam noutros meios.

No domínio do "apoio social" existe uma vasta literatura que revela como as redes sociais são elementos fundamentais no suporte dos indivíduos, ao nível material e afectivo, tendo impactos muito claros na sua saúde física e mental. Os estudos neste domínio permitem identificar formas de circulação de recursos suportadas por práticas de sociabilidade fora do mercado e do Estado, revelando como a acção das redes se relaciona com o fenómeno do dom.

Finalmente, no âmbito dos estudos organizacionais há uma série de pesquisas que mostram como as novas estratégias de gestão se ancoram no conceito de rede. Um modelo flexível, policêntrico e desterritorializado, tornou-se possível com a série de inovações tecnológicas ocorridas a partir da década de 1970: revolução informática e das comunicações, baixa dos custos dos serviços telefónicos e de transporte, generalização do uso da internet.

Estes processos permitiram a "sociedade em rede" (CASTELLS, 1996), sustentada em estruturas organizacionais que se ancoram em circuitos inovadores de produção e de consumo, que observam, ao mesmo tempo, condicionantes locais e globais. Estas formas organizacionais reticulares permitem a adaptação à pluralidade de um mundo cada vez mais *glocalizado* e são características de uma nova fase de acumulação do sistema capitalista.

**BIBLIOGRAFIA**

BARNES, J. A. (1977), Class and committees in a Norwegian island parish. In: LEINHARDT, S. (Ed.), *Social Networks*. A developing paradigm, New York: Academic Press, 233-252 (edição original: *Human Relations*, 7, 1954).

BOTT, E. (1976), *Família e rede social*, Rio de Janeiro: Livraria Francisco Alves (Tradução de *Family and Social Network*, 2.ª ed., 1971).

CASTELLS, M. (1996), *The rise of network society*, Malden, MA: Blackwell.

DEGENNE, A.; FORSÉ, M. (1994), *Les réseaux sociaux*, Paris: Armand Colin.

GRANOVETTER, M. S. (1973), The strength of weak ties. *American Journal of Sociology*, 78, 1360-1380 (republicado in LEINHARDT, S. [Org.] [1977], *Social Networks*. A developing paradigm, New York: Academic Press, 347-367).

GRANOVETTER, M. S. (1974), *Getting a job*. A study of contacts and careers, Chicago: The University of Chicago Press.

MERCKLÉ, P. (2004), *Sociologie des réseaux sociaux*, Paris: La Découverte.

RUIVO, F. (2000), *O Estado labiríntico*. O poder relacional entre poderes local e central em Portugal, Porto: Afrontamento.

SIMMEL, G. (1999), *Sociologie*, Paris: PUF.

WASSERMAN, S.; FAUST, K. (1999), *Social network analysis*. Methods and applications, Cambridge: Cambridge University Press.

WELLMAN, B. (1985), Studying personal communities. In: MARSDEN, P. V.; LIN, N. (Ed.), Social structure and network analysis, Beverly Hills: Sage, 61-103.

WELLMAN, B.; CARRINGTON, P. J.; HALL, A. (1991), Networks as personal communities. In: WELLMAN, B.; BERKOWITZ, S. D. (Ed.), Social structures. A network approach, Cambridge: Cambridge University Press, 130-184.

# RESPONSABILIDADE SOCIAL EMPRESARIAL
Anne Salmon
Antonio David Cattani

**1.** A noção de responsabilidade social corresponde a estratégias desenvolvidas, sobretudo, por grandes corporações. Estas definem, de maneira unilateral, normas e condutas que, pretensamente, consideram os impactos sociais, econômicos e ecológicos de suas atividades. O discurso dominante é o de que, com isso, essas corporações teriam a intenção de assumir os riscos sociais e ambientais gerados por suas atividades produtivas e a capacidade de preveni-los.

O comprometimento voluntário das empresas com valores e práticas que visariam ao "bem comum", na maioria absoluta dos casos, não passa de uma intenção retórica. A vontade de "melhorar a sociedade" esbarra na lógica inexorável do agente econômico, pautado pela ferrenha defesa dos direitos de propriedade e pela lógica da acumulação e do produtivismo exacerbados. Dessas concepções, resultam a exploração do trabalho humano e a apropriação privada da riqueza social.

**2.** O desenvolvimento recente da responsabilidade social empresarial (RSE) pode ser interpretado sob dois ângulos divergentes, situando-a ou como uma evolução espontânea do gerenciamento empresarial, ou como uma resposta, à demanda social, oferecida pelas corporações. O primeiro confere primazia absoluta às iniciativas empresariais, logo, a RSE resultaria do aperfeiçoamento constante da gestão das empresas. Subitamente, as grandes corporações teriam despertado para dimensões extra-econômicas e adotariam espontaneamente valores e técnicas a fim de contribuírem para o bem comum. O segundo ponto de vista salienta a importância de manifestações diversas de associações de consumidores, sindicatos e mesmo do poder público, que não mais aceitam ser penalizados em função de externalidades causadas pelas empresas, pressionando-as a assumirem os custos de prevenção dos riscos ou a reduzirem os danos econômicos, sociais e ambientais. Analisando-se a evolução das experiências de RSE (CAPRON e QUAIREL-LANOIZELÉE, 2004; SALMON, 2002), é possível identificarem-se as razões da mudança adotada pelas empresas. O agravamento da crise social motivada pela precarização do trabalho e pelo aumento das desigualdades, os desastres ambientais originados pela exploração desmedida da natureza e escândalos econômicos envolvendo corrupção e ineficiência empresarial, comprometeram a legitimidade do capitalismo neoliberal, até então praticamente inconteste, e provocaram reações de inúmeros segmentos sociais e de instituições internacionais (CATTANI e SALMON, 2006). Se, em um primeiro momento, as empresas apenas reagem às demandas sociais, na sequência, elas apresentam essas respostas como atos de boa vontade originados na sua própria iniciativa.

A fim de certificar essa iniciativa, as empresas podem referir-se aos princípios diretores de códigos externos ou a outros compromissos definidos diretamente, seja no âmbito de sua política de desenvolvimento sustentável, seja na esfera de sua carta ética ou de quaisquer outros documentos (como as diretrizes de gestão ou de relacionamento com os clientes e o balanço social). De fato, as empresas tecem uma rede de compromissos, mesclando assim suas próprias iniciativas àquelas fundamentadas nos direitos humanos e nas jurisdições nacionais ou internacionais. Estas são selecionadas com vistas à sua aplicação nos países em desenvolvimento onde estejam implantadas.

Deve-se lembrar que esses compromissos não são juridicamente coercivos e que as sanções supõem uma mobilização constante das partes envolvidas para contestarem as práticas, em um confronto direto com as empresas denunciadas. Frequentemente assumido pela mídia, na qual essa contestação apóia-se, o boicote a um produto representa uma tentativa de sanção do mercado. Reativas à crítica, preocupadas em preservar sua imagem, que se tornou um "ativo essencial no sentido capitalista mais estrito do termo" (DUVAL, 2003, p. 153), as direções visam à restauração de uma legitimidade a qual elas podem estabelecer a partir de um novo acordo social, cujo sentido ainda precisa ser elucidado.

Por vezes, significados diferentes são atribuídos à responsabilidade social empresarial, conforme os níveis de desenvolvimento econômico dos continentes. Ela pode ser concebida, por exemplo, ou como um exercício tecnocrático, ou como uma expressão democrática da responsabilidade. Nos países do Norte, a responsabilidade social empresarial é entendida como um retrocesso comparativamente aos sistemas de proteção social, largamente mais ambiciosos e coercivos do que os códigos de boa conduta. Em compensação, em países do Terceiro Mundo, ela pode ser considerada um progresso, sobretudo naqueles Estados onde a flexibilidade do trabalho não oferece qualquer garantia aos trabalhadores.

No segundo grupo, a RSE propiciaria um reequilíbrio entre o econômico e o social com vistas a alcançar-se uma harmonização mínima das proteções sociais encetadas de modo voluntário e direto pelas empresas internacionais enquanto atores econômicos privados e não apenas enquanto contribuintes. Nada mais equivocado que essa interpretação. Tendo-se como campo de análise países da América Latina, é possível identificar a RSP como uma das mais demagógicas tentativas de se ocultar a exploração da força de trabalho, especialmente nos casos de subcontratação e terceirização (TORRES, 2000, 2005). O discurso empregado por seus defensores é convincente: a ética, o desenvolvimento sustentável e a responsabilidade social estariam sendo fortalecidos mutuamente nas políticas de suporte a uma orientação global, pois as empresas não mais estariam se dedicando exclusivamente a produzir riquezas, deixando a questão da harmonia social ao cuidado das instituições públicas. Elas estariam investindo em projetos que as instaurariam como agentes incontornáveis da regulação do econômico e do social, juntamente com os poderes públicos. "O bem para a sociedade" e "o interesse geral" estabelecidos como novas finalidades das empresas justificariam, aos olhos destas, uma ampliação de suas prerrogativas. Elas teriam agora a legitimidade para assumir uma parte das atribuições tradicionais do Estado por meio de práticas voluntárias e diretas de redistribuição, em outras palavras, flexíveis, na ausência de sanções legais.

Assumindo atribuições de Estado, a RSE ultrapassa a mera questão do ressurgimento de uma figura modernizada do paternalismo com vocação "filantrópica globalizada". A RSE coloca em relevo o problema de uma regulação da economia globalizada assumida por empresas cada vez mais poderosas. Sob a ótica destas e segundo seus interesses, elas pretendem ter condições de regular a economia tão eficazmente quanto os poderes públicos, na medida em que conciliariam, de modo pragmático, as exigências de seu próprio crescimento com aquelas do progresso social. Nesse caso, a RSE assumiria necessariamente formas muito mais sistemáticas do que a da caridade tradicional, ligada à figura pessoal do "patrão benevolente".

**3.** O exame crítico da questão não deve deter-se na qualificação moral das direções e na autenticidade de seus compromissos, nem mesmo na avaliação do desempenho societário das empresas. A qualificação técnica da RSE, sobre a qual insistem, por sua vez, as empresas de auditoria especializadas, pode ocultar a necessidade de se efetuar uma análise da significação política das técnicas de RSE sugeridas pelas empresas. De fato, em nome da demanda social emergente, a qual as empresas tendem a reduzir a uma exigência de eficácia, elas podem justificar uma resposta estritamente tecnocrática a problemas que tangem a decisões democráticas.

Decidida unilateralmente pelas direções, a RSE começa, ainda que timidamente, a ser objeto de negociações com os sindicatos. As direções da companhia estatal francesa de energia elétrica EDF e da multinacional Rhodia, por exemplo, assinaram recentemente acordos com os parceiros sociais, no entanto, as cláusulas não arrolam prerrogativas extensíveis a países do Terceiro Mundo. Além disso, o envolvimento dos trabalhadores limita-se a áreas restritas, e as reformas cogitadas buscam favorecer a consideração dos interesses de diversas partes implicadas sem que sua representação esteja verdadeiramente organizada. Em ambos os casos, o poder do empreendedor, de determinar as finalidades das ações sociais, resta intacto.

Na ausência de um enquadramento jurídico que fixe e estabilize os poderes entre as diferentes partes envolvidas, as decisões relativas aos aspectos sociais e ambientais continuam sendo o resultado de um processo cujos interlocutores, mesmo quando haja negociação, não se encontram em pé de igualdade. Pode-se então duvidar da legitimidade democrática das propostas das empresas, que, no entanto, concernem à vida dos cidadãos.

A responsabilidade social empresarial pode subtrair, aos cidadãos, uma parcela importante de sua própria responsabilidade em matéria de solidariedade social e de escolhas ambientais. De um lado, os Estados ficam tentados a reduzir os encargos fiscais, para atrair os investidores. De outro, favorecem o envolvimento das empresas enquanto agentes econômicos privados, instando-as a assumir parte mais ou menos importante da redistribuição, de modo voluntário e direto. Isso significa que a fraternidade, como preconiza Bastiat (1848), em sua rigorosa crítica à "fraternidade legal", procederá cada vez menos da livre e espontânea deliberação dos cidadãos.

Além dos problemas de estabilidade, de dependência e até de corrupção, caso a responsabilidade permaneça como poder discricionário e unilateralmente determinado, o risco mais grave permanece sendo o despojamento dos cidadãos de seu poder de inflectir as formas de redistribuição e de pesar no sentido do bem comum. Quando uma potência qualquer se encarrega de satisfazer o interesse geral sem haver controle democrático, então o espectro do despotismo esclarecido ressurge.

A análise da RSE precisa ser feita separando-se as realizações pontuais, eventualmente positivas, do seu significado geral. No conjunto, ela se constitui como um empreendimento de sedução com vistas à renovação da legitimidade do sistema, recuperando e neutralizando as críticas sociais e motivando o engajamento e a simpatia de segmentos sociais importantes que estão querendo contribuir para a melhoria da sociedade. As dimensões positivas da RSE precisam ser questionadas levando-se em conta seu caráter instrumental de subordinação da ética e da generosidade dos indivíduos à ordem e à racionalidade econômica dominantes.

## BIBLIOGRAFIA

Bastiat, F. (1848), Justice et fraternité, *Journal des Économistes*, 15 Junho.

Capron, M.; Quairel-Lanoizelée, F. (2004), *Mythes et réalités de l'entreprise responsable:* acteurs, enjeux, stratégies, Paris: La Découverte.

Cattani A. D.; Salmon, A. (2006), Responsabilidade social das empresas, In: Cattani A. D.; Holzmann, L. (Org.), *Dicionário de trabalho e tecnologia*, Porto Alegre: Editora da UFRGS, p. 244-248.

Duval, G. (2003), *Le libéralisme n'a pas d'avenir:* big business, marchés et démocratie, Paris: La Découverte.

Salmon, A. (2002), *Ethique et ordre économique:* une entreprise de séduction, Paris: CNRS Editions.

Torres, C. (2000), *Entre o bem-estar social e o lucro*. Dissertação (Mestrado), Programa de Pós-Graduação em Antropologia e Ciência Política, Universidade Federal Fluminense, Rio de Janeiro.

___. (2005), Responsabilidade social empresarial: o espírito da mudança e a conservação da hegemonia, In: Addor, F.; Lianza, S. (Org.), *Tecnologia e desenvolvimento social e solidário*, Porto Alegre: Editora da UFRGS.

# S

**SABERES DO TRABALHO ASSOCIADO**
Maria Clara Fischer
Lia Tiriba

**1.** A expressão *saberes do trabalho associado* é utilizada para designar os saberes produzidos pelos trabalhadores nos processos de trabalho que se caracterizam pela apropriação coletiva dos meios de produção, pela distribuição igualitária dos frutos do trabalho e pela gestão democrática das decisões quanto à utilização dos excedentes (sobras) e aos rumos da produção. O termo diz respeito ao conjunto de habilidades, informações e conhecimentos originados do trabalho vivo, tecidos na própria atividade de trabalho e engendrados e acumulados ao longo da experiência histórica dos trabalhadores e trabalhadoras que se associam de forma autogestionária na produção de bens e serviços, contrapondo-se à lógica do sistema do capital. Abrange os saberes formalizados nos fóruns coletivos que articulam as experiências de trabalho associado, bem como no âmbito da pesquisa e produção científica do conhecimento acerca das dimensões técnicas, políticas, econômico-filosóficas e culturais do fazer/pensar/refazer o cotidiano do trabalho associado e sua relação com o processo mais amplo de produção da vida social.

A palavra *saber* é utilizada como sinônimo de *conhecimento*, envolvendo os aspectos materiais, intelectuais e subjetivos presentes na atividade do trabalho e sendo entendido como resultante dos processos prático-teóricos de transformação e compreensão da realidade humano-social. O conceito relaciona-se às idéias de práxis, saber popular, saberes da experiência, conhecimento tácito, trabalho como princípio educativo, produção de saberes em situação de trabalho, produção e legitimação de saberes do/no trabalho.

**2.** O conceito de *saberes do trabalho associado* remete à análise das relações históricas entre trabalho e educação e, especificamente, entre trabalho e produção de saberes. Em seu sentido ontológico, o trabalho é entendido como mediação dos seres humanos com a natureza, sendo elemento central da formação humana. Por meio do trabalho, objetivam as coisas da natureza e conferem-lhe humanidade, humanizando-se com as criações e representações que produzem sobre o mundo; trabalham de acordo com determinada cultura e, ao trabalhar, produzem cultura. Quanto à atividade do trabalho como fonte de saberes e sua formalização em conhecimentos científicos/escolares, Saviani (2007) lembra que a produção da existência humana pressupõe a apreensão das leis da natureza (o que vem a se constituir como "ciências da natureza" ou "ciências naturais"), bem como a compreensão sistemática das relações que os grupos e classes sociais estabelecem entre si ("ciências sociais"). Nesses termos, a "linguagem" e a "matemática" são instrumentos de expressão, codificação e decodificação dos conhecimentos das leis que regem a natureza e a sociedade.

Assim como o trabalho, as relações entre trabalho, educação e produção de saberes ganham diferentes configurações ao longo da história da humanidade. A dicotomia "mundo do trabalho" e "mundo da cultura" constitui-se como uma marca da sociedade de classes e, em especial, da sociedade capitalista, na qual os possuidores dos meios de produção e seus representantes são considerados detentores do saber científico, enquanto aos vendedores de força de trabalho cabe o saber prático, adquirido na experiência do trabalho vivo. Com a primeira Revolução Industrial, ocorrida no século XVIII, os conhecimentos científicos e tecnológicos passaram a ser incorporados como força motriz da produção capitalista. Nesse contexto, a escola (que, em grego, significa "lugar de ócio", ou seja, local onde pequena parcela da população, pertencente à classe economicamente dominante, poderia passar o "tempo livre") tornou-se uma instituição onde a classe trabalhadora e seus filhos deveriam apreender os conhecimentos, valores e atitudes estritamente necessários ao trabalho na fábrica.

Sobre as relações entre trabalho e educação, Antonio Gramsci analisa que, embora a divisão capitalista do trabalho insista em separar o *Homo faber* do *Homo sapiens*, não existe atividade humana da qual se possa excluir totalmente a intervenção intelectual. A expressão "gorila amestrado", de Taylor, seria uma metáfora para indicar que, em qualquer trabalho físico, mesmo o mais mecânico e degradado, há um mínimo de atividade intelectual criadora. De acordo com o filósofo italiano, no capitalismo, "o operário ou proletário, por exemplo, não se caracteriza especificamente pelo trabalho manual ou instrumental, mas por este trabalho [realizar-se] em determinadas condições e em determinadas relações sociais" (GRAMSCI, 1982, p. 7). Dado que, nos processos de trabalho associado, a força de trabalho não se caracteriza como uma mercadoria, pressupondo relações econômico-sociais opostas às relações capitalistas, pode-se inferir que um dos objetivos da educação de trabalhadores associados "consiste em elaborar criticamente a atividade intelectual que existe em cada um em determinado grau de desenvolvimento, modificando sua relação entre o esforço de intelectual-cerebral e o esforço muscular-nervoso, enquanto elemento de uma atividade prática geral, que inova continuamente o mundo físico e social, torne-se o fundamento de uma nova e integral concepção de mundo" (GRASMCI, 1982, p. 8).

As experiências históricas de autogestão revelam que, no embate contra a exploração e a degradação do trabalho, não é suficiente que os trabalhadores apropriem-se dos meios de produção. Essas práticas indicam haver a necessidade de articulação dos saberes do trabalho fragmentados pelo capital e de apropriação dos instrumentos teórico-metodológicos que lhes permitam compreender os sentidos do trabalho e prosseguir na construção de uma nova cultura do trabalho e de uma sociedade de novo tipo. Em seus escritos sobre o movimento operário ocorrido em Turim, entre 1919 e 1921, Gramsci analisa os conselhos de fábrica, afirmando que as experiências nas quais os trabalhadores têm o controle sobre a produção representam uma "escola maravilhosa de formação de experiência política e administrativa" (GRASMCI e BORDIGA, 1977, p. 36). Na "escola do trabalho" e, em especial, nas vivências de trabalho associado, as pessoas atribuem sentidos ao vivido ou realizado; assim, de forma mais abrangente, é fundamental que transformem suas vivências pregressas e atuais em experiências propriamente formadoras.

*Experiência* é uma palavra oriunda do latim *experientia*, do verbo *experire*, que significa *experimentar*. O que se vivencia deixa marcas éticas, políticas, culturais e existenciais, além de inúmeros saberes. Coletivamente também se vivenciam modos de ser, produzir e de se reproduzir material, social e culturalmente. Nessas vivências, vão se criando saberes e tradições de um grupo, instituição, povo ou classe social. Marie-Christine Josso (2002) distingue experiência de uma vivência qualquer. Para a autora, a tomada de consciência do sujeito acerca de vivências significativas torna-as experiências propriamente ditas: experiências formadoras. Uma forma de transformação das vivências em experiências acontece mediante a compreensão do como e do porquê de determinados modos de fazer, pensar ou sentir. Vivências compreendidas e apropriadas podem auxiliar cada trabalhador e cada coletivo de trabalhadores na construção ou modificação de seus projetos de vida ou de formação. Concepção e prática estariam conscientemente articuladas em base sólida para se pensar o passado e o presente e projetar o futuro. Assim, na perspectiva de uma nova cultura do trabalho, os saberes do trabalho associado necessitam ser identificados, reconhecidos e legitimados. Essa busca inscreve-se na luta histórica da classe trabalhadora pelo reconhecimento e (re)apropriação dos saberes do trabalho produzidos ao longo de sua história coletiva e, portanto, na sua afirmação enquanto classe social (PUIGRÓS e GAGLIANO, 2004; REVISTA..., 2006).

Na empresa capitalista, as tecnologias de gestão da força de trabalho, de base toyotista, estimulam intencionalmente o trabalhador a reconhecer sua capacidade ativa e criativa na resolução de problemas que emergem no cotidiano de trabalho. Ocorre, dessa forma, a incorporação mais rápida de novas idéias tanto ao processo como ao produto do trabalho, resultando, consequentemente, em melhorias dos níveis de competitividade e produtividade do capital. Isso requer a mobilização intensiva da inteligência e da subjetividade do trabalhador pelo capital. Contraditoriamente, esse contexto propicia condições para que o trabalhador possa ampliar a percepção de sua capacidade de trabalho e de criações individual e coletiva, o que pode contribuir para a autovalorização do trabalhador e a legitimação e validação de seus saberes, não somente nos cursos de formação, mas também em processos de negociação coletiva ou mesmo individual de trabalho. A apropriação pelos trabalhadores dos saberes produzidos em situações de trabalho assalariado e associado aprofunda seu significado histórico e político se esses saberes forem articulados criticamente com os fundamentos científico-tecnológicos do processo laboral (SANTOS, 2003).

Nas sociedades de classe, via de regra, os trabalhadores interrompem sua escolarização para poder sobreviver e, assim, deixam de se apropriar do saber formal; no entanto, durante esse percurso, produzem outros saberes, valores e hábitos relacionados ao trabalho e à vida fora da escola. Esses saberes ficam à espera de crítica e formalização, como um direito a ser conquistado. Para sujeitos comprometidos com iniciativas de trabalho associado, há a identificação, reconhecimento, análise, crítica e legitimação de saberes e experiências produzidos em atividades pregressas de trabalho assalariado (emprego ou subemprego), na relação de continuidade e de ruptura com a experiência e os saberes produzidos no ambiente de trabalho associado. Trata-se, pois, do desenvolvimento da práxis crítica.

O desenvolvimento de uma cultura própria do trabalho associado acontece à medida que se reconhece a cultura do trabalho assalariado, suas possibilidades e seus limites históricos sob a perspectiva da classe trabalhadora. Ao se reconhecerem os processos de continuidade e ruptura, constrói-se com e entre os trabalhadores a análise das relações históricas entre o "velho" e o "novo" (de modos de produção da existência), em outras palavras, do "novo" que está nascendo no seio do "velho" ou, ainda, das continuidades e descontinuidades históricas. O trabalho associado está sendo instituído no próprio contexto da formação social capitalista e necessita conquistar seu lugar como uma alternativa para a classe trabalhadora libertar-se das diversas formas de trabalho alienado. Os sujeitos direta ou indiretamente envolvidos em experiências de trabalho associado estão vivendo um processo de disputa por legitimação e validação social desse modo de produção da existência. Tal disputa ocorre também subjetiva, individual e coletivamente entre tais sujeitos. Esses são processos de legitimação e validação de uma nova forma de produzir o trabalho e a vida social ou de se manterem apegados ao trabalho assalariado e à cultura capitalista que lhe corresponde.

**3.** Com a crise estrutural do emprego e a flexibilização das relações entre capital e trabalho, decorrentes da reestruturação produtiva necessária ao regime de acumulação flexível, proliferam organizações econômicas associativas de trabalhadores/as do campo e da cidade. Para subsistir ou contrapor-se à lógica capitalista, desde o final da década de 1980, por meio da ação coletiva e autogestionária, os/as trabalhadores/as expulsos/as do mercado de trabalho assalariado vêm ocupando fábricas fechadas, ativando sua produção e criando associações e cooperativas de produção, consumo e crédito. Em torno de um movimento que, nacional e internacionalmente, ganha a denominação de economia solidária, trabalhadores/as articulam redes de produção e comercialização, complexos cooperativos e cadeias produtivas.

O trabalho associado traz, para os/as trabalhadores/as, o desafio de articular os saberes da experiência anteriormente adquiridos e produzidos em situação de trabalho assalariado e em outras instâncias das relações sociais. Pesquisas indicam que o conhecimento constitui-se como um calcanhar-de-aquiles das organizações econômicas associativas, o que, em grande medida, se deve ao fato de a classe trabalhadora, principalmente nos países periféricos do capitalismo, não ter usufruído o direito à educação básica pública e gratuita (ensino fundamental e médio) prometido pelo Estado do bem-estar social. Também é preciso destacar que, historicamente, como expressão das contradições entre capital e trabalho, à grande maioria da classe trabalhadora foi oferecida uma educação cujo objetivo é ajustá-la às "necessidades do mercado", ou seja, do capital (Fischer, 2004).

A educação/formação em economia (popular) solidária contrapõe-se aos projetos educativos do capital, os quais se apresentam nas formas de *educação para a empregabilidade* (para tornar vendável a força de trabalho no mercado), *educação para o empreendedorismo* (para estimular a "gestão do próprio negócio") e *educação para o (falso) cooperativismo* (para garantir a nova cadeia produtiva requerida pela acumulação flexível). Com perspectivas político-pedagógicas distintas do capital, a *pedagogia da produção associada* apresenta-se como campo teórico-prático que visa ao estudo e à concretização dos processos educativos cujos objetos de ação e pesquisa são a socialização, produção, mobilização e sistematização de saberes voltados ao fortalecimento de atividades econômicas fundadas na autogestão do trabalho e da vida em sociedade, contribuindo para a formação humana omnilateral e emancipação da classe trabalhadora (Tiriba, 2001, 2004). Como condição fundamental à produção e efetivação de saberes *do* e *para* o trabalho associado, no âmbito da pedagogia da produção associada, está a natureza das mediações político-pedagógicas construídas entre os sujeitos diretamente envolvidos na realização do trabalho, pesquisadores e assessores.

Entre os fundamentos teórico-metodológicos para o desenvolvimento de pesquisa e formação sobre produção de saberes do trabalho associado, destacam-se as contribuições políticas, éticas e epistemológicas da educação popular e da pesquisa participante (Brandão e Streck, 2006). Vinculadas às lutas emancipadoras latino-americanas, essas contribuições têm alimentado processos de sistematização de experiências e, portanto, de saberes de trabalho associado e projeção de estratégias político-pedagógicas no campo da economia solidária. Aportes da Ergologia, de origem francesa, especialmente o *dispositivo a três pólos* (Schwartz, 2001; Schwartz e Durrive, 2007), têm trazido elementos para se pensar a pesquisa e a formação sobre saberes do trabalho associado que, de certa forma, entram em relação de complementaridade com o patrimônio da educação popular e da pesquisa participante. Nesse dispositivo, o primeiro pólo refere-se aos saberes acadêmicos. O segundo pólo é o dos saberes da experiência, gerados na atividade de trabalho. O terceiro diz respeito às disposições ética e epistemológica dos sujeitos envolvidos nos outros dois pólos para reconhecer a incompletude do seu conhecimento e, destarte, aprender com o outro, permitindo questionamento mútuo dos conceitos e dos saberes produzidos na atividade de trabalho.

## BIBLIOGRAFIA

Brandão, C. R.; Streck, D. (Org.) (2006), *Pesquisa participante*: o saber da partilha, São Paulo: Idéias e Letras.

Fischer, M. C. B. (2004), Notas sobre saberes da experiência e a constituição de empreendimentos econômico solidários, *Ciências Sociais*, UNISINOS, v. 40, n. 164, jan./jun., p. 139-151.

Gramsci, A. (1976), *Democracia operária*: partidos, sindicatos, conselhos, Coimbra: Centelha.

GRAMSCI, A. (1982), *Os intelectuais e a organização da cultura*, Rio de Janeiro: Civilização Brasileira.

GRAMSCI, A.; BORDIGA, A. (1977), *Debate sobre los consejos de fábrica*, Barcelona: Anagrama.

JOSSO, M-C. C. (2002), *Experiências de vida e formação*, Lisboa: Educa-Formação.

PUIGGRÓS, A.; GAGLIANO, R. (Dir.) (2004), *La fábrica del conocimiento*: saberes socialmente productivos en América Latina, Rosario: Homosapiens.

REVISTA EDUCAÇÃO UNISINOS (2006), Edição especial: produção e legitimação de saberes para e no trabalho, São Leopoldo, v. 10, n. 2, maio/ago.

SANTOS, E. H. (2003), Processos de produção e legitimação de saberes no trabalho. In: GONÇALVES, L. A. O. (Org.), *Currículo e políticas públicas*, Belo Horizonte: Autêntica, p. 29-39.

SAVIANI, D. (2007), Trabalho e educação: fundamentos ontológicos e históricos, *Rev. Bras. Educ.*, v. 12, n. 34, p. 152-165. Disponível em: <http://www.scielo.br/scielo>. Acesso em: 18 maio 2008.

SCHWARTZ, Y. (Dir.) (2001), *Le paradigme ergologique ou um métier de philosophe*, Toulouse: Octarès.

SCHWARTZ, Y.; DURRIVE, L. (Org.) (2007), *Trabalho e ergologia:* conversas sobre a atividade humana, Niterói, RJ: Editora da UFF.

TIRIBA, L. (2001), *Economia popular e cultura do trabalho:* pedagogia(s) da produção associada, Ijuí: Unijuí.

\_\_\_. (2004), Ciência econômica e saber popular. Reivindicar o "popular" na economia e na educação. In: TIRIBA, L.; PICANÇO, I., *Trabalho e educação:* arquitetos, abelhas e outros tecelões da economia popular solidária, Aparecida, SP: Idéias e Livros.

**SOCIEDADE-PROVIDÊNCIA**
Pedro Hespanha
Sílvia Portugal

**1.** O conceito de Sociedade-providência é um conceito relacional no sentido em que o seu conteúdo é definido por relação com o conceito de Estado-providência. Se este diz respeito à forma do Estado moderno caracterizada pela provisão de um conjunto mais ou menos extenso de ajudas sociais aos seus cidadãos, por Sociedade-providência entende-se a parte da sociedade civil (famílias, grupos sociais, comunidades territoriais e organizações) que cuida dos seus membros em complemento ou substituição do Estado. Mais, a sorte da Sociedade-providência parece estar dependente das transformações e reformas operadas no próprio Estado: ela tinha um papel quase exclusivo de protecção social até ao aparecimento do Estado-providência (Sociedade-providência pré-moderna), no período de consolidação deste a Sociedade-providência reduz a sua acção limitando-se a complementar a ajuda estatal (Sociedade-providência moderna) e, por fim, com a crise e as reformas do Estado-providência a sociedade civil é de novo convocada a (re)assumir muitas das funções que o Estado aliena (Sociedade-providência pós-moderna).

Sendo um conceito relacional, uma primeira observação é que ele não é útil para aplicar às sociedades onde não exista um Estado-providência ou onde este esteja apenas numa fase embrionária. Nessas sociedades, a ajuda não provém do Estado mas de outras origens – redes sociais, grupos primários, sistema clientelar, organizações internacionais, etc. – e nelas predominam sistemas informais de protecção, porventura pobres mas em regra eficientes. Apenas em algumas partes do mundo, sobretudo as atingidas pela guerra, epidemias ou cataclismos, não foi possível consolidar sistemas informais de apoio e vigoram regimes de insegurança (Gough e Wood, 2004). Contudo, o mais comum é a coexistência de sistemas de *welfare* estatal com sistemas societais de protecção informal e, nessas circunstâncias, o conceito de Sociedade-providência pode ser adequado a evidenciar as inter-relações e as porosidades que intercedem entre ajuda pública e ajuda informal sobretudo à escala micro da utilização das ajudas pelos indivíduos e famílias. Estudos vários têm mostrado precisamente como é possível às famílias maximizarem o efeito das ajudas combinando várias fontes públicas e privadas de rendimento (emprego garantido, emprego precário, trabalho informal e prestações sociais).

Neste sentido, as conceptualizações mais antropológicas de Sociedade-providência são preferíveis. É o caso da de Boaventura de Sousa Santos, pensada para analisar uma sociedade – a portuguesa – caracterizada, precisamente, por combinar uma provisão estatal fraca com uma forte presença de protecção informal. Este definiu a Sociedade-providência como "as redes de relações de interconhecimento, de reconhecimento mútuo e de entreajuda baseadas em laços de parentesco e de vizinhança, através dos quais pequenos grupos sociais trocam bens e serviços numa base não mercantil e com uma lógica de reciprocidade semelhante à da relação de dom estudada por Marcel Mauss" (Santos, 1993, p. 46).

O conceito de *welfare society* tem-se prestado a inúmeros equívocos, uma boa parte deles devido aos próprios equívocos da distinção entre Estado e sociedade civil que entranharam o pensamento moderno ocidental, designadamente o de que a sociedade civil reemergente é da mesma natureza que a sociedade civil liberal clássica e o de que a Sociedade-providência não pode ser senão uma outra face do Estado. Ora esta pode ser, tal como os movimentos sociais que estão na sua origem, emancipadora e orientada por preocupações pós-burguesas e antimaterialistas.

O papel que as teorias políticas reconhecem ao Estado em matéria de protecção social determinou o modo como elas vêem a Sociedade-providência. A um papel residual, de intervenção correctiva excepcional e limitada, como defende a teoria política liberal, corresponde a ideia de que a essência da Sociedade-providência é libertar, autonomizar e responsabilizar a sociedade, evitando que o Estado destrua as solidariedades nas relações humanas e torne os cidadãos dependentes de si próprios. Para alguns a Sociedade-providência constitui a antítese do Estado-providência e não uma parte constituinte da sua evolução (RODGER, 2000, p. 8). Seja como for, a argumentação que os governos estão a usar para fundamentar as reformas, os cortes e as privatizações nas políticas sociais é bem menos sofisticada e invoca quase exclusivamente a ineficiência do Estado na resposta às necessidades sociais dos cidadãos.

Por seu turno, as sociais-democracias têm concebido o papel do Estado como uma intervenção de primeira linha, baseada em direitos universais que este deve respeitar e cumprir. Dada esta centralidade do Estado, corresponde à sociedade um papel providencial muito reduzido, esperando-se que, deste modo, ela fique liberta para desenvolver formas mais avançadas de democracia e de bem-estar. Porém, como foi apontado, a sociedade civil social-democrática ficou bem aquém do esperado, tornando-se demasiado passiva, não encontrando formas criativas de parceria com o Estado, não renovando as formas de participação e iniciativa local, nem envolvendo suficientemente o terceiro sector.

2. O conceito de Sociedade-providência tem sido aplicado com sucesso sobretudo nas análises acerca da especificidade de um modelo (semi)periférico de produção de bem-estar, onde grande parte da protecção social não passa pelo Estado. A sua utilização tem permitido sublinhar a importância da protecção social informal, questionando as análises tradicionais, construídas sobretudo através de um enfoque na provisão estatal. A valorização da protecção oferecida pelos laços informais permitiu questionar modelos analíticos e destacar a complexidade dos arranjos institucionais na provisão de bem-estar, que distinguem as sociedades de desenvolvimento intermédio.

Apesar de os juízos sobre os contributos da Sociedade-providência serem alvo de alguma controvérsia, contrastando os que destacam a sua vitalidade e importância com os que a vêem como recurso episódico, inúmeros estudos têm demonstrado o seu papel activo na satisfação das necessidades de bem-estar dos indivíduos.

As pesquisas empíricas neste domínio têm revelado o papel preponderante da Sociedade-providência no acesso a recursos como a habitação e o emprego, identificado a sua capacidade de resposta no domínio dos cuidados à população dependente (crianças, idosos, deficientes, doentes mentais) e sublinhado a diversidade da sua intervenção e a sua versatilidade. Elas mostram que a acção da Sociedade-providência permite suprir necessidades sociais em domínios em que o Estado e o mercado são omissos ou deficitários e permite, também, aceder a recursos que, de outra forma, seriam inacessíveis aos indivíduos.

As descrições da intervenção da Sociedade-providência nos países do Sul e, especificamente em Portugal, têm permitido identificar algumas das principais características da provisão informal de bem-estar, assim como identificar os actores mais activos do processo. As pesquisas têm, sistematicamente, revelado que os laços de parentesco e as solidariedades familiares são os grandes sustentáculos da Sociedade-providência e que, no interior da família, as mulheres são os elementos fulcrais pelo trabalho que desenvolvem, mas também pelo papel que desempenham na mobilização das redes.

Por referência à provisão oferecida por outras esferas, a Sociedade-providência revela flexibilidade, espontaneidade e autonomia. No entanto, sendo fundada sobre relações sociais particularistas, de parentesco, vizinhança, amizade e outras, a protecção que oferece é selectiva e exclui os que estão fora do laço relacional. Deste modo, tem sido sublinhada a importância de não ver os seus contributos como substitutos da providência estatal, baseada em direitos sociais e em regras de equidade.

As virtudes da Sociedade-providência são, em grande medida, as principais responsáveis pelos seus problemas. Por um lado, se a plasticidade e espontaneidade sustentam uma elevada capacidade de resposta dos laços sociais, demonstram, simultaneamente, uma enorme fragilidade, dado que os arranjos informais nos quais se baseia a acção da Sociedade-providência estão sistematicamente sujeitos a contingências e imprevistos que tornam a protecção oferecida errática, não permitindo dispensar outras formas de provisão de bem-estar.

Por outro lado, as interacções e as trocas que suportam a intervenção da Sociedade-providência obedecem a modelos complexos de normas, cujos princípios são, muitas vezes, contraditórios entre si e geradores de tensões e conflitos. Se os estudos empíricos mostram que a tríplice obrigação "dar, receber e retribuir" estrutura as práticas e representações dos actores, eles revelam também a complexidade por detrás deste enunciado.

Reciprocidade, obrigação, igualdade, autonomia – as normas são claras, mas a sua análise detalhada desvenda contradições, resistências e conflitualidade. A norma da reciprocidade colide com a assimetria das trocas que, por exemplo, hoje se verifica nas relações intergeracionais, em que o desequilíbrio é muito claro, a favor das gerações mais jovens. O sentimento de obrigação e dever para com o outro conflitua com o primado da liberdade e da afectividade que actualmente faz mover as relações sociais. A autonomia individual é questionada pela dependência dos apoios. O princípio da igualdade é minado pelas desigualdades sociais e sexuais que perpassam toda a intervenção da Sociedade-providência.

A questão da reprodução das desigualdades é um elemento fundamental para a discussão deste conceito. Por um lado, as pesquisas empíricas revelam que a protecção informal reproduz as desigualdades sociais entre indivíduos e famílias, quer em termos de quantidade de apoios prestados, quer em termos de conteúdos e significados das ajudas. Por outro lado, mostram como a obrigação de "cuidar dos seus" se inscreve nas representações de todos, mas, sobretudo, nas práticas das mulheres.

Os custos da acção da Sociedade-providência recaem, essencialmente, sobre as mulheres, às quais continua a ser atribuída a responsabilidade pelo trabalho doméstico e pelo cuidar dos dependentes. Os estudos têm mostrado com clareza o modo como as solidariedades femininas sustentam a produção informal de bem-estar, assegurando a reprodução quotidiana das famílias e alimentando as redes de entreajuda.

Deste modo, o desafio hoje colocado pela análise da Sociedade-providência consiste em equacionar em que medida a sua acção tem ou não potencialidades emancipatórias. Se as análises, a partir do Sul da Europa, têm destacado a dimensão vertical e a assimetria, sublinhando a importância do clientelismo e do particularismo no acesso aos recursos, sabemos, também, que as relações baseadas na dádiva podem ser geradoras de relações horizontais de associação. É esta questão que importa debater, sendo necessária uma reflexão sobre a articulação da Sociedade-providência com outras esferas de produção de bem-estar, nomeadamente a estatal, assim como uma identificação dos contextos em que a sua acção é mais dinâmica.

Os estudos de terreno, neste domínio, mostram, por um lado, que em contextos de extrema precariedade a Sociedade-providência é inoperante. Faltam as condições mínimas que permitem o desenvolvimento das ajudas solidárias: disponibilidade de tempo para ajudar (o tempo é consumido em actividades de sobrevivência básica), disponibilidade de recursos materiais para viabilizar a ajuda (para ajudar é preciso ter alguns recursos) e coesão social (diversas comunidades tradicionais de aldeia ou de bairro urbano apresentam uma fragmentação que enfraquece o espírito de entreajuda). Nestes contextos, os custos de oportunidade para o investimento nas solidariedades são demasiado elevados e desestimulam esse investimento (HESPANHA et al., 2000).

Por outro lado, os estudos revelam, também, a existência de contextos sócio-espaciais em que se acumulam factores limitativos da operatividade da Sociedade-providência, a par de outros contextos em que essa operatividade é favorecida. Por exemplo, quando a Sociedade-providência assenta num modelo de desenvolvimento estagnado – com uma proporção relativamente elevada da população a viver da agricultura e com uma proporção igualmente elevada de mulheres com ocupações domésticas – e, simultaneamente, em padrões demográficos conservadores, então estamos claramente perante uma combinação regressiva de factores, em que o papel providencial da sociedade está gravemente afectado. Pelo contrário, quando a taxa de actividade feminina é mais elevada e se consegue conciliar trabalho fora de casa com trabalho doméstico, porque existem medidas de política e apoios institucionais favoráveis, então estamos perante uma combinação claramente progressiva em que a Sociedade-providência se revela mais activa (HESPANHA e PORTUGAL, 2002).

A Sociedade-providência defronta-se com desafios incomensuráveis nesta fase de reestruturação do Estado-providência e não está claro qual o impacto que nela terá a médio prazo esta crescente redução da função providencial do Estado tanto em países de tradição liberal quanto em países de tradição social-democrática. Existem sinais de que ela vai assumir uma parte das funções dispensadas pelo Estado, sobretudo se esta passagem for acompanhada de compensações financeiras, e nesse caso importa saber se a natureza e a qualidade dos serviços prestados vai sofrer alterações visíveis. Dado que a lógica de mercado vai prevalecer, é de esperar que a clientela desses serviços seja constituída pelas camadas menos afluentes da sociedade e que as organizações que os prestam sejam obrigadas a ficar na dependência da ajuda financeira do Estado. Sempre que isto não seja possível, a redução do Estado pode desencadear uma reacção defensiva da Sociedade-providência através de uma retoma dos processos de produção informal com um recuo irreparável da filosofia universalista e um enorme impacto negativo na vida das famílias e das comunidades, como aconteceu em Inglaterra após as reformas conservadoras dos anos 80.

Porém, o recuo do Estado social pode desencadear uma maior mobilização da sociedade através da irrupção de movimentos sociais que pressionem as instituições políticas e os governos a acolher as reivindicações sociais mais básicas da população, como tem acontecido em países onde o Estado-providência é fraco e pouco confiável (JACOBI, 1993). Aí, a institucionalização dos movimentos sociais democráticos através de organizações não governamentais ou do terceiro sector é particularmente visível no domínio das políticas sociais, onde inúmeras organizações se mobilizam para assegurar as diferentes modalidades de protecção social de que as camadas mais pobres da população carecem (GOHN, 1997, p. 340).

O risco de cooptação pelo Estado, no sentido de este fazer reverter em seu benefício o trabalho das organizações, existe mas é contrariado por estas. Por um lado, através de uma prática de trabalho em parceria envolvendo redes alargadas de parceiros destinadas a aumentar o seu poder negocial, por outro lado, através de um forte enraizamento nos movimentos que lhes deram origem ou nas comunidades que os suportam para não se desligarem da sua base social. Segundo Santos, estamos perante "uma Sociedade-providência transfigurada que, sem dispensar o Estado das prestações sociais a que o obriga a reivindicação da cidadania social, sabe abrir caminhos próprios da emancipação e não se resigna à tarefa de colmatar as lacunas do Estado e, deste modo, participar, de forma benévola, na ocultação da opressão e do excesso de regulação" (SANTOS, 1994, p. 239).

BIBLIOGRAFIA

GOHN, M. G. (1997), *Teorias dos movimentos sociais*, São Paulo: Edições Loyola.

GOUGH, I.; WOOD, G. (2004), *Insecurity and welfare regimes in Asia, Africa and Latin America. Social policy in development contexts*, Cambridge: Cambridge University Press.

Hespanha, P. ; Portugal, S. (2002), *A transformação da família e a regressão da Sociedade-Providência*, Porto: Comissão de Coordenação da Região Norte.

Hespanha, P.; Monteiro, A.; Ferreira, A. C.; Rodrigues, F.; Nunes, M. H.; Hespanha, M. J.; Madeira, R.; Hoven, R. V. D.; Portugal, S. (2000), *Entre o Estado e o mercado. As fragilidades das instituições de protecção social em Portugal*, Coimbra: Ed. Quarteto.

Jacobi, P. (1993), *Movimentos sociais e políticas públicas*, São Paulo: Cortez.

Rodger, J. (2000), *From a welfare state to a welfare society*, London: MacMillan.

Santos, B. S. (1993), O Estado, as relações salariais e o bem-estar social na periferia: o caso português. In: ___. (Org.), *Portugal:* um retrato singular, Porto: Afrontamento.

Santos, B. S. (1994), *Pela mão de Alice*, Porto: Afrontamento.

___. (1995), Sociedade-Providência ou autoritarismo social? *Revista Crítica de Ciências Sociais*, n. 42, p. i-vii.

**SOCIOLOGIA ECONÔMICA**
Benoît Lévesque

**1.** A Sociologia Econômica é definida como o conjunto das teorias que buscam explicar os fenômenos econômicos a partir de elementos sociológicos e como disciplina capaz de pensar sociologicamente os fatos econômicos. Ela é inseparável da Sociologia geral, na medida em que "o traço característico da sociedade moderna é apresentar-se sob a aparência de uma sociedade econômica", de modo que a "reflexão sobre as relações entre o econômico e o social pode ser caracterizada como a tarefa central da sociologia e das ciências sociais" (CAILLÉ, 1994, p. 9). Sob esse ângulo, pode-se identificar uma "sociologia geral da economia" e uma "sociologia econômica" (CUSIN e BENAMOUZIG, 2004). A primeira corresponde a uma sociologia do capitalismo como "sistema econômico e social" (TRIGILIA, 2002), ou ao que Weber (1959) denominava "ciência da economia social" (*die sozialökonomische Wisenschaft*). A segunda, a Sociologia Econômica, que remonta igualmente aos fundadores da Sociologia, visa dar conta "dos principais fatos identificados pela ciência econômica", aplicando-lhes "uma perspectiva radicalmente diversa e um tipo bastante inédito de análise institucional" (PARSONS apud SMELSER e SWEDBERG, 1994, p. 65). Entretanto, como a Sociologia supõe que "o mundo social está presente em cada ação econômica" (BOURDIEU, 2000, p. 13), não existe fronteira estanque entre "sociologia geral da economia" e Sociologia Econômica.

**2.** Weber e Durkheim analisaram a possibilidade de haver uma abordagem sociológica da economia, tal como foi delimitada pelos economistas neoclássicos. Em *Ensaios sobre a Teoria das Ciências Sociais* (1959), em que examina os métodos respectivos das ciências naturais e das ciências da cultura, Weber põe fim à discussão acerca dos métodos (*methodenstreit*). Mostra, ao mesmo tempo, que a ciência econômica não é pura especulação e que suas leis não são naturais, mas tipos ideais, cujo valor preditivo é limitado em razão de sua grande generalidade. Do mesmo modo, após observar que a economia tange, à primeira vista, apenas a coisas (portanto, sem ser de interesse para a moral ou para a Sociologia), Durkheim demonstra que, no seu curso efetivo, ela repousa sobre representações, crenças e valores.

A Sociologia Econômica questiona a delimitação feita pelos economistas, que reduzem a economia ao cálculo racional concernente a recursos raros que devem ser alocados a necessidades consideradas ilimitadas. Mais positivamente, ela propõe uma definição mais ampla da economia, como representações sociais na tradição durkheimiana, atividades sociais que dizem respeito a uma racionalidade ampliada na tradição weberiana, relações sociais de produção, distribuição e consumo conforme a tradição marxista e atividades que repousam sobre princípios econômicos plurais – mercado, redistribuição, reciprocidade e donativo – em uma perspectiva polanyiana. Em suma, a Sociologia Econômica pode ser definida como "o conjunto das teorias que se esforçam para explicar os fenômenos econômicos a partir de elementos sociológicos" (SWEDBERG, 1987), ou como a disciplina capaz de "pensar sociologicamente os fatos econômicos" (GISLAIN e STEINER, 1995).

A definição da Sociologia como disciplina, no século XIX, foi precedida pela formação da teoria política moderna (Maquiavel no século XVI, Hobbes no século XVII e Montesquieu no século XVIII) e da teoria econômica, com os fisiocratas e Smith na segunda metade do século XVIII. A constituição dessas esferas separadas seria fortemente questionada por More no início do século XVI, pelos utopistas (Owen e Fourier) e pelos pré-sociólogos (Saint-Simon e Comte) do século XIX. Esses pensadores propuseram simultaneamente uma "outra sociedade e uma outra economia", apelando mais para a solidariedade do que para o individualismo, e uma "outra abordagem da sociedade e da economia", a partir de uma visão sintética e holística da sociedade.

Fundada nessa herança, a Sociologia clássica, que tomou forma na virada do século XIX, inscreve-se em um contexto de "grande transformação", caracterizado pela predominância de uma economia de mercado sustentada por uma filosofia do *laissez-faire*. Ela se apresentou então como resposta às pretensões hegemônicas da escola neoclássica, formulada no início dos anos 1870 e centrada "na troca mercantil entre agentes supostamente racionais, na formação do sistema dos preços e na análise matemática das condições do equilíbrio geral" (Cusin e Benamouzig, 2004, p. 437). Como a Sociologia geral questionou os postulados de base dessa nova ciência, seria vista como uma antieconomia, ao menos até os anos 1970, quando a "sociologia da escolha racional" começou a se afirmar.

Para dar conta do desenvolvimento da Sociologia Econômica, os analistas identificam ao menos três grandes períodos, cujas datas e avaliações variam conforme o olhar incida sobre a Europa ou sobre os Estados Unidos. O período 1890-1920 é reconhecido como crucial, devido à contribuição dos fundadores da Sociologia. Para certos analistas, entre os quais Swedberg (1987), os anos 1920-1960 representam um segundo período pouco interessante. A Sociologia Econômica contentava-se então em "simplesmente retomar idéias antigas", encetando assim o descrédito de seus postulados, do final dos anos 1930 até o início dos anos 1960. Ao longo desse período, fragmentou-se cada vez mais em subespecializações: Sociologia do trabalho, do desenvolvimento, da empresa, das organizações, entre outras. Uma institucionalização mais tardia em relação à da Ciência Econômica e à da Ciência Política explicaria por que a Sociologia teria entrado nas universidades norte-americanas como "ciência dos restos".

Embora sua institucionalização na Europa tenha sido posterior, a Sociologia Econômica aí teria continuado interessante, permanecendo inscrita em uma Sociologia geral e mantendo relações mais estreitas com os economistas heterodoxos. Destacam-se, assim, os trabalhos da escola francesa de Sociologia, principalmente os de Mauss, sobre a troca e a dádiva (1923-1924), de Halbwachs, sobre as classes sociais e o consumo (1933), e de Simiand (1932-1934), sobre a evolução dos salários, a moeda e as mentalidades econômicas. Do mesmo modo, impõe-se a contribuição sociológica do economista austríaco Schumpeter (1833-1959), principalmente sobre o capitalismo, o empreendedor e as inovações, na sequência da obra de Weber. Após emigrar para os Estados Unidos, em 1932, o economista austríaco constituiria, nos anos 1980, uma fonte de inspiração para os neo-schumpeterianos e para os evolucionistas (Nelson e Winter, Freeman, Perez, Dosi, Lundwall), sobretudo na questão dos sistemas de inovação (Lévesque, Bourque e Forgues, 2001). Fortemente inspirado pela Antropologia, Polanyi (1886-1964), que deixou a Áustria em 1934, depois a Inglaterra em 1943, trocando-a pelos Estados Unidos, contribui com um conjunto de noções na linha dos fundadores, principalmente as de encastramento social da economia e de princípios econômicos plurais. *A Grande Transformação* (1944) representa, assim, uma fonte de inspiração importante para a nova Sociologia econômica e para a outra economia (Laville, 1994). Enfim, *Economia e Sociedade* (1956), escrito por Parsons e Smelser, recoloca a análise da economia no âmbito de uma teoria geral da sociedade que repousa sobre quatro sistemas (sistema econômico, sistema político, sistema cultural e sistema de integração social), interligados por relações de troca que produzem uma espécie de equilíbrio geral. Além de apresentar certa contaminação econômica, essa Sociologia estrutural-funcionalista permaneceu abstrata demais para alimentar uma verdadeira programação de pesquisa. Malgrado essas contribuições maiores e a influência do marxismo, a Sociologia Econômica do Pós-Segunda Guerra Mundial não conseguiu "encontrar espaço no campo econômico" compartilhado pela microeconomia neoclássica, com seus modelos matemáticos aplicados ao mercado, e pela macroeconomia de inspiração keynesiana para o estudo das políticas econômicas (Cusin e Benamouzig, 2004, p. 442).

Dois acontecimentos extraordinários – um ao final dos anos 1960 e outro nos anos 1980 – favoreceriam o nascimento de uma nova Sociologia Econômica. O primeiro foi resultante da formação de novos movimentos sociais (de estudantes, mulheres, ecologistas), que passaram a pleitear autogestão, qualidade de vida, criatividade e auto-realização. Essas reivindicações, cuja satisfação vai além da distribuição dos ganhos de produtividade, contribuíram para a ruptura do compromisso fordista, invalidando imparcialmente as abordagens de Keynes e da reprodução funcionalista e marxista. O segundo acontecimento foi provocado pelas políticas neoliberais, que apontam a intervenção do Estado como principal causa dos problemas econômicos. Embora a crise dos Estados-providência e a escalada do desemprego representassem ameaças para as conquistas anteriores, elas também convidaram à resistência e à busca de alternativas, como atestam a altermundialização e a altereconomia (Laville, 1994). Nesse contexto de "grande transformação", a Sociologia Econômica reataria com a tradição clássica e elucidaria a diversidade das configurações "Estado, mercado e sociedade civil".

**3.** Admitindo-se que a ciência econômica neoclássica forneça, aos atores-chave do capitalismo, representações que contribuam à realização de seus progressos, a nova Sociologia Econômica responde a uma dupla demanda – uma crítica ao neoliberalismo e uma busca por alternativas concretas. Ela também esclarece, de modo pertinente, as mutações dos anos 1990, sobretudo com o surgimento de uma nova economia e de um "novo espírito do capitalismo" (Boltanski e Chapiello, 1999).

Uma economia relacional que repouse sobre o saber e os serviços mobiliza, mais do que antes, fatores extra-econômicos e não-mercantis, como a pesquisa, a formação e a qualidade do meio ambiente. Essa mobilização supõe haver uma reconfiguração do Estado e de suas modalidades de intervenção centradas em uma oferta integrada, novos modos de regulação que apelem à sociedade civil, modos de governança mais horizontal e novas solidariedades. A Sociologia Econômica revela, outrossim, que as formas de coordenação são múltiplas, incluindo não somente o mercado (mão invisível) e a hierarquia (mão visível dos administradores), mas também o Estado, as associações, as redes, as comunidades. A importância da complexidade e da diversidade da configuração "Estado, mercado e sociedade civil" mostra bem a "diversidade dos capitalismos" e dos "modelos nacionais de desenvolvimento", inclusive nas comparações Norte-Sul.

Da mesma maneira, os trabalhos sobre a economia social e solidária permitem compreender como a atividade econômica repousa sobre diversos princípios econômicos (mercantis, não-mercantis e não-monetários) cuja articulação não garante o bem comum, a não ser apelando para a democracia representativa e deliberativa, o que evidencia as dimensões políticas da outra economia. Esses princípios plurais também estão presentes no capitalismo, mas não são reconhecidos, por falta de democracia econômica. As associações, as empresas sociais e as iniciativas da sociedade civil, no campo da economia, suscitam questões relativamente novas não somente sobre as relações entre a economia e o político, mas também sobre a natureza de cada uma dessas esferas e sobre sua permeabilidade. Assim, a economia é manifestamente ampliada para incluir o não-mercantil e o não-monetário, enquanto o político se expressa tanto por meio do espaço público quanto pela relação com o Estado, de modo que a questão social pode então ser relacionada à economia. Enfim, os novos riscos econômicos e sociais propiciam o início de um desenvolvimento sustentável e justo, por intermédio da regulação do mundo assegurada por instituições internacionais que respeitem a democracia.

A Sociologia Econômica fez progressos inegáveis desde o final do século XX, interessando-se pelo núcleo duro da Economia. Entretanto, numerosas abordagens e subespecializações conservam-se fragmentadas, tornando mais complexa e difícil a integração dos novos saberes assim produzidos (SMELSER e SWEDBERG, 1994). O desafio de integração permanece ainda mais difícil porque não há consenso sobre a direção a se tomar, como indicam propostas frequentemente discordantes sobre a formação de uma Sociologia Geral da Economia, de uma Sociologia Econômica que se erigiria como disciplina, de uma Socioeconomia aberta às diversas disciplinas interessadas pela Economia.

Cabe indagar se, uma vez que toda Sociologia Econômica inscreve-se em uma Sociologia geral, a tarefa de integração dos conhecimentos sociológicos não tangeria igualmente à Sociologia geral, ela própria fragmentada em diversas tradições. Por outra via, pode-se inquirir se as noções de economia social e de encastramento social da economia, cada vez mais empregadas, não seriam tão ambíguas quanto a corrente "economia e sociedade".

Ademais, essas noções não supõem ser a economia externa à sociedade, mas afirmam justamente o contrário. As proposições de Polanyi (1983), sobre o desencastramento da economia moderna, e de Granovetter (2000), sobre seu encastramento nas redes, podem se reconciliar, já que o primeiro autor considera o "próprio princípio do mercado" como tipo ideal tal como definido pelos economistas, enquanto o segundo debruça-se sobre os "mercados concretos", cujo funcionamento mobiliza as redes e as relações pessoais. Sob um ponto de vista político, essas duas posições divergem: uma questiona uma "economia de mercado", que se tornou "sociedade de mercado", ao passo que a outra aceita que o mercado "instrumentalize" as relações sociais para suas próprias finalidades. Essa controvérsia mostra claramente a importância de se considerar o mercado no âmbito de um capitalismo responsável pela questão social, por intermédio da autonomização de esfera econômica.

## BIBLIOGRAFIA

Boltanski, L.; Chapiello, M. E. (1999), *Le nouvel esprit du capitalisme*, Paris: Gallimard.

Bourdieu, P. (2000), *Les structures sociales de l'économie*, Paris: Seuil.

Caillé, A. (1994), Prefácio. In: Swedberg, R., *Une histoire de la sociologie économique*, Paris: Desclée de Brouwer.

Cusin, F.; Benamouzig, D. (2004), *Economie et sociologie*, Paris: PUF.

Durkheim, E. (1895), *Les règles de la méthode sociologique*, Paris: PUF; Quadrige 2.

Gislain, J. J.; Steiner, P. (1995), *La sociologie économique, 1890-1920*, Paris: PUF.

Granovetter, M. (2000), *Le marché autrement*: les réseaux dans l'économie, Paris: Desclée de Brouwer.

Laville, J.-L. (Dir.) (1994), *L'économie solidaire*: une perspective internationale, Paris: Desclée de Brouwer.

Lévesque, B.; Bourque, G.; Forgues, E. (2001), *La nouvelle sociologie économique*: originalité et diversité des approches, Paris: Desclée de Brouwer.

Parsons, T.; Smelser, N. J. (1956), *Economy and society in the integration of economic and social theory*, Glencoe III: Free Press.

Polanyi, K. (1983), *La grande transformation*: aux origines politiques et économiques de notre temps, Paris: Gallimard.

Smelser, N. J.; Swedberg, R. (Ed.) (1994), *The handbook of Economic Sociology*, Princeton: Princeton University Press; New York: Russell Sage Foundation.

Swedberg, R. (1987), *Une histoire de la sociologie économique*. Paris: Desclée de Brouwer.

Trigilia, C. (2002), *Sociologie économique*: État, marché et société dans le capitalisme contemporain, Paris: Armand Colin.

Weber, M. (1959), *Essai sur la théorie de la science (1918)*, Paris: Plon.

## SOLIDARIEDADE
Jean-Louis Laville

**1.** O conceito moderno de solidariedade remete a dois projetos diametralmente opostos, sendo, portanto, impossível apresentar uma acepção unificada. A solidariedade filantrópica corresponde ao primeiro deles, remetendo à visão de uma sociedade ética na qual os cidadãos, motivados pelo altruísmo, cumprem seus deveres uns para com os outros voluntariamente. A segunda forma é a versão da solidariedade como princípio de democratização societária, resultando de ações coletivas.

A solidariedade filantrópica concentra-se na "questão da urgência" e na preservação da paz social, concepção que tem por objeto o alívio dos pobres e sua moralização por meio do emprego de ações paliativas. A dádiva aqui não se submete a outras regras capazes de estabilizar suas condições de exercício senão àquelas emitidas pelos doadores, podendo assim converter-se em instrumento de poder e dominação. A inclinação a ajudar outrem, valorizada como um elemento constitutivo da cidadania responsável, implica a ameaça de uma "dádiva sem reciprocidade" (Ranci, 1990). A única contrapartida possível é a gratidão sem limites, estabelecendo-se uma dívida que jamais pode ser honrada pelos beneficiários. Os vínculos de dependência pessoal que a solidariedade filantrópica promove firmam o risco de se colocarem os donatários em situações de inferioridade. Em outras palavras, ela porta um dispositivo de hierarquização social e de manutenção das desigualdades apoiado nas redes societárias de proximidade.

A segunda forma de solidariedade baseia-se tanto na ajuda mútua, como na expressão reivindicativa, tangendo, ao mesmo tempo, à auto-organização e ao movimento social. Esta segunda versão supõe haver uma igualdade de direito entre as pessoas que nela se engajam. Pressupondo a liberdade de acesso ao espaço público para todos os cidadãos, ela se empenha em aprofundar a democracia política mediante uma democracia econômica e social.

É verdade que a solidariedade filantrópica desempenhou um papel importante, como atestam as variadas formas de patronato e paternalismo desenvolvidas no século XIX. No entanto, foi a amplitude da mobilização do registro da solidariedade democrática que marcou a história francesa e a de outros países europeus e sul-americanos, comparando-as a contextos anglo-saxões.

**2.** Quanto à história do conceito de solidariedade democrática na França, duas etapas podem ser distinguidas. A solidariedade é um termo que Leroux introduz na Filosofia a fim de demarcar o vínculo social-democrático da caridade. Segundo o autor, "a natureza não criou um único ser para si mesmo [...] ela os criou uns para os outros e colocou entre eles uma solidariedade recíproca" (Leroux, 1841, p. 170). A despeito do cunho datado dessa teologia política, é importante reter dela a forte crítica, tanto da filantropia como de uma visão organicista da sociedade. Para subtrair-se a um individualismo competitivo, bem como a um estatismo autoritário, Leroux insiste no estabelecimento de uma comunicação entre o Estado e a sociedade que supõe grupos intermediários. O autor conta com redes de solidariedade que passam pela oficina e com associações ou a imprensa para manter o espírito público indispensável à democracia. Seu pensamento entra em consonância com os movimentos da época que se engajam na busca por uma nova economia: a organização do trabalho a ser encontrada dará a oportunidade de se constituírem entidades produtivas que inscrevam a solidariedade na economia.

Em frente aos limites impostos a essa primeira abordagem após os eventos de 1848, uma outra concepção da solidariedade democrática vem suceder-lhe, ao mesmo tempo prolongando-a e com ela rompendo (LA REVUE DU MAUSS, 2000). A solidariedade democrática continua, é verdade, demonstrando uma recusa à posição liberal, que reduz o vínculo societário à troca contratual. A despeito dessa permanência, o solidarismo defendido por políticos, juristas ou sociólogos é diferente. Ele repousa na idéia de uma dívida social que o indivíduo contrai, por ser membro da sociedade, a qual o induz a assumir um "quase-contrato" com seus semelhantes. Esse não é um compromisso interindividual voluntário, mas um compromisso firmado perante a coletividade, cujo respeito o Estado deve assegurar por obrigação.

Como indica Bourgeois (1998, p. 22-23), "o dever social não é uma pura obrigação de consciência, é uma obrigação fundada em direito, a cuja execução não é possível subtrair-se sem uma violação de uma regra precisa de justiça", e o Estado pode impor essa regra "à força, se necessário", a fim de garantir "a todos, assim, sua parte legítima no trabalho e nos produtos". A intervenção do Estado emancipa as dependências pessoais ao viabilizar o acesso ao direito, mas reforça "seu poder tutelar" e "seu papel central de dar forma à sociedade" (LAFORE, 1992). A noção de solidariedade ganha novo sentido e mostra-se, para os republicanos, como o meio de se reconciliarem os direitos individuais e a responsabilidade do Estado; em contrapartida, ela avalia a preeminência da economia de mercado, na qual o Estado apóia-se para captar os meios necessários à realização das funções sociais cuja responsabilidade assume por meio da redistribuição pública.

Ilustrando o triunfo da segunda concepção, o direito *do* trabalho substitui o debate *sobre* o direito ao trabalho. A quitação da dívida social inclui agora o trabalho, que não é mais um contrato, mas um *status*, já que proporciona direitos sociais. A partir da segunda metade do século XIX, a solidariedade, na condição de princípio organizador da resistência à expansão sem limites do mercado, exprime-se sobretudo pelas proteções vinculadas ao emprego assalariado em um âmbito nacional (CASTEL, 1995). Nas condições atuais, a solidariedade não pode ser limitada a esse aspecto, haja vista os obstáculos à consecução de um trabalho "digno". Ela tampouco pode ser atingida a troco de uma redistribuição indexada pelo crescimento do mercado, tendo em vista os desgastes ecológicos que somente podem ser combatidos via formas de intervenção as quais supõem coordenações transnacionais. Isso leva a questionar a expansão da solidariedade horizontal em relação aos pobres e a consideração da solidariedade vertical, entre as gerações. O "princípio responsabilidade" (JONAS, 1998) reclama uma intensificação da solidariedade a partir desses dois eixos, subentendidos na noção de desenvolvimento sustentável. Embora haja um aparente consenso, apresentam-se dois projetos divergentes quanto às formas de solidariedade implicadas: um baseia-se na reatualização de uma versão filantrópica da solidariedade; o outro se apóia em uma adaptação da versão democrática.

3. No projeto baseado na volta da solidariedade filantrópica, as variáveis sociais e ecológicas constituem externalidades. Elas somente são integradas a esse projeto mediante sua internalização, ou seja, a fixação de um equivalente monetário (criação de mercado de direitos de poluição, medidas fiscais de incentivo, etc.). O objetivo dessa "indexação" é influenciarem-se os agentes econômicos quanto a suas escolhas de produção e de consumo. A contradição entre dinâmica econômica e variáveis socioecológicas pode ser superada por mecanismos corretores internos à economia de mercado, única capaz de gerar os antídotos aos problemas que ela mesma ocasiona.

Essa crença na capacidade de auto-reforma do mercado é substituída pela afirmação de que somente a empresa é criadora de riquezas. O setor público e as formas de empresa nas quais a propriedade não é reservada aos detentores de capitais – aquelas agrupadas sob a denominação de economia social – são considerados como possuidores de privilégios os quais convém reduzirem-se para se restaurar uma concorrência justa e transparente. Ou os setores público e social alinham-se às empresas privadas, mediante a adoção de critérios de mercado ou de quase-mercado, únicos capazes de verificar a eficácia e a eficiência, ou eles reivindicam sua singularidade. Neste caso, seu domínio de ação deve ser extremamente limitado, centrado nas populações empobrecidas, a assistência prestada pelo serviço público devendo ser completada pela intervenção caritativa de outras associações de caráter privado (Medef, 2002).

Nessa concepção de empresa privada, a responsabilidade social é alternativa à ingerência pública. Perante a ascensão incipiente de novas regulações públicas, inclusive internacionais, a auto-responsabilização da empresa em se tratando de questões sociais e ecológicas sugere que uma via baseada no voluntariado da conduta ética possa se mostrar mais adequada. Essa auto-responsabilização implica reestruturar-se a lógica de potência de grandes grupos internacionais, mostrando-lhes que sua capacidade de autocontrole pode evitar uma intervenção externa virtualmente prejudicial a suas metas. A relegitimação de atores econômicos cujas decisões em matéria de meio ambiente ou de emprego são contestadas tem também uma função interna (Salmon, 2002): tranquilizar os assalariados, que poderiam se questionar sobre os fenômenos de exclusão e de risco ecológico. A empresa oferece provas de sua benevolência quanto à sociedade, o que a autoriza a enunciar injunções morais relativas à atitude de cada funcionário. À abstração das declarações societárias, associa-se um conjunto de recomendações que tangem à vida cotidiana do assalariado. Nesse quadro filantrópico, o desenvolvimento sustentável pode resultar em uma espécie de enquadramento pelo mercado, as empresas assumindo externalidades negativas e aparecendo como responsáveis frente à sociedade.

A concepção democrática da solidariedade, por sua vez, reinsere a economia em seu papel de meio destinado a atingir fins de justiça social e de sustentabilidade ecológica. Essa reinscrição em uma interrogação teleológica acerca da convivência dos homens supõe que sejam empiricamente asseguradas ao menos duas condições quanto ao quadro institucional em que se encontra a economia.

A primeira condição aponta que um conjunto de regras cujo objetivo seja "socializar" o mercado e restringir seu acesso a estoques limitados de recursos não-renováveis pode ser legitimamente estabelecido, o que implica arbitragens públicas. Os mercados são compatíveis com instituições reguladoras que não se limitam a uma internalização das externalidades negativas, mas manifestam uma vontade coletiva de se inscrever o mercado na ordem democrática. O "enquadramento" institucional dos mercados, além disso, deve ser completado por um "transbordamento" (CALLON, 1999) proveniente da mobilização de uma pluralidade de lógicas de ação e de princípios econômicos. O surgimento da atividade econômica unicamente a partir do mercado resulta, de fato, na adoção de uma perspectiva "individualista", "atomista". Essa perspectiva pode ser relativizada pela diversidade dos princípios econômicos e formas de propriedade, enriquecendo o repertório das ações de dimensão econômica.

No projeto da concepção democrática da solidariedade, um desenvolvimento sustentável só pode ser traduzido em avanços constatáveis pela ótica do revigoramento das esferas não-mercantis e não-monetárias articuladas a mercados regulados. Ao contrário do projeto anterior, que alegava a unicidade da empresa e do mercado, essa versão do desenvolvimento sustentável tem condições de fundar discussões públicas sobre as evoluções econômicas em prol do fortalecimento de uma economia plural. Esta economia apresenta-se como o vetor indispensável para a instauração de uma forma de desenvolvimento mais solidária. Uma economia plural, tanto pelos princípios econômicos, quanto pelas formas de propriedade, e cuja pluralidade seja valorizada como uma riqueza, pode traçar os caminhos de uma solidariedade democrática reorganizada. Sob esse ponto de vista, a possibilidade de se relegitimar o serviço público democratizando seu funcionamento pode se sustentar na estabilização de uma economia social e solidária, cujos componentes mais dinâmicos foram criados para inserir a economia em normas sociais e ecológicas. A solidariedade democrática não pode mais se limitar ao nível nacional e ao trabalho; continuando presente nesses planos, ela somente pode atingir sua finalidade de justiça abrindo-se aos níveis local e internacional, sendo exercida sempre em favor dos pobres e entre as gerações.

**4.** A escolha reatualizada entre as formas de solidariedade culmina no questionamento da definição formal da economia (POLANYI, 1977), assumida desde o advento da economia neoclássica. Enquanto grandezas como produtividade e crescimento, emblemáticas de tal definição, perdem seu relevo e até sua pertinência, a questão das consequências sociais e ambientais da atividade econômica praticamente não pode mais ser ignorada. Uma primeira resposta ao problema consiste em internalizar as externalidades e em completar essa reorganização do mercado por meio de uma ética mantida por empresas conscientes de suas responsabilidades sociais e ambientais. Neste caso, pela primeira vez, a ética – que antes provinha da esfera religiosa ou filosófica – é concebida a partir da esfera econômica. Essa ética, da qual se vale agora a empresa, fragiliza a intervenção das instâncias políticas no mundo econômico. Após uma longa história da limitação da economia pela solidariedade democrática, o que se propõe é uma solidariedade filantrópica marcada pela consciência da responsabilidade cidadã das elites. A outra resposta concerne a uma abordagem extensiva da economia. Nela, a dimensão ética não é mais delegada à empresa, mas é objeto de uma deliberação e de uma negociação coletivas.

O que alimenta concretamente esse debate é a pluralidade das lógicas econômicas. O cuidado a elas associado, de se considerar a economia em seus meios social e natural, evoca a abordagem que Polanyi classificava como substantiva, na qual a economia é concebida apenas como um meio a serviço de finalidades humanas que dependem de uma escolha política. Na acepção democrática da solidariedade, a reflexão moral não poderia ser separada do debate sobre os fins legítimos no espaço público. Filantropia ou democracia, trata-se de uma alternativa recorrente há dois séculos, cuja persistência é confirmada pela amplitude das questões sociais e ecológicas.

### BIBLIOGRAFIA

Bourgeois, L. (1998), *Solidarité*, Paris: Presses Universitaires du Septentrion.

Callon, M. (1999), La sociologie peut-elle enrichir l'analyse économique des externalités? Essai sur la notion de débordement. In: Foray, D.; Mairesse, J. (Ed.), *Innovations et performances*: approches interdisciplinaires, Paris: Éditions de l'École des Hautes Études en Sciences Sociales.

Castel, R. (1995), *Les métamorphoses de la question sociale*, Paris: Fayard.

Chanial, P.; Laville, J.-L. (2002), L'économie solidaire: une question politique. *Mouvements*, Paris: La Découverte, n. 19, jan./fév.

Jonas, H. (1998), *Le principe responsabilité*, Paris: Garnier-Flammarion.

La Revue Du Mauss (2000), *L'autre socialisme*: entre utilitarisme et totalitarisme, Paris: La Découverte, n. 16, second sem.

Lafore, R. (1992), Droit d'usage, droit des usagers: une problématique à dépasser. In: Chauviere, M.; Godbout, J. T., *Les usagers entre marché et citoyenneté*, Paris: L'Harmattan.

Leroux, P. (1841), *Aux philosophes*, Paris: Lesourd.

Medef (2002), *Concurrence*: marché unique, acteurs pluriels. Pour de nouvelles règles du jeu, Paris: Mouvement des Entreprises de France.

Polanyi, K. (1977), *The livelihood of man*. Ed. by Harry W. Pearson, New York: Academic Press.

Ranci, C. (1990), Doni senza reciprocità. La persistenza dell'altruismo sociale nei sistemi complessi, *Rassegna Italiana di Sociologia*, XXXI, n. 3, luglio/sett.

Salmon, A. (2002), *Ethique et ordre économique*: une entreprise de séduction, Paris: CNRS Editions.

## TECNOLOGIA SOCIAL
Renato Dagnino

**1.** Tecnologia social (TS) é o resultado da ação de um coletivo de produtores sobre determinado processo de trabalho engendrado pela propriedade coletiva dos meios de produção, pelo controle autogestionário e pela cooperação voluntária e participativa, permitindo a redução do tempo necessário ao fabrico dos produtos e a repartição concertada dos resultados. Esse conceito, gerado no Brasil, compreende "produtos, técnicas ou metodologias reaplicáveis, desenvolvidas na interação com a comunidade e que representem efetivas soluções de transformação social" (REDE, 2008). Tal definição reflete a correlação de forças existente no conjunto ideologicamente heterogêneo de atores envolvidos com a TS, o qual abriga desde os que entendem a TS como um elemento vinculado às propostas de responsabilidade social empresarial até os que labutam em prol da construção de uma sociedade socialista. Essa heterogeneidade talvez explique por que a TS venha sendo tão amplamente difundida no Brasil, conquanto não haja um conceito adequado para se abordar o seu objetivo principal, qual seja, o desenvolvimento de tecnologias alternativas à tecnologia convencional (TC) produzida pela e para a empresa privada.

Embora associada aos movimentos sociais e, especialmente, à economia solidária, a definição de TS apresenta uma nítida fragilidade analítico-conceitual. Ela ainda não indica os elementos essenciais que garantiriam sua plena aplicabilidade (que não se resume à dimensão econômica). Esses elementos dizem respeito a um conjunto de indicações de caráter sociotécnico alternativo ao atualmente hegemônico capaz de orientar as ações de fomento, planejamento, capacitação e desenvolvimento de TS dos implicados com esses empreendimentos: gestores das políticas sociais e de C&T, professores e alunos atuantes nas incubadoras de cooperativas, técnicos de institutos de pesquisa, trabalhadores ou outros agentes.

Outro inconveniente daquela definição é que ela abrange procedimentos que pouca ou nenhuma ligação possuem com o ambiente produtivo (ou com o processo de trabalho), o qual é o que efetivamente estabelece as relações econômico-sociais causadoras da exclusão e deve ser transformado por meio da TS. Essa discordância acerca da ampliação do conceito de tecnologia é especialmente problemática; talvez os movimentos sociais atribuam a denominação de "tecnologias" às metodologias alternativas por eles propostas a fim de granjearem o merecido apoio e respeitabilidade que eles merecem.

Por fim, assinala-se que essa definição não está à altura da maneira radical com que a TS vem sendo tratada em diversas instâncias. Destacam-se os fóruns que a discutem, os locais em que vem sendo adotada como agenda de pesquisa e extensão e os espaços governamentais onde começa a ser vista como um meio para promover a inclusão social, mesmo que ela não esteja consignada à produção dos autores que tratam da Economia Solidária (ES).

**2.** O surgimento da TS como tecnologia alternativa à convencional ocorreu no Brasil recebendo essa designação no início da década de 2000. Seus atores estavam preocupados com a crescente exclusão social, precarização e informalização do trabalho e animados pela percepção de que era necessária uma tecnologia que pudesse contribuir à solução desses graves problemas sociais. A crítica à tecnologia convencional, que tem em Mahatma Ghandi um de seus pioneiros, está associada à proposta da tecnologia intermediária de Schumacher (1973) e alcança seu auge com o movimento da tecnologia apropriada (TA) nos EUA, embora as ações que esse movimento ensejou tenham sido criticadas devido a sua pouca eficácia.

Algumas críticas já haviam sido explicitadas nos círculos dos analistas da política de ciência e tecnologia (STEWART, 1987; SACHS, 1976; DAGNINO, 1976). Na América Latina, o tema permaneceu praticamente invisível, sendo ignorado pela comunidade de pesquisa. A crítica à TA tinha como foco principal a idéia de que ela poderia ser produzida por pesquisadores, "ofertada" por meio de bancos de dados e "demandada" pelos pobres do campo e da cidade. Atacava-se também a noção de que, para desenvolver a TA, bastava utilizar o conhecimento "armazenado" na universidade, tentando adaptá-lo (ou simplificá-lo) para que sua aplicação evitasse os impactos negativos habitualmente causados pela TC, entre eles a demanda por mão-de-obra "qualificada", o alto custo de capital por posto de trabalho gerado, o desemprego, a marginalização, o uso intensivo de insumos sintéticos, a degradação ambiental, etc.

Determinados autores sustentavam que seria ingenuidade supor que uma tecnologia alternativa pudesse modificar práticas culturais e estruturas de poder indesejáveis. Outros argumentavam que a TA poderia se converter em algo significativo pela simples passagem do ambiente politicamente correto dos cientistas bem-intencionados dos países avançados para o espaço da *policy* e da *politics* da C&T dos países periféricos, revelando o posicionamento de que, se a TA não fosse "demandada" por um ator com força política, ela permaneceria como uma curiosidade ou benemerência tecnológica. No contexto sociopolítico latino-americano de então, esse ator seria o Estado.

A reflexão que se seguiu a esse momento de crítica ao movimento da TA desdobrou-se por meio de duas vertentes. A primeira mantinha a idéia de, partindo das características da TC, conceber, por exclusão ou negação, aquelas que a TS deveria possuir. Por adotar a perspectiva dos Estudos Sociais da Ciência e Tecnologia (ESCT), essa via foi capaz de colocar em discussão os obstáculos ao desenvolvimento da TS e as ações que deveriam ser realizadas visando à sua neutralização. Por entender a C&T como construções sociais "negociadas", essa vertente sugeria a conscientização dos atores envolvidos na produção e a utilização do conhecimento tecnocientífico. Ademais, por perceber a necessidade de que a TA fosse "demandada" por atores com força política, seus defensores apontavam como aliados, no campo produtivo, as cooperativas e fábricas recuperadas, no político, os gestores das políticas sociais e de C&T, e, no cognitivo, os professores, alunos e técnicos de institutos de pesquisa, em especial os que militavam nas incubadoras universitárias de cooperativas. Destacavam haver, para esses e outros atores e preocupações, um espaço agregativo, os Empreendimentos Solidários (ESs), entendidos como um motor crucial da TS.

Os ESs eram assim concebidos por serem, mais que "demandantes" de TS, participantes, no terreno mesmo da produção material, da sua geração. Além disso, os ESs significavam uma alternativa radical, dado atuarem nesse terreno essencial para o questionamento estrutural da forma de produção capitalista. Se apoiados na TS, os ESs poderiam ensejar uma revitalização das formas associativas e autogestionárias que a classe trabalhadora historicamente vinha privilegiando para organizar a produção material e resistir ao avanço do capital. Em função dessas ponderações, essa vertente considerava os ESs como uma vanguarda do movimento social brasileiro.

A segunda vertente propunha um marco analítico-conceitual para abordar a TS a partir de idéias que haviam surgido e disseminado-se no campo dos ESCT após o auge do movimento da TA. Destacavam-se oito contribuições teóricas que, embora geradas independentemente entre si e não-ligadas ao movimento da TA, permitiam avançar em direção ao que se desejava construir. Tratava-se daquele já mencionado conjunto de indicações de caráter sociotécnico para o desenvolvimento da TS, as quais permitiam:

a) recuperar a noção, hoje obscurecida pela teoria da inovação e pelo neoliberalismo, de que a TC teria como objetivo aumentar a mais-valia apropriada pelo empresário e, só depois disso e se ele achasse conveniente, acirrar a competição intercapitalista, que poderia elevar a competitividade do país e evitar o desemprego;

b) explicitar a relevância da propriedade privada dos meios de produção na determinação das características da TC (BRAVERMAN, 1987);

c) mostrar como a ciência (BLOOR, 1998) e a tecnologia (PINCH e BIJKER, 1990) seriam construções sociais negociadas entre atores e não um resultado de uma busca pela verdade e eficiência;

d) trazer, para a reflexão sobre as alternativas à TC, a idéia de tecnociência;

e) negar, por meio da crítica à percepção do marxismo ortodoxo sobre a neutralidade da ciência e o determinismo tecnológico, a possibilidade de que a tecnologia capitalista viesse a servir para a construção de um projeto político alternativo;

f) politizar a idéia da construção social da tecnologia mediante a incorporação da Teoria Crítica e, negando seu componente determinista, argumentar que atores sociais contra-hegemônicos poderiam alterar as características da TC (FEENBERG, 2002);

g) incorporar um conteúdo de classe ao processo de reprojetamento (*redesigning*) da TC, que deveria ocorrer mediante a contaminação dos ambientes onde a C&T

fosse produzida, com valores e interesses distintos aos do capital (Lacey, 1999);

h) sinalizar os obstáculos advindos do modelo cognitivo e da dinâmica de funcionamento da política de C&T e de ensino superior para o avanço do movimento de TS e para seu desenvolvimento (Varsavsky, 1969);

i) introduzir o diagnóstico acerca dos obstáculos que a dependência cultural e a "condição periférica" latino-americanas interpunham à geração autóctone de tecnologia (Herrera, 1975);

j) advertir sobre o modo como o desconhecimento dos fatores evidenciados pelas contribuições mencionadas tendia a manter obscuras as oportunidades, os desafios e as relações sociais e cognitivas, os quais os atores envolvidos com a TS precisavam "desnaturalizar" (Dagnino, 2008);

l) assinalar a necessidade de que a disseminação dessas contribuições fosse assumida como prioritária, por serem elas uma condição para a convergência das políticas sociais e de C&T;

m) indicar que os ESs seriam sustentáveis apenas à medida que funcionassem em redes de produção e consumo (cadeias produtivas) crescentemente independentes do mercado; e, finalmente,

n) sugerir, mediante a proposta da adequação sociotécnica (Dagnino, 2008), um caminho possível para se transitar de um ambiente hegemonizado pela "cultura" da TC para um outro que viabilizasse a construção da TS.

A disseminação dessas duas vertentes, em especial da segunda, representou uma inflexão no longo processo de desenvolvimento das idéias associadas à TS. Ela não gerou, entretanto, como se discutirá em seguida, uma tendência capaz de influenciar a construção de uma "outra economia". Perduram obstáculos que se interpõem ao movimento da TS.

Um desses entraves reside na ainda escassa compreensão, por parte dos atores envolvidos com o Estado ou com a construção da "outra economia", sobre o papel que a TS pode assumir nesse processo. Em um primeiro nível mais concreto e imediato, a TS é um elemento viabilizador das "sustentabilidades" dos ESs. Em um segundo, ela se apresenta como um elemento articulador de formas de produção e organização da sociedade, alternativas àquelas engendradas pelo capital. Em um terceiro nível, mais abrangente e de longo prazo, a TS opera como o núcleo do substrato cognitivo que deverá tomar o lugar da tecnociência, a qual amalgama e galvaniza a infra-estrutura econômico-produtiva e a superestrutura político-ideológica do capitalismo, no cenário em construção da "outra economia".

Em favor da brevidade, será tratado apenas o fato de que nem aquele primeiro nível foi alcançado, o que pode ser avaliado pela quase completa ausência do tema na produção bibliográfica dos autores do campo da ES. Estes interrompem sua preocupação acerca da órbita da produção no nível das questões relativas à gestão dos empreendimentos e à organização do processo de trabalho, sem perceber a inadequação do conjunto de aspectos da TC (inclusive a sua dimensão de *hardware*) como um obstáculo à sustentabilidade dos ESs. Essa perspectiva parece resultar de uma não-assimilação da crítica contemporânea à visão neutra e determinista do marxismo ortodoxo (Dagnino e Novaes, 2007).

| Ator | contexto socioeconômico | contrato social | ambiente da produção | |
|---|---|---|---|---|
| | *Forma de propriedade* ⇨ | *Coerção* ⇨ | *Controle* ⇨ | *Cooperação* |
| produtor direto | - | - | individual | - |
| coletivo de produtores | coletiva | associativismo | autogestão | voluntária participativa |
| escravos | privada | física, pelos proprietários | coercitivo | forçada |
| vendedores de força de trabalho | privada | ideológica, pelo Estado | imposto assimétrico | taylorismo, toyotismo |

Orientar eficazmente a promoção da TS, no plano das políticas públicas e no plano cognitivo, supõe alterar a estratégia habitualmente adotada. Essa estratégia parte das implicações sociais, econômicas, políticas e ambientais negativas da TC, buscando, por exclusão ou negação, o desenvolvimento da TS. Almeja, assim, uma tecnologia que não determine essas implicações, o que coloca os envolvidos na frágil situação de tentar desenvolver algo-que-não-é aquilo que não queremos.

Tem-se procurado nesse sentido, sem abandonar a construção de uma utopia que caracteriza o movimento da TS, adotar uma estratégia inversa, formulando uma abordagem ao mesmo tempo genérica, dado que permite o entendimento de qualquer tecnologia, e específica, na medida em que está alinhada com os princípios da TS. Essa estratégia não se volta a explicar a dinâmica da inovação (ou tecnologia) de produto, mas a de processo, que mais interessa ao campo da TS. Ela parte

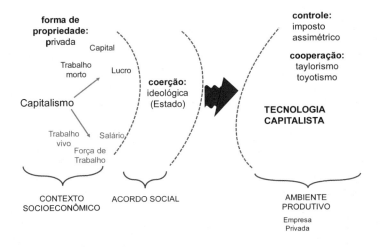

da consideração do processo de trabalho em que se envolvem os indivíduos no ambiente da produção, para derivar analiticamente as características que ele tem de assumir de modo a tornar-se funcional a um contexto socioeconômico específico e ao acordo social que este engendra.

Após explicar-se a abordagem e mostrar-se que ela elucida as características da TC a partir do contexto socioeconômico capitalista, expõe-se um procedimento inverso àquele proposto pela trajetória até agora seguida, indicando-se as peculiaridades que a TS deveria ter para tornar-se funcional à "outra economia". O quadro e o diagrama apresentados anteriormente ilustram, partindo do ambiente produtivo, seu primeiro e mais importante elemento: o controle. Entendido como a habilidade relativa ao uso de um conhecimento intangível ou incorporado a artefatos tecnológicos, ele constitui um traço inerente a qualquer processo de trabalho. O segundo, também pertencente ao ambiente produtivo, é o de cooperação (ato de agir em conjunto com outro(s) visando a um benefício percebido como mútuo), verificado em processos de trabalho grupais. O terceiro, relativo ao contrato social engendrado por um dado contexto socioeconômico, é o de coerção (ato de compelir alguém a uma ação ou escolha diretamente ou por meio de mecanismos ideológicos). O quarto, pertencente a esse contexto, corresponde à forma de propriedade dos meios de produção ou do trabalho morto (a qual, nos processos de trabalho grupais, pode ser coletiva ou privada, resultando, neste caso, na venda de força de trabalho ou trabalho vivo). A abordagem conduz a um conceito genérico de tecnologia o qual, ainda que heterodoxo e quase herético, permite entendê-la de modo mais coerente com a idéia de TS.

Tecnologia é o resultado da ação de um ator social sobre um processo de trabalho por ele controlado. Em função das características do contexto socioeconômico, do acordo social e do ambiente produtivo, esse ator é capaz de provocar uma alteração nesse processo no sentido de reduzir o tempo necessário à fabricação de um dado produto e de fazer com que a produção resultante seja dividida de acordo com seu interesse.

Na primeira linha do quadro, estão os três espaços de cujas peculiaridades resultariam os tipos de tecnologia. Na segunda, os quatro elementos adstritos a esses espaços. Na primeira coluna, encontram-se os atores típicos (um individual e três grupais) das quatro situações que se abordam. O quadro resume como é possível, em cada uma das quatro situações, derivarem as características da tecnologia.

O diagrama apresenta outra visualização da abordagem, agora particularizada para a tecnologia capitalista (ou TC). Ele evidencia que a propriedade privada dos meios de produção não é a responsável direta pelas características da TC. Ela é um elemento exógeno ao ambiente produtivo, que viabiliza o estabelecimento de tipos específicos de coerção e controle. Estes, por sua vez, implicam uma forma de cooperação que preside a concepção e utilização da TC, tecnologia que – e é esta a questão central que interessa desde o início ressaltar – pode guardar consigo esses tipos de controle e cooperação mesmo quando aquele elemento exógeno deixe de existir.

TC é o resultado de uma ação do capitalista sobre um processo de trabalho no sentido de reduzir o tempo necessário à fabricação de dado produto e de fazer com que uma parte da produção resultante possa ser por ele apropriada. Esse processo é viável em um contexto socioeconômico que engendre a propriedade privada dos meios de produção e de um acordo social que legitime uma coerção ideológica por meio do Estado, a qual enseja, no ambiente produtivo, uma cooperação de tipo taylorista ou toyotista e um controle imposto e assimétrico.

A comparação entre esse conceito e o de TS apresentado inicialmente e derivado da abordagem desenvolvida evidencia o que esta possui de original e promissor. Especificamente, trata-se da idéia de que o controle é um atributo inerente a qualquer forma de produzir, formulação coerente com a observação de que não basta, para construir formas solidárias de produção, a abolição da propriedade privada dos meios de produção. O tipo de controle que a relação social fundamentada na propriedade privada impõe fica impregnado na forma de produzir tecnologia capitalista e funciona com um obstáculo à mudança social. A consideração desse controle possui uma centralidade desproporcional à pouca importância que ele tem até agora merecido.

## BIBLIOGRAFIA

Bloor, D. (1998), *Conocimiento e imaginario social*, Barcelona: Gedisa.

Braverman, H. (1987), *Trabalho e capital monopolista*, Rio de Janeiro: Guanabara.

Dagnino, R. (1976), *Tecnologia apropriada*: uma alternativa? Dissertação (Mestrado), Departamento de Economia, Universidade de Brasília, Brasília.

\_\_\_. (2008), *Neutralidade da ciência e determinismo tecnológico*, Campinas: Editora da Unicamp.

Dagnino, R.; Novaes, H. T. (2007), As forças produtivas e a transição ao socialismo: contrastando as concepções de Paul Singer e István Mészáros, *Revista Organizações & Democracia*, Unesp, Marília, v. 8, p. 60-80.

Feenberg, A. (2002), *Transforming technology*, Oxford: Oxford University Press.

Herrera, A. (1975), Los determinantes sociales de la política científica en América Latina. Política científica explícita y política científica implícita. In: Sabato, J. (Ed.), *El pensamiento latinoamericano en la problemática ciencia-tecnología-desarrollo-dependencia*, Buenos Aires: Paidós. p. 98-112.

Lacey, H. (1999), *Is science value-free?* Values and scientific understanding, London: Routledge.

Pinch, T.; Bijker, W. E. (1990), The social construction of facts and artifacts: or how the Sociology of Science and the Sociology of Technology might benefit each other. In: Bijker, W.; Hughes, T.; Pinch, T. (Ed.), *The Social construction of technological systems*. Cambridge: MIT Press.

Rede De Tecnologia Social, *Tecnologia social*. Disponível em: <http://www.rts.org.br/tecnologia-social>. Acesso em: 21 jul. 2008.

Sachs, I. (1976), *The discovery of the Third World*, Cambridge, Mss.: MIT Press.

Schumacher, E. F. (1973), *Small is beautiful*: a study of economics as if people mattered, London: Blond & Briggs.

Stewart, F. (Ed.) (1987), *Macro-policies for appropriate technology in developing countries*, London: Westview Press.

Varsavsky, O. (1969), *Ciência, politica y cientificismo*, Buenos Aires: Centro Editor de America Latina.

# TERCEIRO SECTOR
Sílvia Ferreira

**1.** O termo *terceiro sector* é uma definição usada para descrever um conjunto de relações sociais diferentes das do Estado e do mercado. Como tal, é uma definição relacional que também depende das mudanças na natureza do Estado e das forças de mercado. É aplicado frequentemente a uma grande variedade de iniciativas, como organizações de caridade, associações, fundações, grupos de auto--ajuda, iniciativas populares de base, redes e movimentos sociais, mutualidades, cooperativas, empresas sociais e outras. Com base em tradições teóricas diferentes e com ênfases diferentes, têm sido apresentadas listas de propriedades para definir e classificar o terceiro sector. Estas podem referir-se a características organizacionais – como o carácter privado, a ausência de finalidades lucrativas, o objectivo de beneficiar a comunidade ou os seus membros, o seu carácter autogovernado e voluntário e o seu grau de organização formal –, ou a racionalidades ou valores específicos – solidariedade, participação democrática, enraizamento local. Estas perspectivas derivam de pontos de observação diferentes, não são equivalentes e o peso relativo destes valores varia nas organizações em diferentes momentos. Conforme Souza--Cabral (2007) aponta, no terceiro sector o todo é maior do que a soma das partes.

O termo tem sido usado como fórmula genérica para uma realidade mais complexa e mostra-se útil na investigação comparativa internacional. Daí que seja usado como um equivalente para definições mais locais e contextuais, como sector voluntário (Reino Unido e países nórdicos), sector não lucrativo (EUA), economia social (Europa continental), ONG e organizações de base (países do Sul), etc. O que é relevante, independentemente da designação ou do seu conteúdo específico, é o surgimento de um sector em relação com o Estado e o mercado, como um "outro" distinto da economia de mercado e do Estado, e a tentativa de observar aspectos comuns num amplo leque de iniciativas frequentemente isoladas entre si.

**2.** Há dois aspectos importantes a ter em conta na análise histórica da emergência do sector. Um é o surgimento do termo, o contexto deste surgimento e a sua semântica. Outro é a estruturação de um campo social que se inventou como sector, composto por um tipo específico de relações sociais, organizações e princípios, e o significado estratégico desta construção para um diversificado leque de actores sociais.

O surgimento do termo está ligado ao Estado-providência e ao Estado desenvolvimentista, particularmente à sua crítica, às suas crises e às suas transformações. Obviamente, muitas das iniciativas e relações designadas agora de terceiro sector existiam anteriormente, algumas precedendo a intervenção do Estado em muitas áreas, enquanto que outras cresceram em consequência de programas do Estado-providência. Porém, estas iniciativas não eram descritas como sector até à década de 1970. Nesta década, nalguns países ocidentais, o surgimento de iniciativas da sociedade que expressavam ou implicavam uma crítica tanto ao Estado como ao mercado coincidiu com uma crise financeira, económica e de legitimidade do Estado-providência e do Estado desenvolvimentista e com a busca de alternativas por parte tanto da esquerda como da direita políticas. O termo foi usado inicialmente neste contexto, tendo assumido significados e projectos políticos diferentes. Theodor Levitt usou-o pela primeira vez em 1973, nos EUA, para descrever iniciativas, entre o público e o privado, desde as organizações de caridade e associações populares até aos sindicatos e às organizações dos novos movimentos sociais. De acordo com o autor, estas iniciativas faziam, ou exigiam que fosse feito, aquilo que o Estado e o mercado não faziam ou faziam mal. Amitai Etzioni usou o termo com outro significado, designando com ele as iniciativas entre o Estado e o mercado, públicas mas não governamentais, tais como as organizações voluntárias e as fundações e as iniciativas resultantes das parcerias entre o sector público e as empresas. Segundo este autor, o terceiro sector seria a melhor solução para garantir a prestação de bens públicos permitindo manter reduzido o aparelho do Estado. Em França, as primeiras referências ao termo estiveram relacionadas com a crise do emprego e a crítica da relação salarial fordista e foram inspiradas pelas iniciativas de autonomia no trabalho. Jacques Delors utilizou-o em 1978 num relatório da Comissão Europeia sobre a criação de emprego e, em 1984, Alain Lipietz propôs que o terceiro sector (*entre l'entreprise capitaliste et la fonction publique*) fosse promovido e apoiado de modo a existir paralelo à empresa capitalista. Num contexto de pressão para a exoneração das empresas das contribuições sociais em nome do contributo para a criação e manutenção de empregos, o terceiro sector criaria a possibilidade de resistir a estas pressões promovendo alternativas de emprego.

Em muitos países a "invenção" de um sector não adoptou sempre a semântica de terceiro sector mas, em vez disso, designações locais que deram expressão a tradições nacionais. Nalguns países, como os EUA, a França e o Reino Unido, as organizações criaram estrategicamente o sector. Hall (1992) descreve este processo nos EUA como uma estratégia de autoprotecção das fundações em relação ao questionamento da sua prosperidade e do seu estatuto fiscal, motivado pelo seu apoio financeiro a grupos e movimentos sociais que questionavam a política governamental. Esta estratégia incluiu a criação de uma comissão para estudar a contribuição do terceiro sector, o estabelecimento de uma associação de cúpula e o desenvolvimento de uma identidade baseada sobretudo no estatuto legal de organizações não lucrativas. Os pesquisadores, economistas na sua maioria, desenvolveram a ideia de um sector específico com um papel próprio de compensação das falhas do mercado e do Estado. Defourny e Campos (1992) também descrevem a reemergência da economia social em França como uma estratégia de uma coligação de cooperativas, mutualidades e associações com o intuito de aumentar o seu acesso a financiamentos e ao poder político e também como reflexo das inovações sociais e económicas da década de 1960. Tal como nos EUA, estes esforços foram também apoiados por académicos com pesquisa sobre a economia social e as suas raízes históricas. Esta recuperação histórica ajuda a perceber a razão pela qual a ideia de economia social se baseia na noção de que existem outras formas de organizar as relações económicas para além do mercado (nomeadamente, a reciprocidade e a redistribuição), assim como na ênfase das falhas da perspectiva económica neoclássica (EVERS e LAVILLE, 2004). Alguns países seguiram caminhos idênticos para a estruturação do terceiro sector, mas em muitos outros ele continuou fragmentado.

A nível académico, a década de 1990 é de institucionalização do "sector", com um acréscimo significativo de pesquisa e de publicações, de lançamento de centros de pesquisa e de revistas, de criação de associações nacionais e internacionais de pesquisadores, como a *International Society for Third Sector Research*. Muita pesquisa dedicou-se a estabelecer definições e classificações, justificar ou explicar a sua existência e estudar os seus diferentes papéis de prestação de serviços, desenvolvimento económico, transição democrática, desenvolvimento de políticas, etc. Um dos aspectos mais interessantes é o enfoque multidisciplinar, com cientistas das varias áreas das ciências sociais dando conta do seu carácter multifacetado mas, ao mesmo tempo, impedindo a fixação dos estudos numa disciplina específica e contribuindo, assim, para algum subdesenvolvimento teórico.

Os estudos comparativos internacionais que criaram a ideia da importância crescente deste sector, em especial em termos do número de trabalhadores (incluindo voluntários) e de volume de rendimento gerado, ajudaram a construir o argumento sobre a necessidade de políticas de apoio ao contributo do sector para a resolução dos problemas de emprego e do fracasso das políticas sociais. O Projecto Comparativo do Sector Não Lucrativo da Universidade Johns Hopkins (http://www.jhu.edu/-cnp/), nos EUA, constitui uma proposta importante para uma definição estrutural operativa focada em características organizacionais e para uma classificação de acordo com áreas de actividade (serviços sociais, saúde, educação e investigação, desenvolvimento e habitação, cultura e recreio, militância e política, ajuda internacional, ambiente, religião e associações empresariais, profissionais e sindicatos). Desde que este projecto começou, em 1990, já foi desenvolvido em trinta e seis países, tendo, nalguns casos, permitido os primeiros estudos nacionais abrangentes e possibilitado comparações internacionais. Além disso, a capacidade de o projecto dar conteúdo à ideia internacional de sector manifestou-se no desenvolvimento de uma contabilidade satélite destinada a incluir o sector nas contas nacionais. Foi elaborado um Manual, fruto da cooperação entre os pesquisadores do projecto e a divisão de estatística das Nações Unidas e, de acordo com o sítio do projecto na internet (http://www.jhu.edu/ccss/unhandbook/), já são vinte e seis os países interessados em adoptar este Manual.

Inevitavelmente, classificações e definições seleccionam partes da realidade, o que significa que são susceptíveis de serem contestadas por valorizarem alguns aspectos e actores em detrimento de outros. Duas críticas relativas às selecções do projecto Johns Hopkins – por vezes estendidas ao conceito de terceiro sector – giram em torno dos conceitos de economia social e de sociedade civil e exprimem as tensões da construção do sector. Pesquisadores da Europa continental consideram que a exclusão de uma parte importante da economia social, nomeadamente, a maioria das cooperativas e das mutualidades, com base no critério da não lucratividade, torna o quadro analítico inadequado para realidades como a europeia e de muitos países onde iniciativas populares de produção e comercialização têm um papel fundamental no suporte das comunidades. Estes pesquisadores também rejeitam o quadro anglo-saxónico de separação e antagonismo entre o Estado e o terceiro sector, pois na Europa existe uma tradição de cooperação. A oposição encontra-se sobretudo no campo da economia, entre a economia de mercado e outras economias (Evers e Laville, 2004). De facto, mesmo no mundo anglo-saxónico a tradição de cooperação é bem mais saliente do que o mito da separação e do antagonismo deixa antever (Anheier e Kendall, 2001). Uma segunda crítica exprime-se na preferência pelo conceito de sociedade civil, considerado mais amplo e capaz de acolher aspectos que têm sido desvalorizados nas formulações e pesquisas do sector. Esta mudança reflecte transformações semânticas resultantes de um descentramento em relação ao contexto particular em que o conceito teve origem, em especial nos processos de transição democrática dos países da Europa Central e de Leste, de democratização e liberalização dos países do Sul ou, de forma mais global, nos processos de mudança do governo para a governação. Também aqui têm surgido projectos globais, como o *Civil Society Index* desenvolvido pelo CIVICUS (http://www.civicus.org/new/CSI_home.asp). Argumentam alguns dos seus autores, num debate no *Journal of Civil Society* (vol. 1(3), 2005), que o conceito de sector não lucrativo se centra em demasia nos aspectos económicos e organizacionais, enquanto o conceito de sociedade civil permite focar o lado político destas iniciativas.

Contudo, estas discussões não esgotam a realidade do terceiro sector. Em cada país, de acordo com as suas tradições políticas, existe uma ampla variedade de relações e de articulações que se tornam perceptíveis nos estudos nacionais. No entanto, elas ilustram a luta pelas definições e a importância estratégica destas no que se refere à criação de quadros institucionais que favoreçam determinadas iniciativas e racionalidades em detrimento de outras. Partindo do conceito de "economia imaginada" de Jessop (2004), podemos considerar algumas implicações concretas destes debates. Desde o momento em que o terceiro sector é oficialmente reconhecido torna-se objecto de cálculo económico e de regulação e, ao ser valorizado pelo seu contributo para o desenvolvimento económico ou para a compensação das políticas sociais (e não para a cooperação, solidariedade, actividade voluntária ou filantrópica), torna-se parte da "economia imaginada" e é mobilizado como instrumento de apoio à viragem para o neoliberalismo.

**3.** No contexto actual dos debates sobre as definições de terceiro sector ou sobre o seu lugar estrutural, como Santos o designa (2006), algumas propostas têm tentado apreender e compreender a sua heterogeneidade através de quadros analíticos que dêem conta das características específicas das iniciativas em contextos particulares, seja em termos das diferenças nacionais seja em termos da heterogeneidade do sector nos diferentes países. Por exemplo, Salamon e Anheier (1998) desenvolvem uma teoria das "origens sociais da sociedade civil", procurando explicar as diferenças nacionais de acordo com a mobilização de recursos das classes sociais e as instituições existentes. Os autores europeus, indo beber quer às teorias das economias mistas de bem-estar quer às teorias sobre a economia plural, desenvolveram abordagens que têm em conta a variedade interna do terceiro sector (Evers e Laville, 2004). O terceiro sector foi então descrito como ocupando uma posição intermédia dentro de um espaço delimitado por um triângulo cujos vértices são o mercado, o Estado e a comunidade, parte da esfera pública na sociedade civil, interagindo com as instituições e racionalidades nos três vértices e na sociedade civil e sendo influenciado por umas e outras (Evers e Laville, 2004). Assim, diferentes organizações do terceiro sector apresentam misturas particulares destas racionalidades consoante as relações específicas. Daí que a pesquisa também tenha assinalado a variedade dentro das organizações, que têm sido descritas como híbridas, misturando diferentes princípios e racionalidades. Outros autores desenvolveram ideias idênticas, notando que a característica principal do terceiro sector é a mistura de princípios económicos diferentes e racionalidades sociopolíticas distintas (Evers e Laville, 2004, Enjolras, 2002). Estas interpretações coincidem, em termos epistemológicos, com um maior interesse nas misturas e nos híbridos e com o questionamento da suficiência de formas de explicação do mundo em termos de fronteiras e dicotomias.

Tal como Lipietz (2001) sugere, depois de a actividade humana ter sido reduzida às relações mercantis e/ou estatais e de a família ter sido subordinada às necessidades da reprodução capitalista, o terceiro sector, através da produção de um valor acrescentado, responde às necessidades não satisfeitas que subsistem e têm mesmo vindo a aumentar com as transformações socioeconómicas. Poderíamos acrescentar aqui que este valor acrescentado é, em grande medida, o resultado da mobilização da lógica da comunidade e da sociedade civil para se misturarem com a lógica do mercado e do Estado. Trata-se, como Santos (2006) referiu ao descrever os movimentos sociais da década de 1960, do regresso do pilar da comunidade e da subjectividade. No entanto, tal como Santos também sugere, isso não é garantia de que estas racionalidades sejam hegemónicas, em especial no contexto actual de crescente penetração da lógica mercantil em novas esferas do Estado, da sociedade e da subjectividade. Tal também não é garantia de que o terceiro sector não seja um mecanismo dessa mesma penetração, antes dependendo da natureza da sua relação com a sociedade civil, o Estado e o mercado. Todavia, faz sentido reter o conceito de terceiro sector, e a heterogeneidade que ele descreve, como indicação das limitações da dicotomia mercado/Estado e como o "outro" que existe juntamente e em inter-relação com estas e outras racionalidades. E, também, no contexto dos debates internos, como uma observação dos limites e uma relativização das fronteiras que são construídas em torno de si.

### BIBLIOGRAFIA

Anheier, H. K.; Kendall, J. (Ed.) (2001), *Third Sector Policy at the Crossroads:* an international nonprofit analysis, London: Routledge.

Defourny, J.; Campos, J. L.-M. (Ed.) (1992), *Économie sociale* – entre économie capitaliste et économie publique/*The third sector* – cooperative, mutual and nonprofit organizations, Bruxelles: De Boeck.

Enjolras, B. (2002), *L'économie solidaire et le marché*: modernité, société civile et démocratie, Paris: l'Harmattan.

Evers, A.; Laville, J.-L. (Ed.) (2004), *The third sector in Europe*, Cheltenham; Northampton, Massachusetts: Edward Elgar Publishing.

Hall, P. D. (1992), *Inventing the nonprofit sector and other essays on philanthropy, voluntarism, and nonprofit organizations*, Baltimore: Johns Hopkins University Press.

Jessop, B. (2004), Critical semiotic analysis and cultural political economy, Critical Discourse Studies, v. 1, n. 2, p. 159-174.

Lipietz, A. (2001), *Pour le Tiers Secteur* – L'économie sociale et solidaire: pourquoi et comment, Paris: La Découverte.

Salamon, L. M.; Anheier, H. K. (1998), Social origins of civil society: Explaining the nonprofit sector cross-nationaly, Voluntas, v. 9, n. 3, p. 213-248.

Santos, B. S. (2006), A reinvenção solidária e participativa do Estado, *A Gramática do Tempo:* para uma nova cultura política, Porto: Afrontamento, p. 317-349.

Souza-Cabral, E. H. (2007), *Terceiro setor:* gestão e controle social, São Paulo: Saraiva.

# U

**UTOPIA**
Antonio David Cattani

**1.** Utopia significa desejo de alteridade, convite à transformação que constrói o novo, a busca da emancipação social, a conquista da liberdade. Utopia não se resume a um conceito ou quadro teórico, mas a uma constelação de sentidos e projetos. A verdadeira utopia constitui-se na visão crítica do presente e de seus limites e na proposta para transformá-lo positivamente.

**2.** Etimologicamente, *utopia* é um neologismo criado pelo estadista e filósofo inglês Thomas Morus (1477-1535) para intitular sua obra maior publicada na Holanda, em 1516. O termo foi forjado a partir de duas palavras gregas (*ou*, do advérbio de negação, e *topos*, lugar). Utopia seria um "não-lugar", um lugar que não existe ou, simplesmente, um lugar imaginário. Em sua obra, Morus refere-se a um lugar ideal que abriga uma sociedade igualitária, justa e feliz, ou seja, um "bom lugar". Essa acepção positiva do termo vigorou durante dois séculos, afirmando a possibilidade de aperfeiçoamento do ser humano e de suas realizações. A partir de meados do século XVII, o vocábulo adquiriu um sentido depreciativo, que permaneceu até o século XXI. Segundo o dicionário Michaelis, utopia "é o que está fora da realidade, que nunca foi realizado no passado e nem poderá vir a sê-lo no futuro. Plano ou sonho irrealizável". Nesse sentido, o termo é usado correntemente para se desacreditarem e condenarem projetos de superação da realidade. Recentemente, registra-se sua utilização em um sentido libertário, como crítica do presente e consciência antecipatória de um futuro outro. O presente verbete será desenvolvido tomando-se utopia no sentido de exploração de virtualidades, de revolta e ruptura e, sobretudo, de superação dos limites sociais e econômicos impostos.

**3.** O termo *utopia* encontra seu lugar também enquanto gênero literário. A obra de T. Morus retomou a preocupação da filosofia grega clássica quanto aos modelos de Estado ideal, preocupação essa notadamente aprofundada em *A República* de Platão. Morus inaugurou o ciclo moderno de textos de ficção, entre os quais se destacam *A cidade do Sol* (1602), de T. Campanella, e *A Nova Atlântida* (1627), de Francis Bacon. Essas obras têm como característica principal colocar a possibilidade de organização diferenciada do poder político e das relações sociais num momento em que o Absolutismo monárquico vigorava incontestee em que as relações sociais permaneciam rigidamente estratificadas.

Com a expansão do capitalismo ocorrida ao final do século XVIII e ao longo do século XIX, registrou-se uma segunda leva de textos propondo modelos fechados de sociedades planificadas e harmônicas. Em face da violência e anarquia do crescimento capitalista, especialmente na França, Itália, Inglaterra e Alemanha, diversos autores propuseram versões romanceadas ou obsessivamente técnicas de cidades utópicas nas quais a paz e o equilíbrio societário permitiriam surgir uma nova espécie de indivíduos. O pensamento utópico apresentava-se, claramente, como denúncia das injustiças, privilégios e múltiplas faces do poder.

Em 1838, Wilhelm Weitling (1808-1871), considerado o fundador do comunismo alemão, lançou, com grande repercussão, o manifesto da Liga dos Justos, intitulado *A humanidade como ela é e como deveria ser*, seguido, em 1842, de *Garantias de harmonia e liberdade*. O autor inaugurou, assim, as reflexões que fomentavam experiências concretas. Weitling fundou mais tarde, nos Estados Unidos, a colônia autogestionária Comúnia.

Outro autor que exerceu grande influência sobre as experimentações sociais alternativas foi Charles Fourier (1771-1837). Em *O novo mundo industrial e societário* (1829), Fourier aliava uma concepção cosmogônica a determinações precisas sobre a construção da sociedade ideal. Harmonia seria uma cidade modelo de progresso industrial, versão terrestre do paraíso, onde as pulsões e paixões humanas estariam ordenadas racional e prazerosamente. Harmonia seria materializada nos falanstérios (de *falange*, formação de combate ou grupo estreitamente unido, composto por 1.800 membros). Fourier detalhou as condições da produção material (cooperativas de produção e consumo) e da vida cultural, social e amorosa, a arquitetura e o urbanismo dos falanstérios, que deveriam ser construídos em espaços virgens, longe das mazelas urbanas já provocadas pelo capitalismo emergente.

Mais para o final do século XIX, foram publicadas centenas de obras que podem ser classificadas como literatura de antecipação. Destacam-se, notadamente, os textos dos ingleses William Morris (1834-1896), autor de *News from Nowhere*, e Edward Bellamy (1850-1898), autor de *Looking Backward 2000-1887*. Trata-se de exercícios de imaginação buscando perscrutar possibilidades técnicas, tecnológicas e societárias positivas para a humanidade.

Após a Primeira Guerra Mundial, a utopia como gênero literário específico extinguiu-se, sendo substituída por obras de ficção científica, romances de futurologia ou propostas visionárias, os quais em nada se aproximavam da complexidade e profundez registradas nos textos dos dois séculos precedentes. Nas obras clássicas da literatura utópica, a referência a situações imaginárias, a condições irreais e a processos visionários era acompanhada pelo debate sobre a justiça, o bem comum e o sentido e destino da vida em sociedade. Compartilhavam a crítica à civilização, aos valores e às práticas dominantes, desafiando o leitor a pensar diferente e a desejar diferente. O valor dessas obras reside em não se limitarem à dimensão literária, remetendo à história das idéias e aos exercícios intelectuais que recusam a resignação. Seus limites encontram-se em seu espírito por vezes panfletário, doutrinário ou mesmo totalitário; as formulações são, de modo geral, desvinculadas dos movimentos sociais concretos, estes sim, impulsionadores de reais transformações.

**4.** É possível relacionar-se razão utópica e correntes de pensamento que impulsionaram múltiplas transformações práticas e teóricas as quais fizeram avançar a civilização. O elo entre, de um lado, a razão utópica e, de outro, o espírito iluminista e a filosofia da práxis pode ser estabelecido na medida em que essas correntes compartilham os seguintes princípios: o ser humano pode (condicional) ser livre e desenvolver toda espécie de atividade criativa e auto-criativa; pode (novamente condicional) vir a ter consciência de si e da sociedade; essa consciência pode vir a ser ampliada mediante a ação prática-crítica, superando, dessa forma, a alienação e opressão, a permanência e a pseudo-imutabilidade das coisas e das relações. O processo civilizador é entendido como o progresso da liberdade e da consciência dessa liberdade. A liberdade e a autonomia (conforme o sentido kantiano, não de agir conforme a lei, mas de definir a própria lei) não se limitam às esferas individual ou da subjetividade, mas remetem, sempre, ao coletivo, à emancipação social ampla que garante o bem comum e a vida em sociedade. Para estabelecer melhor a conexão entre razão utópica e o pensamento não-conformista, progressista e libertário, é preciso fazer-se um paralelo entre as antiutopias, distopias e as utopias de ruptura, de superação e de criação.

O inverso da utopia manifesta-se de múltiplas formas. Na literatura, ela se apresenta como distopia, a exemplo das obras *1984*, de Georges Orwell, e *Admirável mundo novo*, de Aldous Huxley. Na filosofia, autores como Schopenhauer, Nietzsche e Cioran escreveram obras antiutópicas. Na análise histórica, a antiutopia revela-se em Oswald Spengler e, na análise política, exprime-se na teoria das elites, conforme se verifica em Vilfredo Pareto e Gaetano Mosca. Em sua dimensão mais profunda, aquela que alia dominação ideológica a senso comum, a antiutopia expressa-se na compreensão do mundo e da vida de acordo com perspectivas fatalistas e resignadas. O entendimento de que a essência humana e as realizações sociais são imutáveis (o eterno retorno a uma ordem eterna), de que a vida política resume-se à sucessão dos poderosos e de que as hierarquias sociais e as injustiças daí resultantes são naturais, portanto, necessárias, pode ser classificado como a forma mais nefasta do pensamento antiutópico. Permanência, imutabilidade, repetição e impotência designam percepções sobre a realidade que legitimam a dominação, que configuram a "servidão voluntária".

O liberalismo, mais precisamente em sua versão econômica recente, é um exemplo complexo dessa visão de curto prazo e de curtíssimo alcance: a vida fragmentada e medíocre é o horizonte possível da realização humana. O fetichismo da mercadoria e a sacralização do mercado auto-regulável definem a rotina narcísea do consumo e do individualismo abúlico. Conjugados ao pensamento pós-moderno, liberalismo e neoliberalismo propõem que a situação do século XXI esteja definitiva e que não haja mais transcendência. A realidade é naturalizada e apresentada como horizonte intransponível para indivíduos e instituições. Ela pode ser contemplada, fruída, mas não mudada.

O espírito das luzes, a *Aufklaerung*, a sociabilidade associativa inspirada em Babeuf, o socialismo utópico, o anarquismo e a filosofia da práxis estão na contracorrente das antiutopias. O desafio iluminista *sapere aude* (ouse conhecer) desdobra-se, imediatamente, em ouse imaginar o diferente, ouse mudar, ouse criar. As categorias do entendimento (dialética, práxis, contradição, contingência, consciência, ação) e os processos (poder, conflito, luta de classes, movimentos sociais, criação histórica) não são meramente contemplativos. A razão utópica está associada à ação, ao questionamento do fato e do dado. A compreensão não é suficiente; é necessária a realização do desejo. O resultado dos movimentos libertários e autonomistas tem sentidos específicos. Todo movimento da ação crítica/ação prática é animado por valores verdadeiramente civilizadores: pacifismo, cosmopolitismo que preserva as identidades locais (ou seja, a sociedade das nações) e, sobretudo, a sociedade democrática, igualitária, justa e fraterna.

A referência ao processo civilizador é necessária para se distinguirem os autênticos avanços sociais e humanos de mudanças inespecíficas. "Civilização é um ato de justiça", afirmava o revolucionário e constituinte Mirabeau durante a Revolução Francesa. Civilizado é o "cidadão do mundo". A derivação de *civilis* "expressa o processo social de criação, de afirmação humana superior ao destino e ao tempo cíclico. Civilização é a negação da violência, das tutelas paternalistas ou messiânicas, dos paternalismos aristocráticos ou caudilhescos, dos racismos, dos preconceitos e dos privilégios que compõem o submundo dos particularismos excludentes. Civilização é: a) a universalização dos procedimentos e de certos direitos, sem que isso signifique nivelamento ou imposição tirânica; b) o alargamento substancial da política através da participação consciente e o consequente aumento de responsabilidades; c) a sociedade internacional que associa cosmopolitismo e identidades e culturas locais; d) a possibilidade de realização, de emancipação individual sem que isso signifique o comportamento auto-suficiente e predatório. Enfim, civilização é o respeito ao outro, o respeito fraterno à sua liberdade e diferença" (Cattani, 1991, p. 20, 21). Ficam, assim, excluídos os processos erroneamente identificados como utópicos, como o faz Armand Mattelart (2002) em *História da utopia planetária*. As tecno-utopias, as expansões imperiais, as revoluções gerenciais do tipo fordista-taylorista e a sociedade informacional promovem mudanças, mas não constituem, necessariamente, avanços civilizadores. Destes ficam, sobretudo, excluídos os projetos e processos de mudança de cunho totalitário, dogmático e elitista, bem como o liberalismo regressivo. A verdadeira utopia, antecipação criativa que conjuga "a corrente fria do conhecimento científico com a corrente quente da esperança" (Bloch, 1972), não alimenta concepções nem projetos reformistas, paliativos e anestésicos para os mecanismos reprodutores da desigualdade e da injustiça. A utopia civilizadora não se resigna a olhar a realidade social. Ao propor que o mundo seja novamente fundado, rompe com as teorias do direito natural (incluindo-se o direito à apropriação privada da produção social), transformando-se em processo de conquista do lugar e do tempo.

**5.** Pode-se afirmar haver uma lenta e parcial concretização da utopia, da liberdade criadora do gênero humano, embora não se trate de processo inexorável. O avanço da civilização jamais foi linear, sendo marcado por estagnações e, por vezes, tristes recuos. O verdadeiro progresso não constitui um processo pacífico, pois ele é assinalado pela dinâmica social definida pela dialética dos conflitos e do poder. Civilização, tal como conceituada anteriormente, não se apresenta como imanência, mas como possibilidade ou virtualidade.

Entre os exemplos localizados de aspiração utópica, podem-se citar a utopia missioneira dos 30 povos das Missões (KERN, 1994), a Comuna de Paris de 1871, as comunidades libertárias que proliferaram no século XIX, nos Estados Unidos e na Europa Continental, experiências pontuais ocorridas na América Latina (no Paraná, Brasil, a Colônia Cecília, entre 1888 e 1889), os efêmeros falanstérios inspirados na obra de Fourier, os sovietes russos (1905-1917), os conselhos operários de Turin (1919-1920), as formas da auto-organização proletária durante a Guerra Civil Espanhola (1936-1939) e os primeiros tempos dos kibutz em Israel. Mais recentemente, ocorreram experiências sociais que reavivaram o espírito cooperativista do pioneiro Robert Owen. Em todos esses casos, é mais apropriado falar-se em aspirações utópicas, pois, mesmo que alguns exemplos tenham sobrevivido por décadas, trata-se de materializações parciais e vulneráveis, política e geograficamente circunscritas. Essa avaliação em nada desmerece o que foi realizado, inclusive porque, em vários casos, tratou-se de um fracasso imposto do exterior mediante violência inaudita, a exemplo da Comuna de Paris e da autogestão espanhola.

Pode-se falar mais propriamente de concretização da utopia em uma esfera mais genérica e não menos importante. A liberdade criadora que visa à emancipação social vem se manifestando na luta contra os dogmatismos, messianismos e determinismos estruturais, contra a subserviência e a violência, enfim, contra o domínio das minorias reacionárias ou tutelares. Entre as mais importantes realizações incorporadas à vida social que, no seu início, eram consideradas utópicas, destaca-se a luta contra o trabalho escravo e o emprego legal da tortura. Movimentos sociais ao longo de décadas conquistaram a redução dos privilégios hereditários, o sufrágio universal e uma gama ampliada de direitos humanos associados a uma ética universalizadora. O movimento operário conquistou, para milhões de trabalhadores, direitos que deram consistência à versão inclusiva do Welfare State. Mais recentemente, o combate ao racismo e ao trabalho infantil e as reivindicações pelo direito à infância, à educação e ao lazer, bem como pela liberdade de opção sexual e em defesa de minorias, entre outras, foram impondo um novo padrão de tolerância e liberdade. Enfim, a democracia representativa também foi uma conquista importante, sobretudo na medida em que ela se extravasa em democracia participativa. Todos esses casos constituem avanços rumo à superação da dominação elitista e dos privilégios detidos por minorias.

Nas últimas duas décadas do século XX e no início do século XXI, registraram-se recuos significativos nesse embate. Concretamente, aumentou a concentração de renda e a manipulação da opinião pública pela mídia; o individualismo egoísta e predatório tenta relegar a socialização libertária ao esquecimento. Não obstante, esse refluxo é seguramente provisório, porquanto a razão utópica é atemporal e o sonho de liberdade é permanente. Dois exemplos mais expressivos apontam para a recuperação do "princípio esperança": a realização dos fóruns sociais mundiais em Porto Alegre, a partir de 2001, e as numerosas manifestações da economia solidária analisadas nesta obra.

A superfície imediata dos fatos revela um mundo opressivo, que promove os ladinos e arrasta os demais para um caminho marcado pela apatia, subserviência e conformismo alienado. Sob essa face, permanece a vontade de superação, o desejo de viver em uma sociedade planetária cosmopolita e criativa, na qual liberdade e fraternidade sejam princípios maiores de construção da civilização. Permanentemente, ressurgem o espírito libertário e formas novas de mobilização social, demonstrando que um outro mundo é possível...

**BIBLIOGRAFIA**

BLOCH, E. (1972), *Le principe espérance*, Paris: Gallimard.

CATTANI, A. D. (1991), *A ação coletiva dos trabalhadores*, Porto Alegre: S. M. Cultura; Palmarinca.

___. (2002), Autonomia. In: ___. (Org.), *Dicionário crítico sobre trabalho e tecnologia*, Porto Alegre; Petrópolis: Editora da Universidade; Vozes.

KERN, A. (1994), *Utopias e missões jesuíticas*, Porto Alegre: Editora da Universidade.

MATTELART, A. (2002), *História da utopia planetária*, Porto Alegre: Sulina.

RIOT-SARCEY, M.; BOUCHET, T.; PICON, A. (Dir.) (2002), *Dictionnaire des utopies*, Paris: Larousse.

SOUSA, J. T. (1999), *Reinvenções da utopia*, São Paulo: Hacker Editores.

TEIXEIRA, A. (Org.) (2002), *Utópicos, heréticos e malditos*: os precursores do pensamento social de nossa época, Rio de Janeiro: Record.

UTOPIA. In: MICHAELIS (1998), *Moderno dicionário de Língua Portuguesa*, São Paulo: Melhoramentos.

# AUTORES

ALAIN CAILLÉ – Professor de Sociologia na Université Paris X (Nanterre, França) e Co-Director do Laboratório de Sociologia e de Filosofia Políticas (SOPHIAPOL) e da *Revue du MAUSS – Mouvement anti-utilitariste dans les sciences sociales*. É autor de numerosos artigos e livros, entre os quais *Critique de la Raison Utilitaire* (2003), *Histoire Raisonnée de la Philosophie Morale et Politique* (2001) e *Dé-penser l'Économique* (2005).

ALFONSO COTERA – Consultor em economia social solidária, desenvolvimento local e comércio justo. Fundador e actual Director-Executivo do Grupo Red de Economía Solidaria del Perú (Lima, Peru). Fundador e Coordenador da Red Peruana de Comercio Justo y Consumo Ético. Fundador e actual responsável da Mesa de Coordenação Latino-Americana de Comércio Justo. Fundador e membro do Comité de Coordenação Internacional da Red Intercontinental de Promoción de la Economía Social Solidaria (RIPESS). Responsável pela América Latina na Aliança por um Mundo Responsável, Plural e Solidário (ALOE).

ANA MERCEDES SARRIA ICAZA – Doutora em Ciências Políticas e Sociais pela Université Catholique de Louvain, Bélgica. Professora do Centro Universitário La Salle – UNILASALLE (Canoas, Brasil). Professora e pesquisadora universitária, na área de teoria sociológica, movimentos sociais e economia solidária. Actua em processos de educação popular e elaboração e avaliação de projectos na Nicarágua, Bélgica e Brasil. Possui diversas publicações em livros e revistas, sobre movimentos sociais, economia solidária e políticas públicas.

ANNE SALMON – Socióloga e Maître de Conférences Associé pela Université de Caen (França), no Centre d'Études et de Recherches sur les Risques et les Vulnérabilités (CERREV). Seus temas de pesquisa abrangem responsabilidade social das empresas, ética económica e desenvolvimento durável. Publicou, entre outros trabalhos, *Éthique et Ordre Économique: une entreprise de séduction* (2002), *Responsabilité Sociale et Environnementale de l'Entreprise* (com M-F. Turcotte, 2005) e *La Tentation Éthique du Capitalisme* (2007).

ANTONIO DAVID CATTANI – Doutor pela Universidade de Paris I Panthéon-Sorbonne, com pós-doutoramento na École de Hautes Études en Sciences Sociales. Professor Titular de Sociologia (Depto. de Sociologia e Programa de Pós-Graduação em Sociologia) da UFRGS (Porto Alegre, Brasil). Pesquisador do CNPq. Autor e organizador (com Lorena Holzmann) do *Dicionário de Trabalho e Tecnologia* (Prémio Açorianos 2007). www.antoniodavidcattani.net.

BENOÎT LÉVESQUE – Professor de Sociologia na Université du Québec à Montréal (Canadá). Membro do Centre de Recherche sur les Innovations Sociales (CRISES) e da Alliance de Recherche Universités-Communautés (ARUC) em Economia Social, do qual foi fundador e Director até 2003. É um dos autores da obra *La Nouvelle Sociologie Économique* (2001).

BRENO FONTES – Doutor em Estudos das Sociedades Latino-Americanas pela Université de Paris III (Sorbonne-Nouvelle) em 1990. Possui Pós-Doutoramento na Harvard University (1998-1999) e na Université de Nanterre (2003-2003). É professor da Universidade Federal de Pernambuco desde 1994, vinculado ao Programa de Pós-Graduação em Sociologia, do Departamento de Ciências Sociais. Publicou vários artigos em revistas brasileiras e especializadas e participou em projectos de pesquisa, com financiamento de agências nacionais ou internacionais na área de Sociologia, com ênfase em Políticas de Planeamento Urbano, redes sociais, poder local, movimentos sociais e Sociologia da Saúde. Também participa em actividades de cooperação internacional em diversas Universidades estrangeiras.

CLAUDIA DANANI – Doutora em Ciências Sociais pela Universidad de Buenos Aires. Professora e pesquisadora da Universidad Nacional de General Sarmiento e da Universidad de Buenos Aires (Argentina). Consultora em projectos de assistência técnica a instituições e projectos sociais. Possui especialização nas áreas de políticas sociais, economia social, sindicalismo, sistemas de saúde e segurança social, tendo publicado vários livros e artigos sobre esses temas.

CLAUDIA LÚCIA BISAGGIO SOARES – Economista formada pela UFRJ (Brasil), mestre em Economia pela UTL (Portugal) e doutora em Ciências Humanas pela UFSC (Brasil). Desenvolve pesquisas nas áreas de indicadores sociais, económicos e ambientais, conflitos socioambientais, gestão ambiental, desenvolvimento, economia monetária, economia solidária e moeda social. Actualmente, é professora do Centro Universitário Municipal de São José (Brasil).

DANIEL MOTHÉ – Pseudónimo de Jacques Gautrat. Ex-operário sindicalista CFDT (França). Sociólogo do LISE (CNRS-CNAM). Publicou, entre outros trabalhos, *Journal d'un Ouvrier* (1958), *L'Autogestion Goutte à Goutte* (1980) e *L'Utopie du Temps Livre* (1998).

DIPAC JAIANTILAL – Economista sénior do Banco Mundial, é professor convidado na State University of New York e na Universidade Eduardo Mondlane, em Maputo, e Investigador do Instituto Cruzeiro do Sul, em Maputo, tendo liderado diversas pesquisas no âmbito do Instituto, com parcerias públicas e privadas. Foi Director do Departamento de Estatística e Pesquisa do Banco Nacional de Moçambique.

EDUARDO VIVIAN DA CUNHA – Mestre em Administração e doutorando do Curso de Administração pelo Núcleo de Pós-Graduação da UFBA (Salvador, Brasil). Trabalha em projectos de incubação em economia solidária, actuando especialmente como técnico da Incubadora Tecnológica de

Economia Solidária e Gestão do Desenvolvimento Territorial (ITES/UFBA).

EGEU GÓMEZ ESTEVES – Psicólogo, mestre e doutorando em Psicologia Social pelo Instituto de Psicologia da Universidade de São Paulo (Brasil), professor do curso de Psicologia da Universidade Cruzeiro do Sul – UNICSUL, membro da VERSO Cooperativa de Psicologia e da PLURAL Cooperativa de Consultoria, Pesquisa e Serviços.

EUCLIDES ANDRÉ MANCE – Filósofo e fundador do Instituto de Filosofia da Libertação (Curitiba, Brasil). Leccionou Filosofia da Ciência e Filosofia na América Latina, na Universidade Federal do Paraná, na década de 1990. Actuou como consultor em projectos da Unesco e da FAO relacionados com o desenvolvimento sustentável. É criador e mantenedor do Portal Solidarius. Sua obra filosófica e económica sobre redes colaborativas no campo da economia solidária está traduzida em vários idiomas, com artigos e livros acessíveis em www.solidarius.com.br/mance.

FRANÇOIS-XAVIER MERRIEN – Professor na Université de Lausanne (Suíça). Pesquisador sobre a origem e as transformações do Estado Social. Consultor de vários órgãos das Nações Unidas. Autor, entre outros, de *L'Avenir des États Providence: une analyse critique des recherches récentes* (2002), *Les Nouvelles Politiques de la Banque Mondiale: le cas des pensions* (2001) e *L'État Providence* (2000).

FRANZ J. HINKELAMMERT – Doutor em Economia pela Universidade Livre de Berlim. De 1963 a 1973, foi professor da Universidade Católica do Chile e membro do Centro de Estudios de la Realidad Nacional (CEREN). Entre 1973 e 1976, foi professor convidado da Universidade Livre de Berlim. Desde 1976, é professor da Universidad Nacional de Costa Rica. De 1976 a 2006, foi integrante da equipe de pesquisadores do Departamento Ecuménico de Pesquisadores. Suas publicações mais recentes são *Hacia una Economía para la Vida* (com Henry Mora, 2007), *El Sujeto y la Ley* (2003) e *Crítica de la Razón Mítica* (2007).

GABRIEL FAJN – Bacharel em Sociologia pela Universidad de Buenos Aires. Professor da Faculdade de Sociologia – Faculdade de Ciências Sociais – UBA (Argentina). Co-autor do livro *Fábricas y Empresas Recuperadas: protesta social, autogestión y rupturas en la subjetividad* (2003).

GENAUTO CARVALHO DE FRANÇA FILHO – Pesquisador do CNPq com bolsa de produtividade em pesquisa. Professor da Escola de Administração da UFBA (Salvador, Brasil) e Coordenador do eixo académico (mestrado e doutorado) do Núcleo de Pós-Graduação em Administração (NPGA/UFBA). Professor do Programa de Mestrado Multidisciplinar em Gestão Social do Desenvolvimento do CIAGS/UFBA e Coordenador da Incubadora Tecnológica de Economia Solidária e Gestão do Desenvolvimento Territorial (ITES/UFBA).

HENRY MORA JIMÉNEZ – Economista, Doutor em Ciências Económicas e Empresariais. Foi director da revista *Economia y Sociedad* e director da Escuela de Economía de la Universidad Nacional, Heredia (Costa Rica). Actualmente, ocupa o posto de Decano da Faculdade de

Ciências Sociais dessa universidade. Suas publicações mais recentes são *101 Razones para Oponerse al Tratado de Libre Comercio con los Estados Unidos* (2005), *Doce Ensayos por la Dignidad Nacional, la Soberanía y el Derecho al Desarrollo* (2006) e *Hacia una Economía para la Vida* (com Franz Hinkelammert, 2007).

HERMES AUGUSTO COSTA – Doutor em Sociologia. Professor da Faculdade de Economia da Universidade de Coimbra. Investigador do Centro de Estudos Sociais. Livros mais recentes: *Sindicalismo global ou metáfora adiada? Discursos e práticas transnacionais da CGTP e da CUT* (2008); *As vozes do trabalho nas multinacionais: o impacto dos Conselhos de Empresa Europeus em Portugal* (2008) (em co-autoria com Pedro Araújo).

HUMBERTO ORTIZ ROCA – Economista pela Pontifícia Universidad Católica del Peru. Secretário-Executivo da Comissão Episcopal de Acção Social (Lima, Peru). Coordenador da equipe de Economia Solidária do Departamento de Justiça e Solidariedade do CELAM. Representante do CEAS no grupo Red de Economía Solidaria del Peru. Membro da Rede Intercontinental de Promoção da Economia Social e Solidária. Integrante da Red Latinoamericana Deuda y Desarrollo (Latinidad).

JACOB CARLOS LIMA – Professor Titular do Departamento de Sociologia da Universidade Federal de São Carlos (Brasil) e pesquisador do CNPq. É autor dos livros *Ligações Perigosas: trabalho flexível e trabalho associado* (2007) e *As Artimanhas da Flexibilização: o trabalho terceirizado em cooperativas de produção* (2002), além de diversos artigos sobre a temática trabalho.

JACQUES DEFOURNY – Professor de Economia e Director do Centre d'Économie Sociale, na Université de Liège (Bélgica). Co-Coordenador do EMES European Research Network. É autor e editor, entre outros, de *Économie Sociale au Nord et au Sud* (1999), *Tackling Social Exclusion in Europe: the role of the social economy* (2001) e *The Emergence of Social Entreprise* (2001).

JEAN-LOUIS LAVILLE – Sociólogo e economista, foi pesquisador e Director de Pesquisa do CNRS. Actualmente, é Professor Titular da cátedra Relations de Service e pesquisador no LISE – CNRS-CNAM (França). É Coordenador para a Europa do Karl Polanyi Institute. No Brasil, dirige, com Antonio David Cattani, a série *Sociedade e Solidariedade* (Editora da UFRGS) e publicou, como co-autor, o livro *Economia Solidária: uma abordagem internacional* (2004) e, como co-organizador, a obra *Ação Pública e Economia Solidária* (2006).

JEAN-MICHEL SERVET – Doutor de Estado em Economia (Université Lumière Lyon-II). É professor no Institut Universitaire d'Études du Développement de Genebra (Suíça) e Director de Pesquisa no Institut de Recherche pour le Développement (Índia). Suas principais publicações são *Une Économie sans Argent, les Systèmes d'Échange Local* (1999), *Rapport Exclusion et Liens Financiers* (1999-2000) e *Banquières et Banquiers aux Pieds Nus* (2006).

JEAN-PAUL MARÉCHAL – Maître de Conférence en Sciences Économiques pela Université Rennes-II-Haute Bretagne (França). Director de Pesquisa sobre economia do meio ambiente, justiça social, desenvolvimento durável e ética económica. Seu livro *Humaniser l'économie* (2000, reeditado em 2008) foi premiado pela Academia de Ciências Morais e Políticas. Publicou, entre outros, *Ethique et Économie, Le Développement Durable* (2005).

JEOVÁ TORRES SILVA JUNIOR – Graduado em Administração pela Universidade Estadual do Ceará (2001) e Mestre em Administração pela UFBA (2004). Professor da Universidade Federal do Ceará, no Curso de Administração. Coordenador do Laboratório Interdisciplinar de Estudos em Gestão Social – LIEGS/UFC (Fortaleza, Brasil). Possui artigos publicados sobre gestão de empreendimentos solidários e bancos comunitários. Co-organizador dos livros *Gestão Social: práticas em debates* (2004) e *Teorias em Construção: os desafios da formação em gestão social* (2006).

JOSÉ LUIS CORAGGIO – Economista. Director Académico da Maestria en Economia Social do Instituto del Conurbano – Universidad Nacional de General Sarmiento (Argentina). Organizador responsável da Red Latinoamerica de Investigadores en Economía Social y Solidaria (RILESS). Autor de mais de 120 artigos e autor e co-autor de 25 livros, encontrando-se, entre os mais recentes, *Economía Social, Acción Pública y Política* (2007) e *La Economía Social desde la Periferia* (Org, 2008). www.coraggioeconomia.org.

JOSÉ MANUEL PUREZA – Professor de Relações Internacionais na Faculdade de Economia da Universidade de Coimbra, onde é co-coordenador do Programa de Doutoramento em Política Internacional e Resolução de Conflitos. Investigador do Centro de Estudos Sociais, onde é co-coordenador do Núcleo de Estudos para a Paz.

LEE PEGLER – Mestre e Doutor pela London School of Economics. Honours Degree em Economia pela University of Western (Austrália). Durante os últimos trinta anos, tem trabalhado para sindicatos, governos e universidades em vários países. Sua área de actuação compreende os processos de trabalho, sindicatos e órgãos representativos e cadeias produtivas. Coordena um *cluster* internacional de pesquisa sobre cadeias produtivas, no Institute of Social Studies (ISS) em Haia, Holanda.

LIA TIRIBA – Doutora em Ciências Políticas e Sociologia pela Universidade Complutense de Madrid (Programa de Sociologia Económica e do Trabalho). Professora da Universidade Federal Fluminense – UFF (Niterói, Brasil) e pesquisadora do Núcleo de Estudos, Documentação e Dados sobre Trabalho e Educação (NEDDATE). Possui publicações sobre o mundo do trabalho e formação humana e, em especial, sobre formação de trabalhadores associados, autogestão e economia popular e solidária.

LINA COELHO – Investigadora do Centro de Estudos Sociais. Assistente e doutoranda em Economia na Faculdade de Economia da Universidade de Coimbra com o tema "Mulheres, Família e Desigualdade em Portugal". Com interesses de investigação nas áreas da Economia da Família e Economia Feminista.

LUIZ INÁCIO GAIGER – Doutor em Sociologia (Université Catholique de Louvain).

Há anos, dedica-se a estudos sobre os movimentos sociais e a economia solidária. Coordenou a pesquisa nacional *Características e Tendências da Economia Solidária no Brasil* (Rede Interuniversitária de Estudos e Pesquisas UNITRABALHO), tendo integrado a Coordenação do Fórum Brasileiro de Economia Solidária e pesquisador do CNPq. Coordena a Cátedra da UNESCO Trabalho e Sociedade Solidária e o Programa de Pós-Graduação em Ciências Sociais da Universidade do Vale do Rio dos Sinos (Brasil). Publicou livros e artigos, entre os quais *Sentidos e Experiências da Economia Solidária no Brasil* (Org., 2004).

Maria Clara Bueno Fischer – Doutora em Educação pela University of Nottingham, Reino Unido. Professora do Programa de Pós-Graduação em Educação e do Curso de Pedagogia da Universidade do Vale do Rio dos Sinos – UNISINOS (Brasil) e pesquisadora do CNPq. Pesquisa e publica no campo de estudos Trabalho-Educação, em especial sobre educação do trabalhador e saberes do e para o trabalho.

Maria Paula Meneses – Pesquisadora no Centro de Estudos Sociais da Universidade de Coimbra. De entre os temas que tem vindo a trabalhar destacam-se os processos identitários, a diversidade de saberes, o impacto das fracturas coloniais e a questão pós-colonial. Tem vários artigos e livros publicados. Editou, juntamente com Boaventura de Sousa Santos e João Carlos Trindade, o livro *Law and Justice in a Multicultural Society: the case of Mozambique* (Dacar, Codesria, 2006).

Marília Veríssimo Veronese – Graduada em Psicologia pela Pontifícia Universidade Católica do Rio Grande do Sul (1991), Mestre e Doutora em Psicologia pela mesma universidade (2004). Realizou estágios "sanduíche" na Universidade de Havana (2001) e no Centro de Estudos Sociais da Universidade de Coimbra (2003). Actualmente, é professora e pesquisadora do Programa de Pós-Graduação em Ciências Sociais da Universidade do Vale do Rio dos Sinos (Brasil).

Noëlle M. P. Lechat – Graduada em Sociologia pela Université Catholique de Louvain (1970), Licenciada em Ciências Sociais pela Université de l'État à Liège (1978), Mestre em Antropologia Social e Doutora em Ciências Sociais (UNICAMP, 1993 e 2004). Professora do Departamento de Ciências Sociais e do Mestrado em Desenvolvimento da Universidade Regional do Noroeste do Estado do Rio Grande do Sul – UNIJUÍ (Brasil), onde exerce a função de Coordenadora Científica da Incubadora de Economia Solidária. Possui publicações e actua nos temas de economia solidária, incubação, cooperativismo, desenvolvimento regional, desemprego e movimentos sociais.

Patrick Viveret – Filósofo e magistrado na Cour des Comptes (França). Envolvido em movimentos cívicos, participou da fundação da ATTAC. Coordenou dois grandes estudos para os poderes públicos franceses. O primeiro, de 1988 a 1990, versou sobre a avaliação das políticas públicas e o segundo, de 2002 a 2003, sobre a nova abordagem da riqueza. Publicou, recentemente, *Pourquoi ça ne va pas plus mal* (2006).

Paulo de Jesus – Doutor em Ciências da Educação pela Université Paris VIII, com pós-doutoramento em Economia Social/Solidária na Sorbonne (IEDES – Université Paris I). Professor da Universidade Federal Rural de Pernambuco (Recife, Brasil). Coordenou, em Pernambuco (2005-2008), o projecto Mapeamento da Economia Solidária (MTR/SENAES). Coordena o projeto do Centro de Formação em Economia Solidária – Nordeste Brasileiro, em parceria com Ministério do Trabalho e Emprego e com o Fórum Brasileiro da Economia Solidária. Participou em colectâneas e artigos publicados em revista da UERJ, UNISINOS e ECA/USP.

PAULO HENRIQUE MARTINS – Sociólogo. Professor titular do Departamento de Ciências Sociais da Universidade Federal de Pernambuco (Recife, Brasil), com bolsa de produtividade do CNPq. Vice-Presidente do MAUSS (Movimento Anti-Utilitarista nas Ciências Sociais) e Director da Associação Latino-Americana de Sociologia (ALAS). É autor de livros e artigos voltados para a difusão de uma "outra sociologia", que dialoga solidariamente com uma "outra economia".

PEDRO HESPANHA – Doutorado em Sociologia pela Universidade de Coimbra. Professor da Faculdade de Economia e membro fundador do Centro de Estudos Sociais, onde lidera o Núcleo de Cidadania e Políticas Sociais. Coordenador do Programa de Mestrado em Sociologia "Políticas Locais e Descentralização. As Novas Áreas do Social". Tem investigado, ensinado e publicado nas áreas dos estudos rurais, políticas sociais, sociologia da medicina, pobreza e exclusão social.

PHILIP GOLUB – Politólogo, Especialista em Relações Internacionais. Professor associado ao Institut d'Études Européennes da Université de Paris VIII (França) e professor do Institut d'Études Politiques de Paris. É autor de numerosos artigos e obras colectivas. Pesquisa actualmente os ciclos hegemónicos no sistema mundial contemporâneo.

PHILIPPE CHANIAL – Maître de Conférences em Sociologia na Université Paris-IX-Dauphine (França). Pesquisador do CERSO na mesma universidade e membro do Comité Editorial da *Revue du MAUSS*. Seus trabalhos consagram-se principalmente à abordagem socioantropológica e histórica do facto associativo e às formas da solidariedade social na democracia. Publicou, designadamente, *Justice, Don et Association: la délicate essence de la démocracie* (2001).

RENATO DAGNINO – Doutor em Ciência Económica pela Universidade Estadual de Campinas (Brasil). Professor Titular da Universidade Estadual de Campinas (Brasil). Desde 1977, na UNICAMP, envolveu-se em projectos pioneiros na América Latina, como a primeira incubadora tecnológica da região e seu primeiro centro consagrado à Política de C&T. Dedica-se, actualmente, à análise do processo decisório da C&T, à Economia Solidária e à Tecnologia Social, visando a construção de um estilo de política de C&T adequado ao cenário da democratização em curso na América Latina. Publicou cerca de 70 artigos, 40 capítulos e livros, tendo orientado mais de 30 mestres e doutores. Seus livros mais recentes são *Ciência e Tecnologia no Brasil: o processo decisório e a comunidade de pesquisa* (2007) e *Neutralidade da Ciência e Determinismo Tecnológico* (editora da UNICAMP).

RICARDO DIÉGUEZ – Licenciado em Economia. Pesquisador e docente da Universidad Nacional de General Sarmiento (UNGS, Argentina). Professor da Faculdade de Ciencias Económicas da Universidad de Buenos Aires. Professor da Maestria en Economia Social da UNGS.

ROGÉRIO ROQUE AMARO – Doutorado em Economia pela Université de Sciences Sociales II, Grénoble, Professor do Instituto Superior de Ciências do Trabalho e da Empresa, onde coordena o Mestrado em Desenvolvimento, Diversidades Locais e Desafios Mundiais e lecciona no Doutoramento em Estudos Africanos. Tem investigado, ensinado e publicado nas áreas do desenvolvimento local, intervenção social e exclusão social.

RUI NAMORADO – Jurista e cooperativista, Professor da Faculdade de Economia da Universidade de Coimbra, cujo Centro de Estudos Cooperativos coordena. Investigador do Centro de Estudos Sociais. Membro da Comissão Científica da Economia Social e Cooperativa do *CIRIEC – International*; do Conselho Editorial dos *Estudos de Direito Cooperativo e Cidadania*, editados pela Faculdade de Direito da Universidade Federal do Paraná; e do *Consejo Asesor* da *REVESCO*, editada pela Universidad Complutense de Madrid.

RUTH MUÑOZ – Graduada em Economia pela Universidad de Buenos Aires (2000) e Mestre em Economía Social pela Universidad Nacional de General Sarmiento (2006). É docente-pequisadora do Instituto del Conurbano da Universidad Nacional de General Sarmiento (Argentina) e Coordenadora do Espaço de Economia Social do Instituto de Estudios y Formación da Central de Trabalhadores da Argentina (IEF-CTA). Possui publicações individuais e em colaboração, acerca do cooperativismo de poupança e crédito, microfinanças e economia social.

SÍLVIA FERREIRA – Professora da Faculdade de Economia da Universidade de Coimbra, investigadora do Centro de Estudos Cooperativos desta Faculdade e do Centro de Estudos Sociais da Universidade de Coimbra. É doutoranda no Departamento de Sociologia da Universidade de Lancaster, no Reino Unido. As suas áreas de pesquisa são relações entre o terceiro sector e o Estado-providência, governação e parcerias, políticas sociais e empreendedorismo social.

SÍLVIA PORTUGAL – Doutora em Sociologia pela Universidade de Coimbra. Professora da Faculdade de Economia e Investigadora do Centro de Estudos Sociais (CES). O seu trabalho de investigação tem usado a teoria das redes para discutir as relações entre sistemas formais e informais de produção de bem-estar. Neste âmbito, tem pesquisado sobre a importância da família no sistema de protecção social português, dando especial destaque ao papel das mulheres. Tem diversas publicações nacionais e estrangeiras sobre essas temáticas.

SUSANA HINTZE – Socióloga. Professora no Instituto del Conurbano da Universidad Nacional de General Sarmiento (Argentina). Coordenadora e consultora de projectos de assistência técnica em organizações sociais e em organismos internacionais. Docente e pesquisadora na Argentina, Bolívia, México e Venezuela nas áreas de epistemologia e metodologia das Ciências Sociais e temas relacionados com a problemática alimentar, políticas sociais, avaliação de programas sociais e políticas públicas para a economia social e solidária. Autora de diversos artigos e livros sobre os temas de sua especialidade.

WALMOR SCHIOCHET – Doutor em Sociologia Política pela Universidade de Brasília. Professor do Departamento de Ciências Sociais e Filosofia e do Programa de Pós-Graduação em Desenvolvimento Regional na Universidade Regional de Blumenau (Brasil). Exerceu o cargo de Director de Estudos e Divulgação na Secretaria Nacional de Economia Solidária (2003-07). Autor do livro *Sociedade Civil: o social pensado politicamente* (2005) e co-autor de *Políticas Públicas de Economia Solidária: por um outro desenvolvimento* (2006).

# CORPO TÉCNICO

### Revisoras dos Verbetes Brasileiros e das Traduções do Espanhol e Francês

MÁRCIA RODRIGUES GONÇALVES – Especialista em Ensino da Língua Portuguesa (PUCRS) e Mestre em Linguística Aplicada pela Pontifícia Universidade Católica do Rio Grande do Sul – PUCRS (Brasil). Professora de Literatura e Língua Portuguesa. Desde 2002, actua como revisora do processo vestibular da PUCRS e, a partir de 2008, no grupo de revisores do vestibular da Universidade Federal do Rio Grande do Sul.

NARA WIDHOLZER – Especialista em Letras (UFRGS), mestre e doutoranda em Linguística Aplicada pela Universidade Católica de Pelotas – UCPel (Brasil). É revisora de publicações do IFCH/UFRGS e Editora Júnior da *Revista Linguagem & Ensino*. Na sua área de pesquisa, destacam-se as publicações *Gênero em Discursos da Mídia* (co-autoria com Susana B. Funck, 2005) e *Produção de Livros: da prática à teoria* (no livro *Produção de Materiais de Ensino*, org. Vilson Leffa, 2008).

### Revisor dos Verbetes Portugueses

VICTOR FERREIRA – Revisor, desde 1999, quer na área da ficção, quer em áreas especializadas, como o Direito e as Ciências Sociais.

### Tradutora dos Verbetes em Espanhol

LUCIMEIRA VERGILIO LEITE – Tradutora pela Faculdade Ibero-Americana de São Paulo (Brasil), socióloga pela Universidad del Salvador, de Buenos Aires (2004), com especialização em Terceiro Sector, pela FLACSO – Buenos Aires (2003). Trabalhou como consultora externa para o Programa Delnet da OIT, Turim, Itália.

### Tradutora dos Verbetes em Francês

PATRICIA CHITTONI RAMOS REUILLARD – Doutora em Estudos da Linguagem pela Universidade Federal do Rio Grande do Sul (Brasil). Professora e pesquisadora nas áreas de Francês e Linguística, nas linhas de Terminologia, Lexicografia e Tradução.

Impressão e Acabamento: